Michael Gebhart

Qualitätsorientierter Entwurf von Anwendungsdiensten

Qualitätsorientierter Entwurf von Anwendungsdiensten

von
Michael Gebhart

Dissertation, Karlsruher Institut für Technologie
Fakultät für Informatik
Tag der mündlichen Prüfung: 09. Mai 2011

Impressum

Karlsruher Institut für Technologie (KIT)
KIT Scientific Publishing
Straße am Forum 2
D-76131 Karlsruhe
www.ksp.kit.edu

KIT – Universität des Landes Baden-Württemberg und nationales
Forschungszentrum in der Helmholtz-Gemeinschaft

KIT Scientific Publishing 2011
Print on Demand

ISBN 978-3-86644-704-2

Das Geheimnis des Erfolges ist die Beständigkeit des Ziels

Benjamin Disraeli

Vorwort

Die vorliegende Arbeit entstand während meiner Tätigkeit als akademischer Mitarbeiter in der Forschungsgruppe Cooperation & Management der Fakultät für Informatik am Karlsruher Institut für Technologie (KIT). Ich möchte an dieser Stelle die Gelegenheit nutzen, mich bei allen Personen herzlich zu bedanken, die mich in dieser Zeit unterstützt und mir den Rücken gestärkt haben.

Zunächst gilt mein Dank meinem Doktorvater, Herrn Prof. Dr. Sebastian Abeck. Er hat mir stets dabei geholfen, die Richtung für meine Arbeit zu finden und stand mir dabei sowohl bei fachlichen aber auch bei persönlichen Fragen jederzeit zur Verfügung. Im Rahmen zahlreicher Diskussionen wurden die Fragestellungen geschärft und somit die wissenschaftliche Ausrichtung dieser Arbeit entscheidend geprägt. Ebenso danke ich Herrn Prof. Dr. Ralf Reussner für die Übernahme des Korreferats. Die hierbei entstandenen Anregungen haben geholfen, der Arbeit den letzten Feinschliff zu verleihen.

Des Weiteren möchte ich mich bei meinen Kollegen, Aleksander Dikanski, Dr. Christian Emig, Philip Hoyer, Dr. Stefan Link, Dr. Christof Momm und Ingo Pansa bedanken. Ohne das freundschaftliche und harmonische Verhältnis und den stets vorhandenen Teamgeist wäre ein wissenschaftliches und effizientes Arbeiten in dieser Form nicht möglich gewesen.

Ebenso möchte ich allen Studierenden, die ich in dieser Zeit betreut habe, meinen Dank aussprechen. Die Diskussionen mit ihnen haben häufig neue Ideen hervorgebracht, die auch in wertvollen Diskussionen geendet haben. Stellvertretend bedanke ich mich bei meinen Diplomanden, Marc Baumgartner, Martin Blersch, Stephan Oehlert, Suad Sejdovic und Tobias Utz.

Abschließend danke ich meiner Familie und dabei insbesondere meinen Eltern und meiner Schwester. Ohne das stets felsenfeste Vertrauen und den Rückhalt in schwierigen Zeiten wäre diese Arbeit nicht möglich gewesen. Sie haben mich in jeder Situation bedingungslos unterstützt und mir hierdurch die notwendigen Freiheiten und die erforderliche Kraft gegeben.

Karlsruhe, August 2011   Dr. Michael Gebhart

Inhaltsverzeichnis

1 Einleitung   **1**

1.1 Motivation und Gegenstand 1

1.2 Betrachtetes Szenario 3

1.3 Problemstellungen 5

1.4 Zielsetzungen und Beiträge dieser Arbeit 7

1.5 Prämissen der Arbeit 10

1.6 Aufbau der Arbeit 12

2 Grundlagen   **15**

2.1 Dienste und dienstorientierte Architekturen 15

    2.1.1 Der Dienstbegriff 15

    2.1.2 Dienstorientierte Architektur 16

2.2 Dienstentwurf 18

    2.2.1 Entwurf von Diensten in Entwicklungsprozessen 18

    2.2.2 Dienstschnittstelle 20

    2.2.3 Dienstkomponente 21

2.3 SoaML als Standard zur Modellierung dienstorientierter Architekturen 21

    2.3.1 Modellierung abstrakter Fähigkeiten 22

    2.3.2 Modellierung von Dienstentwürfen 23

2.4 Qualitätseigenschaften für Dienste 30

    2.4.1 Eindeutige Kategorisierung 31

    2.4.2 Auffindbarkeit 33

    2.4.3 Lose Kopplung 33

    2.4.4 Autonomie 34

    2.4.5 Weitere Qualitätseigenschaften 34

2.5 Bestimmung von Qualitätseigenschaften 38

    2.5.1 Qualitätsteilmerkmale und -eigenschaften 38

    2.5.2 Qualitätsindikatoren und Metriken 38

    2.5.3 Skalenniveaus 40

3 Stand der Forschung   **43**

3.1 Anforderungen 43

    3.1.1 Beschreibung der Anforderungen 43

    3.1.2 Anforderungskatalog 45

3.2 Bewertung bestehender Arbeiten 45

    3.2.1 Erradi et al.: Service Oriented Architecture Framework (SOAF) 45

    3.2.2 Perepletchikov et al.: Formalising Service-Oriented Design 47

    3.2.3 Erl: Service-Oriented Analysis and Design 49

3.2.4   OMG: Service oriented architecture Modeling Language (SoaML) 52

3.2.5   Engels et al.: Quasar Enterprise 54

3.2.6   Humm et al.: Normalform für Services..57

3.2.7   IBM: Rational Unified Process for
Service-Oriented Modeling and Architecture (RUP/SOMA) 59

3.3   Zusammenfassung und Handlungsbedarf 61

4   Entwurfsprozess   63

4.1   Überblick...63

4.1.1   Einordnung in einen Entwicklungsprozess 64

4.1.2   Ablauf des Entwurfsprozesses 65

4.2   Artefakte der Geschäftsanalyse...67

4.3   Identifikation 75

4.3.1   Ableitung von Dienstkandidaten..77

4.3.2   Analyse und Überarbeitung der Dienstkandidaten.....................................81

4.4   Spezifikation..82

4.4.1   Ableitung von Dienstentwürfen 82

4.4.2   Analyse und Überarbeitung der Dienstentwürfe...91

4.5   Rekursive Fortsetzung des Entwurfsprozesses 92

4.6   Ausblick auf die Implementierungsphase 95

4.7   Resümee 101

5   Bestimmung von Qualitätseigenschaften   103

5.1   Identifikation von Qualitätsindikatoren 104

5.1.1   Eindeutige Kategorisierung..105

5.1.2   Auffindbarkeit 117

5.1.3   Lose Kopplung 125

5.1.4   Autonomie..135

5.2   Automatisierte Bestimmung der Qualitätsindikatoren...140

5.2.1   Ergänzung semantischer Hintergrundinformationen 141

5.2.2   Beispielhafte Formalisierung von Qualitätsindikatoren mit OCL 143

5.3   Resümee 148

6   Überarbeitung von Dienstkandidaten und Dienstentwürfen   151

6.1   Identifikation kritischer Stellen...152

6.1.1   Eindeutige Kategorisierung..153

6.1.2   Auffindbarkeit 157

6.1.3   Lose Kopplung 159

6.1.4   Autonomie..161

6.2   Automatisierte Identifikation kritischer Stellen 163

6.3   Bereitstellung von Handlungsalternativen 166

    6.3.1   Entwurfsentscheidungen 167

    6.3.2   Identifikation von Handlungsalternativen 171

    6.3.3   Bewertung von Handlungsalternativen..................................... 176

6.4 Resümee.. 176

7   Demonstration der Tragfähigkeit   179

7.1 Qualitätsorientierter Entwurf von Diensten für die Domäne
      der Umweltbeobachtung.. 180

    7.1.1   Geschäftsanalyse.. 181

    7.1.2   Dienstentwurf... 184

    7.1.3   Implementierung... 200

    7.1.4   Bewertung und Ausblick 204

7.2 Qualitätsorientierter Entwurf von Diensten für die Domäne
      Campus-Management... 205

    7.2.1   Geschäftsanalyse.. 206

    7.2.2   Dienstentwurf... 211

    7.2.3   Implementierung... 222

    7.2.4   Bewertung und Ausblick 225

7.3 Resümee.. 226

8   Bewertung und Ausblick   229

8.1 Beiträge der Arbeit... 229

    8.1.1   Entwurfsprozess... 229

    8.1.2   Bestimmung von Qualitätseigenschaften................................. 230

    8.1.3   Überarbeitung von Dienstkandidaten und Dienstentwürfen.... 231

    8.1.4   Tragfähigkeitsnachweise 231

8.2 Diskussion der Ergebnisse 232

    8.2.1   Nachvollziehbarkeit... 232

    8.2.2   Berücksichtigung gewünschter Qualitätseigenschaften........... 233

    8.2.3   Praktische Anwendbarkeit 233

    8.2.4   Plattformunabhängigkeit.. 234

    8.2.5   Resümee.. 234

8.3 Ausblick.. 236

Anhang   239

A.   Artefakte 241

B.   Abkürzungsverzeichnis.. 291

C.   Abbildungsverzeichnis... 295

D.   Tabellenverzeichnis 299

E.   Quelltextverzeichnis 301

F.   Literaturverzeichnis 303

G.   Index 317

1 Einleitung

1.1 Motivation und Gegenstand

Um eine hohe Flexibilität und Wirtschaftlichkeit bei der Anpassung von Unternehmens-
strukturen und Geschäftsprozessen zu erreichen, strukturieren Unternehmen ihre
Geschäftsmodelle und ihre Organisation heutzutage verstärkt anhand von
Geschäftsdiensten [EH+08]. Ein Geschäftsdienst stellt dabei eine geschäftliche Leistung
dar, die ein Dienstgeber gegenüber einem Dienstnehmer erbringt [EH+08]. Die Nutzung
des Dienstes ist dabei klar definiert, während der interne Ablauf in Form eines ggf.
komplexen Geschäftsprozesses vor dem Dienstnehmer verschattet bleibt. Im Rahmen
der Entwicklung neuer Dienstleistungen können die Geschäftsdienste variabel zu neuen
Geschäftsprozessen und dementsprechend Geschäftsdiensten kombiniert werden. Ein
Dienst nutzt somit ggf. andere Dienste, um die eigene Leistung zu erbringen [AL+03,
Jo08]. Da heutzutage eine Vielzahl geschäftlicher Leistungen durch Informations-
technologie (IT) im Sinne von betriebenen Anwendungen unterstützt wird, sind die IT
und damit einhergehend die den Anwendungen zugrunde liegenden Softwaresysteme
gefordert, schnell auf Änderungen geschäftlicher Anforderungen zu reagieren [He07,
KB+05]. Aus diesem Grund stellen Unternehmen ihre IT und somit die Architektur der
Softwaresysteme zunehmend passend zur Strukturierung der Organisation des
Unternehmens selbst auf eine dienstorientierte Architektur (engl. *Service-Oriented
Architecture*, SOA) um.

Motivation für den Einsatz einer dienstorientierten Architektur können
dementsprechend strategische Ziele wie bspw. die Unterstützung einer höheren
Flexibilität der Organisation [Er08, KB+05, TG+09], Kostentransparenz [BG+08,
TG+09] oder eine bessere Ausrichtung der Informationstechnologie an das Geschäft
[Al06, Er08] sein. Ebenfalls kann der Bedarf nach einer Integration bestehender
Anwendungen zur Umsetzung neuer Anforderungen der Auslöser für die Etablierung
einer dienstorientierten Architektur sein [KB+05, Li07]. In beiden Fällen werden mit
dem Einsatz einer dienstorientierten Architektur hinsichtlich der IT insbesondere Ziele
wie bspw. eine höhere Flexibilität bei Änderungen der geschäftlichen Anforderungen,
eine höhere Wiederverwendbarkeit existierender Funktionalität und eine einfachere
Wartbarkeit verknüpft [HJ06, Jo08, KB+05].

Innerhalb einer dienstorientierten Architektur werden Geschäftsdienste vollständig oder
teilweise durch IT in Form von Anwendungsdiensten automatisiert [EH+08, VA+05].
Die vorliegende Arbeit bezieht sich ausschließlich auf Anwendungsdienste, weshalb
diese im weiteren Verlauf dieser Arbeit kurz als Dienst bezeichnet werden. Ein Dienst

wird hierbei durch eine Softwarekomponente der Anwendungslandschaft implementiert, die selbst wieder andere Dienste nutzen kann, um die gewünschte Funktionalität zu erbringen, weshalb ein Dienst ggf. eine Komposition anderer Dienste darstellt [AL+03, Jo08]. Ein Dienst wird durch eine Schnittstelle beschrieben, die von der implementierenden Komponente exportiert wird [EH+08]. Die einen Dienst implementierende Softwarekomponente der Anwendungslandschaft wird auch als Dienstkomponente [IBM-RUP-SOMA07, OSOA-SCA1.0] (engl. *Service Component*) und die den Dienst beschreibende Schnittstelle als Dienstschnittstelle (engl. *Service Interface*) bezeichnet [Er08]. Um die mit der Etablierung einer dienstorientierten Architektur verknüpften Ziele hinsichtlich der IT erreichen zu können, wird von Diensten die Einhaltung bestimmter struktureller Qualitätseigenschaften wie bspw. loser Kopplung oder Autonomie gefordert [EH+08, Jo08, Ri05]. Dabei werden diese Qualitätseigenschaften eines Dienstes direkt durch die Gestaltung seiner Bestandteile wie der Dienstschnittstelle und der implementierenden Dienstkomponente beeinflusst.

Im Rahmen der Etablierung einer dienstorientierten Architektur stellt der Entwurf von Diensten eine wesentliche Aufgabe dar [Er08, PR+08]. Dabei erfolgt innerhalb der Entwurfsphase zunächst ihre Identifikation und somit die erste grundlegende Entscheidung, welche Dienste mit welchen Fähigkeiten benötigt werden. Zu diesem Zeitpunkt werden die benötigten Dienste als Dienstkandidaten bezeichnet. Anschließend erfolgt eine detaillierte Spezifikation der Dienstkandidaten in Form jeweils eines Dienstentwurfs. Ein solcher Dienstentwurf beschreibt dabei zusätzlich die den Dienst beschreibende Dienstschnittstelle, die implementierende Dienstkomponente und ggf. die Dienstschnittstellen der Dienste, die zur Erbringung der Funktionalität genutzt werden [Er06, EH+08, IBM-RUP-SOMA07]. Der Dienstentwurf stellt die Grundlage für die Implementierung des Dienstes dar, weshalb er signifikant Einfluss auf die Gestaltung einer dienstorientierten Architektur ausübt und hierbei gleichzeitig die Qualitätseigenschaften des Dienstes beeinflusst. Dies schlägt sich wiederum auf das Potenzial nieder, inwieweit die mit der Etablierung einer dienstorientierten Architektur verknüpften Ziele hinsichtlich der IT erreicht werden können. Es ist daher erforderlich, die Entwurfsphase beginnend mit der Identifikation der Dienstkandidaten und ihrer darauffolgenden Spezifikation mit besonderer Sorgfalt durchzuführen, damit die gewünschten Qualitätseigenschaften des Dienstes wie bspw. lose Kopplung oder Autonomie bestmöglich erfüllt werden.

Um den IT-Architekten beim Entwurf der Dienste zu unterstützen, ist ein nachvollzieh-bares Vorgehen erforderlich, welches es ermöglicht, systematisch aus den Ergebnissen der Geschäftsanalyse wie bspw. Geschäftsanwendungsfällen als Repräsentation der von externen Geschäftsakteuren genutzten Geschäftsdienste und den zugrundeliegenden Geschäftsprozessen Dienstentwürfe zu erstellen. Diese müssen dabei derart gestaltet sein, dass ihre Umsetzung in Diensten mit ausgewählten Qualitätseigenschaften resultiert. Um stets die praktische Anwendbarkeit zu gewährleisten, ist zusätzlich der

Einsatz einer standardisierten Modellierungssprachen für Dienstentwürfe und entsprechende Formalisierungen der Qualitätseigenschaften auf Basis dieser Modellierungssprachen erforderlich, so dass ein Einsatz der Konzepte in verbreiteten Entwicklungswerkzeugen ermöglicht und die Anwendbarkeit der Konzepte gewährleistet wird.

1.2 Betrachtetes Szenario

Um die in dieser Arbeit behandelten Fragestellungen zu veranschaulichen, dient dieser Abschnitt dazu, das betrachtete Szenario vorzustellen und somit den Rahmen dieser Arbeit für die folgenden Kapitel festzulegen.

Geschäftsanalyse

Ausgangssituation des Szenarios stellen zunächst seitens des Geschäftsanalysten identifizierte geschäftliche Anforderungen in Form von Geschäftsanwendungsfällen und Geschäftsprozessen dar. Ein Geschäftsanwendungsfall repräsentiert einen Geschäftsdienst und somit eine geschäftliche Leistung, die ein externer Geschäftsakteur von dem betrachteten Geschäft in Anspruch nimmt [IBM-RUP-SOMA07]. Geschäftsprozesse hingegen realisieren Geschäftsanwendungsfälle und somit die zugrunde liegenden Geschäftsdienste von Unternehmen. Sie stellen eine Folge von Aktivitäten dar, deren Ablauf zur Erreichung eines bestimmten Ergebnisses notwendig ist [EH+08, GA09, Jo04]. Da es sich bei Geschäftsprozessen um eine zunächst logische und aus geschäftlicher Sicht motivierte Zusammenstellung von Aktivitäten handelt, können sich diese auf ggf. unterschiedliche Systeme beziehen. Im Kontext dienstorientierter Architekturen ist es Ziel, diese Geschäftsanwendungsfälle und Geschäftsprozesse durch IT und somit durch Dienste zu automatisieren.

Die Geschäftsanwendungsfälle und Geschäftsprozesse orientieren sich dabei an einem Domänenmodell, welches die Konzepte der betrachteten Domäne wie bspw. die Geschäftsentitäten und ihre Beziehungen beschreibt und somit zusätzlich ein einheitliches Vokabular schafft. Dies bedeutet, dass die Aktivitäten innerhalb der Geschäftsprozesse und die ggf. ausgetauschten Geschäftsentitäten den Begrifflichkeiten des Domänenmodells folgen. Hierdurch können Missverständnisse und Unklarheiten deutlich reduziert werden.

Des Weiteren können bereits Dienste existieren, die in einem Unternehmen betrieben und innerhalb eines Dienstinventars als Sammlung von Diensten gehalten und beschrieben werden [Er08, Er09]. Dieses Inventar an existierenden Diensten soll nach Möglichkeit zur Umsetzung der geschäftlichen Anforderungen genutzt werden. Können diese existierenden Dienste die geschäftlichen Anforderungen nicht vollständig abdecken, so ist eine Entwicklung neuer Dienste erforderlich. Auch in diesem Fall soll

auf das Dienstinventar zurückgegriffen werden, um existierende Dienste ggf. zu höher-
wertigen Diensten zu komponieren [Jo08], weshalb das Wissen über bereits existierende
Dienste direkt in die Gestaltung der Geschäftsprozesse, d.h. die Benennung der
Aktivitäten und ihre Granularität, einfließt. Falls die geschäftlichen Anforderungen
durch alleinige Komposition nicht vollständig erfüllt werden können, sind zusätzliche
Eigenentwicklungen erforderlich.

Dienstentwurf

Ausgehend von obiger Geschäftsanalyse sollen seitens des IT-Architekten die erforderlichen Dienste entworfen werden, um die beschriebenen Geschäftsanwendungsfälle und
zugrunde liegenden Geschäftsprozesse durch IT zu automatisieren. Die Entwicklung
neuer Dienstes kann dabei auf drei Arten, *Top-Down*, *Bottom-Up* und *Middle-Out*
erfolgen [Jo08]: Bei Anwendung des *Top-Down*-Ansatzes werden die Dienste
entwickelt, ohne existierende Dienste zu berücksichtigen. Hierzu werden zunächst notwendige Dienste identifiziert, im Detail spezifiziert und anschließend eine
Implementierung durch ein komponentenbasiertes Softwaresystem vorgenommen. Erst
zu diesem Zeitpunkt erfolgt die Betrachtung und ggf. Wiederverwendung existierender
Dienste. Für die Geschäftsanalyse bedeutet dies, dass existierende Dienste nicht in die
Gestaltung der Geschäftsprozesse mit einfließen. Dieser Ansatz kann jedoch zur Spezifikation von Diensten führen, deren Implementierung auf Basis der existierenden
Dienste und Systeme mit hohem Aufwand verknüpft ist. Entgegengesetzt dazu, werden
bei Anwendung des *Bottom-Up*-Ansatzes ausgehend von bereits zur Verfügung
stehender Funktionalität Dienste entworfen und zu komplexeren Diensten komponiert.
Hierbei besteht das Risiko in der Erstellung von Diensten, die in dieser Form nicht
benötigt und somit nicht genutzt werden oder die nur unter hohem Aufwand zu warten
sind. Aus diesem Grund ist eine Kombination beider Ansätze erforderlich, bei dem die
Anforderungen und gleichzeitig bestehende Funktionalität berücksichtigt werden,
bezeichnet als *Middle-Out*-Ansatz.

Das hier betrachtete Szenario folgt dem *Middle-Out*-Ansatz, indem bestehende Dienste
bei der Gestaltung der Geschäftsprozesse berücksichtigt und hierdurch mit den
Anforderungen bestmöglich in Übereinstimmung gebracht werden. Dies ist Aufgabe
des Geschäftsanalysten. Abhängig von der Anforderung, inwieweit existierende Dienste
und ggf. auch betriebene Anwendungen wiederverwendet werden sollen, orientieren
sich die Aktivitäten in den Geschäftsprozessen hinsichtlich Benennung und Granularität
an diesen bestehenden Diensten.

Im Rahmen der Umsetzung der geschäftlichen Anforderungen, ist es Aufgabe des IT-
Architekten den Entwurf der notwendigen Dienste durchzuführen. Hierzu ist es
erforderlich, zunächst die notwendigen Dienste in Form von Dienstkandidaten zu
identifizieren und in einem weiteren Schritt eine Spezifikation jedes einzelnen Dienstes
durchzuführen, die letztlich in einem Dienstentwurf pro Dienst resultiert.

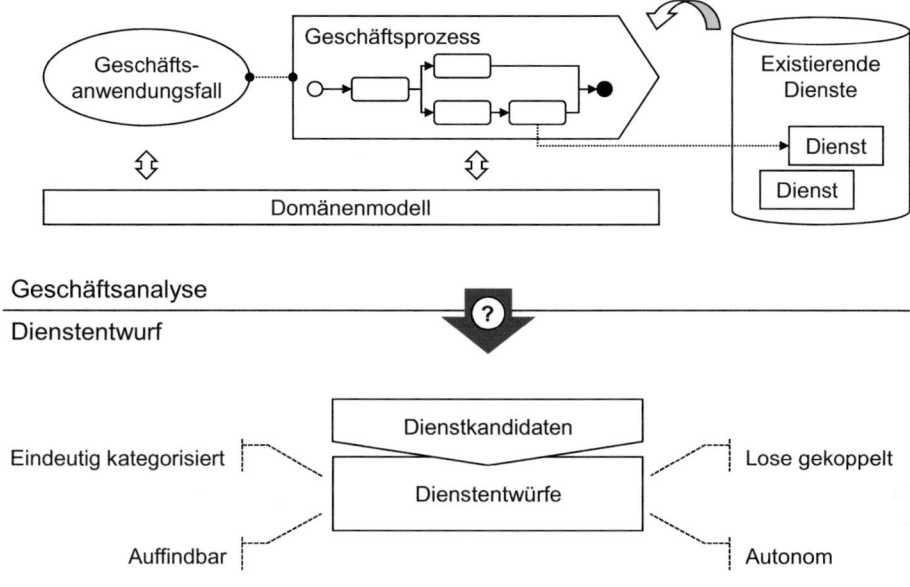

Abbildung 1: Betrachtetes Szenario

Der resultierende Dienstentwurf muss dabei derart gestaltet sein, dass Qualitätseigenschaften wie bspw. lose Kopplung und Autonomie bestmöglich erfüllt werden. Erst hierdurch ist eine Erreichung der Ziele, die mit der Etablierung einer dienstorientierten Architektur hinsichtlich der IT verknüpft sind, möglich. Abbildung 1 zeigt das in dieser Arbeit betrachtete Szenario.

1.3 Problemstellungen

Im Folgenden werden die Problemstellungen beschrieben, die im Kontext des betrachteten Szenarios auftreten. Sie bilden die Motivation für die darauffolgende Zielsetzung und somit die Grundlage für die Beiträge der vorliegenden Arbeit.

PS1: Systematischer Entwurf der Dienste

Um, wie in Abbildung 1 dargestellt, ausgehend von geschäftlichen Anforderungen in Form von Geschäftsanwendungsfällen, Geschäftsprozessen und dem zugrunde liegenden Domänenmodell Dienste entwerfen zu können, bedarf es eines systematischen Vorgehens, an dem sich der IT-Architekt orientieren kann. Dieses Vorgehen muss einzelne Schritte vorgeben, die im Rahmen des Entwurfs von Diensten durchlaufen werden müssen und die am Ende in Dienstentwürfen resultieren, so dass gewünschte Qualitätseigenschaften wie bspw. lose Kopplung bestmöglich erfüllt werden. Dabei darf das Vorgehen die Qualitätseigenschaften nicht fest vorschreiben, sondern muss dem IT-Architekten die Freiheit lassen, die für ihn relevanten Qualitätseigenschaften zu bestimmen und zwischen sich eventuell gegensätzlichen Qualitätseigenschaften auszuwählen. Des Weiteren darf das Vorgehen nicht auf bestimmte Domänen eingeschränkt sein, sondern muss auf beliebige Domänen angewandt werden können.

PS2: Analyse hinsichtlich Qualitätseigenschaften

Die erstellten Dienste sollen strukturelle Qualitätseigenschaften wie bspw. lose Kopplung oder Autonomie aufweisen. Um einen Dienstentwurf nachweislich mit Hinblick auf bestimmte Eigenschaften entwerfen zu können, ist es erforderlich, identifizierte Dienste in Form von Dienstkandidaten und komplett spezifizierte Dienstentwürfe auf ihre Eigenschaften hin analysieren zu können. Als Qualitätseigenschaften müssen die in der Literatur verbreiteten Eigenschaften genutzt werden können, die sich als Grundlage zur Erreichung der mit dienstorientierten Architekturen verknüpften Ziele bewährt haben. Ebenso muss es möglich sein, eine konkrete und standardisierte Modellierungssprache zur Formalisierung von Dienstentwürfen zu nutzen, auf deren Basis die Analyse erfolgt. Hierdurch können die entwickelten Konzepte in der Praxis angewandt und in bestehenden Entwicklungswerkzeugen genutzt werden. Für die Qualitätseigenschaften müssen daher geeignete Beschreibungen und ggf. beispielhafte Illustrationen vorliegen.

PS3: Formalisierung von Qualitätseigenschaften

Um die Analyse von Dienstkandidaten und Dienstentwürfen hinsichtlich Qualitätseigenschaften zu vereinfachen und sogar eine Quantifizierung der Qualitätseigenschaften zu ermöglichen, müssen, abgesehen von einer zunächst textuellen Beschreibung der Qualitätseigenschaften und beispielhaften Illustration, konkrete Formalisierungen angegeben werden. Diese Formalisierungen müssen dabei auf der konkreten und standardisierten Modellierungssprache für Dienstkandidaten und Dienstentwürfe basieren, um die Notwendigkeit einer Interpretation der Formalisierungen und somit eventuelle Interpretationsfehler zu vermeiden. Sofern möglich, sollen die Formalisierungen für eine automatisierte Bestimmung der Qualitätseigenschaften genutzt werden können.

PS4: Identifikation kritischer Stellen

Wurden Dienste identifiziert oder bereits spezifiziert, so stellt sich die Frage, ob diese die gewünschten Qualitätseigenschaften erfüllen. Abgesehen von der zuvor erwähnten Analyse von Dienstkandidaten und Dienstentwürfen hinsichtlich Qualitätseigenschaften, muss der IT-Architekt aktiv bei einer eventuellen Überarbeitung unterstützt werden. In diesem Zuge ist es daher erforderlich, dass kritische Stellen auf Basis der identifizierten Dienste in Form von Dienstkandidaten oder der bereits komplett spezifizierten Dienstentwürfe erkannt und dem IT-Architekten dargestellt werden. Dieser hat anschließend die Möglichkeit, die Dienstkandidaten oder die Dienstentwürfe zielorientiert und in Hinblick auf gewünschte Qualitätseigenschaften zu überarbeiten. Auch hierbei muss es möglich sein, eine konkrete Modellierungssprache zu nutzen, damit eine Integration in bestehende Entwicklungswerkzeuge erfolgen kann.

PS5: Bereitstellung von Handlungsalternativen

Wurden kritische Stellen identifiziert und dem IT-Architekten dargestellt, so ist für eine zusätzliche Unterstützung des IT-Architekten eine Bereitstellung von Handlungsalternativen erforderlich. Diese repräsentieren Vorschläge, wie ggf. eine Verbesserung der identifizierten Dienstkandidaten oder spezifizierten Dienstentwürfe im Hinblick auf Qualitätseigenschaften erzielt werden kann. Hierzu soll eine Identifikation geeigneter und zu berücksichtigender Entwurfsentscheidungen erfolgen, deren Durchführung die kritischen Stellen beeinflusst. Ebenso sollen soweit möglich die Auswirkungen verschiedener Handlungsalternativen auf die Qualitätseigenschaften direkt ermittelt und ebenfalls dem IT-Architekt als Grundlage zur Entscheidungsfindung bereitgestellt werden.

1.4 Zielsetzungen und Beiträge dieser Arbeit

Die aufgezeigten Problemstellungen, die im Kontext des Entwurfs von Diensten genannt wurden, stellen die Grundlage und Motivation für die vorliegende Arbeit dar.

Ziel der vorliegenden Arbeit ist es daher, ein systematisches Vorgehen für einen Entwurf von Diensten zu entwickeln, das durch Bestimmung formalisierter Qualitätseigenschaften und gezielter Überarbeitung in Dienstentwürfen mit gewünschten Qualitätseigenschaften resultiert.

Beitrag B1: Entwurfsprozess

Der erste Beitrag widmet sich dem prinzipiellen Vorgehen für einen qualitätsorientierten Entwurf von Diensten und adressiert daher die Problemstellung PS1. Dabei fokussiert dieser Beitrag die systematische Überführung von Artefakten der Geschäftsanalyse in Dienstkandidaten und von Dienstkandidaten in vollständig spezifizierte Dienstentwürfe, um die Nachvollziehbarkeit des Vorgehens zu gewährleisten. Hierzu werden bestehende Ansätze um zusätzliche Details angereichert, so dass der IT-Architekt klare Vorgaben erhält, wie er zu Dienstentwürfen gelangt, die ausgewählte Qualitätseigenschaften erfüllen. Auf diese Weise schafft der erste Beitrag gleichzeitig den Rahmen für die darauffolgenden Beiträge. Zur Modellierung von Dienstkandidaten und Dienstentwürfen wird die Service oriented architecture Modeling Language

(SoaML) [OMG-SoaML1.0] als standardisierte Sprache der Object Management Group (OMG) eingesetzt. Aufgrund der bereits hohen Akzeptanz und zunehmenden Verfügbarkeit in Entwicklungswerkzeugen eignet sich diese Sprache auch als Grundlage für die konzeptionellen Ansätze, da somit eine Abstraktion von der späteren Plattform und gleichzeitig eine praktische Anwendbarkeit der Ergebnisse einhergehen. Im Rahmen des ersten Beitrags erfolgt zusätzlich eine Beschreibung der Überführung von Dienstentwürfen in Artefakte der darauffolgenden Implementierungsphase.

Beitrag B2: Bestimmung von Qualitätseigenschaften

Im Zuge der Identifikation von Dienstkandidaten und der darauffolgenden Spezifikation von Dienstentwürfen ist eine Überprüfung und somit Bestimmung von Qualitätseigenschaften erforderlich. Der zweite Betrag fokussiert daher die Problemstellungen PS2 und PS3. Hierzu werden im Rahmen des zweiten Beitrags die zunächst in der Literatur abstrakt beschriebenen Qualitätseigenschaften – im Konkreten die eindeutige Kategorisierung, die lose Kopplung, die Auffindbarkeit und die Autonomie – betrachtet und Qualitätsindikatoren abgeleitet, die sich direkt auf Basis von Dienstkandidaten und Dienstentwürfen bestimmen lassen und einen Hinweis darauf liefern, inwieweit eine bestimmte Qualitätseigenschaft ausgeprägt ist. Während zunächst textuelle Beschreibungen der Qualitätsindikatoren und beispielhafte Illustrationen auf Basis von SoaML zur Veranschaulichung geliefert werden, erfolgt zusätzlich eine Formalisierung der Qualitätsindikatoren. Durch diese Formalisierung, die sich ebenfalls an SoaML als konkrete und standardisierte Modellierungssprache für Dienstkandidaten und Dienstentwürfe orientiert, stehen dem IT-Architekten Informationen darüber zur Verfügung, wie eine Quantifizierung und demzufolge nachvollziehbare Bestimmung der Qualitätsindikatoren erfolgen kann. Auf diese Weise werden notwendige Interpretationen der textuellen Beschreibungen und eventuell einhergehende Interpretationsfehler verhindert. Abschließend erfolgt eine Formalisierung beispielhafter Qualitätsindikatoren mittels der Object Constraint Language (OCL) [OMG-OCL2.0] und hierdurch eine Demonstration einer automatischen Bestimmung der Qualitätsindikatoren und somit der Qualitätseigenschaften.

Beitrag B3: Überarbeitung von Dienstkandidaten und Dienstentwürfen

Wurden die Qualitätseigenschaften mittels der Qualitätsindikatoren bestimmt und somit Dienstkandidaten oder Dienstentwürfe analysiert, so stellt sich die Frage nach Möglichkeiten zur Überarbeitung der erstellten Modelle, um die Qualitätseigenschaften gezielt zu beeinflussen. Der dritte und abschließende Beitrag adressiert demnach die Problemstellungen PS4 und PS5. Hierzu wird im Rahmen dieses Beitrags zunächst ein Vorgehen vorgestellt, um ausgehend von den Modellelementen, auf die sich die Qualitätsindikatoren beziehen, kritische Stellen zu identifizieren. Diese geben dem IT-Architekten Anhaltspunkte darauf, welche Modellelemente ggf. die Ursache für einen unzureichenden Qualitätsindikator darstellen. Hierbei wird zusätzlich gezeigt, wie eine automatisierte Identifikation kritischer Stellen unter Nutzung von OCL und aufbauend auf den vorherigen Formalisierungen für ausgewählte Qualitätsindikatoren erfolgen kann. Im Anschluss daran wird die Verknüpfung von Qualitätsindikatoren zu Modellelementen genutzt, um dem IT-Architekten Handlungsalternativen bereitzustellen, die in einer gezielten Veränderung der betrachteten Qualitätsindikatoren und somit Qualitätseigenschaften resultieren.

Demonstration der Tragfähigkeit

Zur Demonstration der Tragfähigkeit werden die konzeptionellen Beiträge auf zwei konkrete Anwendungsfälle aus der Praxis angewandt, die wiederum in zwei unterschiedlichen Domänen angesiedelt sind. Durch die Nutzung der Beiträge für den qualitätsorientierten Entwurf von Diensten innerhalb der betrachteten Anwendungsfälle und der anschließenden Bewertung der Ergebnisse werden die Anwendbarkeit und die Effektivität des Ansatzes gezeigt.

Am Fraunhofer-Institut für Optronik, Systemtechnik und Bildauswertung (IOSB) erfolgt die Entwicklung des Systems "Network Enabled Surveillance and Tracking" (NEST). Hierbei handelt es sich um ein Eigenforschungsprojekt des IOSB zur vernetzten Gebäudeüberwachung [BE+08, MR+10]. Aufbauend auf der Idee von NEST werden in der Forschungsgruppe Cooperation & Management (C&M) am Karlsruher Institut für Technologie (KIT) Anwendungen innerhalb der Domäne der personenzentrieren Umweltbeobachtung, auch bezeichnet als "Human-centered EnviRonmental Observation" (HERO), entwickelt. Ähnlich wie in NEST werden hierbei Informationen aus der Umwelt verarbeitet, um hierauf aufbauend komplexere Dienste anzubieten. Im Rahmen von HERO werden bei C&M Studierendenassistenzsysteme erstellt, die den Studierenden am KIT unterstützen sollen. So wird derzeit eine HERO-Anwendung mit Namen KITCampusGuide entwickelt, welche den Studierenden über den Campus des KIT begleiten soll. Die Entwicklung des KITCampusGuide erfolgt hierbei dienstorientiert, weshalb im Rahmen des ersten Tragfähigkeitsnachweises die in dieser Arbeit entwickelten Konzepte genutzt wurden, um die erforderlichen Dienste des KITCampusGuide zu entwerfen, so dass diese eine eindeutige Kategorisierung, lose Kopplung, Auffindbarkeit und Autonomie aufweisen.

Am KIT werden im Rahmen des Projektes "Karlsruher IntegriertesInformations Management" (KIM) Dienste entwickelt und betrieben, um die verteilten Hochschulsysteme innerhalb eines Portals, dem Studierenden-Portal am KIT, zu integrieren [AB+08]. Dabei stellt die Anbindung neuer Systeme, die in die bestehende Landschaft integriert werden müssen, stets eine Herausforderung dar. So erfolgt zum Zeitpunkt dieser Arbeit eine Migration des bestehenden Campus-Management-Systems nach CAS Campus, welches das Campus-Management-System der CAS Software AG darstellt. Hierzu ist es erforderlich, dass sich CAS Campus geeignet in die bestehende Anwendungslandschaft integriert, was sich aufgrund unterschiedlich entworfener Dienste als schwierig erweist. Da eine Erfüllung gewünschter Qualitätseigenschaften wie bspw. loser Kopplung zur Flexibilität der Architektur beiträgt, wird hierdurch auch die Integration neuer Systeme vereinfacht. Aus diesem Grund wird im Rahmen des zweiten Tragfähigkeitsnachweises am Beispiel der Beantragung eines Diploma Supplement gezeigt, wie mittels der hier vorgestellten Konzepte Dienste für die Domäne Campus-Management mit eindeutiger Kategorisierung, loser Kopplung, Auffindbarkeit und Autonomie als Qualitätseigenschaften entworfen werden konnten.

1.5 Prämissen der Arbeit

Da das Forschungsthema eines qualitätsorientierten Entwurfs von Anwendungsdiensten einen umfangreichen Themenkomplex darstellt, werden im Folgenden Prämissen vorgestellt, unter denen die Beiträge der Arbeit erstellt wurden.

Prämisse P1: Betrachtung zur Entwurfszeit

Der zu entwickelnde Dienst wird zur Entwurfszeit betrachtet, d.h. die Analyse hinsichtlich Qualitätseigenschaften und die Überarbeitung erfolgen auf Basis von Entwurfsmodellen. Die Implementierung wird somit nicht mit einbezogen, weshalb auch von konkreten Technologien abstrahiert wird. Somit werden auch spätere Ausführungsplattformen und deren Einflussfaktoren ausgeblendet und stattdessen der Fokus explizit auf den Dienst als Entwurfsartefakt gesetzt.

Prämisse P2: Interne und strukturelle Qualitätseigenschaften

In der vorliegenden Arbeit werden ausschließlich strukturelle Qualitätseigenschaften betrachtet. Hierbei handelt es sich um Qualitätseigenschaften, die sich aus den strukturellen Informationen von Diensten ableiten lassen und sich nicht auf das Laufzeitverhalten des Dienstes oder auf Zusicherungen im Rahmen einer Dienstgütevereinbarung (engl. *Service Level Agreement*, SLA) beziehen. Dabei fokussiert die vorliegende Arbeit als Qualitätseigenschaften die eindeutige Kategorisierung, die lose Kopplung, die Auffindbarkeit und die Autonomie von Diensten, da nach entsprechenden Untersuchungen in [GB+10] festgestellt wurde, dass für eine Bestimmung dieser Qualitätseigenschaften bereits zur Entwurfszeit umfangreiche Informationen vorliegen. Weitere Qualitätseigenschaften wie bspw. die Zustandslosigkeit oder die Idempotenz erfordern für eine aussagekräftige Bestimmung vorrangig Implementierungsdetails, die zum betrachteten Zeitpunkt noch nicht zur Verfügung stehen. Ebenso werden Qualitätseigenschaften, die nicht direkt auf Basis von Dienstentwürfen bestimmt werden können, wie bspw. die Performanz, die Warbarkeit oder die Zuverlässigkeit eines Dienstes nicht berücksichtigt. Diese externen

Qualitätseigenschaften [FP97] werden durch die internen und direkt auf Dienstentwürfen bestimmbaren Qualitätseigenschaften wie bspw. die lose Kopplung beeinflusst. In der vorliegenden Arbeit wird der Bezug zwischen externen und internen Qualitätseigenschaften als gegeben betrachtet und ausschließlich die internen und gleichzeitig strukturellen Qualitätseigenschaften adressiert.

Prämisse P3: Funktionale Korrektheit des Dienstentwurfs

Es wird vorausgesetzt, dass die entworfenen Dienste zum Zeitpunkt der Betrachtung, d.h. der Analyse hinsichtlich Qualitätseigenschaften und der Überarbeitung, aus funktionaler Sicht die geschäftlichen Anforderungen erfüllen. Es erfolgt somit keine Überprüfung des Dienstes auf seine funktionale Korrektheit oder auch funktionale Vollständigkeit. Erst hierdurch ist es möglich, eine korrekte Aussage hinsichtlich Qualitätseigenschaften zu treffen und auch geeignete Handlungsalternativen bereitzustellen.

Prämisse P4: Keine geschäftlichen Einschränkungen

Ein Dienst muss immer von einem Dienstgeber betrieben und im Rahmen einer durchgängigen Wartung mit Zuständigkeiten versehen werden. Eine Bereitstellung von Diensten oder auch die Änderung an Diensten im Zuge der Verbesserung seiner Qualitätseigenschaften kann daher auch eine organisatorische Änderung des Unternehmens nach sich ziehen. Es wird daher vorausgesetzt, dass der Entwurf von Diensten oder getätigte Änderungen nicht durch geschäftliche Belange wie bspw. Organisationsgrenzen eingeschränkt werden. Eine Betrachtung der Organisation selbst erfolgt lediglich im Rahmen der Geschäftsanalyse, um erforderliche Dienste zu identifizieren. Anschließend werden die Dienste unabhängig von derartigen Randbedingungen entworfen.

Prämisse P5: Umsetzbarkeit durch Software

Nach dem Entwurf von Diensten ist eine Implementierung dieser durch Softwaresysteme erforderlich. Es wird hierbei vorausgesetzt, dass durch zu nutzende Softwarekomponenten, Systeme oder Technologien, die nicht bereits in der Geschäftsanalyse berücksichtigt wurden, keine Einschränkungen hinsichtlich des Entwurfs der Dienste vorliegen. Ebenso wird eine Evolution der bestehenden Systeme unter Nutzung der neu entworfenen Dienste nicht adressiert. Die Identifikation der Dienste und die darauffolgende Spezifikation der Dienstentwürfe können daher zunächst unabhängig von derartigen Randbedingungen erfolgen.

1.6 Aufbau der Arbeit

Die vorliegende Arbeit ist, wie in Abbildung 2 veranschaulicht, in die folgenden acht Kapitel unterteilt: Nach einer Übersicht über das bearbeitete Thema und somit der Motivation für die vorliegende Arbeit in **Kapitel 1**, folgt die Beschreibung der Grundlagen in **Kapitel 2**. Hierbei werden grundlegende Begriffe im Kontext dienstorientierter Architekturen, der Modellierung von Diensten und der Bestimmung von Qualitätseigenschaften eingeführt, welche die Basis für die darauffolgenden Kapitel darstellen. In **Kapitel 3** folgt eine Beschreibung des aktuellen Stands der Forschung hinsichtlich des Entwurfs von Diensten mit Fokus auf deren resultierende Eigenschaften. Hierzu werden zunächst Anforderungen an eine Lösung für einen Entwurf von Diensten erarbeitet und anschließend bestehende Ansätze im Kontext von Entwurfsprozessen und zur Bestimmung von Qualitätseigenschaften untersucht und hinsichtlich der Anforderungen bewertet. Hieraus leitet sich der Handlungsbedarf ab, der die Grundlage für die Beitragskapitel darstellt.

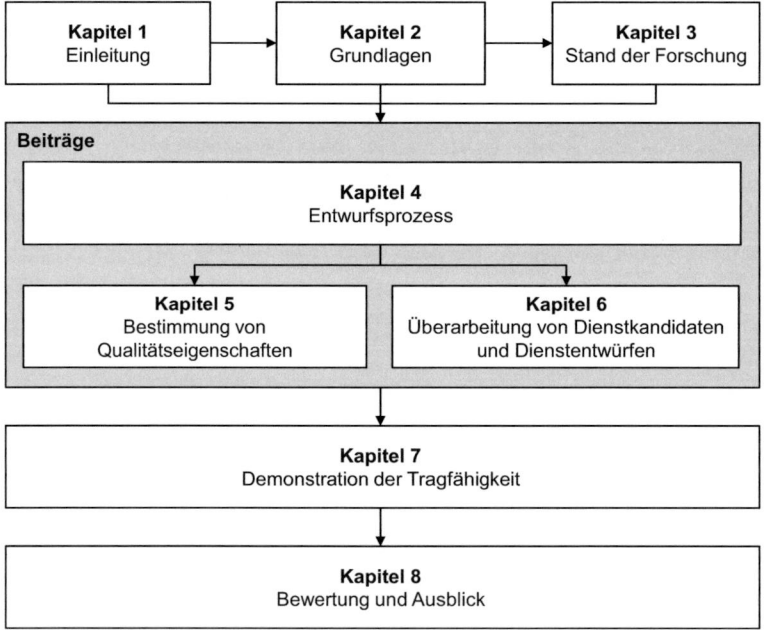

Abbildung 2: Aufbau der Arbeit

Kapitel 4 liefert den ersten Beitrag der vorliegenden Arbeit und fokussiert daher den Entwurfsprozess zur Erstellung von Dienstentwürfen mit gewünschten Qualitätseigenschaften. Dieses Kapitel schafft somit zusätzlich den Rahmen für die beiden darauffolgenden Beitragskapitel. **Kapitel 5** adressiert die Bestimmung von Qualitätseigenschaften, welche einen Bestandteil des Entwurfsprozesses aus dem vorherigen

Kapitel darstellt. Hierbei werden zunächst Qualitätsindikatoren auf Basis von Dienst-
kandidaten und Dienstentwürfen vorgestellt und anschließend Formalisierungen dieser
Qualitätsindikatoren vorgenommen. Die ggf. im Anschluss an eine Bestimmung von
Qualitätseigenschaften durchzuführende Überarbeitung von Dienstkandidaten und
Dienstentwürfen bildet den Schwerpunkt von **Kapitel 6**. Hierbei wird eine Methode zur
Identifikation kritischer Stellen und der Bereitstellung von Handlungsalternativen
vorgestellt.

Kapitel 7 demonstriert die Tragfähigkeit der entwickelten Konzepte durch Anwendung
an zwei Projekten aus der Praxis. Es werden dabei zwei konkrete Anwendungsfälle,
einmal aus der Domäne der personenzentrierten Umweltbeobachtung und einmal aus
der Domäne Campus-Management, betrachtet. In **Kapitel 8** folgt eine Bewertung der
erzielten Ergebnisse anhand der Anforderungen, die bereits zur Bewertung bestehender
Arbeiten herangezogen wurden. Ein Ausblick auf weitere Arbeiten im Kontext eines
qualitätsorientierten Entwurfs von Anwendungsdiensten schließt die Arbeit ab.

2 Grundlagen

Das folgende Kapitel dient der Einführung grundlegender Begriffe und Konzepte der vorliegenden Arbeit. Hierzu werden zunächst Dienste und dienstorientierte Architekturen allgemein definiert und daraufhin Dienstentwürfe als wesentlicher Bestandteil dieser Arbeit fokussiert. Im Anschluss erfolgt eine Einführung der Modellierung dienstorientierter Architekturen mittels der Service oriented architecture Modeling Language (SoaML). Anschließend werden die im Kontext dienstorientierter Architekturen gewünschten und in der Literatur verbreiteten Qualitätseigenschaften für Dienste vorgestellt. Grundlagen zur Bestimmung dieser Qualitätseigenschaften und eine Definition von in diesem Kontext relevanter Begriffe wie Qualitätsindikatoren und Metriken schließen das Kapitel ab.

2.1 Dienste und dienstorientierte Architekturen

Wesentlicher Ausgangspunkt für die in dieser Arbeit behandelten Fragestellungen stellen dienstorientierte Architekturen zur Strukturierung von Softwaresystemen und Anwendungslandschaften dar. Aus diesem Grund werden im Folgenden der Begriff des Dienstes und die darauf basierende dienstorientierte Architektur definiert.

2.1.1 Der Dienstbegriff

Der Dienstbegriff (engl. *Service*) kann zunächst unabhängig von jeglicher IT-Unterstützung betrachtet werden. So definiert das Deutsche Institut für Normung (DIN) in DIN EN ISO 9000:2005 eine Dienstleistung, welche als Synonym zu einem Dienst verstanden werden kann, als …

> … *das Ergebnis mindestens einer Tätigkeit, die notwendigerweise an der Schnittstelle zwischen dem Lieferanten und dem Kunden ausgeführt wird und üblicherweise immateriell ist.*

Diese Definition zeigt, dass ein Dienst stets an seiner Schnittstelle bereitgestellt und auch nur über diese Schnittstelle genutzt wird. Es ist somit für den Dienstnehmer (Kunde) ausschließlich das von außen sichtbare Verhalten an der Dienstschnittstelle des Dienstes von Interesse. Die zugrunde liegenden Interna des Dienstgebers (Lieferanten), die zur Erbringung des Dienstes führen, müssen seitens des Dienstnehmers nicht eingesehen werden, um den Dienst zu verstehen und zu nutzen, und sollen ggf. auch nicht eingesehen werden können.

Übertragen auf die IT findet das Konzept des Dienstes bereits frühzeitig Anwendung im Kontext verteilter Systeme [AL+03]. So definiert das Referenzmodell zur *Open Systems Interconnection* (OSI) [Bl91, Zi80] das Konzept der Schichtung (engl. *Layering*) als Strukturierungstechnik, in der eine Schicht (engl. *Layer*) Funktionalität kapselt und über eine Menge an Diensten übergeordneten Schichten zur Verfügung stellt. Diese Funktionalität kann somit von übergeordneten Schichten genutzt und erweitert werden, weshalb Dienste auf einer Schicht ggf. eine Komposition von Diensten darunterliegender Schichten darstellen. Durch die Bereitstellung von Funktionalität über Dienste können einzelne Schichten unabhängig voneinander geändert werden, da nur der Dienst unverändert bleiben muss.

2.1.2 Dienstorientierte Architektur

Der Begriff der dienstorientierten Architektur (engl. *Service-Oriented Architecture*, SOA) wird in der Literatur vielfältig definiert und auch in unterschiedlichen Kontexten genutzt. Als die zwei grundlegenden Kontexte kann die dienstorientierte Architektur auf Unternehmensebene und auf Ebene der IT betrachtet werden. Aus diesem Grund ist eine Definition dieses Begriffs für die vorliegende Arbeit erforderlich.

In der Informatik hat sich der Begriff der Architektur zur Gestaltung von Software etabliert. Eine Softwarearchitektur kann gemäß Reussner et al. [RH06] definiert werden als …

> *... die grundlegende Organisation eines Systems, dargestellt durch dessen Komponenten, deren Beziehungen zueinander und zur Umgebung, sowie die Prinzipien, die den Entwurf und die Evolution des Systems bestimmen.*

Die Anwendung des Konzepts der Dienste auf die Anwendungslandschaft von Unternehmen und somit die eingesetzten Softwaresysteme führt zum Konzept der dienstorientierten Architektur. Hierbei stellen Dienste die wesentlichen Bausteine dar [KB+05], die Prinzipien wie bspw. der losen Kopplung oder Autonomie folgen sollen.

Die Motivation hinter dienstorientierten Architekturen liegt in den schnellen Änderungen, denen geschäftliche Abläufe innerhalb von Unternehmen heutzutage unterliegen. Die IT von Unternehmen muss diesen schnellen Änderungen gerecht werden und sich neuen Anforderungen anpassen können [Jo08]. Zusätzlich zur schnelleren Erfüllung von geschäftlichen Anforderungen nennt Erl [Er08] eine höhere Robustheit, Erweiterbarkeit, Flexibilität, Wiederverwendbarkeit und Produktivität als strategische Ziele. Diese Ziele decken sich mit denen anderer Quellen wie bspw. der Experton Group in [Li07]. Hier werden die Verbesserung der Agilität des Geschäfts und der Produktivität der IT, die Erhöhung der Anpassungsfähigkeit einer betrieblichen Informatik, die Wiederverwendbarkeit bestehender Systeme und die Unterstützung der fortlaufenden Prozessverbesserung eines Unternehmens als Ziele genannt. Diese Ziele werden dadurch erreicht, dass Dienste als betriebene Funktionalität bereitgestellt werden, die am Geschäft ausgerichtet sind (engl. *Business IT Alignment*) und zu komplexeren Diensten komponiert werden können. Die mit dienstorientierten Architekturen verknüpften Prinzipien oder Qualitätseigenschaften wie u.a. lose Kopplung und Autonomie stellen dabei die Grundlage dar, um diese strategischen Ziele bestmöglich zu erreichen. Eine dienstorientierte Architektur kann daher gemäß Erl [Er08] folgendermaßen definiert werden:

> *Service-oriented architecture represents an architectural model that aims to enhance the agility and cost-effectiveness of an enterprise while reducing the overall burden of IT on an organization. It accomplishes this by positioning services as the primary means through which solution logic is represented.*

> *As a result, building a technology architecture around the service-oriented architectural model establishes an environment suitable for solution logic that has been designed in compliance with service-orientation design principles.*

Bezogen auf die IT in einem Unternehmen, bezeichnen Engels et al. [EH+08] eine dienstorientierte Architektur als Brücke zwischen dem Geschäft und der IT. Die Dienste werden durch logische Komponenten implementiert, die wiederum durch betriebene physische Komponenten realisiert werden. Die Dienste sind jedoch im Gegensatz zu den physischen Komponenten am Geschäft ausgerichtet. Sie stellen somit eine abstrakte und technologieunabhängige Schicht dar, welche die Lücke zwischen dem Geschäft und der IT überbrückt. Des Weiteren wird ein Dienst gemäß Engels et al. durch eine logische Schnittstelle bereitgestellt, die von der logischen Komponente exportiert wird.

Unter Hinzunahme der vorher bereits eingeführten Komposition von Diensten veran-schaulicht folgende Abbildung das Zusammenspiel von Diensten und Komponenten in dienstorientierten Architekturen.

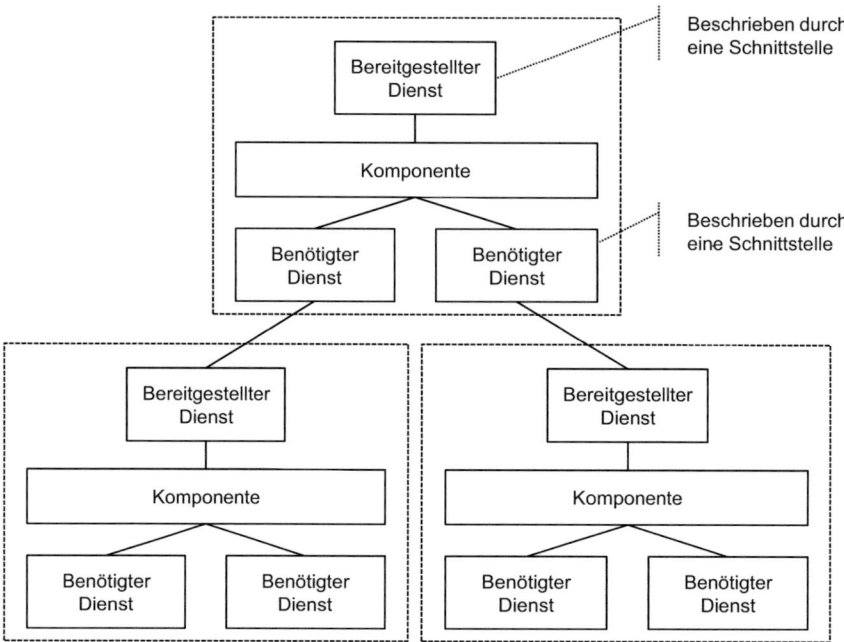

Abbildung 3: Dienste in dienstorientierten Architekturen

2.2 Dienstentwurf

Der Entwurf der erforderlichen Dienste stellt einen wesentlichen Bestandteil der Etablierung einer dienstorientierten Architektur dar. Da der Entwurf dieser Dienste das Ergebnis der Entwurfsphase und somit den Kern dieser Arbeit bildet, wird das Artefakt des Dienstentwurfs im Folgenden detailliert definiert. Erst hierdurch ist eine spätere korrekte und eindeutige Anwendung der identifizierten Qualitätsindikatoren möglich [MP06]. Für eine exakte Definition des Dienstentwurfs werden die in der Literatur beschriebenen Entwicklungsprozesse für Dienste herangezogen und ausgehend von den durchzuführenden Schritten die einzelnen Bestandteile eines Dienstentwurfs abgeleitet. In dieser Arbeit bezieht sich der Begriff des Dienstentwurfs auf den Entwurf eines einzelnen Dienstes, während die Sammlung an Dienstentwürfen auch als Diensteentwurf bezeichnet werden kann.

2.2.1 Entwurf von Diensten in Entwicklungsprozessen

Gemäß Erl [Er06] wird im Rahmen der dienstorientierten Entwurfsphase für Basisdienste insbesondere die Dienstschnittstelle eines Dienstes erstellt. Für komponierte Dienste werden zusätzlich andere erforderliche Dienste identifiziert und die Komposition zur Verschaltung dieser Dienste spezifiziert. Unter einer Dienstschnittstelle werden hierbei die Aspekte verstanden, wie sie auch durch die Web Services Description Language (WSDL) [W3C-WSDL1.1] abgedeckt werden: Es erfolgt somit eine Beschreibung der seitens des Dienstes bereitgestellten Operationen, der hiermit verknüpften Eingabe- und Ausgabenachrichten und dabei genutzten Datentypen. Die Komposition hingegen wird anhand der Business Process Execution Language (BPEL) [OASIS-WSBPEL2.0] durchgeführt und beschreibt somit die genutzten Dienste, sowie deren Dienstschnittstellen, die erforderlichen Operationen auf Seite des Dienstnehmers der Komposition, um bspw. *Callbacks* entgegenzunehmen, und den internen Ablauf, d.h. die eigentliche Komposition.

Der Rational Unified Process for Service-Oriented Modeling and Architecture (RUP/SOMA) von IBM [IBM-RUP-SOMA07] beginnt mit einer Erstellung der Dienstspezifikation. Die Dienste selbst werden anschließend in Beziehung gesetzt und hierdurch Abhängigkeiten modelliert. Ebenso werden die Kompositionen und Entwürfe der Dienstkomponenten durchgeführt. Unter einer Dienstspezifikation wird hier, ähnlich zur Dienstschnittstelle in Erl [Er06], vor allem die Beschreibung der bereitgestellten Operationen und damit verknüpften Nachrichten verstanden. Das interne Verhalten der Dienstkomponente wird in RUP/SOMA zunächst unabhängig von der Ausführungsumgebung mit Aktivitätsdiagrammen und anschließend mit BPEL beschrieben und deckt sich somit ebenfalls mit dem Verständnis von Erl. Das Artefakt der Dienstkomponente wird in RUP/SOMA wie folgt definiert:

This artifact is intended for use in describing the realization of a service specification. A service component may provide the realization for one or more services by the realization of multiple service specifications. The set of model elements on the inside of the component represent the concrete realization of the structural, behavioral, and policy contract described by these service specifications.

Engels et al. [EH+08] beginnen den Entwurfsprozess mit einer Beschreibung der Schnittstelle, über die der Dienst bereitgestellt wird. In einem weiteren Schritt werden die zugrunde liegenden Komponenten spezifiziert, die den Dienst implementieren und die Schnittstelle exportieren. In diesem Kontext erfolgt auch eine Beschreibung der Abhängigkeiten und der konkreten Kompositionen zwischen den Diensten. Auch diese Beschreibung deckt sich mit denen von Erl und RUP/SOMA. Allerdings führen Engels et al. zusätzlich eine Dienstbeschreibung ein, die den Dienst um teilweise semantisches Wissen und auch die Interaktion zwischen Dienstnehmer und Dienstgeber beschreibt. Im Falle eines Aufrufs des Dienstes erfolgt die Kommunikation zwischen Dienstnehmer und Dienstgeber auf Basis des beschriebenen Protokolls [DJ+05].

Ausgehend von diesen Entwicklungsprozessen lässt sich daher übereinstimmend mit der in Abbildung 3 dargestellten Beschreibung eines Dienstes zusammenfassen, dass sich ein Dienstentwurf eines Dienstes, der im Rahmen der Entwurfsphase erstellt wird, aus einer Dienstschnittstelle und einer Dienstkomponente zusammensetzt. Dies deckt sich mit der Definition von Papazoglou [Pa03]:

> *The fundamental logical view of a service in the basic SOA is that it is a service interface and implementation.*

Die Dienstschnittstelle und die Dienstkomponente werden im Folgenden aufbauend auf den Informationen aus obigen Entwicklungsprozessen detailliert beschrieben.

2.2.2 Dienstschnittstelle

Die Dienstschnittstelle dient der Beschreibung eines Dienstes und ermöglicht den Zugriff auf einen Dienst. Ein Dienstnehmer kann dabei nur die Dienstschnittstelle einsehen, während die den Dienst realisierende Dienstkomponente und eventuell benötigte andere Dienste verborgen bleiben. Die Dienstschnittstelle kann daher als Repräsentation des Dienstes nach außen hin angesehen werden [Er06]. Dies setzt voraus, dass die Dienstschnittstelle alle notwendigen Informationen bereitstellt, die ein potenzieller Dienstnehmer benötigt, um mit dem Dienstgeber zu interagieren. Sie umfasst dabei ausgehend von den Entwicklungsprozessen, wie sie in Erl [Er06], RUP/SOMA [IBM-RUP-SOMA07] und Engels et al. [EH+08] vorgestellt werden, folgende Bestandteile:

Bereitgestellte Operationen

Der Dienstgeber stellt Dienstnehmern bestimmte Funktionalität zur Verfügung. Wie diese Funktionalität genutzt werden kann, wird über die Operationen der Dienstschnitt-stelle beschrieben. Ebenso werden in diesem Kontext die ausgetauschten Nachrichten spezifiziert.

Erforderliche Operationen

Ein Dienstnehmer muss ggf. selbst Operationen bereitstellen, um bspw. *Callbacks*, die in asynchronen Operationsaufrufen erforderlich sind, empfangen zu können. Auch in diesem Fall ist eine Spezifikation der ausgetauschten Nachrichten erforderlich.

Auftretende Rollen

Die im Kontext der Dienstnutzung auftretenden Rollen wie bspw. Dienstgeber und Dienstnehmer werden ebenfalls als Bestandteile der Dienstschnittstelle beschrieben.

Interaktionsprotokoll

Das Interaktionsprotokoll beschreibt, wie ein Dienstnehmer mit dem Dienstgeber interagieren muss, damit der Dienst ein gültiges Ergebnis liefert. So wird bspw. definiert, in
welcher Reihenfolge die Operationen aufgerufen werden müssen.

2.2.3 Dienstkomponente

Die Dienstkomponente implementiert die Funktionalität des Dienstes, die über die
Dienstschnittstelle angeboten wird, und beinhaltet somit die interne Logik. Diese ist
dem Dienstnehmer nicht einsehbar, sondern bleibt vor ihm verborgen. Der Zugriff auf
diese Logik kann ausschließlich über die Dienstschnittstelle erfolgen. Dabei umfasst
eine Dienstkomponente die folgenden Bestandteile:

Angebotene Dienste

Seitens der Dienstkomponente werden Dienste bereitgestellt, die wiederum durch
jeweils eine Dienstschnittstelle beschrieben sind.

Erforderliche Dienste

Damit eine Dienstkomponente die gewünschte Funktionalität erbringen kann, sind ggf.
weitere Dienste erforderlich. In diesem Fall wechselt der Dienstgeber seine Rolle und
wird selbst zum Dienstnehmer. Diese Dienste werden ebenfalls über eine Dienstschnittstelle beschrieben.

Internes Verhalten

Das interne Verhalten definiert die Logik der Dienstkomponente bspw. in Form eines
Ablaufs einzelner Operationsaufrufe. Im Falle von komponierten Diensten ist das
interne Verhalten über eine Komposition der erforderlichen Dienste beschrieben. Diese
legt fest, in welcher Reihenfolge welche Operationen der erforderlichen Dienste aufgerufen werden, um eine höherwertige Operation bereitzustellen.

2.3 SoaML als Standard zur Modellierung dienstorientierter Architekturen

Mit der Service oriented architecture and Modeling Language (SoaML) [OMG-
SoaML1.0] stellt die Object Management Group (OMG) einen Standard zur
Modellierung dienstorientierter Architekturen vor. Hierbei handelt es sich um eine
Spezifikation eines Metamodells und eines Profils auf Basis der UML ab Version 2.1,
die als Antwort auf den UML Profile and Metamodel for Services (UPMS) *Request for
Proposal* (RFP) entstanden ist. Die vorliegende Arbeit bezieht sich dabei auf den

Standard in der vorläufigen Version 1.0 Beta 1. Das Profil bzw. Metamodell definiert und zeigt anhand von Beispielen eine Reihe von Elementen, die zur Modellierung dienstorientierter Architekturen eingesetzt werden können. Ein mit diesen Elementen erstelltes Modell kann dabei als Abstraktion einer konkreten Implementierung der dienstorientierten Architektur verstanden werden. Die Elemente sind unabhängig von der später eingesetzten Technologie wie bspw. Webservices mit WSDL [W3C-WSDL1.1] zur Beschreibung der Schnittstelle. SoaML stellt einen vielversprechenden Standard zur Modellierung dienstorientierter Architekturen dar, der vor allem bisher proprietäre Sprachen in diesem Kontext ersetzen kann, wie im Falle des UML-Profile for Software Services von IBM [Jo05] bereits geschehen. Trotz seines Umfangs und seiner exakten Beschreibung, beschränkt sich der Standard auf die Beschreibung der zur Modellierung einsetzbaren Elemente und blendet konkrete Empfehlungen, wie bspw. die Dienste idealerweise entworfen werden sollten, aus. Der Standard beschreibt jedoch einige *Best Practices*, die im Kontext dienstorientierter Architekturen existieren und die sich mit in der Literatur verbreiteten Qualitätseigenschaften decken.

SoaML erlaubt dabei die Modellierung auf zwei konzeptionellen Ebenen: Zunächst ist es möglich das Zusammenspiel unabhängiger Teilnehmer (engl. *Participant*) zu modellieren. Bei einem Teilnehmer kann es sich um eine Organisation, ein System oder eine einzelne Softwarekomponente handeln. In diesem Fall wird das Konstrukt einer *ServicesArchitecture* genutzt. Ebenso ist es möglich, einzelne Teilnehmer mittels einer *ParticipantArchitecture* im Detail zu beschreiben. In beiden Fällen ist es erforderlich, Dienste zu modellieren, die seitens eines Teilnehmers bereitgestellt oder genutzt werden. Hierbei können zwei Abstraktionsebenen unterschieden werden: Die zunächst nur abstrakte Beschreibung von Fähigkeiten und die Bereitstellung dieser Fähigkeiten durch konkrete Dienste. Im Folgenden wird daher beschrieben, wie mit SoaML abstrakte Fähigkeiten und Dienstentwürfe modelliert werden können.

2.3.1 Modellierung abstrakter Fähigkeiten

Die Modellierung abstrakter Fähigkeiten (engl. *Capability*) dient der Identifikation von Diensten, indem zunächst eine Menge von Fähigkeiten gruppiert und letztlich Abhängigkeiten zwischen diesen Gruppierungen erstellt werden. In SoaML existiert hierzu der Stereotyp "Capability" als Erweiterung einer UML-Klasse, der letztlich eine solche Gruppierung repräsentiert. Die Operationen innerhalb einer Klasse dienen zur Modellierung der einzelnen Fähigkeiten. Mittels einer Verwendungsabhängigkeit (engl. *Usage Dependency*), d.h. einer mit "use" stereotypisierten Abhängigkeit, zwischen den stereotypisierten Klassen, können die Abhängigkeiten zwischen gruppierten Fähigkeiten spezifiziert werden. Die folgende Tabelle fasst die notwendigen Elemente aus SoaML zur Beschreibung abstrakter Fähigkeiten zusammen.

Tabelle 1: Modellierung abstrakter Fähigkeiten in SoaML

Konzeptionelles Element	Modellelement aus SoaML
Gruppe von Fähigkeiten	**Capability** (mit "Capability" stereotypisierte Klasse)
Fähigkeit	**Operation** innerhalb einer Capability
Abhängigkeit zwischen Gruppierungen	**Verwendungsabhängigkeit** (engl. *Usage Dependency*) zwischen Capabilities

Ausgehend von den identifizierten Modellelementen zeigt die folgende Abbildung drei modellierte Gruppierungen von Fähigkeiten inklusive ihrer Abhängigkeiten.

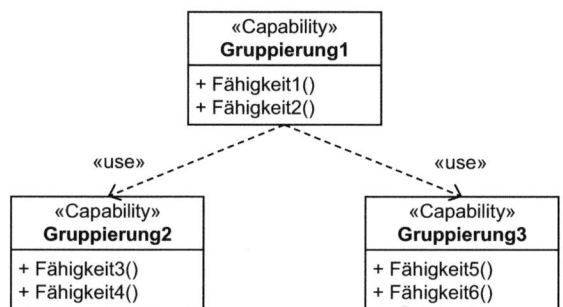

Abbildung 4: Modellierung abstrakter Fähigkeiten in SoaML

2.3.2 Modellierung von Dienstentwürfen

Zur Modellierung von Dienstentwürfen ist eine Beschreibung der Dienstschnittstellen und der Dienstkomponenten erforderlich.

2.3.2.1 Modellierung von Dienstschnittstellen

Für die Beschreibung von Dienstschnittstellen, sowohl für bereitgestellte als auch benötigte Dienste, existiert in SoaML der Stereotyp "ServiceInterface" als Erweiterung der Metaklasse "Class". Das ServiceInterface trägt den Namen des Dienstes. Die Formalisierung der Bestandteile einer Dienstschnittstelle ist in folgender Tabelle zusammengefasst.

Tabelle 2: Modellierung von Dienstschnittstellen in SoaML

Konzeptionelles Element	Modellelement aus SoaML
Dienstschnittstelle	**ServiceInterface** (mit "ServiceInterface" stereotypisierte Klasse)
Bereitgestellte Operation	**Operation** innerhalb einer Schnittstelle, die seitens des ServiceInterface realisiert wird
Erforderliche Operation	**Operation** innerhalb einer Schnittstelle, die über eine Verwendungsabhängigkeit (engl. *Usage Dependency*) mit dem ServiceInterface verknüpft ist
Auftretende Rolle	**Property** innerhalb des ServiceInterface Ein Property ist über die realisierte oder genutzte Schnittstelle der Dienstschnittstelle typisiert.
Interaktionsprotokoll	Ein Verhalten wie bspw. eine **Activity** Eine Activity kann in Form eines Aktivitätsdiagramms visualisiert werden. Dabei wird im Falle einer Activity für jede Rolle eine ActivityPartition und für jede aufzu-rufende Operation eine CallOperationAction innerhalb dieser ActivityPartition ergänzt. Handelt es sich bei dem Aufruf der Operation um einen asynchronen Aufruf, so wird das Attribut "IsSynchronous" auf "false", andernfalls auf "true" gesetzt. Die Activity selbst wird dem ServiceInterface als OwnedBehavior zugeordnet.
Bezug zu den abstrakten Fähigkeiten	**Dependency** vom ServiceInterface zur Capability, die mit dem Stereotyp "Expose" versehen ist

Abbildung 5 zeigt die Modellierung einer Dienstschnittstelle in SoaML. Der Name der Dienstschnittstelle sollte dem Namen des Dienstes entsprechen, weshalb im Folgenden exemplarisch der Name "ServiceName" vergeben wurde.

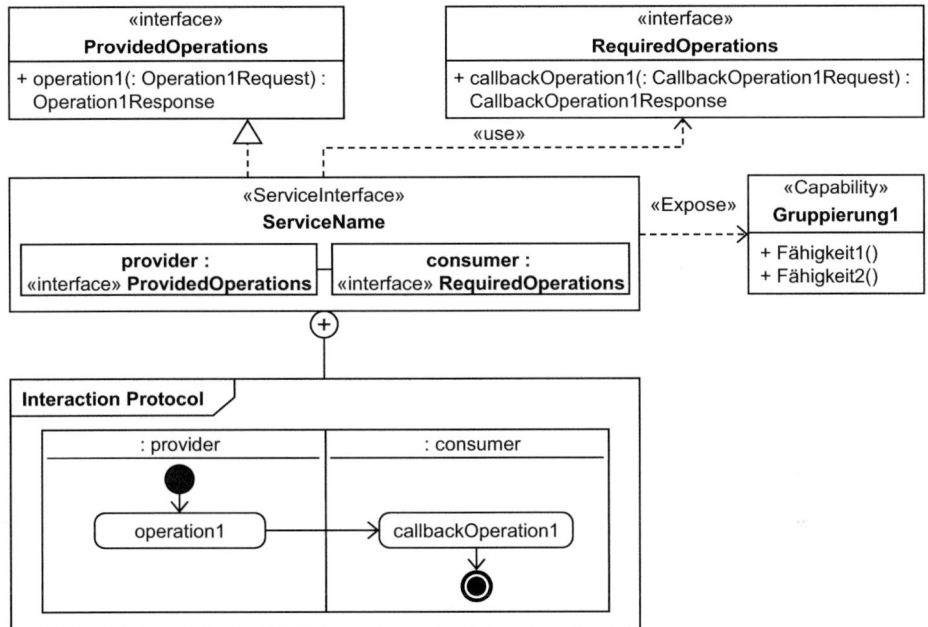

Abbildung 5: Modellierung einer Dienstschnittstelle in SoaML

Seitens des Dienstes wird eine Operation "operation1" angeboten, die Eingabe- und Ausgabenachrichten beinhaltet. Die diese Operation bereitstellende Rolle wird als "provider" bezeichnet. Ebenso wird eine Operation "callbackOperation1" auf Seiten des Dienstnehmers, als "consumer" bezeichnet, vorausgesetzt. Hierbei handelt es sich um eine *Callback*-Operation, d.h. um eine Operation, die das Ergebnis eines zuvor erfolgten asynchronen Aufrufs zurückliefert. Das Interaktionsprotokoll sieht vor, dass zunächst die angebotene Operation "operation1" und anschließend die *Callback*-Operation "callbackOperation1" aufgerufen werden.

Des Weiteren ist hervorzuheben, dass mit dem Wechsel von zunächst abstrakten Fähigkeiten zu konkreten Spezifikationen auch ein Wechsel hin zu technologienahen Beschreibungen vorgenommen wird. Aus diesem Grund kann in diesem Zuge auch ein Wechsel der Sprache erfolgen. Während sich die abstrakten Dienstkandidaten an den Anforderungen und somit der Sprache des Geschäfts orientieren, folgen die Spezifikationen vorher festzulegenden Konventionen. Aus diesem Grund werden die einzelnen Bestandteile ggf. auf Englisch benannt, obwohl die abstrakten Fähigkeiten auf Deutsch beschrieben wurden.

Mit der Spezifikation der Dienstschnittstelle geht außerdem eine Beschreibung der benötigten Nachrichten- und Datentypen einher. Neben dem klassischen Modell des *Remote Procedure Call* (RPC), findet mit dienstorientierten Architekturen häufig das Modell der dokumentenzentrierten Nachrichten Einzug [Er08]. Hierfür wurde in SoaML der Stereotyp "MessageType" als Erweiterung von DataType eingeführt. Ein MessageType kann selbst wieder aus ggf. mehreren DataTypes bestehen. Zur Beschreibung der Nachrichten- und Datentypen können die in der UML üblichen Konstrukte wie Attribute, Aggregationen, Kompositionen etc. eingesetzt werden. Eine Operation darf im Falle eines dokumentenzentrierten Ansatzes nur einen Parameter, d.h. die Nachricht, enthalten, während bei RPC mehrere Parameter möglich sind. Im Falle von RPC handelt es sich bei den Parametertypen direkt um herkömmliche Datentypen und keine explizit ausgezeichneten Nachrichtentypen. Abbildung 6 zeigt die Modellierung dokumentenzentrierter Nachrichten in SoaML.

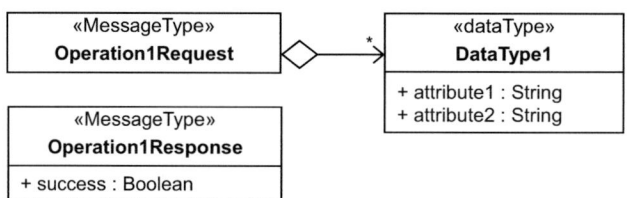

Abbildung 6: Modellierung von dokumentenzentrierten Nachrichten in SoaML

2.3.2.2 Modellierung von Dienstkomponenten

Zusätzlich zur Modellierung von Dienstschnittstellen ist die Modellierung von Dienstkomponenten erforderlich. SoaML sieht hierfür Komponenten mit dem Stereotyp "Participant" vor. Ein Participant kann dabei aus geschäftlicher Sicht als Person, Organisation oder System betrachtet werden. Ebenso kann ein Participant aus technischer Sicht ein System, eine Anwendung oder eine Komponente repräsentieren.

Die folgende Abbildung zeigt eine Dienstkomponente in SoaML. Hierbei werden ein Dienst bereitgestellt und zwei Dienste zur Erbringung der Funktionalität benötigt. Das interne Verhalten für die Operation "operation1" sieht zunächst die Ausführung einer internen Operation, d.h. einer von der Dienstkomponente eigenständig erbrachten Funktionalität, vor. Anschließend wird von dem ersten Dienst eine Operation aufgerufen. Bevor auf den *Callback* gewartet wird, erfolgt ein Aufruf einer Operation des zweiten benötigten Dienstes. Die Ausführung der Operation "operation1" endet mit einer Benachrichtigung des Dienstnehmers über dessen bereitgestellte *Callback*-Operation.

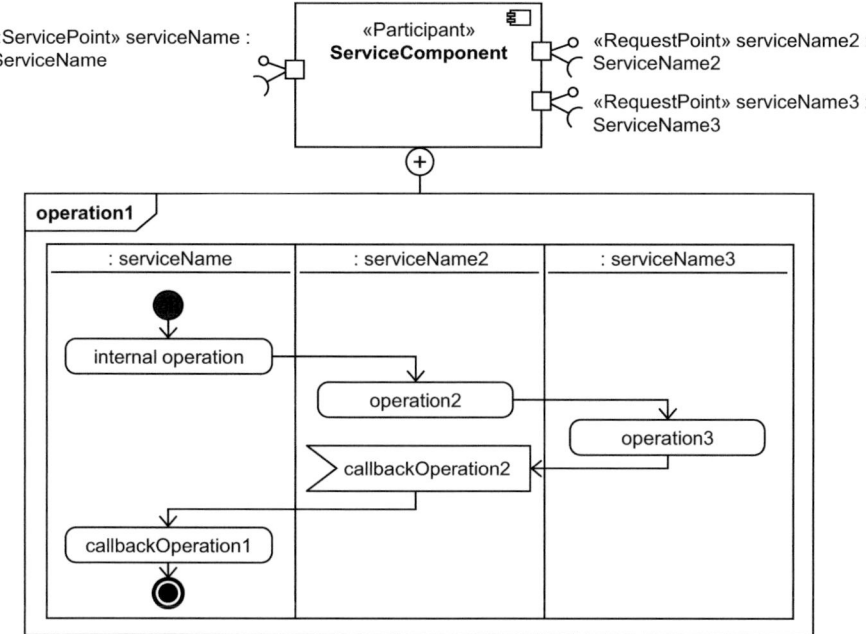

Abbildung 7: Modellierung einer Dienstkomponente in SoaML

Beim Entwurf einer Dienstkomponente kann es gewünscht sein, eigene Funktionalität ggf. selbst wieder in mehrere Dienste zu unterteilen. Ein Vorteil dieser Unteilung ist, dass diese feingranularere Funktionalität jederzeit anderen Teilnehmern als Dienst bereitgestellt oder mittels einfacher Umstrukturierung durch bereits bestehende Funktionalität ersetzt werden kann. Jedoch ist hierbei zusätzlich wünschenswert, dass solange dies nicht der Fall ist, diese Funktionalität vor anderen Dienstnehmern verschattet bleibt. Dies kann dadurch realisiert werden, dass eine Dienstkomponente selbst wieder in mehrere Dienstkomponenten unterteilt wird.

Die internen Dienstkomponenten stellen selbst Dienste bereit, die von außerhalb nicht genutzt werden können. Auf Wunsch können Anfragen von der übergeordneten Dienstkomponente an eine interne Dienstkomponente weitergeleitet, d.h. delegiert, werden. Des Weiteren werden im Falle einer Verteilung (engl. *Deployment*) der übergeordneten Dienstkomponente alle internen Dienstkomponenten ebenso verteilt. Folgende Abbildung zeigt eine Dienstkomponente mit mehreren internen Dienstkomponenten.

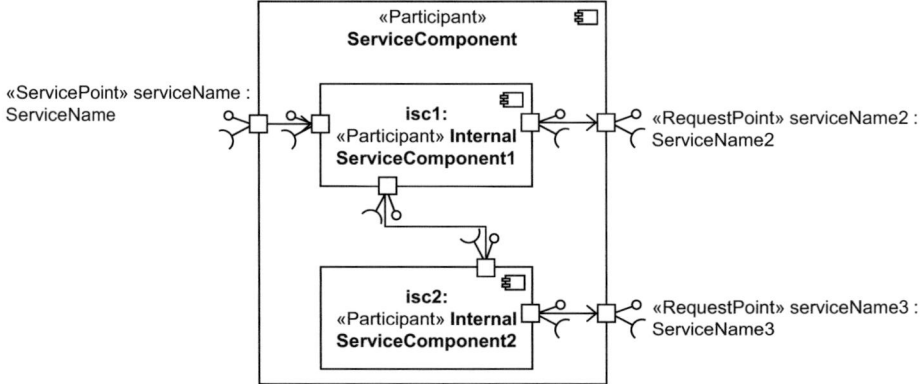

Abbildung 8: Interner Aufbau einer Dienstkomponente in SoaML

Bei den internen Dienstkomponenten handelt es sich um jeweils ein UML-Property vom Typ einer Dienstkomponente. Mittels Dienstkanälen (engl. *Service Channel*) zwischen den ServicePoints bzw. RequestPoints können Anfragen, die an die übergeordnete Dienstkomponente gestellt wurden, an eine interne Dienstkomponente delegiert und interne Dienstkomponenten untereinander verdrahtet werden, weshalb Dienstkanäle den Kommunikationspfad innerhalb von und zwischen verschiedenen Dienstkomponenten repräsentieren. Bei einem Dienstkanal in SoaML handelt es sich um einen Connector in UML mit dem Stereotyp "ServiceChannel". Für eine Delegation werden mittels des Dienstkanals zwei ServicePoints oder zwei RequestPoints verknüpft und das Kind-Attribut des Dienstkanals auf "Delegation" gesetzt. Für eine Verdrahtung von Dienst-komponenten wird ein ServicePoint mit einem RequestPoint oder ein RequestPoint mit einem ServicePoint verknüpft und mittels "Assembly" als Wert für das Kind-Attribut eine Verdrahtung signalisiert. Hinsichtlich der konkreten Syntax [SV+07] können die zwei Arten von Dienstkanälen, d.h. Delegation und Verdrahtung, anhand der vorhandenen oder nicht vorhandenen Pfeilspitze unterschieden werden. Die folgende Tabelle beschreibt zusammengefasst die Modellierung der Bestandteile von Dienst-komponenten.

Tabelle 3: Modellierung von Dienstkomponenten in SoaML

Konzeptionelles Element	Modellelement aus SoaML
Dienstkomponente	**Participant** (mit "Participant" stereotypisierte Kompo-nente)

Angebotener Dienst	**Port** am Participant mit Stereotyp "ServicePoint" Die diesen Dienst beschreibende Dienstschnittstelle, d.h. das ServiceInterface, wird als Typ des ServicePoint definiert.
Erforderlicher Dienst	**Port** am Participant mit Stereotyp "RequestPoint" Die diesen Dienst beschreibende Dienstschnittstelle, d.h. das ServiceInterface, wird als Typ des RequestPoint definiert.
Internes Verhalten	Eine **Activity** für jede Operation, die seitens der Dienstkomponente bereitgestellt wird Die Activity ist der Dienstkomponente als OwnedBehavior zugeordnet. Sie trägt dabei den Namen der Operation. Innerhalb einer Activity wird für den die Operation bereitstellenden ServicePoint und jeden RequestPoint eine ActivityPartition angelegt und darin die jeweiligen Operationen, die in den beschreibenden Dienstschnittstellen aufgeführt sind, als CallOperationAction ergänzt. Soll ein asynchroner Aufruf erfolgen, so wird das Attribut "synchronous" der CallOperationAction auf "false" gesetzt. Der *Callback* wird durch eine AcceptEventAction empfangen, die auf ein CallEvent wartet. Soll statt eines Aufrufes einer Operation ein Ereignis verschickt werden, so wird statt einer CallOperationAction ein SendSignal gewählt, welches ein Signal verschickt. Auf das Ereignis wird mittels einer AcceptEventAction reagiert, die auf ein SignalEvent wartet. Innerhalb der ActivityPartition des bereitgestellten Dienstes können zusätzlich Aktionen aufgeführt werden, die keiner bereitgestellten Operation entsprechen. In dem Fall handelt es sich um Aktionen, die seitens der Komponente eigenständig ausgeführt und daher mittels je einer OpaqueAction modelliert werden. Über einen Kontrollfluss innerhalb der Activity kann der Ablauf der Aktionen festgelegt und somit das Verhalten modelliert werden.

Interne Dienstkomponente	Ein **Property** mit der internen Dienstkomponente als Typ
Delegation einer Anfrage	Ein **ServiceChannel** zwischen zwei ServicePoints oder zwei RequestPoints Das Kind-Attribut des Dienstkanals ist hierbei auf den Wert "Delegation" gesetzt.
Verdrahtung interner Dienstkomponenten	Ein **ServiceChannel** zwischen einem ServicePoint und einem RequestPoint oder zwischen einem RequestPoint und einem ServicePoint Das Kind-Attribut des Dienstkanals ist auf den Wert "Assembly" gesetzt.

2.4 Qualitätseigenschaften für Dienste

Gemäß Reussner et al. [RH06] stellen Prinzipien, die den Entwurf und die Evolution eines Systems bestimmen, einen wesentlichen Bestandteil einer Softwarearchitektur dar. Die Anwendung dieser Prinzipien resultiert in Qualitätseigenschaften, die für die Komponenten des Systems wünschenswert sind. Der Begriff der Qualitätseigenschaft kann dabei wie folgt definiert werden:

> *Eine Qualitätseigenschaft beschreibt die Ausprägung des Qualitätsmerk-*
> *mals eines Systems durch quantifizierte Informationen.*

Ein Qualitätsmerkmal hingegen ist …

> *… die Eigenschaft einer Funktionseinheit, anhand derer ihre Qualität*
> *beschrieben und beurteilt wird, die jedoch keine Aussage über den Grad der*
> *Ausprägung enthält.*

So haben sich auch für dienstorientierte Architekturen Qualitätseigenschaften herauskristallisiert, die nach Möglichkeit für die Dienste erzielt werden sollten. Erst die Erreichung dieser Qualitätseigenschaften ermöglicht die mit der Einführung einer dienstorientierten Architektur verknüpften Vorzüge wie bspw. Flexibilität zu erlangen, welche wiederum als Qualitätseigenschaften der gesamten Architektur betrachtet werden können.

Die Berücksichtigung dieser Qualitätseigenschaften stellt somit einen wesentlichen Bestandteil bei der Erstellung von Diensten im Kontext dienstorientierter Architekturen dar, weshalb die in der Literatur verbreiteten Qualitätseigenschaften im Folgenden vorgestellt werden. Hierbei werden ausschließlich interne Qualitätseigenschaften wie bspw. die lose Kopplung betrachtet, die sich direkt auf Basis erstellter Dienste evaluieren lassen. Externe Qualitätseigenschaften wie bspw. die Wiederverwendbarkeit, die Wartbarkeit und die Flexibilität stellen eine Folgerung der internen Qualitätseigenschaften dar [FP97]. Der Zusammenhang zwischen internen und externen Qualitätseigenschaften wird von der vorliegenden Arbeit nicht adressiert. Beiträge hierzu wurden u.a. von Choi et al. in [CH+07, CK08] veröffentlicht. Eine Analyse der Qualitätseigenschaften in [GB+10] hat gezeigt, dass sich insbesondere die eindeutige Kategorisierung, die Auffindbarkeit, die lose Kopplung und die Autonomie bereits zur Entwurfszeit maßgeblich beeinflussen und somit auf Basis von Informationen, die zur Entwurfszeit zur Verfügung stehen, bestimmen lassen. Aus diesem Grund werden diese vier Qualitätseigenschaften im Folgenden detailliert vorgestellt und auch im weiteren Verlauf dieser Arbeit für eine Analyse von Diensten berücksichtigt. Die hierdurch getroffene Einschränkung ist möglich, da, aufgrund der Flexibilität des in dieser Arbeit vorgestellten Ansatzes, keine Vollständigkeit der betrachteten Qualitätseigenschaften erforderlich ist. Eine Erweiterung um zusätzliche Qualitätseigenschaften kann ohne Veränderung der erarbeiteten Konzepte im Nachhinein erfolgen.

2.4.1 Eindeutige Kategorisierung

Maier et al. [MN+09a], Cohen [Co07], Erl [Er06, Er08] und Engels et al. [EH+08] stellen in ihren Arbeiten Ansätze für eine eindeutige Kategorisierung von Diensten bzw. der zugrunde liegenden Dienstkomponenten vor. Hintergrund dieser Kategorisierung stellt die Trennung unterschiedlicher und die Bündelung gemeinsamer Funktionalität dar, weshalb gemäß Erl [Er08] durch die Kategorisierung die aus der Objektorientierung bekannte Kohäsion erzielt wird, was auch Vinoski in seiner Arbeit [Vi05] verdeutlicht. Das Konzept der Kohäsion wurde bereits in den 1970er Jahren geprägt [YC79]. Hierbei handelt es sich um ein zunächst abstraktes Konzept, welches ursprünglich aus Erfahrungen und Beobachtungen in der Softwareentwicklung hervorgegangen ist. Dabei ist das Konzept zunächst unabhängig von konkreten Technologien beschrieben, wird aber auf aktuelle Ansätze der Softwareentwicklung ausgeprägt, wie es mit der eindeutigen Kategorisierung für die Dienstorientierung der Fall ist. Die Trennung bzw. Bündelung von Funktionalität hinsichtlich bestimmter Kriterien wirkt sich dabei positiv auf die Wartbarkeit [BB+96, RH06, PR+07], Flexibilität [Pa72] oder Auffindbarkeit [MN+09a] von Software aus. Im Folgenden werden die in der Literatur eingeführten Kategorisierungen auf eine gemeinsame Kategorisierung vereinheitlicht und diese vorgestellt. Ein Dienst soll sich dabei immer explizit einer dieser Kategorien zuordnen lassen.

Entitätsdienst

Der in Erl [Er06, Er08] und Cohen [Co07] eingeführte Entitätsdienst (engl. *Entity Service*) entspricht der in Engels et al. [EH+08] genutzten Begrifflichkeit der Bestandskomponente und dem Geschäftsentitätsdienst (engl. *Business Entity Service*) in Maier et al. [MN+09a]. Ein Entitätsdienst fokussiert dabei die Verwaltung einer oder mehrerer zusammengehörender Geschäftsentitäten und ist meist auch nach diesen benannt. Beispiele für Entitätsdienste sind ein Rechnungsdienst oder ein Bestellungsdienst. Ein Entitätsdienst stellt somit agnostische, d.h. nicht prozessspezifische, Funktionalität zur Verfügung, weshalb er sich durch eine hohe Wiederverwendbarkeit auszeichnet. Verwaltet ein Dienst eine oder mehrere Geschäftsentitäten muss gemäß Engels et al. [EH+08] zusätzlich das Prinzip der Datenhoheit gelten. Dies bedeutet, dass ein Entitätsdienst exklusiv für die Verwaltung einer Geschäftsentität verantwortlich ist. Andere Dienste dürfen keine ähnlichen Aufgaben durchführen. Verwaltet ein Entitätsdienst mehrere Geschäftsentitäten, so müssen diese derart in Abhängigkeit zueinander stehen, dass eine Geschäftsentität ohne eine andere nicht existieren kann, weshalb diese gemeinsam verwaltet werden sollten. Durch die Kapselung von Funktionalität, die sich auf die Verwaltung einer oder mehrerer Geschäftsentitäten konzentriert und der Trennung von agnostischer und nicht-agnostischer Funktionalität, wird die Flexibilität, Wartbarkeit und Auffindbarkeit der Dienste erhöht.

Aufgabendienst

Ein Dienst, dessen Funktionalität nicht agnostisch ist und daher spezifisch für ausgewählte Geschäftsprozesse entwickelt wurde, wird gemäß Erl [Er06, Er08] als Aufgabendienst (engl. *Task Service*) bezeichnet. Diese Kategorie wird in Cohen [Co07] weiter unterteilt in Fähigkeitsdienst (engl. *Capability Service*), Aktivitätsdienst (engl. *Activity Service*), und Prozessdienst (engl. *Process Service*). In Engels et al. [EH+08] wird diese Kategorie durch Funktionskomponenten und Prozesskomponenten repräsentiert. Maier et al. [MN+09a] zerlegen diese Kategorie ebenfalls weiter in Geschäftsaktivitätsdienst (engl. *Business Activity Service*), Geschäftsregeldienst (engl. *Business Rule Service*) und Geschäftsprozessdienst (engl. *Business Process Service*). Durch diese Kategorie wird erreicht, dass nicht-agnostische Funktionalität aus hochgradig wiederverwendbaren Diensten in eigene Dienste ausgegliedert wird und somit die Wiederverwendbarkeit anderer Dienste nicht negativ beeinflusst wird.

Infrastrukturdienst

Stellt ein Dienst technische Funktionalität bereit, die lediglich die geschäftliche Funktionalität von Entitätsdiensten und Aufgabendiensten unterstützt, kann dieser Dienst gemäß Erl [Er06, Er08] und Maier et al. [MN+09a] als Infrastrukturdienst (engl. *Utility Service*) kategorisiert werden. Cohen [Co07] unterscheidet innerhalb dieser Kategorie zusätzlich zwischen Diensten, die der Kommunikation dienen (engl.

Communication Service) und Diensten, die technische Funktionalität bereitstellen, die über die Kommunikation hinausgeht. Die Trennung dieser technischen Funktionalität von geschäftlicher Funktionalität führt zu einer Trennung von sich unterschiedlich schnell ändernden Aspekten, was gemäß Reussner et al. [RH06] in einer höheren Wartbarkeit von Software und dementsprechend, übertragen auf die Dienstorientierung, in einer höheren Wartbarkeit der Dienste resultiert.

2.4.2 Auffindbarkeit

Wesentliches Ziel dienstorientierter Architekturen ist es, bereits bestehende Funktionalität in Form von Diensten wiederzuverwenden und zu neuer, höherwertiger Funktionalität zu verschalten. Hierzu ist es erforderlich, die benötigte Funktionalität in Form des Dienstes und der konkreten Operation des Dienstes auffinden zu können [CH+07]. Die Auffindbarkeit wird dabei bereits durch eine Kategorisierung der Dienste gefördert. Allerdings wird die Auffindbarkeit zusätzlich durch die Gestaltung eines einzelnen Dienstes beeinflusst. Damit ein Dienst gefunden wird, sollte bspw. die Benennung des Dienstes den geltenden Namenskonventionen folgen [MN+09b] und dabei Begriffe aus der Geschäftsdomäne nutzen, die den potenziellen Dienstnehmern vertraut ist [Jo08]. Auch sollten möglichst umfangreiche Informationen zu einem Dienst angegeben werden, damit ein potenzieller Dienstnehmer beurteilen kann, ob die von ihm an den Dienst gestellten Anforderungen erfüllt werden [Er08]. All diese Kriterien tragen dazu bei, dass bereits bestehende Funktionalität gefunden und die Wiederverwendbarkeit dieser Funktionalität gefördert wird.

2.4.3 Lose Kopplung

Die lose Kopplung zwischen Diensten stellt ein wesentliches Merkmal dienstorientierter Architekturen dar, um durch Verringerung von Abhängigkeiten die Skalierbarkeit, Fehlertoleranz, Flexibilität und Wartbarkeit der Systemlandschaft zu sichern [CH+07, HJ06, Jo08, PR+07b, RH06, EH+08, Ri05, OMG-SoaML1.0]. Zwischen Diensten innerhalb dienstorientierter Architekturen besteht in jedem Fall ein gewisses Maß an Kopplung, sobald ein Dienst einen anderen nutzt, um seine eigene Funktionalität zu erbringen. Um dennoch eine möglichst lose Kopplung zu erzielen, werden in der Literatur verschiedene Mechanismen vorgestellt: Die asynchrone Kommunikation bei langlaufenden Operationen stellt hierbei die bekannteste Form loser Kopplung dar [Jo08, EH+08]. Hierdurch wird eine Kommunikation zwischen Dienstnehmer und Dienstgeber sichergestellt, auch wenn eventuell der aufgerufene Dienst zum Zeitpunkt des Aufrufs nicht verfügbar ist oder der aufrufende Dienst während der Bearbeitung der langlaufenden Operation ausfällt. So muss der Dienstnehmer nicht auf das Ergebnis der Operation warten, so dass eine Anfrage ggf. auch zeitversetzt an einen anderen Dienstgeber delegiert werden kann. Zusätzlich kann der aufrufende Dienst während der

Bearbeitung der Operation ausgetauscht werden. Zusätzlich zur asynchronen Kommunikation sollten der aufrufende und der aufgerufene Dienst nach Möglichkeit unterschiedliche Datenschemata nutzen, um somit die Anzahl der zu ändernden Dienste im Falle einer Änderung eines Schemas zu reduzieren [Jo08]. Sollten dennoch gemeinsame Datenschemata genutzt werden, so sollte es sich hierbei um Schemata geringer Komplexität handeln, um die Wahrscheinlichkeit einer Änderung zu minimieren. Um die Abhängigkeiten weiter zu reduzieren, sind die bereitgestellten Operationen gefordert, ein hohes Abstraktionsniveau vorzuweisen [Er08, Jo08, MN+09]. Hierdurch wird erreicht, dass technische Details für den Dienstnehmer verborgen bleiben und der bereitgestellte Dienst somit unabhängig von der zugrunde liegenden Implementierung genutzt und diese ohne Abhängigkeiten von potenziellen Dienstnehmern ausgetauscht werden kann. Einen weiteren Faktor der losen Kopplung stellt das Bereitstellen von Kompensationen dar, um zustandsändernde Funktionalität umkehren zu können [Jo08, EH+08].

2.4.4 Autonomie

Gemäß Erl [Er08] kann unter der Autonomie eines Dienstes seine Selbstständigkeit und gemäß Josuttis [Jo08] – hier auch als Abgeschlossenheit bezeichnet – die Unabhängigkeit von anderen Diensten verstanden werden. Demnach müssen für eine hohe Autonomie die Abhängigkeiten zu anderen Diensten reduziert werden. Dies bedeutet zum einen, dass für die Erbringung der eigenen Funktionalität möglichst wenige andere Dienste erforderlich sein sollen. Ebenso wird eine geringe Abhängigkeit dadurch erzielt, dass für Funktionalität, die gewöhnlich im Zuge einer höherwertigen Funktionalität erbracht wird, möglichst wenig andere Dienste genutzt werden müssen. Dies bedeutet, dass ein Dienst einen definierten Funktionsbereich möglichst eigenständig erbringen soll und er ausschließlich für diesen Funktionsbereich zuständig ist. Die Funktionsgrenzen zwischen Diensten müssen demnach klar definiert sein und es darf keine Überlappungen der Funktionalität unterschiedlicher Dienste vorliegen. Sollte dies dennoch der Fall sein, so muss eine Dienstnormalisierung [Er09] durchgeführt werden, wodurch die Funktionsbereiche letztlich klar abgegrenzt und ein Dienst somit alleinig für einen bestimmten Bereich zuständig ist. Hierdurch wird verhindert, dass ein Dienst mit hoher Wahrscheinlichkeit nur unter Nutzung diverser anderer Dienste genutzt werden kann, da seine Funktionalität einen bestimmten Funktionsbereich nicht vollständig abdeckt.

2.4.5 Weitere Qualitätseigenschaften

In der Literatur sind vereinzelt weitere Qualitätseigenschaften aufgeführt, die in der vorliegenden Arbeit nicht näher betrachtet werden, da sie entweder bereits durch eine der berücksichtigten Qualitätseigenschaften abgedeckt werden oder für eine aussagekräftige Bestimmung Informationen erfordern, die zur Entwurfszeit nicht zur Verfügung stehen. Sie werden im Folgenden aus Gründen der Vollständigkeit inklusive einer kurzen Beschreibung und einer jeweiligen Begründung, weshalb eine explizite Betrachtung nicht erfolgt, aufgeführt.

Standardisierter Dienstvertrag

Gemäß Erl [Er08] muss ein Dienstvertrag, der im Wesentlichen aus der Dienstschnitt-stelle und ggf. weiteren beschreibenden Dokumenten besteht, vorliegen und dabei existierenden Standards folgen. Dies führt zu einer Interoperabilität zwischen den Diensten und reduziert die Notwendigkeit von Datentransformationen. Ebenso wird hierdurch die Austauschbarkeit der Dienste vereinfacht und die Konsistenz der Beschreibung von Diensten und ihre Interpretierbarkeit erhöht. Da durch die Nutzung von SoaML im weiteren Verlauf der Arbeit eine Standardisierung zur Beschreibung der Entwürfe und mit der möglichen Transformation in Technologien wie WSDL und BPEL eine inhärente Standardisierung des Dienstvertrags gegeben ist, wird diese Qualitätseigenschaft nicht weiter berücksichtigt.

Abstraktion

Die Abstraktion im Kontext von Diensten stellt sicher, dass Informationen, die für die Nutzung des Dienstes nicht erforderlich sind, vor dem Dienstnehmer verschattet werden [Er08]. Ein Dienst soll somit auf höherer Abstraktionsebene beschrieben sein und keine Implementierungsdetails offenlegen. Hierdurch wird erreicht, dass ein Dienst bzw. dessen Nutzung verständlicher, die Wiederverwendbarkeit erhöht und die Austausch-barkeit der Implementierung vereinfacht wird. Die Abstraktion findet sich in der Qualitätseigenschaft der losen Kopplung wieder, weshalb die Abstraktion in der vorliegenden Arbeit nicht explizit betrachtet wird.

Abgeschlossenheit

Die in Josuttis [Jo08] aufgeführte Abgeschlossenheit ist mit der in dieser Arbeit behandelten Autonomie vergleichbar, weshalb diese Qualitätseigenschaft bereits abge-deckt wird.

Zustandslosigkeit

Mit der Durchführung von Funktionalität eines Dienstes geht auch häufig ein Wechsel eines Zustands einher. Hierbei unterscheidet Erl [Er08] fünf Möglichkeiten, wie dieser Zustand festgehalten werden kann:

- Nicht-verschobene Zustandsverwaltung

  o Der Dienst verwaltet den Zustand selbst und zeichnet sich daher durch niedrige bis gar keine Zustandslosigkeit aus.

- Teilweise verschobene Zustandsverwaltung

  o Der Dienst lagert Teile seiner Zustandsverwaltung aus. Es liegt demnach eine reduzierte Zustandslosigkeit vor.

- Gelegentliche Verschiebung der Zustände

  o Der Dienst lagert den Zustand zu bestimmten Zeitpunkt, bspw. wenn keine Anfragen vorliegen, aus. Diese Möglichkeit führt zu einer moderaten Zustandsverwaltung.

- Häufige Verschiebung der Zustände

  o Der Dienst versucht zu jedem möglichen Zeitpunkt den Zustand auszulagern. Hierdurch wird eine hohe Zustandslosigkeit erreicht.

- Verschobene Zustandsverwaltung

  o Der Zustand wird generell in einer dedizierten Datenbank gehalten und die Verwaltung liegt nicht im Aufgabenbereich des Dienstes. Hierdurch wird ebenso eine hohe Zustandslosigkeit erzielt.

Im Kontext dienstorientierter Architekturen ist eine Zustandslosigkeit der Dienste gewünscht [Er08, Jo08, MN+09b]. Hierdurch wird ermöglicht, dass die Performance des Dienstes erhöht und die Austauschbarkeit des Dienstes während des Betriebs vereinfacht wird, da keine Zustände gehalten werden müssen. Dies führt letztlich auch zu einer einfacheren Umsetzung von Lastverteilungen (engl. *Load Balancing*) und Ausfallsicherungen (engl. *Failover*) [Jo08]. Um Aussagen hinsichtlich der Zustandslosigkeit eines Dienstes treffen zu können, sind Informationen erforderlich, die zur Entwurfszeit nicht zur Verfügung stehen.

Geschäftsbezug

Josuttis [Jo08], Engels et al. [EH+08], Krafzig et al. [KB+05] und die OMG mit SoaML [OMG-SoaML1.0] nennen als wesentliches Kriterium für Dienste den Geschäftsbezug, der auch als Fachlichkeit bezeichnet werden kann. Dies bedeutet, dass sich die Schnittstellen von Diensten hinsichtlich der Benennung von Operationen und Datentypen an der Geschäftsdomäne orientieren und keine technischen Details beinhalten sollen. Diese Aspekte sind ebenso Bestandteil der Auffindbarkeit und der losen Kopplung, die in der vorliegenden Arbeit bereits explizit abgedeckt werden.

Kanonisches Datenformat

Um die Interoperabilität der Dienste zu stärken, sollen die Daten, die seitens eines Dienstgebers und Dienstnehmers genutzt werden, in ein kanonisches Datenformat überführt werden können [Jo08]. Hierdurch wird sichergestellt, dass eventuell unterschiedliche Datenformate auf Seite des Dienstgebers und Dienstnehmers in jedem Fall ineinander überführt werden können und somit eine Interoperabilität gegeben ist. Die Infrastruktur würde demnach die Anfrage des Dienstnehmers zunächst in ein kanonisches Datenformat überführen, welches anschließend in das seitens des Dienstgebers erwartete Datenformat transformiert werden kann. Das Vorgehen zur Übermittlung des Ergebnisses des Dienstgebers an den Dienstnehmer verläuft dabei äquivalent. Das kanonische Datenformat ist hierbei Bestandteil der Infrastruktur, die zur Entwurfszeit eines Dienstes nicht betrachtet wird.

Idempotenz

Wird im Falle einer ausbleibenden Antwort eines Dienstes ein erneuter Aufruf dieses Dienstes durchgeführt, so soll dieser Aufruf in keinem fehlerhaften Zustand resultieren. Die Idempotenz stellt daher sicher, dass ein mehrfacher Aufruf einer Operation den Zustand nicht verändert [EH+08, HJ06, Jo08, MN+09b]. Somit ist für den Dienstnehmer keine Kenntnis darüber erforderlich, ob ein Aufruf nicht durchgeführt wurde oder ob lediglich die Antwort ausgeblieben ist. Dies ermöglicht eine einfachere Fehlerbehandlung, da im Zweifelsfall ein erneuter Aufruf einer Operation durchgeführt werden kann. Die Idempotenz ist ausschließlich für schreibende Operationen relevant, da lesende Operationen keinen Zustandswechsel implizieren. Aufgrund der Tatsache, dass die Idempotenz primär durch die Implementierung der Operationen beeinflusst wird, ist eine Bestimmung dieser Qualitätseigenschaft zur Entwurfszeit ohne weitere Details der internen Umsetzung nicht möglich.

Wohldefinierte Dienstschnittstelle

Ein potenzieller Dienstnehmer sollte möglichst umfangreiche Informationen über den Dienst direkt aus der Dienstschnittstelle erhalten [Jo08]. Die Dienstschnittstelle sollte somit alle Informationen bereitstellen, die ein Dienstnehmer benötigt, um den Dienst als geeignet zu identifizieren und zu nutzen. Hierzu gehören bspw. die bereitgestellten Operationen, die Nachrichten- und Datentypen und das Interaktionsprotokoll. Diese Qualitätseigenschaft ist Bestandteil der Auffindbarkeit und wird daher bereits durch die in dieser Arbeit betrachteten Qualitätseigenschaften abgedeckt.

2.5 Bestimmung von Qualitätseigenschaften

Während in Kapitel 2.4 die Beschreibung von Qualitätseigenschaften für Dienste in dienstorientierten Architekturen im Vordergrund stand, werden im Folgenden die Grundlagen für eine Bestimmung von Qualitätseigenschaften geschaffen.

2.5.1 Qualitätsteilmerkmale und -eigenschaften

Wie bereits in Kapitel 2.4 geschildert, sollen von Diensten in dienstorientierten Architekturen bestimmte Qualitätseigenschaften wie bspw. lose Kopplung eingehalten werden, um letztlich die gewünschten Ziele hinsichtlich der IT wie bspw. eine höhere Flexibilität zu erreichen. Da die Flexibilität als Qualitätseigenschaft der IT betrachtet werden kann, zeigt dies, dass eine Qualitätseigenschaft und somit auch das zugrunde liegende Qualitätsmerkmal verfeinert werden können und wiederum durch diese Verfeinerung beeinflusst werden. Die Verfeinerung wird dabei als Qualitätsteileigenschaft bzw. Qualitätsteilmerkmal bezeichnet [Ba08, PP04]. Demnach kann bspw. die Flexibilität der IT als Qualitätseigenschaft und die lose Kopplung eines Dienstes als Qualitätsteileigenschaft bezeichnet werden. Diese Verfeinerung kann über mehrere Stufen fortgeführt werden, weshalb Merkmale und Teilmerkmale bzw. Eigenschaften und Teileigenschaften immer relativ zueinander zu betrachten sind. In der vorliegenden Arbeit werden für eine bessere Übersicht die lose Kopplung oder die Autonomie jeweils als Qualitätseigenschaft bezeichnet, auch wenn diese selbst wieder Qualitätsteileigenschaften übergeordneter Qualitätseigenschaften repräsentieren.

2.5.2 Qualitätsindikatoren und Metriken

Um eine Bestimmung von Qualitätseigenschaften zu ermöglichen, wird die Zerlegung von Qualitätsmerkmalen in Qualitätsteilmerkmale solange fortgeführt, bis eine Beobachtung oder Messung eines Sachverhalts möglich ist [Ba08, PP04]. Diese letzte Zerlegung liefert sogenannte Qualitätsindikatoren, die Hinweise über die Ausprägung von Qualitätsteilmerkmalen und schließlich Qualitätsmerkmalen liefern, wobei für ein einzelnes Qualitätsteilmerkmal meist mehrere Qualitätsindikatoren relevant sind [Ba08, He07, PP04]. Es gilt zusätzlich zu beachten, dass es sich bei Qualitätsindikatoren sowohl um manuell als auch automatisiert überprüfbare Sachverhalte handeln kann. In beiden Fällen ist eine geeignete Interpretation der Ergebnisse erforderlich, während bei manuell zu prüfenden Qualitätsindikatoren zusätzlich ein höherer Aufwand für ihre Bestimmung einhergeht. Die Unterteilung der Qualität in Qualitätsmerkmale, die weiter in Qualitätsteilmerkmale und schließlich in Qualitätsindikatoren verfeinert werden, stellt die Basis für das in der vorliegenden Arbeit genutzte Vorgehen dar, um Dienste auf die Einhaltung von Qualitätseigenschaften wie bspw. der losen Kopplung oder der Autonomie zu überprüfen. Die folgende Abbildung veranschaulicht den Aufbau von

Qualitätsmodellen gemäß McCall et al. [MR+77], Boehm [Bo78] und Balzert [Ba08]. Die Anwendbarkeit dieser Modelle konnte bspw. durch den Einsatz im Projekt "Structural Investigation of Software Systems" (SISSy) [TT07] gezeigt werden, in dem unter Nutzung eines solchen Aufbaus Metriken im Kontext der Objektorientierung bestimmt wurden.

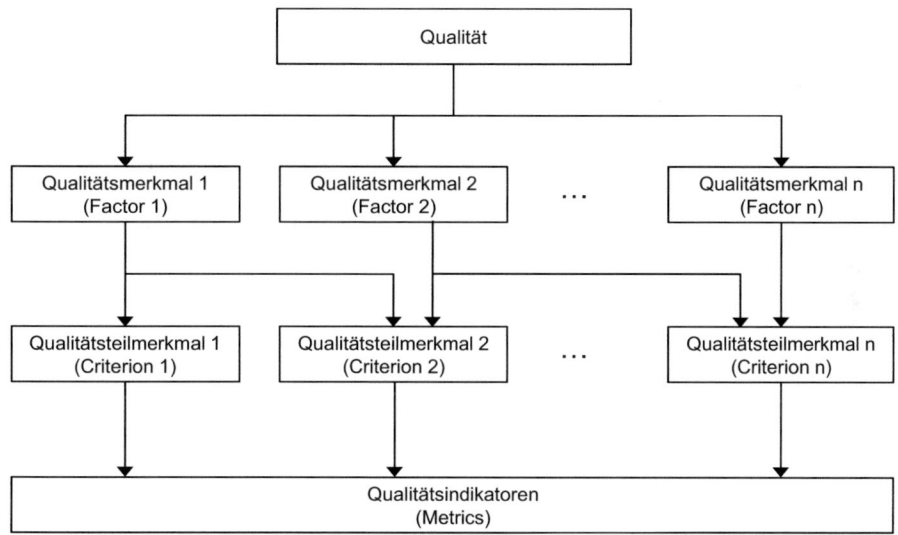

Abbildung 9: Aufbau von Qualitätsmodellen

Wie in der Abbildung dargestellt, werden im Englischen die Begriffe *Factor* für Qualitätsmerkmal, *Criterion* für Qualitätsteilmerkmal und *Metric* für Qualitätsindikator genutzt, weshalb in der Literatur auch häufig die Verwendung der Abkürzung FCM zu finden ist. Somit lässt sich auch der in der Literatur häufig genutzte Begriff der Metrik in dieses Vorgehen einordnen: Metriken sind mit den Qualitätsindikatoren gleichzusetzen, wobei bei Metriken die Formalisierung und somit Quantifizierung im Vordergrund steht. Metriken, auch häufig als Maß (engl. *Measure*) bezeichnet, lassen sich gemäß [FP97] allgemein definieren als:

> *Formally, we define measurement as a mapping from the empirical world to the formal, relational world. Consequently, a measure is the number or symbol assigned to an entity by this mapping in order to characterize an attribute.*

Hierdurch wird deutlich, dass es sich bei einer Metrik vor allem um eine konkrete Zahl oder ein Zeichen handelt. Im Kontext der Softwareentwicklung lässt sich der Begriff der Metrik gemäß [IEEE-1061-1992] spezialisieren zu:

A function whose inputs are software data and whose output is a single numerical value that can be interpreted as the degree to which software possesses a given attribute that affects its quality.

Diese Definition deckt sich mit dem Verständnis einer Metrik für einen Qualitäts-indikator, da auch hier der Wert der Metrik einen Hinweis darauf gibt, inwieweit ein bestimmtes Qualitätsmerkmal ausgeprägt ist.

In [IEEE-1061-1992] wird zusätzlich zwischen mehreren Klassen von Metriken, speziell den Produktmetriken und den Prozessmetriken unterschieden. Während erstere die Produkte aus dem Entwicklungsprozess fokussieren, betrachten letztere Entwicklungsprozesse selbst. In der vorliegenden Arbeit handelt es sich bei den Qualitätsindikatoren bzw. deren Metriken um Produktmetriken.

2.5.3 Skalenniveaus

Im Zuge der Beschreibung von Metriken werden diese zusätzlich Skalenniveaus zugeordnet [FP97]. Ein Skalenniveau gibt dabei Auskunft darüber, wie der Wert einer Metrik zu interpretieren ist und welche Operationen auf diesem Wert zulässig sind. Die Menge an Skalenniveaus ist hierbei nicht eindeutig definiert. Im Folgenden werden die fünf meist genutzten Skalenniveaus aus den Arbeiten von Fenton et al. [FP97] und Bennicke et al. [BR04], d.h. die Nominalskala, die Ordinalskala, die Intervallskala, die Verhältnisskala und die Absolutskala, vorgestellt. Die Skalenniveaus sind dabei nach ihrer Reichhaltigkeit (engl. *Rich*) geordnet. Ein Skalenniveau ist reichhaltiger als ein anderes, wenn alle Operationen des weniger reichhaltigen auch im reichhaltigeren Skalenniveau möglich sind. Je reichhaltiger ein Skalenniveau, desto restriktiver sind seine Einschränkungen. Die Skalenniveaus sind am Ende des vorliegenden Abschnitts in einer Tabelle mit jeweils einem dazugehörigen Beispiel zusammengefasst.

Gemäß Fenton et al. [FP97] und Bennicke et al. [BR04] haben sich insbesondere die Verhältnisskala, die Intervallskala und die Ordinalskala und in Einzelfällen die Absolutskala in der Praxis als nützlich erwiesen. Die Nominalskala hingegen wird aufgrund ihrer geringen Aussagekraft selten eingesetzt.

Nominalskala

Die Nominalskala definiert einzelne Klassen, denen die Messwerte zugewiesen werden. Die Klassen können dabei mit Symbolen versehen werden, die selbst keine Bedeutung haben und keine Aussage über die Größe oder Ordnung der Klassen zulassen. Mögliche Operationen, die auf diesen Klassen angewandt werden können, sind die Gleichheit ($=$) und die Ungleichheit ($\neq$).

Ordinalskala

Die Ordinalskala erweitert die Klassen um eine Ordnung und erlaubt hierdurch die Beschreibung einer Reihenfolge der Klassen zueinander. Im Vergleich zur Nominalskala ist zusätzlich eine Anwendung der Operationen Größer (>) und Kleiner (<) möglich.

Intervallskala

Die Intervallskala führt Abstände zwischen den Klassen ein. Als zusätzliche Operationen sind daher die Addition (+) und Subtraktion (-) zulässig.

Verhältnisskala

Die Verhältnisskala beinhaltet zwei wesentliche Ergänzungen: Zum einen wird ein Nullelement ergänzt, wodurch das Fehlen einer Eigenschaft repräsentiert wird. Ebenso kann das Verhältnis der Klassen zueinander bestimmt werden. Als zusätzliche Operationen zur Intervallskala erlaubt die Verhältnisskala die Anwendung von Divisionen (/) und Multiplikationen (*).

Absolutskala

Die Absolutskala kann als Einschränkung der Verhältnisskala gesehen werden, indem es sich bei den Intervallen zwischen zwei Klassen um natürliche Einheiten wie natürliche Zahlen handeln muss.

Tabelle 4: Zusammenfassung der Skalenniveaus

Skalenniveau	Zusätzliche Operationen	Beispiel
Nominalskala	Gleichheit (=) Ungleichheit (≠)	Klassen für die Geschlechter Mann und Frau
Ordinalskala	Größer (>) Kleiner (<)	Schulnoten von "sehr gut" bis "ungenügend" oder die Härte eines Materials von "weich" bis "hart"
Intervallskala	Addition (+) Subtraktion (-)	Messung der Temperatur in Celsius oder die Zeitskala, d.h. das Datum
Verhältnisskala	Division (/) Multiplikation (*)	Alter mit den Klassen von bspw. 0 bis 99
Absolutskala		Zählen von Fehlern, die beim Testen von Software gefunden werden

3 Stand der Forschung

Im folgenden Kapitel wird der aktuelle Stand der Forschung im Kontext eines qualitäts-orientierten Entwurfs von Anwendungsdiensten untersucht. Hierzu erfolgt zunächst eine Beschreibung von Anforderungen, die ein Entwurf von Anwendungsdiensten erfüllen muss. Diese werden anschließend in einem Anforderungskatalog zusammengefasst, der sowohl zur Bewertung bestehender Arbeiten, als auch in Kapitel 8 zur Bewertung der in dieser Arbeit erzielten Ergebnisse dient. Die darauffolgende Untersuchung bestehender Arbeiten und der Abgleich mit den gestellten Anforderungen bilden schließlich die Grundlage für den Handlungsbedarf und somit die Motivation für die eigenen Beiträge.

3.1 Anforderungen

Die Beschreibung der Anforderungen an einen Entwurf von Anwendungsdiensten dient der Bewertung bestehender Arbeiten und gleichzeitig der in der vorliegenden Arbeit erzielten Ergebnisse. Die Anforderungen werden hierbei zunächst im Detail vorgestellt und anschließend in einem Anforderungskatalog zusammengefasst.

3.1.1 Beschreibung der Anforderungen

Im Folgenden werden Anforderungen vorgestellt, die seitens eines Entwurfs von Anwendungsdiensten erfüllt werden müssen. Die Anforderungen werden dabei aus bestehenden Arbeiten, die ebenfalls Fragestellungen in diesem Kontext adressieren, abgeleitet.

Anforderung A1: Nachvollziehbarkeit

Die Nachvollziehbarkeit stellt die erste Anforderung dar, die eine präzise Beschreibung der Überführung von Artefakten aus der Analysephase in Artefakte der Entwurfsphase sicherstellt, wie sie insbesondere in modellgetriebenen Ansätzen im Kontext dienst-orientierter Architekturen angestrebt wird [BH+04, RR+06]. Hierdurch ist es möglich, Entwurfsartefakte systematisch aus Analyseartefakten zu erstellen oder bereits vorliegende Entwurfsartefakte hinsichtlich ihrer Erstellung nachvollziehen zu können. Es muss somit zunächst ersichtlich sein, welche Artefakte als Ergebnis der Analyse-phase benötigt werden und wie diese formalisiert werden können. Anschließend ist eine geeignete Beschreibung der Überführung dieser Artefakte erforderlich, die letztlich Bestandteile der Analyseartefakte auf Bestandteile der Entwurfsartefakte abbildet [Fa08]. In diesem Zuge ergibt sich eine klare Trennung der Verantwortlichkeiten, da die Artefakte eindeutig den einzelnen Phasen zugeordnet sind.

Anforderung A2: Berücksichtigung gewünschter Qualitätseigenschaften

Um die Ziele, die mit dem Wechsel zu einer dienstorientierten Architektur verknüpft sind, zu erreichen, ist es erforderlich, dass die Dienste Qualitätseigenschaften wie bspw. lose Kopplung erfüllen [EH+08, Er06, IBM-RUP-SOMA07]. Aus diesem Grund muss der Entwurf von Diensten qualitätsorientiert erfolgen, um letztlich Dienste zu erhalten, die zum Erreichen der Ziele beitragen. Da Qualitätseigenschaften teilweise konträr zueinander stehen [Er08] und es im Ermessen des IT-Architekten liegt zu entscheiden, welche Qualitätseigenschaften für den jeweiligen Dienst im behandelten Kontext von besonderer Bedeutung sind, muss der Entwurfsprozess variable Qualitätseigenschaften als Zielvorgabe unterstützen. Dies bedeutet, dass das Vorgehen entsprechend flexibel gestaltet sein muss, um einen bedarfsgerechten Entwurf der Dienste zu möglichen.

Anforderung A3: Praktische Anwendbarkeit

Die praktische Anwendbarkeit des Vorgehens zum Entwurf von Diensten stellt die Grundlage für einen Einsatz in konkreten Szenarien dar. Hierzu ist zunächst eine Konkretisierung der Analyseartefakte und Entwurfsartefakte mittels verbreiteter und standardisierter Modellierungssprachen erforderlich [Jo05, OMG-UPMS, SD+04], um mitunter den Einsatz verbreiteter Entwicklungswerkzeuge zu ermöglichen. Ebenso müssen in diesem Zuge auch die Qualitätseigenschaften präzisiert werden, um auf Basis dieser Modellierungssprachen und auf Grundlage der Artefakte, die zur Entwurfszeit zur Verfügung stehen, bestimmt werden zu können [BD+99, MP06]. Erst hierdurch werden Interpretationsfehler, die ggf. bei der Anwendung abstrakter Konzepte der Qualitätseigenschaften auf konkrete Modellierungssprachen entstehen können, vermieden. Die praktische Anwendbarkeit wird zusätzlich durch eine geeignete Werk-zeugunterstützung erhöht, in der die Qualitätseigenschaften auf Basis modellierter Dienstkandidaten und Dienstentwürfe automatisiert bestimmt werden können [PR+08]. Dies senkt den zur Bestimmung der Qualitätseigenschaften notwendigen Aufwand und unterstützt den IT-Architekten bei der Gestaltung der Dienstkandidaten und -entwürfe.

Anforderung A4: Plattformunabhängigkeit

Die im Rahmen des Entwurfs erstellten Artefakte müssen von der später genutzten Plattform abstrahieren [AS+03, SD+04]. Aussagen hinsichtlich der für die Dienste eingesetzten Technologien wie Webservices, BPEL und Java dürfen daher zum Zeit-punkt des Entwurfs noch nicht getroffen werden müssen. Ebenfalls muss von der späteren konkreten Ausführungsumgebung im Entwurf abstrahiert werden, weshalb sich auch die Qualitätseigenschaften nicht auf das Laufzeitverhalten oder andere Aspekte konkreter Ausführungsumgebung beziehen dürfen, sondern sich auf plattform-unabhängige Aspekte beschränken müssen [CH+07]. Hierdurch wird sichergestellt, dass der Entwurf und die in dieser Arbeit entwickelten Beiträge im Kontext des Entwurfs von Anwendungsdiensten unabhängig von konkreten Plattformen und Technologien genutzt werden können.

3.1.2 Anforderungskatalog

Die Anforderungen aus dem vorherigen Abschnitt werden im Folgenden in Form eines Anforderungskatalogs zusammengefasst. Dieser dient im weiteren Verlauf dieses Kapitels zur Bewertung bestehender Arbeiten und somit als Grundlage für den resultierenden Handlungsbedarf. Des Weiteren wird der Anforderungskatalog in Kapitel 8 genutzt, um die im Rahmen dieser Arbeit erzielten Ergebnisse zu evaluieren.

Tabelle 5: Anforderungskatalog

Nummer	Beschreibung
A1	Nachvollziehbarkeit
A2	Berücksichtigung gewünschter Qualitätseigenschaften
A3	Praktische Anwendbarkeit
A4	Plattformunabhängigkeit

3.2 Bewertung bestehender Arbeiten

Das in dieser Arbeit gestellte Ziel wird teilweise in Variationen und mit verschiedenen Schwerpunkten auch von bereits bestehenden Arbeiten verfolgt. Im Folgenden werden diese Arbeiten untersucht und hinsichtlich der im vorherigen Abschnitt vorgestellten Anforderungen bewertet.

3.2.1 Erradi et al.: Service Oriented Architecture Framework (SOAF)

Erradi et al. stellen in [EA+06] ein Rahmenwerk mit dem Namen "Service Oriented Architecture Framework" (SOAF) vor, welches die Bestimmung, den Entwurf und die Umsetzung dienstorientierter Architekturen vereinfachen soll. Um die Vorzüge dienst-orientierter Architekturen erzielen zu können, ist ein effektiver Ansatz zur Identifikation, zur Modellierung und zum Entwurf von Diensten und ihrer Orchestrierungen erforderlich. SOAF soll daher als Rahmenwerk helfen, geeignete Dienste zu identifizieren, die optimale Granularität der Dienste zu bestimmen, Umsetzungsoptionen zu entscheiden und geeignete Schichtung und Verortung der Dienste im Unternehmen festzulegen. Dabei werden entsprechende auszuführende Aktivitäten vorgestellt, die wiederum in fünf Phasen eingeteilt sind: Die Phase der Informationserhebung (engl. *Information Elicitation*) dient der Beschreibung von Faktoren, die den Wechsel hin zu einer dienstorientierten Architektur motivieren.

Anschließend werden die derzeitigen Geschäftsprozesse (engl. *As-Is*) und gewünschten Geschäftsprozesse (engl. *To-Be*) modelliert. Daraufhin erfolgt eine Dekomposition der gewünschten Geschäftsprozesse in Geschäftsanwendungsfälle, die aus einer Menge von Aktivitäten bestehen. In einem weiteren Schritt werden die Geschäftsprozesse auf bereits existierende Anwendungen abgebildet, um die genutzten Anwendungen zu identifizieren. Die zweite Phase fokussiert die Dienstidentifikation (engl. *Service Identification*). Ausgehend von den Geschäftsprozessen werden Geschäftsdienste abgeleitet. Hierzu eignen sich vor allem Geschäftsaktivitäten, die für die Erreichung eines Geschäftsziels erforderlich sind. Zusätzlich erfolgt eine Untersuchung bestehender Anwendungen und Identifikation geeigneter Dienste, die seitens dieser Anwendungen bereitgestellt werden können. Diese meist eher feingranularen Dienste werden zunächst auf eine gröbere Granularität angehoben und anschließend mit den Geschäftsdiensten in Übereinkunft gebracht. Hieraus ergeben sich Geschäftsdienste, die seitens bestehender Anwendungen in dieser Form bereitgestellt werden können. Des Weiteren ist es erforderlich, eine geeignete Granularität der Dienste festzulegen. Hierzu müssen Kriterien wie eine Ausrichtung an das Geschäft, eine einfache Komponierbarkeit des Dienstes in verschiedenen Kontexten und eine minimale Auswirkung bei Änderungen der Implementierung eines Dienstes berücksichtigt werden. In der darauffolgenden Phase der Dienstdefinition (engl. *Service Definition*) werden die Parametertypen der ausgetauschten Nachrichten, die Nachrichtenaustauschmuster (engl. *Message Exchange Pattern*), die Interaktionsprotokolle und eventuelle Qualitätszusicherungen spezifiziert. In der Phase der Dienstumsetzung (engl. *Service Realization*) erfolgt die Bestimmung von Strategien zur Überführung der aktuellen Architektur in die zukünftige Architektur, wobei bestehende Dienste genutzt, neue Dienste erstellt oder Dienste von Dritten genutzt werden. Die abschließende Phase fokussiert die Erstellung eines Meilensteinplans und der weiteren Planung zur Umsetzung der Überführung (engl. *Roadmap and Planning*). Hierbei werden insbesondere Aspekte wie ein *Governance*-Modell, Risikomanagement und Migrationsleitfäden betrachtet.

Bewertung der Arbeit

Die vorgestellte Arbeit zeigt ein von einer bestimmten Domäne bzw. einem spezifischen Fachbereich unabhängiges Entwicklungsvorgehen. Der Ansatz für die Identifikation und die genauere Beschreibung der Dienste lässt sich somit vielseitig einsetzen. Hinsichtlich der Artefakte, die aus der Analysephase hervorgehen müssen, um Dienste zu identifizieren und zu definieren, werden Vorgaben gemacht. Allerdings erfolgt diese Beschreibung rein textuell, während die Nutzung einer konkreten Modellierungssprache außen vorbleibt, was eine Nachvollziehbarkeit der Artefakte erschwert. Ähnlich verhält es sich mit der Überführung der Artefakte aus der Analysephase in Artefakte der Entwurfsphase. So wird textuell beschrieben, welche Artefakte der Analysephase für den Entwurf relevant sind. Allerdings werden auch hier Freiräume gelassen. Es erfolgt keine präzise Beschreibung, welche Bestandteile der Analysephase exakt genutzt und überführt werden (A1). Hinsichtlich der Berücksichtigung gewünschter Qualitätseigenschaften ist anzumerken, dass im Fokus des Entwicklungsvorgehens zunächst die Ausrichtung der IT an das Geschäft (engl. *Business IT Alignment*) steht. Die geeignete Granularität wird lediglich als erforderlich angesprochen, genauere Hinweise bleiben jedoch aus. Generell bleiben die weit verbreiteten Qualitätseigenschaften wie bspw. lose Kopplung oder Autonomie, vollständig unberücksichtigt (A2). Im Rahmen des Ansatzes werden keine konkreten Modellierungssprachen genutzt und keine Aussagen hinsichtlich einer Werkzeugunterstützung getroffen, was die praktische Anwendbarkeit des Ansatzes erheblich erschwert (A3). Der Ansatz abstrahiert von konkreten Ausführungs-plattformen und Technologien, weshalb er als plattformunabhängig betrachtet werden kann (A4).

3.2.2 Perepletchikov et al.: Formalising Service-Oriented Design

In [PR+08] stellen Perepletchikov et al. eine Formalisierung eines dienstorientierten Entwurfs vor, der auf früheren Arbeiten der Autoren [PR+05, PR+07, PR+07a, PR+07b] aufbaut. Dabei führen die Autoren ein Modell ein, welches zunächst das Verständnis eines dienstorientierten Systems, seiner internen Strukturen und seines Verhaltens präzisieren soll. Ebenso sollen auf Basis dieses Modells Metriken definiert und somit Mehrdeutigkeiten vermieden werden können. Das Modell selbst erweitert das von Briand et al. eingeführte generische Modell [BM+96], welches den Entwurf eines System als ein relationales System, bestehend aus Elementen, Relationen und binären Operationen beschreibt. Die Erweiterungen basieren auf wesentlichen Eigenschaften des Paradigmas der Dienstorientierung, Diskussionen mit der Industrie, der Analyse bestehender dienstorientierter Systeme und der Erfahrung mit der Entwicklung dienstorientierter Systeme. Zusätzlich zum formalen Modell, sehen Perepletchikov et al. die Erstellung von Metriken als notwendig an, um die Qualität des Systems schätzen zu können und letztlich auch eine Werkzeugunterstützung zu ermöglichen. Gemäß [Vl00] stellt die Wartbarkeit ein wesentliches Qualitätsmerkmal von Systemen dar. Da die Kopplung und die Kohäsion wesentlichen Einfluss auf die Wartbarkeit eines Systems nehmen, werden aufbauend auf dem formalen Modell, wie auch in [PR+07, PR+07b] veröffentlicht, Metriken vorgestellt, mit denen eine Bestimmung der Kopplung und der Kohäsion möglich ist. Hinsichtlich der Kopplung wird zwischen statischen und dynamischen Metriken unterschiedlichen. Statische Metriken basieren auf strukturellen Informationen, während dynamische Metriken Verhaltensinformationen erfordern, wie sie bspw. aus Sequenzdiagrammen oder auch ausführbaren Quelltexten entnommen werden können. Es werden acht statische Metriken und eine dynamische Metrik für die Kopplung aufgeführt, die sich teilweise zu komplexeren Metriken in gewichteter Form aggregieren lassen. Die Kohäsion im Vergleich wird zunächst in verschiedene Kategorien unterteilt. So wird zwischen der Datenkohäsion (engl. *Data Cohesion*), der Nutzungskohäsion (engl. *Usage Cohesion*), der Sequenzkohäsion (engl. *Sequence*

Cohesion) und der Implementierungskohäsion (engl. *Implementation Cohesion*) unterschieden. Die Datenkohäsion bezieht sich auf die Nutzung gleicher Inputparameter
durch die Operationen, die Nutzungskohäsion konzentriert sich auf die
Übereinstimmung der Nutzer der Operationen, die Sequenzkohäsion adressiert die
Reihenfolge, in denen Operationen aufgerufen werden, und die Implementierungskohäsion überprüft, inwieweit die Operationen durch die gleichen Implementierungs-
elemente umgesetzt sind. Zu jeder dieser Kategorie wird eine entsprechende Metrik
definiert, die einen Wert zwischen 0 und 1 liefert und somit den Grad der jeweiligen
Kohäsion repräsentiert. Bspw. wird die Metrik für die Datenkohäsion einer Dienstschnittstelle, die *Service Interface Data Cohesion* (SIDC), wie folgt beschrieben:

$$SIDC(s) = \frac{\left| Common\left(Param\left(so \; \in SO(si_s) \right) \right) \right|}{totalParamTypes}$$

Demnach berechnet sich die Kohäsion aus der Menge an Operationen einer Dienstschnittstelle, die gemeinsame Parametertypen beinhaltet, dividiert durch die Anzahl
aller Parametertypen. Die Metriken für die weiteren Kohäsionskategorien und auch für
die Kopplung werden auf ähnliche Weise beschrieben.

Bewertung der Arbeit

Mit [PR+08] stellen Perepletchikov et al. ein formales Modell zur Beschreibung dienstorientierter Systeme und Metriken auf Basis dieses Modells vor, die eine Vorhersage
von Qualitätseigenschaften ermöglichen sollen. Hierbei steht nicht im Vordergrund, wie
ein solches Modell idealerweise aus Anforderungen heraus erstellt wird (A1).
Stattdessen steht die Bewertung eines Modells hinsichtlich ausgewählter Qualitätseigenschaften im Fokus (A2). Sowohl das Modell, als auch die eingeführten Metriken
sind unabhängig von einer bestimmten Domäne einsetzbar. Das formale Modell
beinhaltet die Dienstschnittstelle als Element eines dienstorientierten Systems und
adressiert auch die Interaktion zwischen Diensten. Ebenso liegt ein zusätzlicher
Schwerpunkt auf der Betrachtung der internen Strukturen und dem internen Verhalten
von Diensten. So werden bspw. Klassen, Schnittstellen, *Package Header*, prozedurale
Pakete, Geschäftsprozessskripte als Elemente eines dienstorientierten Systems
betrachtet, die über die Bestandteile eines Dienstentwurfs hinausgehen. So existieren
auch Metriken, die zum einen alleine auf Bestandteilen von Dienstentwürfen angewandt
werden können wie bspw. die Metrik für die Datenkohäsion der Dienstschnittstelle und
zum anderen die Interna eines Dienstes erfordern wie bspw. die Metrik für die
Implementierungskohäsion eines Dienstes. Eine konkrete und standardisierte
Modellierungssprache kommt in der Arbeit nicht zum Einsatz. Die Metriken werden
ausschließlich auf Basis des formalen Modells definiert und dabei zusätzlich auf einem

hohen Abstraktionsniveau. Die Notwendigkeit der Anforderung A3 nach einer praktischen Anwendbarkeit auf Basis einer standardisierten Modellierungssprache zeigt sich, wenn versucht wird, die Metriken auf einen konkreten Dienstentwurf modelliert mit SoaML auszuwerten. Hier ist erneut eine aufwändige Interpretation der Metriken und somit eine Übertragung der abstrakten Bestandteile einer Metrik auf eine konkrete Modellierungssprache erforderlich. Bspw. ist aus den Beschreibungen der Metrik SIDC nicht ersichtlich, wann zwei Operationen gemeinsame Parametertypen enthalten. In der Metrik zur Berechnung der Nutzungskohäsion wird der Begriff *Client* einer Operation eingeführt. Hierbei ist nicht spezifiziert, ob ein Dienst einen *Client* repräsentiert oder sogar jede einzelne Operation des Dienstes als *Client* betrachtet werden kann. Ähnlich verhält es sich daher mit der Anforderung der Werkzeugunterstützung. Durch die Einführung eines formalen Modells wird der erste Schritt hin zu einer Werkzeugunterstützung geleistet. Allerdings befinden sich die Metriken auf einem solch hohen Abstraktionsniveau, so dass mit der Arbeit von Perepletchikov et al. lediglich wertvolle Hinweise, wie bestimmte Qualitätseigenschaften bestimmt und die zugrunde liegende Metriken formalisiert werden können, gegeben werden. Für eine vollwertige Werkzeugunterstützung müssten das formale Modell auf eine konkrete Modellierungssprache wie bspw. SoaML abgebildet und die Metriken geeignet interpretiert werden. In diesem Zuge müsste zusätzlich zunächst geprüft werden, welche der Metriken überhaupt vollständig automatisiert ermittelt werden können und nicht eventuell semantisches Wissen erfordern. [PR+08] betont jedoch, dass eine Werkzeugunterstützung für den Entwurf, der letztlich eine systematische und auch sich wiederholende Tätigkeit darstellt, erforderlich ist (A3). Die Autoren treffen keine Aussage über die spätere Ausführungsumgebung. Jedoch wurde das formale Modell an die spätere Nutzung von BPEL zur Orchestrierung von Diensten angepasst (A4).

3.2.3 Erl: Service-Oriented Analysis and Design

Erl stellt in [Er06] einen Prozess für die dienstorientierte Analyse (engl. *Service-Oriented Analysis*) und den dienstorientierten Entwurf (engl. *Service-Oriented Design*) von Diensten vor. Im Rahmen der dienstorientierten Analyse werden ausgehend von Geschäftsprozessen, die auf eine geeignete Granularitätsebene dekomponiert wurden, Kandidaten für die von Diensten zu erbringenden Fähigkeiten (engl. *Capability Candidates*) und deren Gruppierung zu Dienstkandidaten (engl. *Service Candidates*) erarbeitet. Die Dienstkandidaten werden dabei in Kategorien eingeteilt. Hierbei wird, wie in Kapitel 2.4.1 bereits vorgestellt, zwischen drei verschiedenen Kategorien von Diensten unterschieden, die auch in weiterführender Literatur von Erl genutzt werden [Er08, Er09, Er09b], den Entitätsdiensten (engl. *Entity Services*), Aufgabendiensten (engl. *Task Services*) und Infrastrukturdiensten (engl. *Utility Services*). Ein Entitätsdienst bezieht sich hierbei vor allem auf eine Geschäftsentität und fokussiert lesende und schreibende Operationen wie *Create*, *Read*, *Update*, *Delete* (CRUD) im funktionalen

Kontext dieser Entität, prozessspezifische Geschäftslogik ist hierbei nicht enthalten. Der Aufgabendienst hingegen überschreitet den funktionalen Kontext einer Geschäftsentität und stellt prozessspezifische Geschäftslogik bereit. Hierbei kann es sich um gesamte Geschäftsprozesse oder auch nur Teile davon handeln. Die Dienste der dritten Kategorie, die Infrastrukturdienste, realisieren Fähigkeiten, die technische und unterstützende Funktionalität bieten, nicht direkt mit dem Geschäft in Bezug stehen und somit keine Geschäftsentitäten bearbeiten oder geschäftliche Funktionalität erbringen. Zusätzlich sollen auf Basis von Dienstkandidaten bereits die Entwurfsprinzipien Autonomie und Wiederverwendbarkeit angewandt werden. Im Rahmen des dienstorientierten Entwurfs werden die vorherigen Dienstkandidaten als Vorlage genutzt, um vollständige Dienstspezifikationen zu entwerfen. Dabei wird nach den verschiedenen Kategorien getrennt in der Reihenfolge Entitätsdienst, Infrastrukturdienst und Aufgabendienst vorgegangen und dabei die in der folgenden Abbildung dargestellten Schritte durchgeführt.

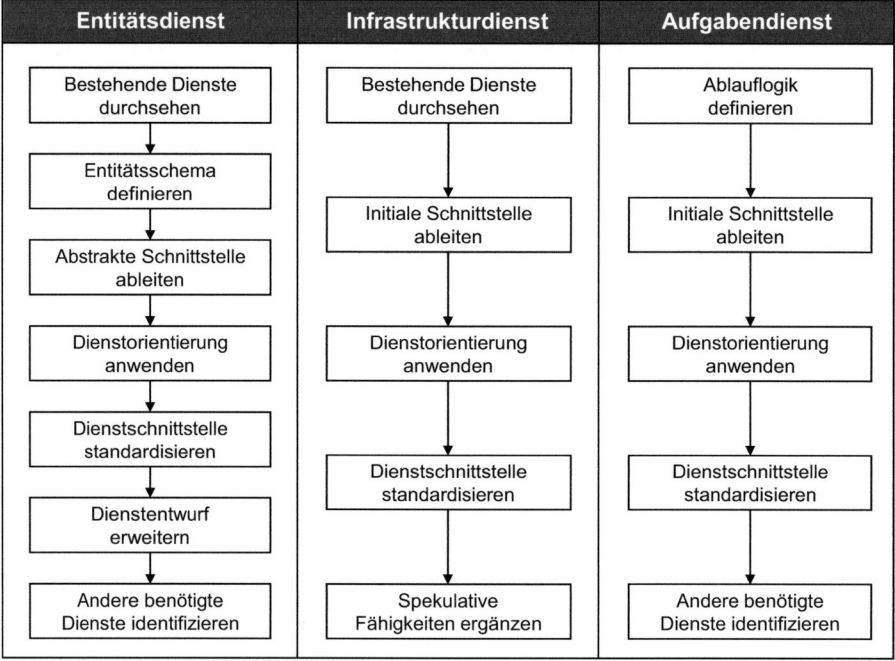

Abbildung 10: Dienstorientierter Entwurf gemäß Erl

Hervorzuheben ist hierbei der Schritt zur Anwendung der Dienstorientierung. Dieser fokussiert vor allem, wie auch schon auf Basis der Dienstkandidaten, die Berücksichtigung von Entwurfsprinzipien. Hierbei kommen insbesondere die Entwurfsprinzipien der Wiederverwendbarkeit, Autonomie, Zustandslosigkeit und Auffindbarkeit zum Einsatz. Ausgehend von den entworfenen Diensten kann anschließend eine

Umsetzung basierend auf bspw. Webservice-Technologien erfolgen, wobei Erl bereits im Rahmen des Entwurfs vollwertige Schnittstellenbeschreibungen auf Basis von WSDL erstellt und eventuelle interne Abläufe mit BPEL beschreibt.

Die eingesetzten Entwurfsprinzipien stellt Erl in [Er08] detailliert vor. Unter einem Entwurfsprinzip wird hierbei eine allgemeine und akzeptierte Praktik aus der Industrie verstanden. D.h. es handelt sich hierbei in erster Linie um Methoden, die sich in der Praxis bewährt haben und die daher wiederholt angewandt werden sollten. Im Vergleich hierzu stellt eine Qualitätseigenschaft das Ergebnis dar, wenn ein Entwurfsprinzip angewandt wurde. Erl nennt in [Er08] insgesamt acht Entwurfsprinzipien: standardisierter Dienstvertrag, lose Kopplung, Abstraktion, Wiederverwendbarkeit, Autonomie, Zustandslosigkeit, Auffindbarkeit und Komponierbarkeit. Zu jedem dieser Prinzipien wird eine umfangreiche textuelle Beschreibung geliefert. Hierbei wird dargestellt, welche Ziele durch den Einsatz dieses Prinzips erreicht werden sollen, wie es sich im Entwurf niederschlägt – als Entwurfseigenschaften (engl. *Design Characteristic*) bezeichnet – und welche Anforderungen an die Implementierung gestellt werden. Hierdurch grenzt sich Erl bereits deutlich von anderen Arbeiten im Kontext dienstorientierter Architekturen wie bspw. Josuttis [Jo08] und Fareghzadeh [Fa08] ab, die sich auf eine kurze Beschreibung der gewünschten Qualitätseigenschaften beschränken. Die Entwurfseigenschaften beschreiben demnach, wie Bestandteile eines Dienstes gestaltet sein müssen, damit sie einem bestimmten Entwurfsprinzip folgen. Diese Information ist vergleichbar mit Qualitätsindikatoren, die letztlich Hinweise über die Erreichung einer Qualitätseigenschaft geben. Des Weiteren zeigt Erl die Abhängigkeiten zwischen den Entwurfsprinzipien auf. Da sich die Anwendung eines Entwurfsprinzips grundsätzlich im Entwurf der Dienste niederschlägt, beeinflusst die Anwendung eines Entwurfsprinzips auch immer die Anwendbarkeit eines anderen Entwurfsprinzips. So kann die Anwendbarkeit eines Entwurfsprinzips durch die Anwendung eines anderen begünstigt oder auch negativ beeinflusst werden.

Bewertung

Mit [Er06] stellt Erl einen Entwurfsprozess vor, der in unterschiedlichen Szenarien eingesetzt werden kann und sich nicht auf eine Domäne beschränkt. Bzgl. der als Ergebnis der Analysephase vorliegenden Artefakte werden nur ungenaue Aussagen getroffen, wie bspw. dass Geschäftsprozesse in geeigneter Granularität vorliegen müssen. Eine konkrete Überführung von Artefakten aus der Analysephase in Artefakte aus der Entwurfsphase bleibt dabei vollständig außen vor. Auch innerhalb der Entwurfsphase bleibt die Überführung von Dienstkandidaten zu konkreten Diensten weitestgehend informell beschrieben, weshalb keine Nachvollziehbarkeit gegeben ist (A1). Mit den in [Er08] eingeführten Entwurfsprinzipien stellt Erl IT-Architekten eine umfangreiche Sammlung an Gestaltungsrichtlinien zur Verfügung, die während des Entwurfs von Diensten berücksichtigt werden sollten. Es werden klare Aussagen darüber getroffen, welche Qualitätseigenschaften Dienste in dienstorientierten Architekturen erfüllen sollen und in welcher Phase im Entwicklungsprozess welche Qualitätseigenschaften überprüft werden können (A2). Sowohl [Er06], als auch erweiternde Arbeiten wie [Er08] und [Er09] beschreiben die Ergebnisse der Anwendung von Entwurfsprinzipien auf konzeptioneller Ebene. Eine beispielhafte Anwendung der Entwurfsprinzipien auf mittels einer konkreten Modellierungssprache formalisierte Dienstentwürfe fehlt vollständig, was eine praktische Anwendbarkeit der Konzepte erschwert. Da auch die Entwurfseigenschaften, die sich auf Bestandteile von Dienstentwürfen beziehen, nur textuell angegeben sind, ist zunächst eine Interpretation durch den IT-Architekten erforderlich. Aus selbigen Gründen ist auch keine Werkzeug-unterstützung gegeben, so dass der IT-Architekt die Bestimmung immer manuell durch-führen muss. Für eine praktische Anwendbarkeit oder sogar Werkzeugunterstützung wäre zunächst eine Interpretation und anschließend Formalisierung auf Basis einer konkreten Modellierungssprache erforderlich (A3). Des Weiteren abstrahiert Erl nicht vollständig von der späteren Ausführungsplattform. Es werden Webservices als Prämisse gesetzt und demnach auch im Rahmen des dienstorientierten Entwurfs Schnittstellenbeschreibungen und ausführbare Prozesse auf Basis von WSDL und BPEL erstellt. Ebenso werden auch im Rahmen der Entwurfseigenschaften Details vorausgesetzt, die zur Entwurfszeit nicht zu Verfügung stehen. Bspw. wird hier auf Laufzeitumgebungen oder Dienstverzeichnisse verwiesen (A4).

3.2.4 OMG: Service oriented architecture Modeling Language (SoaML)

Mit der Service oriented architecture Modeling Language (SoaML) [OMG-SoaML1.0] hat die Object Management Group (OMG) einen Standard zur Beschreibung dienst-orientierter Architekturen veröffentlicht. Während sich der Großteil des Standards auf die Einführung von Metamodellelementen bzw. Stereotypen für UML-Elemente konzentriert, werden in einem eigenen Abschnitt Muster und Methoden für dienstorientierte Architekturen vorgestellt. In diesem Zuge werden zunächst informell einige Muster und Methoden genannt wie bspw. *Separation of Concerns*, Zustandslosig-keit, Korrelationen und verschiedene Interaktionsparadigmen. Insbesondere die Interaktionsparadigmen werden genauer beschrieben. Hierbei wird zunächst zwischen *Remote Procedure Calls* (RPC), *Document Centric Messaging* und *Publish/Subscribe* unterschieden. Die Wahl des geeigneten Paradigmas wird mit verschiedenen Entscheidungskriterien verknüpft, die teilweise verbreiteten Qualitätseigenschaften entsprechen. Dabei werden u.a. die lose Kopplung, hohe Kohäsion und Grobgranularität genannt. Die Verknüpfung wird abschließend explizit tabellarisch zusammengefasst. Durch die Verknüpfung wird deutlich, dass bspw. RPC mit einer engen Kopplung einhergeht, während die Nutzung von *Document Centric Messaging* zu einer losen Kopplung führt. *Publish/Subscribe* resultiert in einer besonders losen Kopplung, da in diesem Fall nicht die Teilnehmer, sondern lediglich gemeinsame Domänen-informationen und Daten bekannt sein müssen. Um den Bezug der Paradigmen zu SoaML herzustellen, werden bei den Mustern und Methoden bereits partiell Modellelemente von SoaML referenziert, die im Rahmen der Anwendung eines Musters relevant sind. Insbesondere jedoch im Fall der Interaktionsparadigmen wird beschrieben, worin sich diese in einem Modell auf Basis von SoaML unterscheiden. So wird explizit aufgeführt, dass bei der Nutzung von RPC mehrere Parameter für eine Operation in der Schnittstelle eines ServiceInterface definiert werden können. Das Paradigma *Document Centric Messaging* hingegen fordert, dass nur ein Parameter pro Operation übergeben wird und es sich bei diesem Parameter um einen Nachrichtentyp, d.h. einen mit MessageType stereotypisierten DataType aus UML, handeln muss. Ebenso ist es möglich, ein Signal zu definieren, das von einer Schnittstelle empfangen wird. Im Gegenzug werden, um Publish/Subscribe mittels SoaML zu modellieren, die Modellelemente Reception, Signal, SendEventAction und AcceptEventAction aus UML genutzt. Auf diese Weise ist es möglich, Modelle mit korrekter Semantik in SoaML zu erstellen. Des Weiteren kann durch diese Information ein Modell auf die eingesetzten Interaktionsparadigmen hin untersucht werden und über den Zusammenhang zu den Kriterien, die durch den Einsatz eines bestimmten Interaktionsparadigmas stärker oder weniger stark ausgeprägt werden, eine grobe Bestimmung der Qualitätseigenschaften erfolgen.

Bewertung der Arbeit

Mit SoaML führt die OMG neue Modellelemente bzw. Stereotypen für UML ein, deren Semantik im Kontext dienstorientierter Architekturen klar definiert ist. Hierbei wird über die Modellelemente keine Einschränkung hinsichtlich der einzusetzenden Domäne vorgenommen, was sich auf die Muster und Methoden im Anhang des Standards fort-setzt. SoaML trifft keine Aussagen über das Entwicklungsvorgehen (A1), sondern fokussiert die Beschreibung der Modellelemente und der Muster und Methoden (A2). An dieser Stelle sei erwähnt, dass die eingeführten Muster und Methoden im Vergleich zu den Entwurfsprinzipien von Erl [Er08] keine einheitliche Struktur bzw. Kategorisierung aufweisen, auch ist der Umfang nicht mit dem von Erl vergleichbar. Jedoch werden die Muster und Methoden stellenweise mit SoaML in Bezug gesetzt, wodurch sich der Anhang des Standards deutlich von anderen Arbeiten unterscheidet, da diese meist nur eine konzeptionelle Beschreibung liefern. So wird in der Spezifikation von SoaML beschrieben, wie Korrelationen modelliert werden oder wie sich die verschiedenen Interaktionsparadigmen unterscheiden. Hierdurch erhält der IT-Architekt Hilfestellung, seine Modelle ganz gezielt hinsichtlich bestimmter Eigen-schaften hin zu überprüfen. Bspw. kann durch den Bezug von Interaktionsparadigmen zu einzusetzenden Modellelementen eine Überprüfung eines Modells auf ein konkretes Interaktionsparadigma erfolgen. Da SoaML zusätzlich verschiedene Kriterien wie bspw. lose Kopplung, die dem Verständnis von Qualitätseigenschaften entsprechen, mit den

Interaktionsparadigmen verknüpft, kann somit eine grobe Aussage über die Qualitäts-eigenschaften von Diensten getroffen werden. Jedoch muss erwähnt werden, dass die Verknüpfung der Muster und Methoden zu SoaML nur in Einzelfällen vorgenommen wird, auch ist der Bezug der Interaktionsparadigmen zu den Kriterien unvollständig. Des Weiteren sind die Beschreibungen nicht formalisiert, weshalb auch eine direkte Werkzeugunterstützung zur Bestimmung der Qualitätseigenschaften nicht gegeben ist. Der Einsatz von SoaML selbst ist jedoch in jedem Entwicklungswerkzeug, das UML ab Version 2.0 unterstützt, möglich, weshalb die Sprache die Anforderung an eine praktische Anwendbarkeit erfüllt (A3). Der Standard beschreibt Modellelemente unabhängig von jeglichen Technologien bzw. Ausführungsumgebungen und trifft somit keine Aussagen über die später zu verwendende Plattform (A4).

3.2.5 Engels et al.: Quasar Enterprise

Mit Quasar Enterprise [EH+08] stellen Engels et al. von sd&m eine Methodik zur dienstorientierten Gestaltung von Anwendungslandschaften vor. Wesentlichen Ausgangspunkt der Methodik bildet zunächst ein dienstorientiertes Geschäft. Dies bedeutet, dass seitens des Geschäfts, welches durch die dienstorientiert gestaltete Anwendungslandschaft unterstützt werden soll, Geschäftsdienste mit zugrunde liegenden Geschäftsprozessen bereitgestellt und ebenso genutzt werden. Zusätzlich ist das Geschäft auch intern in Geschäftsdienste strukturiert. Ein Geschäftsdienst repräsentiert somit eine geschäftliche Leistung, die ein Dienstgeber einem Dienstnehmer erbringt. Dabei stehen dem Dienstnehmer verschiedene Geschäftsdienst-aktionen zur Verfügung, mit denen die Nutzung des Geschäftsdienstes ermöglicht wird.

Die Beschreibung der Geschäftsdienste erfolgt gemäß Engels et al. [EH+08] durch UML-Anwendungfalldiagramme. Hierbei wird eine Änderung der Semantik der Modellelemente vorgenommen: Die Anwendungsfälle stellen die Geschäftsdienste und die Akteure die verantwortlichen und den Dienst ausführenden Rollen dar. Beziehungen zwischen Anwendungsfallen über die Inklusionsbeziehung (engl. *Include Relationship*) repräsentieren Abhängigkeiten zwischen den Geschäftsdiensten. Eine Abhängigkeit besagt dabei, dass ein Geschäftsdienst zur Erbringung seiner Funktionalität andere Geschäftsdienste benötigt. Die folgende Abbildung zeigt drei Geschäftsdienste mit ausführenden Rollen und Abhängigkeiten zwischen diesen Geschäftsdiensten.

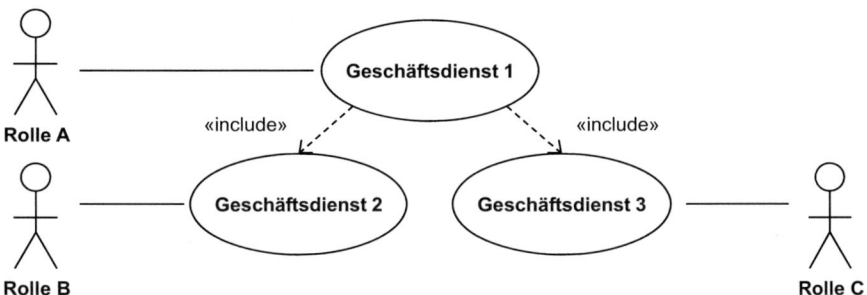

Abbildung 11: Modellierung von Geschäftsdiensten in Quasar Enterprise

Zur Bestimmung der Geschäftsdienste und ihrer Abhängigkeiten werden zunächst die Geschäftsdienste der ersten Ebene, d.h. die Elemente der Wertschöpfungskette des Unternehmens, identifiziert. Dabei werden sowohl Kerngeschäftsdienste, die das Kerngeschäft betreffen wie bspw. der Verkauf, und unterstützende Geschäftsdienste wie bspw. das Controlling oder die Buchhaltung mit einbezogen. Anschließend werden diese Geschäftsdienste der ersten Ebene entlang der Geschäftsdimensionen verfeinert. Geschäftsdimensionen strukturieren das Geschäft und können daher zur Verfeinerung herangezogen werden. So lässt sich der Geschäftsdienst "Verkauf" bspw. hinsichtlich der Geschäftsdimension "Produkttyp", d.h. der verkauften Produkte, verfeinern. Ebenso werden in diesem Zuge Geschäftsziele mit den Geschäftsdiensten verknüpft. Anschließend erfolgt eine Identifikation der im Rahmen des Projektes zu betrachtenden Geschäftsdienste. Diese werden erneut funktional verfeinert, bis die ausführende Rolle eindeutig ist und genau ein geschäftliches Ziel verfolgt wird. Diese verfeinerten Geschäftsdienste repräsentieren sogenannte elementare Geschäftsdienste.

Zusätzlich zu Geschäftsdiensten werden die zugehörigen Geschäftsobjekte identifiziert. Ausgehend von den Geschäftsdiensten und Geschäftsobjekten folgt anschließend eine Ableitung von Domänen zur Strukturierung der Anwendungslandschaft. Das hierbei beschriebene Vorgehen folgt der von Hess et al. [HH+07] vorgestellten Methode. Im Anschluss an die Identifikation der Domänen folgt eine Bestimmung der Anwendungsdienste. Hierbei handelt es sich um Geschäftsdienste, die mittels IT von der Anwendungslandschaft erbracht werden. Hierzu werden die Geschäftsdienste auf ihre Automatisierbarkeit hin überprüft und anschließend in Anwendungsdienste überführt. Für jeden Anwendungsdienst wird eine vollständige Spezifikation erstellt. Hierbei erfolgt eine Dokumentation potenzieller Dienstnutzer, von Vorbedingungen, Dienstaktionen und dem Protokoll, von Nachbedingungen, nicht-funktionaler Anforderungen und dem internen Prozess. Die Dienstaktionen werden dabei direkt aus den von einem Geschäftsdienst bereitgestellten Aktionen abgeleitet. Nach einer Beschreibung der Dienstspezifikation folgt der Entwurf der Anwendungslandschafts-komponenten, die letztlich die Anwendungsdienste implementieren. Hierzu werden die Anwendungsdienste jeweils einer Kategorie zugeordnet, die den Dienst charakterisiert. In Quasar

Enterprise wird hierbei zwischen den Kategorien "Interaktion", "Funktion", "Bestand" und "Prozess" unterschieden. Des Weiteren erfolgt eine Zuordnung der Anwendungsdienste zu jeweils einer Domäne. Anwendungsdienste, die der gleichen Kategorie und der gleichen Domäne angehören, werden von einer gemeinsamen Anwendungslandschaftskomponente bereitgestellt. In einem weiteren Schritt werden die Schnittstellen der Anwendungslandschafts-komponente gestaltet und geeignete Operationen identifiziert. Hierbei dienen die Geschäftsbezogenheit, Grobgranularität, Idempotenz, Kompensierbarkeit und Kontextfreiheit als Kriterien, die seitens Operationen erfüllt werden müssen. Die Kriterien wurden dabei bereits in einem weiteren Artikel der Autoren, der diese als Regeln für dienstorientierte Architekturen hoher Qualität zusammenfasst, veröffentlicht [HH+06]. In einem letzten Schritt erfolgt die Erstellung einer Kopplungsarchitektur. Sie legt für alle Anwendungslandschafts-komponenten fest, ob diese eng oder lose gekoppelt sind und welche grundsätzlichen Mechanismen bei der Kopplung eingesetzt werden. Der optimale Grad der Kopplung hängt dabei von der "Entfernung" zwischen den Domänen der jeweiligen Anwendungslandschaftskomponenten ab. Je weiter zwei Anwendungslandschafts-komponenten voneinander entfernt sind, umso geringer sollten diese gekoppelt sein. Als Mechanismen für eine lose Kopplung werden getrennte Datenbasen, fachliche Asynchronität, ein getrennter Transaktionskontext, kompensierende Operationen und eine Bestätigung auf Anfragen, ob die Operation erfolgreich durchgeführt wurde, genannt.

Bewertung der Arbeit

Die seitens Engels et al. vorgestellte Methodik zur dienstorientierten Gestaltung von Anwendungslandschaften ist zunächst unabhängig von jeglicher Domäne. Hinsichtlich der Geschäftsanalyse machen Engels et al. konkrete Aussagen über die für die Identifikation von Diensten notwendigen Informationen. So dienen Geschäftsdienste als Ausgangspunkt, die im Rahmen von Quasar Enterprise mittels UML-Anwendungsfall-diagrammen modelliert werden, wobei hierzu eine Änderung der Semantik von UML-Anwendungsfalldiagrammen erfolgt. Die Überführung der Artefakte aus der Analyse-phase in Artefakte der Entwurfsphase wird ausschließlich textuell beschrieben. Zusätzlich zeigt die Überführung Lücken auf. So wird bspw. nicht beschrieben, wie das Protokoll oder der interne Prozess eines Dienstes aus den Anforderungen abgeleitet werden können. Ebenso ist nicht beschrieben, wie aus der ursprünglichen Dienst-spezifikation konkrete und vollständige Schnittstellen abgeleitet werden können (A1). Engels et al. geben Hinweise darauf, welche Qualitäts-eigenschaften bei der Gestaltung der Schnittstellen berücksichtigt werden sollten. Ebenso werden bzgl. der Gruppierung von Anwendungsdiensten zu Anwendungs-landschaftskomponenten und der Gestaltung der Kopplungsarchitektur Kriterien vorgestellt, die berücksichtigt werden sollten. Nichtsdestotrotz erfolgt zunächst eine Ableitung der Anwendungsdienste direkt aus den Geschäftsdiensten. Eine Überarbeitung hinsichtlich gewünschter Qualitätseigenschaften

bleibt außen vor (A2). Ebenso werden die für Schnittstellen und die Kopplungs-
architektur gewünschten Qualitätseigenschaften lediglich beschrieben. Eine
Formalisierung, die eventuell sogar auf Basis einer standardisierten
Modellierungssprache angewandt werden kann, um die Einhaltung der Qualitäts-
eigenschaften nachzuweisen, fehlt in [EH+08] vollständig, wodurch die praktische
Anwendbarkeit deutlich erschwert wird. Jedoch kommt mit der Modellierung von
Geschäftsdiensten mittels UML-Anwendungsfällen eine standardisierte Sprache zum
Einsatz (A3). Die Methodik stellt ansonsten keine Anforderungen an zu nutzende
Technologien. Es fließen ebenso keine Informationen über Ausführungsumgebungen in
den Entwurf mit ein (A4).

3.2.6 Humm et al.: Normalform für Services

In [HH+06] stellen Hess et al. eine Reihe von Kriterien für den Entwurf von Diensten
vor, die mitunter Einzug in den Entwurfsprozess von Engels et al. [EH+08] erhalten.
Hierbei werden Grobgranularität, Vollständigkeit und Redundanzfreiheit, Idempotenz,
Kontextfreiheit und Technikneutralität genannt, die sich hinsichtlich ihrer Semantik mit
dem in dieser Arbeit verwendeten Begriff der Qualitätseigenschaft decken. Aufbauend
auf diesen Kriterien untersuchen Humm et al. in [HJ06] explizit die Vollständigkeit und
Redundanzfreiheit. Um die Vollständigkeit zu erfüllen, müssen die Operationen eines
Dienstes zunächst die gesamte Funktionalität einer Komponente, d.h. sowohl alle
Abfragen im Sinne von lesenden Operationen als auch alle Kommandos, welche
wiederum schreibende Operationen repräsentieren, abdecken. Redundanzfreiheit
bedeutet in diesem Kontext, dass hinsichtlich der Funktionalität der Operationen keine
Schnittmengen existieren dürfen, d.h. jede Funktionalität ist nur Bestandteil einer
einzigen Operation. Ein Dienst, der das Kriterium der Vollständigkeit und Redundanz-
freiheit erfüllt, wird als normal bezeichnet. Humm et al. formalisieren diese Kriterien in
[HJ06] und bezeichnen diese Zusammenstellung explizit als Normalform für Dienste.
Um eine Formalisierung zu ermöglichen, werden zunächst exakte Definitionen für
Grundbegriffe wie Komponente, Abfrage und Kommando eingeführt. Aufbauend auf
diesen Grundbegriffen werden komplexere Strukturen wie vollständige
Abfragemengen, vollständige Kommandomengen, orthogonale Abfragemengen und
orthogonale Kommandomengen definiert. Vollständige Abfragemenge bedeutet hierbei,
dass zu jedem Zeitpunkt der gesamte Zustand einer Komponenteninstanz erfragt werden
kann, während bei vollständigen Kommandomengen stets jeder Zustand erreichbar sein
muss. Die Orthogonalität beschreibt, dass Abfragen unterschiedliche Ergebnisse liefern
müssen, während Kommandos in unterschiedlichen Zuständen resultieren. Diese
Definitionen werden letztlich zur formalen Beschreibung der Normalform genutzt.
Demnach sind Operationen einer Komponente in Normalform bzw. sind normal, wenn
sowohl die Teilmenge der Abfragen als auch die Teilmenge der Kommandos
vollständig und orthogonal sind. Dennoch wird nicht vorausgesetzt, dass ein Dienst nur

Operationen in Normalform bereitstellen muss. Als Architekturempfehlung wird gegeben, dass durchaus eine Basis an Operationen in Normalform existieren sollte. Dennoch ist eventuell insbesondere für die Benutzerfreundlichkeit, Performance oder andere nicht-funktionale Anforderungen eine Erweiterung dieser Basis erforderlich. In diesem Fall werden sogenannte abgeleitete Abfragen oder Kommandos ergänzt, die eine Erweiterung der bestehenden Basis darstellen. Gemäß [HJ06] lassen sich die weiteren Kriterien wie Grobgranularität, Idempotenz etc. auf ähnliche Weise formalisieren, wodurch eine Prüfung dieser im Projektkontext vereinfacht werden kann.

Bewertung der Arbeit

Mit [HJ06] stellen Humm et al. eine Formalisierung der Normalform für Dienste vor, wodurch eines der zahlreichen Kriterien für Dienste konkretisiert wird und ein Nachweis der Einhaltung dieses Kriteriums ermöglicht werden soll. Der von Humm et al. aufgezeigte Ansatz ist wie das Kriterium selbst zunächst unabhängig von der Domäne. Dabei wird nicht die Erstellung von Diensten fokussiert (A1), sondern die Überprüfung auf Einhaltung der Normalform (A2). Die Definitionen der Bestandteile der Normalform beziehen sich ausschließlich auf Bestandteile von Operationen und der internen Logik der Komponente. Diese sind jeweils Teil eines Dienstentwurfs, weshalb sich die Einhaltung der Normalform alleine auf Basis eines Dienstentwurfs bestimmen lässt. Durch die Formalisierung und der somit präzisen Definition unterscheidet sich die Arbeit von Humm et al. bereits deutlich von der Arbeit von Erl. Jedoch fehlt in der Arbeit der Bezug zu einer konkreten Modellierungssprache, was eine direkte Anwendung der Konzepte erschwert. So ist bspw. nicht klar, wie in einer konkreten Modellierungssprache zwischen Abfragen und Kommandos unterschieden werden kann. Es ist ebenso nicht ersichtlich, wie sich auf konkreten Modellen erkennen lassen soll, ob eine Abfrage in der Lage ist, alle Zustände zu ermitteln. Ähnlich verhält es sich daher mit der Werkzeugunterstützung. Eine Formalisierung ist vorhanden, jedoch nicht detailliert genug, um in ein Werkzeug integriert werden zu können. Die dargestellten Definitionen erfordern aufgrund des fehlenden Bezugs zu Modellen Interpretationen, so dass dem IT-Architekten keine unmittelbare Hilfestellung geleistet werden kann. Stattdessen stellt eine Überprüfung von Diensten auf Einhaltung der Normalform immer noch eine Aufgabe dar, die manuell ausgeführt werden muss, einer Interpretation bedarf und somit ggf. Interpretationsfehler mit sich bringt (A3). Anforderungen an die spätere Ausführungsplattform oder die einzusetzenden Technologien werden nicht getroffen, weshalb der Ansatz die Anforderung nach Plattformunabhängigkeit erfüllt (A4).

3.2.7 IBM: Rational Unified Process for Service-Oriented Modeling and Architecture (RUP/SOMA)

Mit dem Rational Unified Process (RUP) hat IBM einen Entwicklungsprozess erarbeitet, der klare Verantwortlichkeiten und Aufgaben innerhalb einer iterativen und architekturzentrierten Entwicklung von Software verteilt [KK07]. Dabei erlaubt RUP Anpassungen an verschiedene weitere Paradigmen. So wurde das von der IBM Gruppe "Global Business Services" erarbeitete Vorgehen zur Entwicklung dienstorientierter Architekturen, bezeichnet als "Service-Oriented Modeling and Architecture" (SOMA) [AA06, Ar04, IBM-SOMA04], in den RUP integriert, um die Aspekte von SOMA mit RUP zu verbinden. Die hieraus entstandene Methodik RUP/SOMA [IBM-RUP-SOMA07] fokussiert nach einer Analyse des Geschäfts die Identifikation, Spezifikation und Umsetzung von Diensten innerhalb einer dienstorientierten Architektur. Die Beschreibung des Geschäfts beinhaltet dabei Artefakte, die für die Identifikation von Diensten erforderlich sind wie bspw. Geschäftsanwendungsfälle und ihren internen Ablauf, die Geschäftsprozesse. Die Identifikationsphase sieht zunächst eine Identifikation der Dienste mittels Domänendekomposition vor. Hierbei werden die identifizierten Geschäftsanwendungsfälle mittels Prozessdekomposition verfeinert. Als Kriterium, ob eine weitere Verfeinerung notwendig ist, wird häufig die bereits eindeutige Unterstützung des jeweiligen Geschäftsanwendungsfalls durch ein Software-system herangezogen. Die in diesem Zuge identifizierten und durch IT unterstützbaren Geschäftsprozesse können nun für eine erste Identifikation der Dienste genutzt werden. Dabei wird im Fall von BPMN als Modellierungssprache aus jeder Lane ein vorläufiger Dienst und aus jeder Aktivität innerhalb dieser Lane eine Operation des Dienstes abge-leitet. Diese vorläufigen Dienste werden auch als Dienstkandidaten bezeichnet. Abbildung 12 veranschaulicht das Vorgehen.

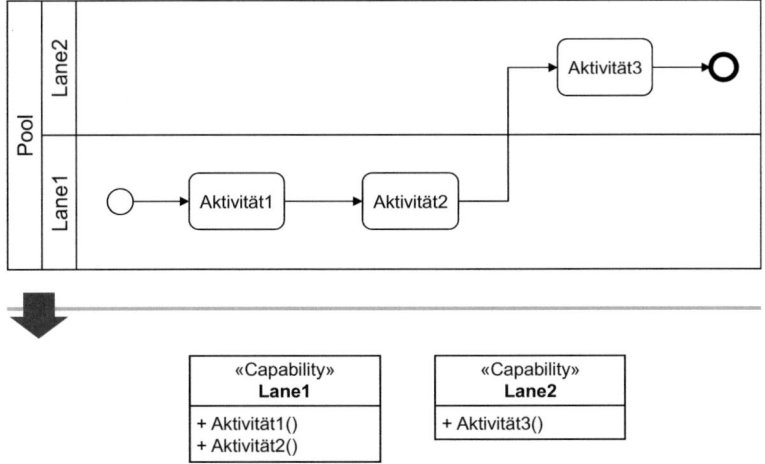

Abbildung 12: Ableitung von Dienstkandidaten aus Geschäftsprozessen in RUP/SOMA

Während in RUP/SOMA ursprünglich noch das eigene UML-Profil, das UML-Profile for Software Services aus [Jo05] zum Einsatz kommt, existieren bereits Arbeiten, um aus den Geschäftsprozessen Dienstkandidaten auf Basis der Capability-Elemente von SoaML abzuleiten [Am10]. Eine entsprechende automatische Ableitung innerhalb des Rational Software Architect (RSA) von IBM ist bereits als Teil des Plug-ins, welches ebenfalls die Unterstützung für SoaML mitbringt, verfügbar.

Zusätzlich zu Geschäftsprozessen und Geschäftsanwendungsfällen werden Geschäftsziele genutzt, um die Vollständigkeit der Dienste zu sichern. Dabei werden die Geschäftsziele einzelnen Diensten zugeordnet und hierdurch fehlende Abdeckungen von Geschäftszielen aufgezeigt. Abschließend wird die technische Durchführbarkeit geprüft und die identifizierten Dienste ggf. überarbeitet. Die Spezifikationsphase beginnt mit einer Überprüfung der identifizierten Dienste hinsichtlich diverser Kriterien. Dabei müssen die Geschäftsorientierung, die Kombinierbarkeit, das Vorhandensein einer externen Dienstbeschreibung, die Wiederverwendbarkeit und die technische Machbarkeit jeden Dienstes sichergestellt werden. Anschließend folgt eine Modellierung der Abhängigkeiten zwischen Diensten, der internen Abläufe und der Nachrichten. Ebenso werden nicht-funktionale Voraussetzungen dokumentiert. Da ein Dienst letztlich von einer Dienstkomponente erbracht werden muss, finden im Rahmen der Spezifikationsphase zusätzlich eine Identifikation und darauffolgende Spezifikation der Dienstkomponenten statt. In der abschließenden Umsetzungsphase werden Entscheidungen zur Umsetzung der Dienste getroffen und diese dokumentiert. Ebenfalls erfolgt eine detaillierte Untersuchung der technischen Durchführbarkeit.

Bewertung der Arbeit

Der von IBM eingeführte Rational Unified Process kann unabhängig von jeglicher Domäne eingesetzt werden kann. Der erweiternde RUP/SOMA stellt eine Spezialisierung hinsichtlich des eingesetzten Paradigmas, in dem Falle der Dienstorientierung, dar. Die im Rahmen der Analysephase zu erstellenden Artefakte werden detailliert beschrieben und auch mit UML oder BPMN formalisiert. Hinsichtlich der klaren Überführung von Artefakten aus der Analysephase in Artefakte der Entwurfsphase weist RUP/SOMA jedoch Defizite auf. Es gibt Beispiele, wie aus Geschäftsprozessen vorläufige Dienste abgeleitet werden können, die zunächst auf Basis eines eigenen UML-Profils, dem UML 2.0 Profile for Software Services [Jo05], modelliert werden. In weiteren Arbeiten von IBM [Am10] wird auch eine Überführung von BPMN nach SoaML aufgezeigt. Jedoch handelt es sich hierbei lediglich um eine grobe erste Beschreibung von Diensten, die auch als Dienstkandidaten bezeichnet werden. Die Überführung weiterer Artefakte der Analysephase oder der Dienstkandidaten in konkrete Spezifikationen wird nicht weiter aufgeführt, weshalb dem IT-Architekten hier kein weiterer Leitfaden zur Verfügung steht (A1). Bzgl. der Qualitätseigenschaften macht RUP/SOMA nur geringfügige Aussagen. So werden lediglich

Kriterien wie bspw. Geschäftsorientierung, Kombinierbarkeit, das Vorhandensein einer externen Dienstbeschreibung, die Wiederverwendbarkeit und die technische Machbarkeit eines Dienstes genannt, die seitens des IT-Architekten sichergestellt werden müssen (A2). Jedoch wird nicht beschrieben, wie diese Kriterien nachweislich erreicht werden, wodurch die praktische Anwendbarkeit diesbezüglich erschwert wird (A3). RUP/SOMA abstrahiert von der späteren Plattform und macht somit auch keine Aussagen hinsichtlich einzusetzender Technologien und Ausführungsumgebungen. Der Entwurf wird mit UML unter Nutzung des eigenen UML-Profils bzw. später mit SoaML beschrieben, wodurch diese Abstraktion erreicht wird (A4).

3.3 Zusammenfassung und Handlungsbedarf

Aufbauend auf der Bewertung bestehender Arbeiten aus Kapitel 3.2 erfolgt in Tabelle 6 eine Zusammenfassung der Ergebnisse. Wird eine Anforderung durch eine Arbeit erfüllt, so wird dies mit einem "+" vermerkt, während ein "-" eine nicht erfüllte Anforderung repräsentiert. Wird eine Anforderung nicht vollständig, aber dennoch teilweise durch eine Arbeit abgedeckt, erfolgt eine Kennzeichnung mittels "0".

Tabelle 6: Ergebnis der Bewertung bestehender Arbeiten

	Erradi et al.: SOAF	Perepletchikov et al.: Formalising Service-Oriented Design	Erl: Service-Oriented Analysis and Design	OMG: SoaML	Engels et al.: Quasar Enterprise	Humm et al.: Normalform für Services	IBM: RUP/SOMA
A1: Nachvollziehbarkeit	-	-	-	-	0	-	0
A2: Berücksichtigung gewünschter Qualitätseigenschaften	-	+	+	0	+	+	0
A3: Praktische Anwendbarkeit	-	-	-	+	0	0	0
A4: Plattform-unabhängigkeit	+	0	0	+	+	+	+

Wie aus dieser Tabelle zu entnehmen ist, erfüllt keine der bestehenden Arbeiten alle an einen Entwurf von Anwendungsdiensten gestellte Anforderungen. Diese Tatsache stellt daher die Motivation für die vorliegende Arbeit dar, wobei die bestehenden Arbeiten wesentliche Grundlagen bilden, auf denen die vorliegende Arbeit aufsetzt.

Für einen qualitätsorientierten Entwurf von Anwendungsdiensten ist zunächst ein Entwurfsprozess erforderlich, der die Anforderung der Nachvollziehbarkeit erfüllt. Hierfür werden insbesondere die bereits bestehenden Arbeiten von IBM im Kontext des RUP/SOMA übernommen und präzisiert. Ebenfalls wird hieraus die Idee übernommen, eine standardisierte Modellierungssprache zu nutzen, um einen ersten Beitrag zur praktischen Anwendbarkeit und Plattformunabhängigkeit zu erzielen. Für diese Aspekte hat sich SoaML als geeignet herausgestellt, weshalb diese Sprache für den weiteren Verlauf dieser Arbeit genutzt wird. Das Ergebnis der Bewertung zeigt außerdem, dass Qualitätseigenschaften in bestehenden Entwurfsprozessen derzeit keine ausreichende Beachtung finden. Aus diesem Grund gilt es, zusätzlich den Entwurfsprozess mit der Berücksichtigung gewünschter Qualitätseigenschaften zu kombinieren. Die praktische Anwendbarkeit fordert hierbei mitunter, dass die Qualitätseigenschaften anhand einer konkreten und ggf. standardisierten Modellierungssprache demonstriert werden, um Interpretationen und damit ggf. einhergehende Interpretationsfehler zu vermeiden. SoaML hat in der Spezifikation gezeigt, dass eine solche Bestimmung von Qualitätseigenschaften auf Basis von Modellen, die mit SoaML erstellt wurden, prinzipiell möglich ist. Jedoch liefert SoaML hier nur einige wenige Beispiele. Erl und Engels et al. hingegen liefern umfangreiche, jedoch informelle Beschreibungen der gewünschten Qualitätseigenschaften, was eine Überprüfung auf Basis konkreter Modelle und somit die praktische Anwendbarkeit erschwert. Aus diesem Grund ist eine Kombination beider Ansätze erstrebenswert, indem die Qualitätseigenschaften aus Erl und Engels et al. auf SoaML formalisiert werden. Humm et al. und Perepletchikov et al. haben bereits angedeutet, wie zunächst abstrakte und nicht zwingend automatisierbare Formalisierungen erstellt werden können, die eine manuelle aber dennoch exakte Bestimmung von Qualitätseigenschaften ermöglichen. Um eine vollständige Automatisierung zu ermöglichen, sind weitere Präzisierungen auf Basis von SoaML erforderlich, wodurch die praktische Anwendbarkeit jedoch zusätzlich gesteigert wird. Als Ergebnis wird hierdurch ein qualitätsorientierter Entwurf von Anwendungsdiensten erzielt, der die nachvollziehbare Erstellung von Dienstentwürfen unter Berücksichtigung von Qualitätseigenschaften bei gleichzeitiger praktischer Anwendbarkeit und Plattformunabhängigkeit ermöglicht.

4 Entwurfsprozess

Die Umstellung der IT von Unternehmen auf eine dienstorientierte Architektur erfordert einen Entwurf der benötigten Dienste. Mit dieser Umstellung sollen bestimmte Ziele wie eine höhere Flexibilität einhergehen, weshalb erforderlich ist, dass die resultierenden Dienste gewisse Qualitätseigenschaften wie bspw. lose Kopplung oder Autonomie erfüllen. In diesem Kapitel wird daher ausgehend von dem Handlungsbedarf aus Kapitel 3.3 ein Vorgehen vorgestellt, das einen Entwurf von Diensten mit gewünschten Qualitätseigenschaften ermöglicht. Dieses Vorgehen orientiert sich dabei an bestehenden Entwurfsprozessen, wie sie bspw. in RUP/SOMA von IBM [IBM-RUP-SOMA07] oder von Engels et al. in [EH+08] eingeführt werden. Um jedoch die Anforderung nach einer Nachvollziehbarkeit und der Berücksichtigung von Qualitäts-eigenschaften zu erfüllen, werden diese Entwurfsprozesse um entsprechende Details ergänzt. Kapitel 4.1 gibt zunächst einen Überblick über den Entwurfsprozess, bestehend aus einer Einordnung in den gesamten Entwicklungsprozess und einer Beschreibung des Ablaufs des Entwurfsprozesses. Da sich der Entwurfsprozess an die Analysephase anschließt und die hieraus entstandenen Artefakte in Artefakte der Entwurfsphase über-führt werden, erfolgt in Kapitel 4.2 eine Vorstellung der als Ergebnis der Analysephase vorliegenden Artefakte. In einem nächsten Schritt werden die Phasen der Identifikation und Spezifikation als Teile des Entwurfsprozesses in den Kapiteln 4.3, 4.4 und 4.5 detailliert beschrieben. Hierbei liegt der Fokus auf der Nachvollziehbarkeit des Vorgehens und der Berücksichtigung von Qualitätseigenschaften. Abschließend erfolgt in Kapitel 4.6 ein Ausblick auf die Implementierungsphase. Hierbei wird verdeutlicht, wie die entwickelten Entwurfsartefakte in der Implementierungsphase genutzt werden können.

4.1 Überblick

Der im Folgenden vorgestellte Entwurfsprozess stellt eine zentrale Phase im Rahmen der Entwicklung von Diensten dar. Bevor in den darauffolgenden Kapiteln näher auf Details des Entwurfsprozesses eingegangen wird, erfolgt zunächst eine Einordnung des Entwurfsprozesses in einen Entwicklungsprozess und eine Beschreibung des Ablaufs des Entwurfsprozesses.

4.1.1 Einordnung in einen Entwicklungsprozess

Das im Folgenden vorgestellte Vorgehen zur Entwicklung von Diensten orientiert sich an den in der Softwaretechnik bereits etablierten Prozessen wie dem allgemeinen Vorgehen in Bruegge et al. [BD10] und den in der Literatur verbreiteten Prozessen für dienstorientierte Architekturen. Dabei werden insbesondere RUP/SOMA [IBM-RUP-SOMA07], das Vorgehen von Engels et al. [EH+08], die dienstorientierte Analyse und der dienstorientierte Entwurf gemäß Erl [Er06] und das Service Oriented Architecture Framework (SOAF) [EA+06] berücksichtigt. Im Wesentlichen gliedert sich der Entwicklungsprozess in fünf Phasen, die in Abbildung 13 dargestellt sind.

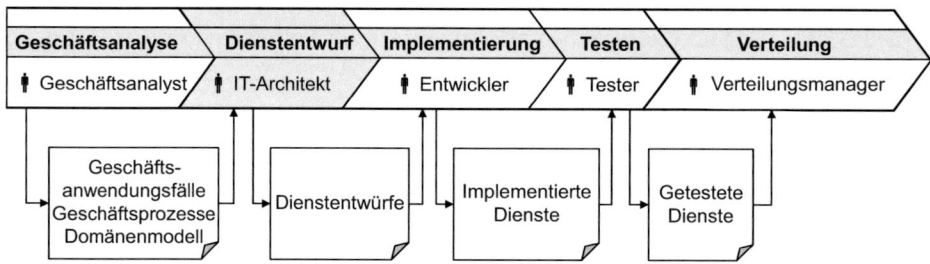

Abbildung 13: Entwicklungsprozess für Dienste

Der Prozess beginnt mit einer Analyse des Geschäfts seitens des Geschäftsanalysten. Diese Phase erfolgt in Anlehnung an die *Elicitation Phase* in RUP/SOMA [IBM-RUP-SOMA07], der Phase zur Gestaltung der Geschäftsarchitektur gemäß Engels et al. [EH+08] und der Anforderungsanalyse in Bruegge et al. [BD10]. Ergebnis der Geschäftsanalyse bilden demnach zunächst Spezifikationen der Geschäftsanwendungs-fälle und der realisierenden Geschäftsprozesse. Ebenso werden zu diesem Zeitpunkt die elementaren Konzepte wie bspw. die Geschäftsentitäten im Rahmen eines Domänen-modells identifiziert und ggf. Abhängigkeiten zwischen den Konzepten beschrieben. Da die Entwurfsphase auf den in der Geschäftsanalyse erstellten Artefakten aufsetzt, folgt in Kapitel 4.2 eine Beschreibung der Geschäftsanalyse und der in diesem Rahmen erstellten Artefakte.

Der Dienstentwurf fokussiert die Identifikation und Spezifikation der Dienste und stellt die für diese Arbeit zentrale Phase dar. Aufbauend auf den Ergebnissen der Geschäfts-analyse werden als Ergebnis dieser Phase seitens des IT-Architekten Dienstkandidaten identifiziert und anschließend vollständige Dienstentwürfe spezifiziert. Durch iterative Analysen und ggf. Überarbeitungen der Dienstkandidaten und Dienstentwürfe wird sichergestellt, dass die resultierenden Dienstentwürfe den Anforderungen an Qualitäts-eigenschaften gerecht werden. Die Identifikation und Spezifikation werden in den Kapiteln 4.3, 4.4 und 4.5 detailliert beschrieben.

In der Implementierungsphase werden die in der Dienstentwurfsphase erstellten Dienst-entwürfe, die zunächst unabhängig von konkreten Technologien gestaltet wurden, seitens des Entwicklers in ausführbare Softwareartefakte überführt. Diese ausführbaren Artefakte sind technologiespezifisch. So werden bspw. aus den entworfenen Dienst-schnittstellen Schnittstellenbeschreibungen auf Basis der Web Services Description Language (WSDL) [W3C-WSDL1.1] und aus vorher beschriebenen Prozessabläufen ausführbare Prozesse mittels der Business Process Execution Language (BPEL) [OASIS-WSBPEL2.0] erzeugt. Ebenso finden in diesem Zuge ggf. Programmier-modelle wie die Service Component Architecture (SCA) [OSOA-SCA1.0] Anwendung. Basierend auf den Konzepten der modellgetriebenen Softwareentwicklung [SV+07] wie der Model Driven Architecture (MDA) der OMG [GP+06, OMG-MDA1.0.1, PM06] ist es möglich, ausgehend von den Dienstentwürfen Bestandteile der Implementierungs-artefakte automatisch zu generieren.

Zur Sicherung der Qualität werden die zuvor implementierten Softwareartefakte getestet und somit auf Fehler überprüft. Ein Tester kann hierfür verschiedene Szenarien und Testfälle durchführen und die Einhaltung von funktionalen und nicht-funktionalen Anforderungen an die erstellten Dienste sicherstellen.

Im Rahmen der Verteilung (engl. *Deployment*) werden die implementierten und getesteten Softwareartefakte auf die Laufzeitumgebungen verteilt. So werden bspw. die ausführbaren BPEL-Prozesse auf eine BPEL-Engine oder SCA-Composites in eine SCA-Laufzeitumgebung installiert. Zusätzlich werden die Dienste, sofern gefordert, in einem Dienstverzeichnis bspw. auf Basis von Universal Description, Discovery and Integration (UDDI) [OASIS-UDDI3.0.2] veröffentlicht und somit anderen potenziellen Dienstnehmern bekanntgemacht. Hierbei ist zu beachten, dass mit der finalen Verteilung und Veröffentlichung weitere Prozesse wie bspw. die Pflege und Wartung der Dienste im Rahmen einer umfassenden SOA-Governance [Bi08] angestoßen werden sollten.

4.1.2 Ablauf des Entwurfsprozesses

Ein Entwurfsprozess produziert gemäß Bruegge et al. ...

> ... *aufbauend auf der Spezifikation der Anforderungen eine kohärente und wohl-definierte Repräsentation des Systems [BD10].*

Diese Repräsentation beinhaltet dabei zunächst einen Entwurf der gesamten Architektur und anschließend einen detaillierten Entwurf der Bestandteile. Übertragen auf den Entwurf von Diensten bedeutet dies, dass zunächst eine Identifikation der notwendigen Dienste inklusive ihrer Abhängigkeiten und anschließend deren vollständige Spezifikation zu erfolgen hat.

Dies deckt sich zusätzlich mit dem Verständnis von RUP/SOMA [IBM-RUP-SOMA07] und auch den Vorgehen von Engels et al. [EH+08] und Erl [Er06]. Demnach kann der Entwurfsprozess in einer ersten Verfeinerungsstufe als eine Abfolge der Identifikationsphase und der darauffolgenden Spezifikationsphase beschrieben werden. Die folgende Abbildung veranschaulicht den Entwurfsprozess.

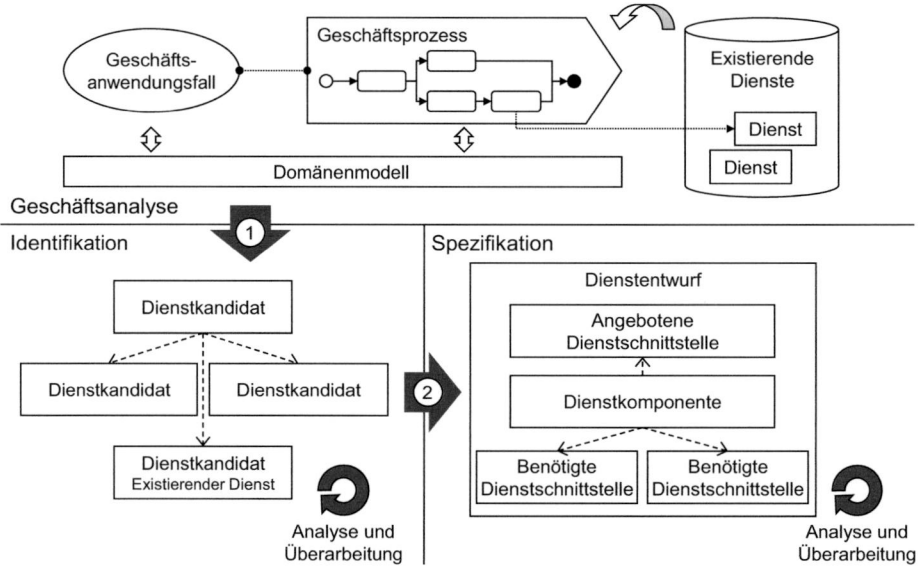

Abbildung 14: Entwurfsprozess

Im Rahmen der Identifikation werden zunächst ausgehend von den Artefakten der Geschäftsanalyse Dienstkandidaten abgeleitet. Diese repräsentieren vorläufige Dienste und dienen zunächst einer Gruppierung von Operationskandidaten, welche wiederum vorläufige Operationen darstellen. Während im Rahmen des RUP/SOMA von IBM bereits grobe Vorgaben existieren, wie Dienstkandidaten und Operationskandidaten aus den Geschäftsprozessen abgeleitet werden können, wird die Identifikation in der vorliegenden Arbeit um weitere Details ergänzt, um die Anforderung der Nachvollzieh-barkeit zu erfüllen. Aus diesem Grund erfolgt in Kapitel 4.2 zusätzlich eine Beschreibung der Artefakte der Geschäftsanalyse, die den Ausgangspunkt für die systematische Ableitung von Dienstkandidaten darstellen. Da die Dienste die Forderung nach u.a. loser Kopplung und Autonomie erfüllen sollen, folgt im Anschluss an die zunächst systematische Ableitung von Dienstkandidaten eine Analyse und Überarbeitung der Dienstkandidaten hinsichtlich von Qualitätseigenschaften. Die im Vorhinein durchgeführte Ableitung von Dienstkandidaten erfordert somit keine Berücksichtigung von Qualitätseigenschaften, da diese explizit im Nachhinein betrachtet werden. Im Zuge der Analyse und Überarbeitung werden zunächst die aktuellen Qualitätseigenschaften der vorliegenden Dienstkandidaten ermittelt und im Falle von nicht zufriedenstellenden Eigenschaften entsprechende Überarbeitungen durch den IT-Architekten durchgeführt. Die Beschreibung der Identifikationsphase und somit der Ableitung von Dienstkandidaten stellt den Schwerpunkt von Kapitel 4.3 dar.

Sobald diese iterative Analyse und Überarbeitung abgeschlossen ist und die Qualitäts-eigenschaften somit den Anforderungen genügen, erfolgt die Spezifikation der Dienste. Hierbei existieren ebenfalls bereits grobe Beschreibungen, wie komplette Dienst-entwürfe aus zunächst vorläufigen Dienstkandidaten abgeleitet werden können. Aller-dings sind diese Informationen für eine Nachvollziehbarkeit unzureichend, weshalb die Spezifikationsphase ähnlich zur Identifikationsphase um weitere Details ergänzt wird. Nach der Ableitung von Dienstentwürfen aus Dienstkandidaten, deren Fokus ähnlich zur Ableitung von Dienstkandidaten auf der Systematik und nicht auf der Berücksichtigung von Qualitätseigenschaft liegt, erfolgt ebenfalls eine Analyse und Überarbeitung der Dienstentwürfe, um die Einhaltung ausgewählter Qualitätseigen-schaften sicherzustellen. Ähnlich zur Identifikationsphase werden auch hier zunächst die Qualitätseigenschaften bestimmt. Sollten die Qualitätseigenschaften nicht den gewünschten Anforderungen entsprechen, erfolgt im Anschluss eine Überarbeitung der Dienstentwürfe. Die Analyse und Überarbeitung wird iterativ fortgesetzt, bis keine Überarbeitungen mehr erforderlich sind. Die Beschreibung der Spezifikationsphase erfolgt in Kapitel 4.4. Da erstellte Dienstkomponenten ggf. selbst wieder aus weiteren Dienstkomponenten bestehen, kann der Entwurfsprozess, wie in Kapitel 4.5 vorgestellt, rekursiv fortgesetzt werden. Sind keine weiteren Verfeinerungen notwendig, so kann der Entwurfsprozess abgeschlossen werden. Ergebnis des Entwurfsprozesses stellen somit nachvollziehbar erstellte Dienstentwürfe dar, die ausgewählte Qualitätseigen-schaften aufweisen.

Die nachgelagerte Analyse und Überarbeitung von Dienstkandidaten und Dienst-entwürfen wird detailliert in den Kapiteln 5 und 6 behandelt. Der im vorliegenden Kapitel beschriebene Entwurfsprozess fokussiert somit die systematische Überführung von Artefakten der Geschäftsanalyse in Dienstentwürfe und schafft gleichzeitig den Rahmen für die weiteren Beitragskapitel dieser Arbeit.

4.2 Artefakte der Geschäftsanalyse

Um die Nachvollziehbarkeit des Entwurfsprozesses zu gewährleisten, ist zunächst eine exakte Beschreibung der vorliegenden Artefakte erforderlich, die aus der Geschäfts-analyse hervorgehen und als Ausgangssituation für die Entwurfsphase dienen. Aus diesem Grund werden diese Artefakte im Folgenden detailliert beschrieben. Dabei orientieren sich die Artefakte an denen, wie sie in RUP/SOMA von IBM [IBM-RUP-SOMA07] genutzt werden.

Domänenmodell

Im Zuge der Erstellung von Geschäftsanwendungsfällen und realisierenden Geschäftsprozessen wird ein Ausschnitt der behandelten Domäne detailliert betrachtet. Um ein
grundlegendes Verständnis der betrachteten Domäne und somit die korrekte und
einheitliche Nutzung von Begrifflichkeiten zu gewährleisten, ist es erforderlich, ein
Domänenmodell zu erstellen, welches die relevanten Konzepte der Domäne und die
Beziehungen zueinander beschreibt [Jo04]. Bei diesen Konzepten kann es sich etwa um
reale Entitäten der Geschäftswelt handeln, die entweder materieller Art (bspw. ein
Bestellformular) oder immaterieller Art (bspw. die Bestellung eines Kunden im Lokal)
sind [EH+08]. Ebenso kann eine Beschreibung der Bestandteile dieser Konzepte (bspw.
die Nummer des Bestellformulars) erfolgen. Die Spezifikation einer solchen
Konzeptualisierung wird gemäß Gruber [Gr93] als Ontologie bezeichnet. Zur
Formalisierung können dabei verschiedene Sprachen eingesetzt werden, wobei sich
insbesondere XML-basierte Sprachen wie die Web Ontology Language (OWL) [W3C-
OWL-REC] etabliert haben. Da im Zuge der späteren Überführung von Dienstentwürfen in Schnittstellenbeschreibungen auf Basis von WSDL eine semantische
Annotation der Dienste mittels Semantic Annotations for WSDL and XML Schema
(SAWSDL) [W3C-SAWSDL-REC] möglich sein soll, muss das Domänenmodell zu
diesem Zeitpunkt auf Basis einer XML-basierten Sprache vorliegen. Zur Modellierung
einer Domäne wird von Cranefield et al. in [CP99] gezeigt, wie UML ohne
Erweiterungen genutzt werden kann, was jedoch aufgrund der fehlenden Überführung
in OWL als nicht praktikabel angesehen wird. Eine Überführung würde eine zusätzliche
Interpretation der Modellierungselemente erfordern. Aus diesem Grund wurde das
Ontology Definition Metamodel (ODM) [OMG-ODM1.0] der OMG erstellt, welches
ein UML-Profil zur Beschreibung einer Ontologie und hierfür spezifische Stereotypen
definiert. Da in diesem Fall eine klare Semantik gegeben ist und sogar OWL-spezifische
Erweiterungen vorhanden sind, kann ein UML-Modell, das dieses Profil nutzt,
automatisiert in OWL überführt werden kann. Da jedoch eine Modellierung der
Domäne mit UML nicht zwingend erforderlich ist und für OWL umfangreiche
graphische Modellierungswerkzeuge existieren, erfolgt die Modellierung der Domäne in
der vorliegenden Arbeit direkt mit OWL.

OWL erlaubt sowohl die Beschreibung einzelner Konzepte einer Domäne mittels
Klassen als auch die Spezifikation ihrer Zusammenhänge über Objekteigenschaften
(engl. *Object Properties*). Abbildung 15 zeigt ein Domänenmodell basierend auf OWL.
Die Darstellung erfolgt hierbei entsprechend dem in Protégé [Ho09] vorhandenen
OntoGraf. Klassen werden hierbei in Form von Rechtecken und die Beziehungen durch
gerichtete Kanten zwischen den Rechtecken dargestellt. Während die Bezeichnungen
der Beziehungen in OntoGraf nicht direkt in der graphischen Darstellung sichtbar sind,
werden diese in der vorliegenden Arbeit ergänzt. Die obligatorische Oberklasse "Thing"
hingegen wird aus Gründen der besseren Übersicht nicht dargestellt.

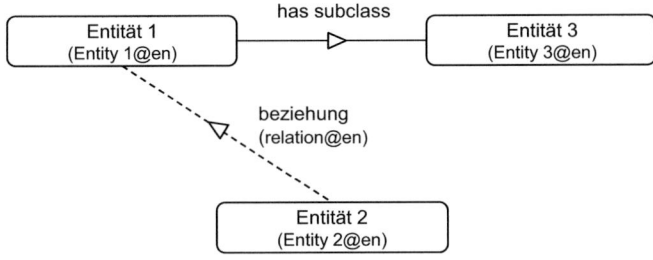

Abbildung 15: Modellierung einer Domäne

Um eine Mehrsprachigkeit innerhalb des Domänenmodells zu realisieren, werden an die Klassen oder die Objekteigenschaften innerhalb der Ontologie zusätzliche Bezeichnungen (engl. *Label*) hinzugefügt. Diese geben die Bezeichnung der Klasse oder der Objekteigenschaft in einer anderen Sprache wieder. Die graphische Darstellung dieser Information ist in OntoGraf nicht vorgesehen, da hier über geeignete Werkzeug-unterstützung auf diese Information zugegriffen werden kann. In der vorliegenden Arbeit wird daher zusätzlich eine Erweiterung der graphischen Darstellung, wie in Abbildung 15 veranschaulicht, vorgenommen. Die Sprache der Bezeichnung ist dabei wie in Protégé mit einem Kürzel nach dem @-Zeichen vermerkt. Da OWL selbst keine graphische Notation beschreibt, ist im Folgenden das zu Abbildung 15 zugehörige XML-Dokument aufgeführt:

```
<?xml version="1.0"?>
<!DOCTYPE Ontology [
    <!ENTITY xsd "http://www.w3.org/2001/XMLSchema#" >
    <!ENTITY xml "http://www.w3.org/XML/1998/namespace" >
    <!ENTITY rdfs "http://www.w3.org/2000/01/rdf-schema#" >
    <!ENTITY rdf "http://www.w3.org/1999/02/22-rdf-syntax-ns#" >
]>

<Ontology xmlns=http://www.w3.org/2002/07/owl#
    xml:base=http://cm.tm.kit.edu/gebhart/demo-ontology
    xmlns:rdfs=http://www.w3.org/2000/01/rdf-schema#
    xmlns:xsd=http://www.w3.org/2001/XMLSchema#
    xmlns:rdf=http://www.w3.org/1999/02/22-rdf-syntax-ns#
    xmlns:xml=http://www.w3.org/XML/1998/namespace
    ontologyIRI="http://cm.tm.kit.edu/gebhart/demo-ontology">

    <Prefix name="rdf" IRI="http://www.w3.org/1999/02/22-rdf-syntax-
        ns#"/>
```

```
<Prefix name="rdfs" IRI="http://www.w3.org/2000/01/rdf-schema#"/>
<Prefix name="xsd" IRI="http://www.w3.org/2001/XMLSchema#"/>
<Prefix name="owl" IRI="http://www.w3.org/2002/07/owl#"/>

<Declaration>
    <Class IRI="#Entität1"/>
</Declaration>

<Declaration>
    <Class IRI="#Entität2"/>
</Declaration>

<Declaration>
    <Class IRI="#Entität3"/>
</Declaration>

<Declaration>
    <ObjectProperty IRI="#beziehung"/>
</Declaration>

<SubClassOf>
    <Class IRI="#Entität2"/>
    <Class abbreviatedIRI="owl:Thing"/>
</SubClassOf>

<SubClassOf>
    <Class IRI="#Entität2"/>
    <ObjectSomeValuesFrom>
        <ObjectProperty IRI="#beziehung"/>
        <Class IRI="#Entität1"/>
    </ObjectSomeValuesFrom>
</SubClassOf>

<SubClassOf>
    <Class IRI="#Entität3"/>
    <Class IRI="#Entität1"/>
</SubClassOf>

<SubObjectPropertyOf>
    <ObjectProperty IRI="#beziehung"/>
    <ObjectProperty abbreviatedIRI="owl:topObjectProperty"/>
</SubObjectPropertyOf>

<AnnotationAssertion>
    <AnnotationProperty abbreviatedIRI="rdfs:label"/>
    <IRI>#Entität1</IRI>
```

```
            <Literal xml:lang="en"
                datatypeIRI="&rdf;PlainLiteral">Entity1</Literal>
        </AnnotationAssertion>

        <AnnotationAssertion>
            <AnnotationProperty abbreviatedIRI="rdfs:label"/>
            <IRI>#Entität2</IRI>
            <Literal xml:lang="en"
                datatypeIRI="&rdf;PlainLiteral">Entity2</Literal>
        </AnnotationAssertion>

        <AnnotationAssertion>
            <AnnotationProperty abbreviatedIRI="rdfs:label"/>
            <IRI>#Entität3</IRI>
            <Literal xml:lang="en"
                datatypeIRI="&rdf;PlainLiteral">Entity3</Literal>
        </AnnotationAssertion>

        <AnnotationAssertion>
            <AnnotationProperty abbreviatedIRI="rdfs:label"/>
            <IRI>#beziehung</IRI>
            <Literal xml:lang="en"
                datatypeIRI="&rdf;PlainLiteral">relation</Literal>
        </AnnotationAssertion>

</Ontology>
```

Quelltext 1: Domänenmodell in OWL

Die innerhalb des Domänenmodells beschriebenen Konzepte finden in Geschäftsprozessen, wie im weiteren Verlauf in Abbildung 17 dargestellt, an zweierlei Stellen
Verwendung: Zum einen bilden die Konzepte in Form von Geschäftsentitäten oder
deren Bestandteile häufig Elemente der verschickten Nachrichten zwischen mehreren
Prozessteilnehmern. Dabei können die Konzepte entweder direkt die gesamte Nachricht
bilden oder Bestandteil einer komplexeren Nachricht sein. Zusätzlich finden die
Konzepte auch innerhalb eines Teilnehmers Verwendung, indem sie zwischen den
einzelnen Aktivitäten innerhalb eines Teilnehmers als Ein- und Ausgabedaten oder als
Bestandteil von diesen ausgetauscht werden. Die Benennung dieser Nachrichten und
Ein- und Ausgabedaten soll sich dabei an dieser einheitlichen Begriffsbildung
orientieren. Selbiges gilt für Aktivitäten innerhalb der Geschäftsprozesse und
Geschäftsanwendungsfälle.   Durch   eine   einheitliche   Benennung   können
Missverständnisse oder Mehrdeutigkeiten deutlich reduziert werden. Ggf. muss das
Domänenmodell im Zuge der Erstellung von Geschäftsanwendungsfällen und
Geschäftsprozessen um weitere Konzepte, die im Zuge der ersten Betrachtung der
Domäne nicht berücksichtigt wurden, erweitert werden.

Geschäftsanwendungsfälle

Im Rahmen der Geschäftsanalyse sieht RUP/SOMA eine Beschreibung der Geschäfts-anwendungsfälle vor. Diese bilden dabei den betrachteten Ausschnitt des Geschäfts, d.h. die Geschäftsanwendungsfälle, die im Zuge der Etablierung einer dienstorientierten Architektur durch IT unterstützt werden sollen. Dabei wird ein Geschäftsanwendungs-fall in [Jo04] wie folgt definiert:

> *A business use case defines a set of business use-case instances, where each instance is a sequence of actions a business performs that yields an observable result of value to a particular business actor. [...] A business use case describes a business process from an external, value-added point of view.*

Geschäftsanwendungsfälle abstrahieren somit von den später einzusetzenden Systemen, wodurch sich diese von den herkömmlichen Anwendungsfällen der UML unterscheiden, deren Fokus auf einem zu entwickelnden System liegt. Ein Geschäfts-anwendungsfall wird dabei von einem Geschäftsakteur angestoßen. Ein Geschäftsakteur repräsentiert einen Teilnehmer des Geschäfts außerhalb des betrachteten Geschäfts-bereichs. Er besitzt daher nur ein Verständnis für das extern sichtbare Verhalten des Geschäfts.

Die Beschreibung der Geschäftsanwendungsfälle inklusive der Geschäftsakteure erfolgt mittels UML-Anwendungsfalldiagaramme. Hierfür wurde von IBM ein entsprechendes UML-Profil, das Rational UML Profile for Business Modeling [Jo04], bereitgestellt. Ein Geschäftsanwendungsfall wird dabei über UML-Anwendungsfälle modelliert, die mittels "Business Use Case" stereotypisiert sind. Ebenso werden zur Modellierung der Geschäftsakteure die aus UML bekannten Akteure genutzt, die jedoch mit dem Stereotyp "Business Actor" versehen sind. Die folgende Abbildung zeigt einen Geschäftsanwendungsfall mit einem Geschäftsakteur in UML. Hierbei kommt die eben-falls in [Jo04] beschriebene konkrete Syntax zum Einsatz, weshalb hier auf die sichtbare Ergänzung von Stereotypen verzichtet werden kann.

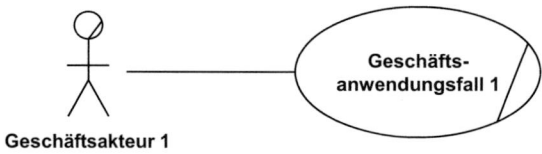

Abbildung 16: Modellierung von Geschäftsdiensten

Die Semantik ist demnach, dass der Geschäftsakteur "Geschäftsakteur 1", der somit einen externen Teilnehmer darstellt, den "Geschäftsanwendungsfall 1" auslöst und hierdurch einen Ablauf innerhalb des betrachteten Geschäfts anstößt.

Die Analyse des Geschäfts beginnt dabei üblicherweise mit der Identifikation der Geschäftsakteure. Kandidaten für Geschäftsakteure sind Personen, Gruppen, Organisationen, Unternehmen oder Maschinen, die mit dem Geschäft interagieren. Als Beispiele hierfür können Kunden, Partner oder Lieferanten aufgeführt werden. Bei der Benennung der Geschäftsakteure gilt zu beachten, dass der Name Aufschluss über seine Rolle im Geschäft gibt. Aus diesem Grund kann es hilfreich sein, zusätzlich zur Beschreibung in UML eine textuelle Kurzbeschreibung zu erstellen, inwieweit der Geschäftsakteur mit dem Geschäft interagiert.

Nachdem die Geschäftsakteure beschrieben wurden, können die Geschäftsanwendungs-fälle identifiziert werden. Hierzu gilt es zu überlegen, welchen Wert das Geschäft für die einzelnen Geschäftsakteure liefern soll. Eine alternative Vorgehensweise ist, die Personen innerhalb des Geschäfts zu befragen, welche Aufgaben im täglichen Geschäft ausgeführt werden. Diese Aufgaben können anschließend entsprechend abstrahiert und durch Geschäftsanwendungsfälle repräsentiert werden. Zusätzlich ist es zur Identifikation möglich, das vorherige Domänenmodell mit einzubeziehen, da dieses Aufschluss über betrachtete Konzepte und somit bearbeitete Geschäftsentitäten gibt. Im Anschluss an die Identifikation der Geschäftsanwendungsfälle kann ggf. bereits eine grobe Beschreibung des internen Ablaufs der Geschäftsanwendungsfälle angegeben werden. Diese Abläufe werden im Rahmen der Erstellung der Geschäftsprozesse aufge-griffen und vervollständigt. Hinsichtlich der Benennung der Geschäftsanwendungsfälle gilt sicherzustellen, dass das vorher erstellte Domänenmodell berücksichtigt wird, um die Nutzung einer einheitlichen Benennung zu gewährleisten.

Nachdem die Geschäftsakteure und Geschäftsanwendungsfälle identifiziert, mit UML modelliert und eventuell mit textueller Beschreibung versehen wurden, können die Geschäftsakteure und Geschäftsanwendungsfälle in UML in Pakete unterteilt werden, um die Übersichtlichkeit zu erhöhen. Eine beispielhafte Unterteilung stellt die Gruppierung der Akteure nach ihrem Typ und der Geschäftsanwendungsfälle nach ihrem Zweck dar.

Geschäftsprozesse

Da der Etablierung einer dienstorientierten Architektur das Ziel zugrunde liegt, die beschriebenen Geschäftsanwendungsfälle durch IT zu automatisieren, ist eine Beschreibung des internen Verhaltens der Geschäftsanwendungsfälle erforderlich. Diese erfolgt dabei in Form eines oder mehrerer Geschäftsprozesse, die jeweils eine Abfolge von Aktivitäten repräsentieren. Hierbei wird sowohl der interne Ablauf innerhalb des betrachteten Geschäfts, d.h. die von Angestellten des Geschäfts (engl. *Business Worker*) [Jo04] ausgeführten Aktivitäten und ihre Reihenfolge, als auch die Interaktion mit externen Geschäftsakteuren ersichtlich. Da sich diese Informationen in den zu entwerfenden Diensten wiederfinden müssen, stellen Geschäftsprozesse einen elementaren Bestandteil zur Identifikation von Diensten und ihrer Spezifikation dar.

Zur Modellierung von Geschäftsprozessen kann die Business Process Model and Notation (BPMN) verwendet werden. Die Kollaborationsdiagramme in BPMN erlauben die Beschreibung von Geschäftsprozessen inklusive der Interaktionen zwischen verschiedenen Teilnehmern. Teilnehmer können hierbei externe Geschäftsakteure oder Angestellte innerhalb des Geschäfts repräsentieren, wobei unter Angestellten innerhalb des Geschäfts sowohl konkrete Rollen als auch Organisationseinheiten verstanden werden können. Für jeden Teilnehmer wird dabei ein neuer Pool erstellt, der diesen Teilnehmer und seinen internen Ablauf repräsentiert. Der Name des Pools entspricht dem Namen des Teilnehmers. Intern besteht jeder Pool aus einer definierten Abfolge von Aktivitäten, zwischen denen Datenobjekte, die ggf. Geschäftsentitäten repräsentieren oder beinhalten, ausgetauscht werden. Die Interaktion zwischen mehreren Teilnehmern erfolgt durch den Austausch von Nachrichten. Hierbei kann zwischen aufrufenden Nachrichten und Antwortnachrichten, die bspw. *Callback*-Operationen in asynchronen Aufrufen entsprechen, unterschieden werden. Erstere werden in Form eines weißen Umschlags und letztere in Form eines grauen Umschlags dargestellt. Die Nachrichten können dabei ähnlich wie die Datenobjekte Geschäftsentitäten bzw. Bestandteile von diesen beinhalten oder komplexere Strukturen darstellen, die ggf. aus Geschäftsentitäten bestehen. Um aus Gründen der Übersichtlichkeit einen Teilnehmer, der bspw. eine Organisationseinheit repräsentiert, weiter zu unterteilen, eignet sich das Konzept der Lanes, welches es ermöglicht, einen Pool weiter zu verfeinern. Die folgende Abbildung zeigt das Zusammenspiel eines externen Teilnehmers, d.h. eines Geschäftsakteurs, mit Teilnehmern innerhalb des betrachteten Geschäfts. Sollten im Rahmen eines Geschäftsprozesses eine Vielzahl von Teilnehmern interagieren, so kann es für eine bessere Übersicht hilfreich sein, mehrere getrennte Kollaborationsdiagramme für diesen Prozess zu erstellen.

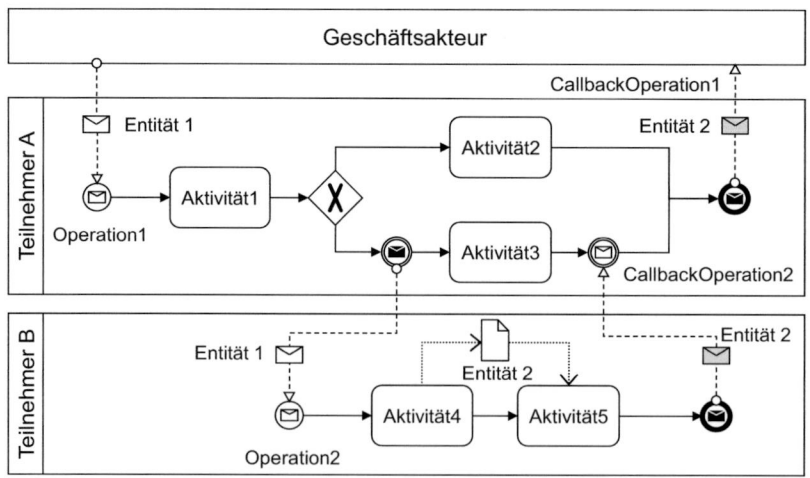

Abbildung 17: Modellierung von Geschäftsprozessen

Die Spezifikation eines Geschäftsprozesses als Realisierung von Geschäftsanwendungsfällen erfolgt hierbei unter Berücksichtigung bestehender Dienste. Sollten bereits
Dienste genutzt werden können, so werden diese in gleicher Art, d.h. in
übereinstimmender Benennung und Granularität als Aktivitäten innerhalb des Prozesses
ergänzt. Auf diese Weise wird sichergestellt, dass im Zuge der Identifikation Dienstkandidaten erstellt werden, deren Operationen sich in ihrer Granularität mit derer
bestehender Dienste decken. Hierdurch können bestehende Dienste einfacher in der
späteren konkreten Spezifikation und Umsetzung wiederverwendet werden.

Ähnlich wie bei Geschäftsanwendungsfällen gilt es auch bei Geschäftsprozessen, das
vorher erstellte Domänenmodell zu berücksichtigen. Zum einen gibt das Domänenmodell Auskunft über die relevanten Konzepte und hilft hierbei sicherzustellen, dass
sich die Aktivitäten innerhalb des Geschäftsprozesses an diesen orientieren. Ebenso
wird durch Berücksichtigung des Domänenmodells im Zuge der Benennung von
Aktivitäten und Geschäftsentitäten die Nutzung einheitlicher Begrifflichkeiten
gewährleistet, wodurch wiederum Missverständnisse und Mehrdeutigkeiten reduziert
werden können.

4.3 Identifikation

Ziel der in einem ersten Schritt durchzuführenden Identifikationsphase ist die
Beschreibung notwendiger Dienste. Dabei gilt diese Phase als eine der wichtigsten im
Rahmen dienstorientierter Entwurfsaktivitäten [PR+08]. In Anlehnung an RUP/SOMA
[IBM-RUP-SOMA07] und Erl [Er06] werden die Dienste zu diesem Zeitpunkt als
Dienstkandidaten für eine spätere Spezifikation bezeichnet. Dies hat den Hintergrund,
dass es sich in erster Linie um Vorschläge handelt, welche Dienste benötigt werden. Es
besteht weiterhin die Möglichkeit, sich einen Dienst einzukaufen, wodurch eine spätere
Spezifikation entfallen kann. Ein Dienstkandidat besteht aus Operationskandidaten, die
auch als Fähigkeitskandidaten (engl. *Capability Candidate*) bezeichnet werden [Er08].
Ein Operationskandidat beschreibt ähnlich zu einem Dienstkandidaten einen Vorschlag
für eine notwendige Operation. Dies entspricht somit einer möglichen Fähigkeit, die der
Dienst bereitstellen soll. Zusätzlich werden Abhängigkeiten zwischen Dienstkandidaten
beschrieben. Eine Abhängigkeit bedeutet hierbei, dass ein Dienstkandidat einen anderen
Dienstkandidaten benötigt, um seine Funktionalität zu erbringen.

Modellierung von Dienstkandidaten mit SoaML

Um die Ergebnisse der Identifikationsphase formal beschreiben zu können, ist eine
Modellierung der Dienstkandidaten erforderlich. Während in den Arbeiten von Erl eine
Notation von Dienstkandidaten zum Einsatz kommt, die auf keinem formalen Modell
basiert und somit keine formalen Beschreibung von Dienstkandidaten ermöglicht, wird

von IBM das hauseigene UML 2.0 Profile for Software Services zur Beschreibung von Diensten genutzt. Letzteres ist auf der einen Seite formal spezifiziert, erfüllt jedoch auf der anderen Seite nicht die Forderung nach einer Standardisierung und stellt keine Modellelemente bereit, die der Semantik von Dienstkandidaten entsprechen. Zusätzlich ist die Unterstützung proprietärer UML-Profile in Entwicklungswerkzeugen stark eingeschränkt oder nur herstellerspezifisch gegeben. Aufgrund der Standardisierung von SoaML durch die OMG und der Tatsache, dass durch SoaML die notwendigen Elemente zur formalen Beschreibung von Dienstkandidaten abgedeckt werden, wird diese Sprache im Rahmen der Identifikationsphase für die Modellierung von Dienst-kandidaten gewählt. Des Weiteren erhält SoaML zum Zeitpunkt der Arbeit Einzug in Entwicklungswerkzeuge verschiedener Hersteller und ersetzt dabei ggf. bisherige proprietäre UML-Profile.

In SoaML wurden diverse Erweiterungen zu Elementen der UML mit definierter Semantik eingeführt. Unter anderem wurde, wie in Kapitel 2.3.1 vorgestellt, der Stereotyp "Capability" als Erweiterung der Metaklasse "Class" hinzugefügt, der gemäß SoaML eine Menge von Fähigkeiten gruppiert und genutzt werden kann, um notwendige Dienste zu identifizieren und diese in Katalogen zu organisieren. Dies entspricht dem Verständnis von Dienstkandidaten, weshalb dieses Element, wie mitunter vom Autor der vorliegenden Arbeit in [GM+10] bereits veröffentlicht, genutzt wird, um Dienstkandidaten mit SoaML zu modellieren. In neuesten Arbeiten von IBM, die eine Identifikation von Diensten aus Geschäftsprozessen unter Nutzung von SoaML fokussieren [Am10], wird dieses Vorgehen bestätigt. Da es sich bei einer Capability um eine Klasse handelt, können auch Operationen hinzugefügt werden. Diese Operationen entsprechen somit den Operationskandidaten. Zur Modellierung von Abhängigkeiten wird in SoaML eine Verwendungsabhängigkeit (engl. *Usage Dependency*) genutzt. Die folgende Tabelle fasst die notwendigen Elemente aus SoaML zur Beschreibung von Dienstkandidaten zusammen.

Tabelle 7: Modellierung von Dienstkandidaten in SoaML

Konzeptionelles Element	Modellelement aus SoaML
Dienstkandidat	Capability (mit "Capability" stereotypisierte Klasse)
Operationskandidat	Operation innerhalb einer Capability
Abhängigkeit zwischen Dienstkandidaten	Verwendungsabhängigkeit (engl. *Usage Dependency*) zwischen Capabilities

Ausgehend von den identifizierten Modellelementen zeigt die folgende Abbildung drei modellierte Dienstkandidaten inklusive ihrer Operationskandidaten und Abhängigkeiten.

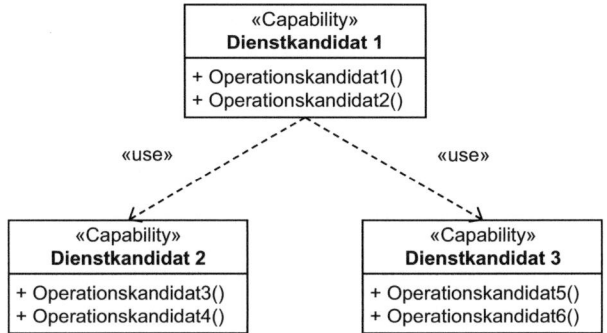

Abbildung 18: Modellierung von Dienstkandidaten

4.3.1 Ableitung von Dienstkandidaten

Um die Dienstkandidaten und Operationskandidaten bestimmen zu können, ist es erforderlich, das zuvor analysierte Geschäft zu betrachten. Wie bereits in Kapitel 4.2 beschrieben, werden im Rahmen der Geschäftsanalyse die Geschäftsanwendungsfälle des Unternehmens, die realisierenden Geschäftsprozesse und auch die relevanten Konzepte wie bspw. Geschäftsentitäten im Rahmen eines Domänenmodells beschrieben. Da mit der Umstellung der IT auf eine dienstorientierte Architektur eine Ausrichtung der IT an das Geschäft erfolgen soll, können ausgehend von den Geschäftsprozessen Dienstkandidaten und Operationskandidaten abgeleitet werden. Abbildung 19 veranschaulicht das Vorgehen.

Hierbei werden in Anlehnung an RUP/SOMA für jeden Teilnehmer, d.h. jeden Pool im Geschäftsprozess, ein Dienstkandidat erstellt und die Abhängigkeiten zwischen Dienstkandidaten aus den Nachrichtenflüssen zwischen den Teilnehmern übernommen. Jeder Aufruf eines Teilnehmers von einem anderen Teilnehmer resultiert somit in einer Abhängigkeit zwischen den jeweiligen Dienstkandidaten. Der Dienstkandidat wird nach dem ursprünglichen Teilnehmer benannt.

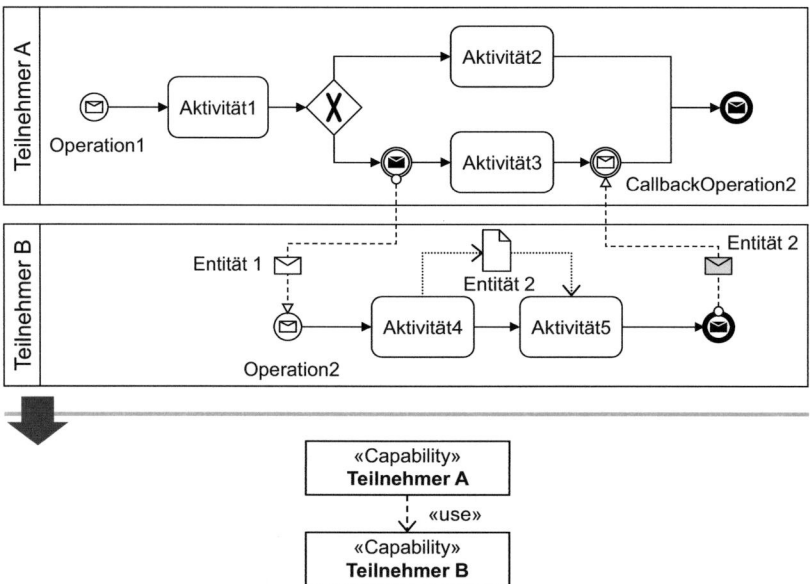

Abbildung 19: Ableitung von Dienstkandidaten

Zur Bestimmung der Operationskandidaten ist es erforderlich, die Interaktionen zwischen den Teilnehmern zu betrachten. Diese beschreiben, welche Operationen von einem Teilnehmer und somit Dienst angeboten werden müssen, damit der Prozess durchgeführt werden kann. Diese Information wird genutzt, um Operationskandidaten zu bestimmen, indem für jede aufzurufende Nachricht ein Operationskandidat ergänzt wird. Die folgende Abbildung zeigt die beispielhafte Ableitung von Operationskandidaten aus den Interaktionen.

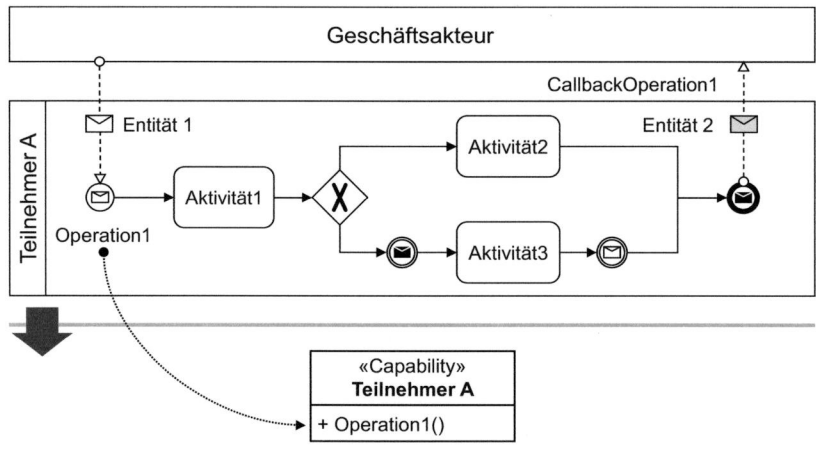

Abbildung 20: Ableitung von Operationskandidaten

Ausgehend von diesem systematischen Vorgehen ergibt sich im Rahmen der Identifikationsphase eine Menge von Dienstkandidaten inklusive ihrer Operationskandidaten und Abhängigkeiten. Die folgende Tabelle fasst die Ableitungsregeln zusammen.

Tabelle 8: Ableitung von Dienstkandidaten aus geschäftlichen Anforderungen

Element der Geschäftsanalyse	Element der Identifikationsphase
Teilnehmer	Dienstkandidat Der Name des Dienstkandidaten ist identisch zum Namen des Teilnehmers.
Interaktionen zwischen Teilnehmern	Abhängigkeiten zwischen entsprechenden Dienstkandidaten
Aufgerufene Operation innerhalb eines Teilnehmers	Operationskandidat des aus dem zugehörigen Teilnehmer abgeleiteten Dienstkandidaten Der Name des Operationskandidaten entspricht dem Namen der Operation des Geschäftsprozesses.

Einbindung existierender Dienste

Die zunächst methodisch abgeleiteten Dienstkandidaten sollen bestehende Dienste mit einbeziehen und somit bei Bedarf nutzen. So ist es bspw. auch wünschenswert, bestehende Anwendungen, die ihre Funktionalität bereits als Dienst zur Verfügung stellen, in neu umzusetzende Anforderungen mit einzubeziehen. Hierzu müssen die bestehenden Dienste ebenfalls in Form von modellierten Dienstkandidaten vorliegen, damit neu entworfene Dienstkandidaten in SoaML diese nutzen können. Im Rahmen der Überführung bestehender Dienste in Dienstkandidaten können zwei Fälle auftreten:

1. Wurden die derzeit bestehenden Dienste ebenfalls ursprünglich mit SoaML entwickelt und existieren demnach modellierte Dienstkandidaten, so können diese in ein neues Modell auf Basis von SoaML integriert werden.

2. Der zweite und komplexere Fall tritt ein, wenn keine Beschreibungen auf Basis von SoaML existieren. Um die bestehenden Dienste dennoch im Rahmen des Entwurfs neuer Dienste nutzen zu können, ist es erforderlich, bereits bestehende Dienste in Modellbestandteile auf Basis von SoaML zu überführen. Im Kontext dienstorientierter Architekturen werden Dienste meist in Form von Webservices bereitgestellt, weshalb im Folgenden die Überführung von Webservices in Dienstkandidaten beschrieben wird:

Die von einem Dienst bereitgestellten Operationen werden im Kontext von Webservices durch eine Schnittstellenbeschreibung auf Basis von WSDL [W3C-WSDL1.1] spezifiziert. Diese Information stellt daher die Grundlage zur Bestimmung von Dienst-kandidaten dar. Die Ableitung von Dienstkandidaten aus diesen Schnittstellen-beschreibungen erfolgt dabei gemäß folgenden Regeln, die sich an Transformationen von UML nach WSDL, wie sie von IBM in [IBM-UML-WSDL10] vorgestellt werden, orientieren:

Tabelle 9: Ableitung von Dienstkandidaten aus Schnittstellenbeschreibungen auf Basis von WSDL

Element in WSDL	Element der Identifikationsphase
Service	Dienstkandidat Das Name-Attribut des Service-Elements wird identisch als Name des Dienstkandidaten übernommen.
Operation	Operationskandidat eines Dienstkandidaten Das Name-Attribut des Operation-Elements wird identisch als Name des Operationskandidaten übernommen.

Abbildung 21 zeigt eine beispielhafte Überführung eines bestehenden Dienstes in Form einer Schnittstellenbeschreibung auf Basis von WSDL in einen Dienstkandidaten auf Basis von SoaML.

Abhängig davon, inwieweit die Anforderung existiert, bestehende Dienste zu berücksichtigen, gilt die Regel, dass im Rahmen der Ableitung von Dienstkandidaten nur dann ein neuer Operationskandidat hinzugefügt wird, sofern dieser nicht bereits durch den Operationskandidaten eines bestehenden Dienstes abgedeckt wird. Um eine eventuell notwendige Abbildung zwischen den benötigten Operationskandidaten und angebotenen Operationskandidaten zu vermeiden, werden im Rahmen der Geschäfts-analyse die bereits bestehenden Dienste geeignet berücksichtigt. Dies bedeutet, dass sowohl die Benennung als auch die Granularität der Aktivitäten in den Prozessen an bestehenden Diensten ausgerichtet werden. Inwieweit diese Ausrichtung erfolgt, hängt von der Anforderung ab, in welchem Maß bestehende Dienste berücksichtigt werden sollen. D.h. bereits zum Zeitpunkt der Geschäftsanalyse muss entschieden werden, inwieweit auf bestehende Dienste zurückgegriffen werden soll.

```
<portType name="ExistierenderDienstPortType">
 <operation name="ExistierendeOperation">
 ...
 </operation>
</portType>

<binding name="ExistierenderDienstSoapBinding"
 type="tns:ExistierenderDienstPortType">
 <soap:binding style="document"
  transport="http://schemas.xmlsoap.org/soap/http"/>
</binding>

<service name="ExistierenderDienst">
 <port name="ExistierenderDienstPort„
  binding="tns:ExistierenderDienstSoapBinding">
 ...
 </port>
</service>
```

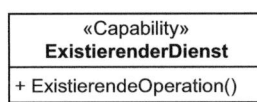

| «Capability» |
| **ExistierenderDienst** |
| + ExistierendeOperation() |

Abbildung 21: Ableitung von Dienstkandidaten aus Schnittstellenbeschreibungen auf Basis von WSDL

4.3.2 Analyse und Überarbeitung der Dienstkandidaten

Die im Zuge der vorherigen Schritte abgeleiteten Dienstkandidaten folgen einem systematischen Vorgehen und sind zunächst unabhängig von jeglichen Qualitätseigenschaften entworfen worden. Um die mit dienstorientierten Architekturen verknüpften Ziele wie eine höhere Flexibilität erreichen zu können, ist eine Analyse und ggf. Überarbeitung der Dienstkandidaten mit Blick auf gewünschte Qualitäts-eigenschaften wie bspw. lose Kopplung erforderlich. Eine Methode für diese explizit nachgelagerte Analyse und Überarbeitung, um zu Dienstkandidaten und schließlich Dienstentwürfen mit nachgewiesenen Eigenschaften zu gelangen, stellt den wesentlichen Beitrag von Kapitel 5 und Kapitel 6 dar. So werden in diesem Zuge bspw. Operationskandidaten zwischen den Dienstkandidaten oder in neue Dienstkandidaten verschoben, um die Qualitätseigenschaft der eindeutigen Kategorisierung zu verbessern. Hierbei gilt es jedoch gewisse Restriktionen zu beachten: So sind existierende Dienste häufig gewissen Einschränkungen hinsichtlich ihrer Änderbarkeit unterworfen. Zusätzlich sollte beachtet werden, dass eine Änderung der Dienstkandidaten auch eine Änderung auf organisatorischer Ebene nach sich ziehen kann. So ist es bspw. möglich, dass durch die Nutzung eines existierenden Dienstes eine neue Abhängigkeit zu einem Geschäftspartner entsteht. Diese und weitere Gegebenheiten sind im Rahmen der Überarbeitung von Dienstkandidaten stets zu berücksichtigen und ggf. mit den entsprechenden Verantwortlichen abzusprechen.

Durch die Tatsache, dass die Analyse und Überarbeitung nachgelagert erfolgen, sind die Methode der Analyse und Überarbeitung und der eigentliche Prozess der Ableitung der Dienstkandidaten unabhängig voneinander. Hierdurch ist es möglich, das Vorgehen zur Ableitung der Dienstkandidaten gegen andere Vorgehen auszutauschen und dennoch am Ende zu Dienstkandidaten mit nachweislich erfüllten Qualitätseigenschaften zu gelangen, die somit zur Erreichung der mit dienstorientierten Architekturen verknüpften Zielen beitragen.

4.4 Spezifikation

Nach Identifikation der Dienstkandidaten, muss entschieden werden, welche der Kandidaten eigenständig entwickelt und somit neu spezifiziert werden müssen und in welchen Fällen bereits auf bestehende Dienste zurückgegriffen werden kann und soll. Im Fall eines bereits bestehenden Dienstes, bspw. in Form eines eigenständig betriebenen oder extern eingekauften Dienstes, ist eine Spezifikation vorgegeben. Diese muss noch in ein Modell überführt werden, um im Zuge weiterer, neu zu spezifizierenden Dienste genutzt werden zu können.

Ist eine Spezifikation nicht vorgegeben, so ist es erforderlich, die Bestandteile eines Dienstentwurfs, wie sie bereits in Kapitel 2.3.2 eingeführt wurden, neu zu erstellen. Hierbei erfolgt das Vorgehen ähnlich dem der Identifikationsphase. Zunächst werden die Dienstkandidaten oder die ggf. bestehenden Dienste systematisch in Dienstschnittstellen überführt. Ebenso können in diesem Zuge erste Entwürfe von Dienstkomponenten, die letztlich die Interna des Dienstes beschreiben, abgeleitet werden. Aufbauend auf den hierdurch erstellten Dienstentwürfen erfolgt nachgelagert eine Analyse und ggf. Überarbeitung der Spezifikation, um Qualitätseigenschaften wie bspw. lose Kopplung zu berücksichtigen und somit zu Dienstentwürfen mit gewünschten Qualitätseigenschaften zu gelangen.

4.4.1 Ableitung von Dienstentwürfen

Ausgehend von den zuvor identifizierten Dienstkandidaten ist es erforderlich, die Spezifikation von Dienstschnittstellen und Dienstkomponenten zu erstellen. Die Dienstkandidaten und die Artefakte der Geschäftsanalyse können dabei genutzt werden, um Elemente dieser Spezifikationen systematisch abzuleiten. Die Bestandteile der Geschäftsanalyse, die von einem Dienstkandidaten abgedeckt werden, können über die Namensgleichheit des Dienstkandidaten und des jeweiligen Pools identifiziert werden. Die Beschreibung der Ableitung von Dienstentwürfen aus Dienstkandidaten ermöglicht es, bereits ohne eine nachgelagerte Analyse und ggf. Überarbeitung systematisch zu Dienstentwürfen zu gelangen, welche die Anforderungen der Geschäftsanalyse abdecken.

Ableitung der Dienstschnittstelle

Zur Ableitung einer Spezifikation der Dienstschnittstelle werden aus den Dienst-kandidaten der betrachtete Dienstkandidat inklusive seiner Operationskandidaten und aus der Geschäftsanalyse die Operationen innerhalb des Teilnehmers, die eine Antwort-nachricht empfangen, ausgetauschte Nachrichten zwischen den Teilnehmern und die Interaktionen im Geschäftsprozess genutzt. Die folgende Tabelle fasst die Ableitung von Dienstschnittstellen aus Dienstkandidaten zusammen.

Tabelle 10: Ableitung von Dienstschnittstellen aus Dienstkandidaten und Geschäftsprozessen

Element der Identifikationsphase	Element der Spezifikationsphase
Dienstkandidat	Dienstschnittstelle Der Name des Dienstkandidaten wird identisch als Name der Dienstschnittstelle übernommen. Zusätzlich werden zwei Schnittstellen erstellt, wobei eine seitens der Dienstschnittstelle realisiert wird und die angebotenen Operationen beinhaltet. Sie trägt ebenfalls den Namen des Dienstkandidaten. Die zweite Schnitt-stelle wird über eine Verwendungsabhängigkeit (engl. *Usage Dependency*) mit der Dienstschnittstelle verknüpft und beinhaltet die auf Seite des Dienstnehmers bereitgestellten Operationen. Sie trägt den Namen des Dienstkandidaten mit dem Suffix "Requester". Die Dienstschnittstelle wird um zwei Rollen erweitert, die jeweils die Rolle des Dienstgebers und Dienstnehmers repräsentieren. Sie werden gemäß der jeweiligen Schnittstelle, welche bereitgestellte oder benötige Operationen darstellt, typisiert und mit Kleinbuchstaben beginnend benannt. Des Weiteren erfolgt optional die Erstellung einer Beziehung zum Dienstkandidaten über eine mit "Expose" stereotypisierte Abhängigkeit.

Operationskandidat	Operation innerhalb der Schnittstelle, welche die angebotenen Operationen beinhaltet und seitens der Dienstschnittstelle realisiert wird Des Weiteren wird eine Eingabenachricht mit Namen der Operation und dem Suffix "Request" und eine Ausgabenachricht mit dem Namen der Operation und dem Suffix "Response" erstellt.
Operation innerhalb des aufrufenden Teilnehmers mit einer Antwortnachricht	Operation innerhalb der Schnittstelle, welche die erforderlichen Operationen beinhaltet und seitens der Dienstschnittstelle genutzt wird Diese Operationen stellen bspw. *Callback*-Operationen dar. Auch in diesem Fall werden entsprechende Eingabenachrichten und Ausgabenachrichten ergänzt. Diese werden ebenfalls nach dem Namen der Operation benannt und dieser Name um ein Suffix "Request" für die Eingabenachricht und "Response" für die Ausgabenachricht ergänzt.
Interaktion im Geschäftsprozess	Interaktionsprotokoll mit dem Namen der Dienstschnittstelle Der Geschäftsprozess gibt die Interaktionen zwischen Dienstnehmern und dem Dienstgeber wieder. Für jeden Teilnehmer wird dabei eine Partition erstellt und die jeweiligen Operationen in Form von CallOperationActions ergänzt. Aus den Interaktionen und den im Geschäftsprozess definierten Reihenfolgen können somit die Abhängigkeiten zwischen den Operationen identifiziert werden. Diese werden in geeignete Abläufe innerhalb der Activity überführt.

Ausgehend von diesen Ableitungsregeln veranschaulicht die folgende Abbildung das Vorgehen zur Ableitung der Spezifikation einer Dienstschnittstelle aus Dienstkandidaten mit Fokus auf die statischen Aspekte. Dies bedeutet, dass eine Betrachtung des Interaktionsprotokolls, welches sich aus den Interaktionen im Geschäftsprozess ableitet, aus Gründen der Übersichtlichkeit nachgelagert erfolgt.

Hierbei wird exemplarisch der Dienstkandidat "Teilnehmer A" betrachtet, der ursprünglich aus dem gleichnamigen Pool des Geschäftsprozesses abgeleitet wurde. Durch die Übereinstimmung der Benennung kann die Beziehung von dem Dienstkandidaten zu dem ursprünglichen Geschäftsprozess und den darin enthaltenen und für die Ableitung der Spezifikation der Dienstschnittstelle erforderlichen Informationen hergestellt werden.

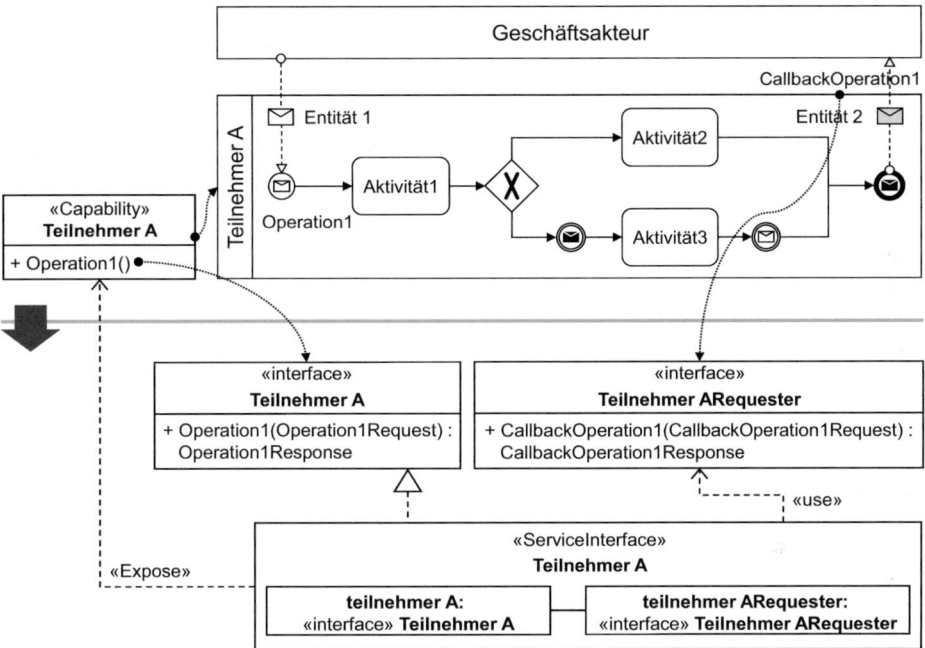

Abbildung 22: Ableitung einer Dienstschnittstelle

Das Interaktionsprotokoll lässt sich über die Interaktionen des Prozesses ableiten. Hieraus ist erkennbar, welche Operationen welchen Teilnehmers in welcher Reihenfolge aufgerufen werden. Die folgende Abbildung zeigt die Ableitung eines Interaktionsprotokolls. Hierbei werden die Operationsaufrufe innerhalb des Interaktionsprotokolls als asynchrone Aufrufe aufgeführt, sofern es sich bei der Antwort um einen Nachrichtenaufruf handelt, d.h. ein Aufruf eines Nachrichtenereignisses auf Seite des ursprünglichen Dienstnehmers erfolgt. Wird die Antwort an die aufrufende Aktivität zurückgeliefert und kein explizites Nachrichtenereignis auf Seite des Dienstnehmers aufgerufen, so wird die Operation als synchroner Aufruf in das Interaktionsprotokoll aufgenommen.

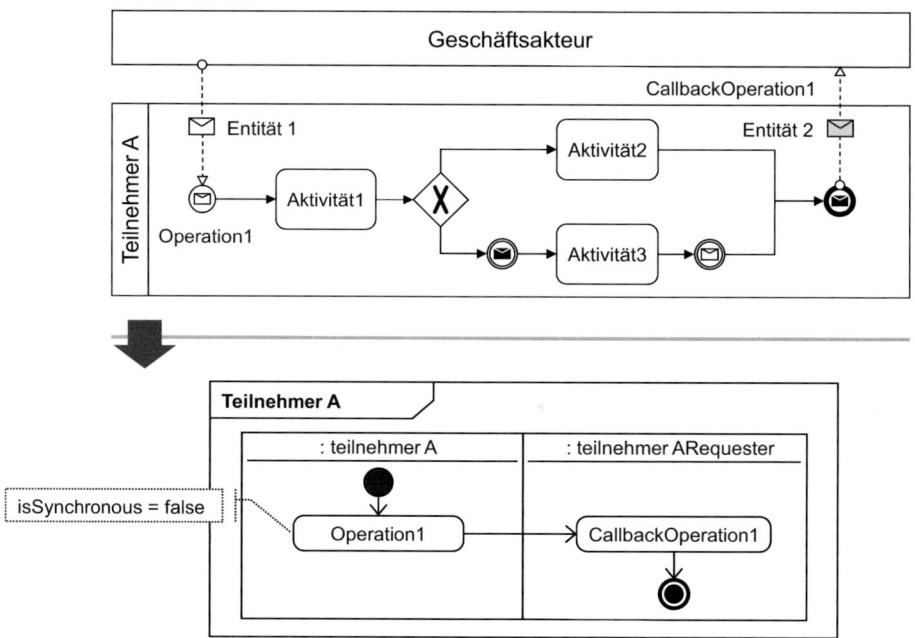

Abbildung 23: Ableitung des Interaktionsprotokolls einer Dienstschnittstelle

Ableitung der Nachrichten- und Datentypen

Nachdem die Nachrichtentypen bereits als Bestandteile der Operationen im Rahmen der Ableitung der Dienstschnittstelle erstellt wurden, müssen diese mit den notwendigen Datentypen gefüllt werden. Hierfür kann das Domänenmodell herangezogen werden. Die hier beschriebenen und als Nachrichten in den Geschäftsprozessen genutzten Konzepte können zunächst in Datentypen überführt werden. Zusätzlich werden über die Namensgleichheit der Konzepte des Domänenmodells und der Nachrichten im Geschäftsprozess die Operationen und somit die Nachrichtentypen identifiziert, die ein bestimmtes Konzept nutzen. Diese Entitäten werden anschließend mittels einer Aggregation den Nachrichtentypen zugeordnet. Da im Folgenden davon ausgegangen wird, dass als Konvention englischsprachige Begriffe für die Datentypen genutzt werden sollen, kann zusätzlich die Ergänzung des Domänenmodells um englischsprachige Bezeichnungen genutzt werden, um direkt englischsprachige Daten-typen zu erstellen. Des Weiteren können bei Bedarf bereits in diesem Schritt weitere ausgewählte Namenskonventionen wie bspw. eine entsprechende Groß- und Klein-schreibung berücksichtigt werden. Die Ableitung von Nachrichten- und Datentypen aus dem Domänenmodell und den Geschäftsprozessen ist in der folgenden Abbildung ver-anschaulicht.

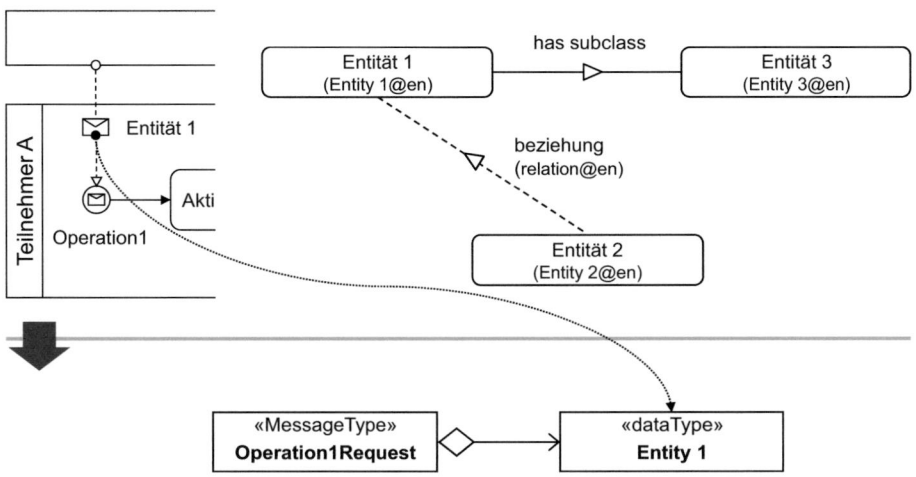

Abbildung 24: Ableitung von Nachrichten- und Datentypen

Ableitung der Dienstkomponente

Zur Ableitung der Dienstkomponenten werden die Dienstkandidaten und ihre Beziehungen untereinander berücksichtigt. Ebenso werden Informationen aus dem zugrunde liegenden Geschäftsprozess benötigt. Die folgende Tabelle fasst die Ableitung von Dienstkomponenten aus Dienstkandidaten und Geschäftsprozessen zusammen.

Tabelle 11: Ableitung von Dienstkomponenten aus Dienstkandidaten und Geschäftsprozessen

Element der Identifikationsphase	Element der Spezifikationsphase
Dienstkandidat	Dienstkomponente Der Name der Dienstkomponente setzt sich aus dem Namen des Dienstkandidaten und dem Suffix "Component" zusammen. Es wird ein ServicePoint mit dem Typ der aus dem Dienstkandidaten abgeleiteten Dienstschnittstelle ergänzt. Der ServicePoint wird gemäß der Dienstschnittstelle, jedoch kleingeschrieben, benannt.

Abhängigkeit zu anderen Dienstkandidaten	RequestPoint Der RequestPoint wird ebenfalls mit der entsprechenden Dienstschnittstelle typisiert und gemäß dieser, jedoch ebenfalls kleingeschrieben, benannt.
Operationskandidat	Activity, die als OwnedBehavior ergänzt wird Die Activity repräsentiert das interne Verhalten und wird nach dem Operationskandidaten benannt.

Die folgende Abbildung veranschaulicht die Ableitung einer Dienstkomponente aus Dienstkandidaten mit Fokus auf die statischen Aspekte.

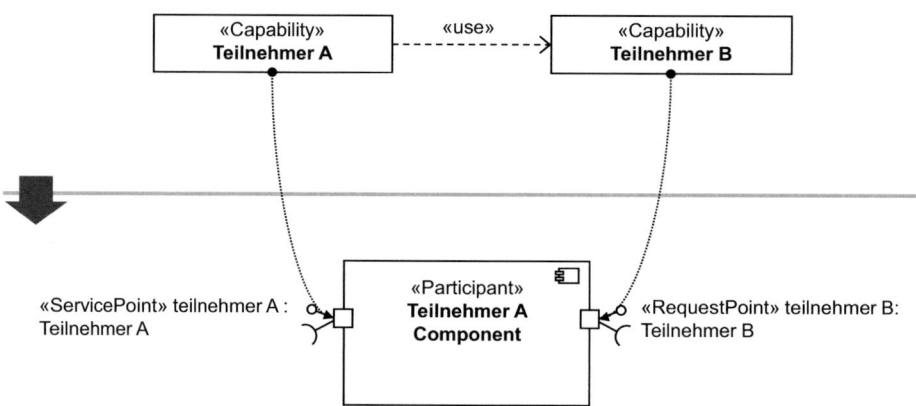

Abbildung 25: Ableitung der Spezifikationen einer Dienstkomponente

Zur Ableitung der internen Logik der Dienstkomponente müssen zusätzlich zu den Dienstkandidaten die zugrundeliegenden Geschäftsprozesse herangezogen werden. Unter der Voraussetzung, dass eine Activity für das interne Verhalten genutzt werden soll, wird zunächst für jede Operation eine Activity mit Bezeichnung der Operation und in dieser Activity für den die Operation bereitstellenden ServicePoint und jeden RequestPoint eine ActivityPartition angelegt, die eine Instanz des jeweiligen ServicePoint oder RequestPoint repräsentiert. Anschließend werden die einzelnen Aktivitäten aus dem Geschäftsprozess, der dem bereitgestellten Dienst zugrunde liegt, in Aktionen innerhalb der Activity überführt. Handelt es sich bei einer Aktivität im Geschäftsprozess um einen Aufruf eines anderen Dienstes, so wird diese Aktivität als CallOperationAction in die jeweilige ActivityPartition einsortiert. Handelt es sich um keinen Dienstaufruf, wird eine OpaqueAction innerhalb der ActivityPartition des

ServicePoint erstellt. Eine Empfangsaktivität wird in eine AcceptEventAction überführt. Der Ablauf der Aktionen in der Activity folgt dem Ablauf der Aktivitäten im Geschäftsprozess. Die folgende Abbildung zeigt die Ableitung der internen Logik einer Dienstkomponente aus dem Geschäftsprozess.

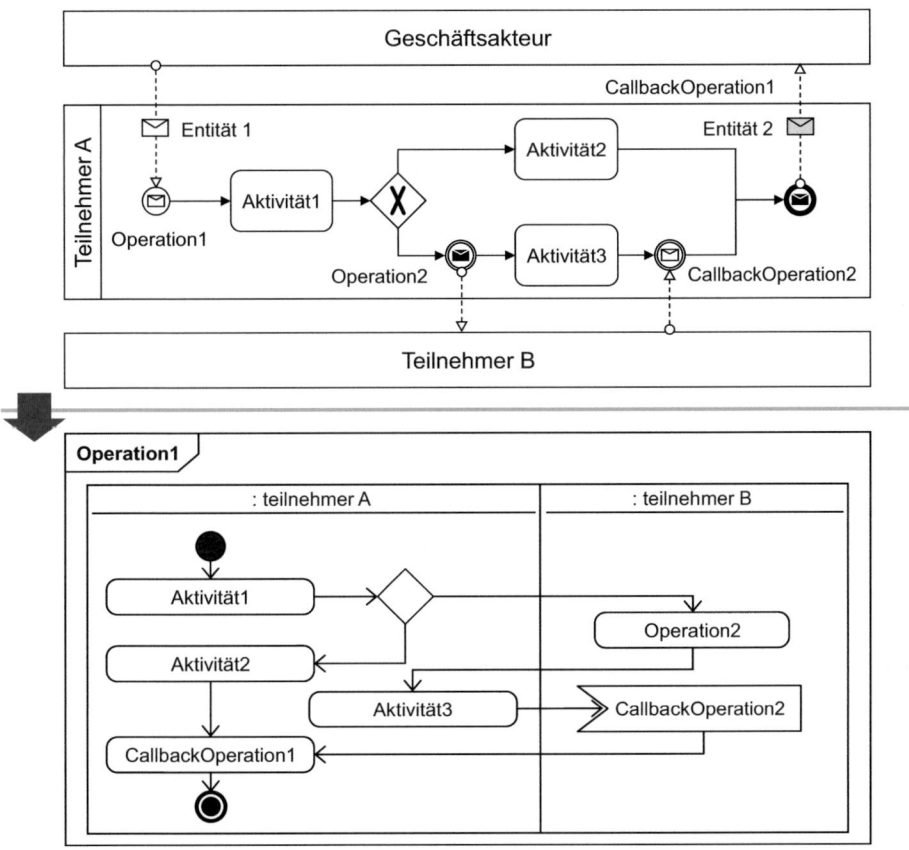

Abbildung 26: Ableitung der internen Logik einer Dienstkomponente

Ableitung von Dienstschnittstellen und Dienstkomponenten aus bestehenden Diensten

Da eventuell bereits bestehende Dienste bei Erstellung neuer Dienste genutzt werden sollen, ist es erforderlich, diese Dienste in ein Modell eines Dienstentwurfs einbinden zu können. Hierfür müssen aus den bereits implementierten Artefakten wie bspw. Schnittstellenbeschreibungen Spezifikationen abgeleitet werden.

Die Beschreibung der Schnittstelle eines Dienstes erfolgt heutzutage aufgrund des Einsatzes von Webservices meist auf Basis der Web Services Description Language (WSDL). Diese Schnittstellenbeschreibung beinhaltet dabei die angebotenen

Operationen und ihre Parameter und Parametertypen. Handelt es sich bei einem betriebenen Dienst um einen mit der Business Process Execution Language (BPEL) beschriebenen ausführbaren Prozess, stehen weitere Informationen innerhalb der Schnittstellenbeschreibung wie bspw. die auf Seite des Dienstnehmers bereitzustellenden Operationen und Rollenbezeichnungen zur Verfügung. Die folgende Tabelle zeigt, wie diese Informationen genutzt werden können, um Elemente der Spezifikationsphase, im Konkreten die Spezifikation einer Dienstschnittstelle zu generieren. Die Regeln orientieren sich dabei an der Transformation von IBM zur Überführung von Dienstbeschreibungen in UML nach WSDL [IBM-UML-WSDL10]. Falls im Zuge der Identifikationsphase bereits die Dienstkandidaten und Operationskandidaten aus bestehenden Diensten abgeleitet wurden, so können diese gemäß des vorher vorgestellten Verfahrens in Dienstentwürfe überführt und diese Dienstentwürfe anhand der folgenden Tabelle um weitere Details ergänzt werden, die zum Zeitpunkt von Dienstkandidaten noch nicht zur Verfügung standen.

Tabelle 12: Ableitung von Spezifikationen aus Schnittstellenbeschreibungen auf Basis von WSDL

Element in WSDL	Element der Spezifikationsphase
Service	Dienstschnittstelle Das Name-Attribut des Service-Elements wird identisch als Name der Dienstschnittstelle übernommen.
PortType	Schnittstelle, die seitens der Dienstschnittstelle realisiert oder genutzt werden kann Ist nur ein PortType vorhanden, so wird die Schnittstelle von der Dienstschnittstelle realisiert.
Operation	Operation der Schnittstelle Das Name-Attribut des Operation-Elements wird identisch als Name der Operation innerhalb der Schnittstelle übernommen. Ebenso werden Parameterbezeichnungen identisch beibehalten.
Message	Nachrichtentyp, der als Typ der Parameter von Operationen genutzt werden kann Die in dieser Nachricht enthaltenen Datentypen werden ebenso überführt und direkt mittels Aggregation mit dem Nachrichtentyp verknüpft.

Role-Attribut in PartnerLinkType	Rolle innerhalb der Dienstschnittstelle Die Typisierung der Rolle erfolgt gemäß der angegebenen PortTypes. Zusätzlich kann hiervon ausgehend entschieden werden, welche der aus den PortTypes erzeugten Schnittstellen von der Dienstschnittstelle realisiert und welche genutzt werden.

Um eine vollständige Nutzung des Dienstes zu ermöglichen, kann für jede Dienstschnittstelle anschließend noch eine Dienstkomponente erstellt werden, die einen ServicePoint typisiert mit der abgeleiteten Dienstschnittstelle beinhaltet.

Stehen weitere Informationen wie bspw. der vollständige BPEL-Prozess zur Verfügung, so können aus diesen Informationen weitere Elemente der Spezifikationsphase wie bspw. das Interaktionsprotokoll der Dienstschnittstelle oder das interne Verhalten der Dienstkomponente abgeleitet werden. Im Rahmen der vorliegenden Arbeit ist die Einbindung bestehender Dienste jedoch zunächst nur erforderlich, um eine Spezifikation neuer Dienste zu ermöglichen, weshalb weitere Informationen nicht benötigt und die Überführung weiterer Details nicht betrachtet werden.

4.4.2 Analyse und Überarbeitung der Dienstentwürfe

Nach Ableitung der Dienstschnittstellen und Dienstkomponenten aus den vorherig identifizierten Dienstkandidaten ist eine Analyse und ggf. Überarbeitung der Dienstentwürfe erforderlich. Als Grundlage für diese Analyse und Überarbeitung dienen hierbei Qualitätseigenschaften wie bspw. lose Kopplung oder Auffindbarkeit. Während auf Basis von Dienstkandidaten bereits erste Analysen und ggf. Überarbeitungen durchgeführt wurden, sind innerhalb von Dienstentwürfen weitere Details verfügbar, die zum Zeitpunkt von Dienstkandidaten noch nicht spezifiziert werden konnten oder nicht betrachtet werden sollten. Aus diesem Grund können sich die bestimmbaren Qualitätseigenschaften in Art und Umfang unterscheiden, was eine erneute Analyse und ggf. Überarbeitung erfordert. Da mit dem Wechsel von Dienstkandidaten zu Dienstschnittstellen auch eine Näherung zur späteren Implementierung stattfindet, können u.a. Namenskonventionen wie bspw. die Nutzung der englischen Sprache einen Grund für eine vollständige Umbenennung der Elemente darstellen. Ebenfalls im Kontext von Namenskonventionen muss die passende Groß- und Kleinschreibung berücksichtigt werden. Zusätzlich ist ggf. eine Überarbeitung der Datentypen erforderlich, um fehlende Attribute, eventuelle Vererbungshierarchien oder geeignete Gruppierungen von Konzepten zu komplexen Datentypen zu spezifizieren. So sollte jeder Datentyp, der eine Geschäftsentität repräsentiert, mit einer entsprechenden Kennung (engl. *Identifier*) versehen werden. Dabei können sich die Attribute eines Datentyps abhängig vom jeweils nutzenden Dienst in ihrem Umfang unterscheiden, so dass es in der Aufgabe des IT-Architekten liegt zu entscheiden, welche Informationen über bspw. eine Geschäftsentität im Falle eines bestimmten Operationsaufrufs erforderlich sind. Hierzu kann sich der IT-Architekt am Geschäftsprozess orientieren, da dieser festlegt, welche Informationen über eine Geschäftsentität zur Verfügung stehen müssen, um eine später folgende Aktivität auszuführen. Zur Herstellung von Beziehungen zwischen Geschäftsentitäten sollten die Datentypen nicht assoziiert sondern die Kennungen der Geschäftsentitäten als Referenz genutzt werden. Auf diese Weise wird sichergestellt, dass im Falle eines Dienstaufrufs nur notwendige aber vollständige Informationen zurückgeliefert werden und insbesondere bei Entitätsdiensten der Fokus auf einer Geschäftsentität beschränkt bleibt. Sollten weitere Informationen über eine Geschäftsentität, auf die verwiesen wird, erforderlich sein, so kann hierfür ein entsprechender Entitätsdienst aufgerufen werden, der diese Informationen auf Basis der angegebenen Kennung zurückliefert.

Äquivalent zur Identifikation von Dienstkandidaten stellen auch die Analyse und Überarbeitung der Dienstentwürfe im Rahmen der Spezifikation die Beiträge von Kapitel 5 und 6 dar. Da auch im Fall von Dienstentwürfen die Analyse und Überarbeitung nachgelagert erfolgen, ist es auch hier möglich, das Vorgehen zur Ableitung der Dienstentwürfe auszutauschen und dennoch letztlich zu Dienstentwürfen zu gelangen, die gewünschte Qualitätseigenschaften nachweislich berücksichtigen.

4.5 Rekursive Fortsetzung des Entwurfsprozesses

Nachdem die Dienstentwürfe vollständig spezifiziert und überarbeitet wurden, kann eine Dekomposition der Dienstkomponenten vorgenommen werden. Während die Dienstkomponente selbst Dienste bereitstellt und nutzt, kann sie selbst wieder aus anderen Komponenten bestehen, die Funktionalität als Dienst bereitstellen. Der Unterschied dieser internen Dienstkomponenten und der übergeordneten Dienstkomponente besteht darin, dass die internen Dienstkomponenten gemeinsam mit der übergeordneten Dienstkomponente ausgeliefert werden und die seitens der internen Dienstkomponenten bereitgestellten Dienste nicht von außen zugänglich sind, sofern die übergeordnete Dienstkomponente keine Delegation von externen Anfragen an eine interne Dienstkomponente vornimmt.

Um mögliche interne Dienstkomponenten zu identifizieren, muss der interne Ablauf der Dienstkomponente betrachtet werden. Dies kann entweder über den ursprünglichen Geschäftsprozess oder die korrelierende interne Logik der Dienstkomponente geschehen. Es werden somit nicht mehr der gesamte Prozess und alle Interaktionen betrachtet, sondern lediglich der Ablauf eines einzelnen Teilnehmers. Mit diesem Ausschnitt beginnt der Entwurfsprozess somit von neuem, was einer rekursiven

Fortsetzung des gesamten Entwurfsprozesses entspricht. Dies kann mit einer Dekomposition von Organisationseinheiten verglichen werden. Während bisher alle Teilnehmer auf einer Ebene gleichgesetzt werden konnten, erfolgt nun eine Betrachtung jeden Teilnehmers im Detail. Um Dienstkandidaten und Operationskandidaten zu identifizieren, kann auf zwei verschiedene Varianten vorgegangen werden:

Die erste Variante sieht eine Dekomposition der bisherigen Pools der Prozesse vor. Dies bedeutet, dass die Aktivitäten, die bisher innerhalb eines Pools aufgeführt wurden, auf mehrere neue Pools aufgeteilt werden. Die bisherigen Aktivitäten werden somit nicht mehr über Sequenzflüsse, sondern über Nachrichtenflüsse miteinander verbunden. Anschließend kann der Entwurfsprozess, wie er in diesem Kapitel vorgestellt wurde, erneut durchgeführt werden. Die erstellten Dienstschnittstellen und Dienstkomponenten werden jedoch als interne Dienstkomponenten in einen übergeordneten Kontext eingeordnet.

Sollen keine neuen Geschäftsprozesse modelliert bzw. keine Änderungen an den bestehenden Modellen vorgenommen werden, so kann alternativ eine Überführung der Aktivitäten innerhalb des Pools, aus dem die betrachtete Dienstkomponente hervorgegangen ist, erfolgen. Eine Aktivität innerhalb des Pools, die keinen anderen Teilnehmer aufruft, entspricht einer Aktivität, die seitens des ausführenden Teilnehmers eigenständig durchgeführt wird. Im Kontext von dienstorientierten Architekturen ist es jedoch das Ziel, geschäftliche Funktionalität flexibel austauschen oder anderen potenziellen Dienstnehmern zur Verfügung stellen zu können. Aus diesem Grund werden diese internen Aktivitäten ebenfalls durch einen Dienst bereitgestellt. Ist der Pool weiter in Lanes unterteilt, so wird für jede Lane ein Dienstkandidat erstellt und die darin enthaltenen Aktivitäten, die keinen anderen Teilnehmer aufrufen, als Operationskandidaten ergänzt. Dieses Vorgehen wird in dieser Form ebenfalls in RUP/SOMA vorgestellt. Wurde keine Unterteilung in mehrere Lanes vorgenommen, so kann ein generischer Dienstkandidat mit dem Namen des Teilnehmers und dem Suffix "Intern" ergänzt werden. Die folgende Abbildung zeigt die Ableitung intern genutzter Dienstkandidaten. Hierbei resultiert aufgrund der fehlenden Unterteilung in mehrere Lanes ein Dienstkandidat, dem die drei Aktivitäten als Operationskandidaten zugeordnet sind. Im Anschluss an diese Ableitung können die Dienstkandidaten gemäß des in diesem Kapitel vorgestellten Entwurfsprozesses analysiert und überarbeitet werden, so dass auch die intern genutzten Dienstkandidaten die gewünschten Qualitätseigenschaften bestmöglich erfüllen. Dies führt dazu, dass auch die intern genutzte Funktionalität flexibel anderen Teilnehmern zur Verfügung gestellt, geändert oder durch bereits vorhandene Funktionalität ersetzt werden kann. Hierdurch setzen sich die Vorzüge dienstorientierter Architekturen rekursiv auf die Interna von Dienstkomponenten fort.

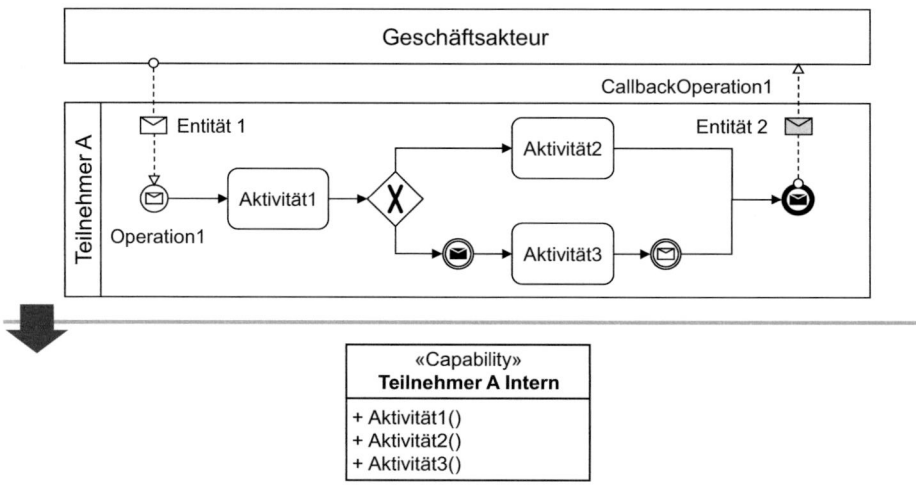

Abbildung 27: Ableitung von intern genutzten Dienstkandidaten

Die intern genutzten Dienstkandidaten werden anschließend ebenfalls in Dienstschnittstellen und Dienstkomponenten überführt. Die folgende Abbildung zeigt, wie die
internen Dienstkomponenten unter Nutzung von Dienstkanälen (engl. *Service Channel*)
aus SoaML in eine übergeordnete Dienstkomponente eingebunden werden. Es erfolgt
hierbei die Ergänzung einer generischen Kompositionskomponente, deren Aufgabe es
ist, die internen und die externen Dienste über ihre Schnittstelle zu dem höherwertigen,
von der übergeordneten Dienstkomponente bereitgestellten Dienst zu komponieren. Erst
durch die Ergänzung dieser Kompositionskomponente und die vorherige Kapselung
eigener Funktionalität in Dienste, können zusätzlich Prozessablaufsprachen wie BPEL
geeignet eingesetzt werden, da diese für die Komposition anderer Dienste ausgelegt
sind. Würde eigene Funktionalität nicht ausgelagert werden, müsste auf den Einsatz von
Sprachen wie BPEL verzichtet oder entsprechende proprietäre Erweiterungen von
BPEL wie bspw. BPELJ als Kombination aus BPEL und Java [IBM-BEA-BPELJ04]
hinzugezogen werden.

Durch die rekursive Fortsetzung des Entwurfsprozesses und der zweiten Variante zur
Identifikation von Dienstkandidaten, wird zusätzlich die Fragestellung nach der
korrekten Nutzung von Pools und Lanes in BPMN adressiert. Als Fazit kann genannt
werden, dass vor allem die Hierarchien eingehalten werden müssen, d.h. dass die
betrachteten Pools auf der gleichen hierarchischen Ebene anzusiedeln sind. Ob
allerdings die Aktivitäten in Lanes oder in getrennte Pools angeordnet werden, ist für
die Dienstidentifikation zweitrangig, da im Zuge der Analyse und Überarbeitung eine
Umgestaltung der Dienstkandidaten vorgenommen wird und lediglich die Operationskandidaten korrekt identifiziert werden müssen. Dem Geschäftsanalysten werden somit
Hinweise für eine bevorzugte Modellierung gegeben aber beide Fälle, d.h. die
Strukturierung über Pools oder Lanes, geeignet berücksichtigt.

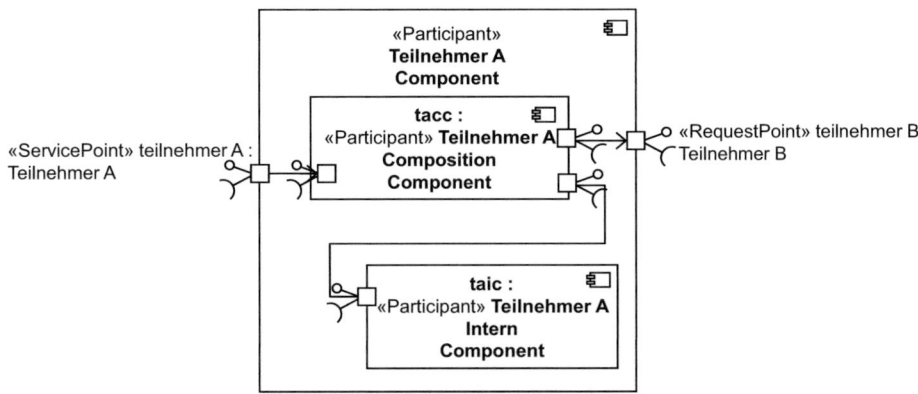

Abbildung 28: Einbindung interner Dienstkomponenten

4.6 Ausblick auf die Implementierungsphase

Die im Rahmen des Entwurfsprozesses erstellten Dienstentwürfe bilden die Grundlage für die darauffolgende Implementierungsphase. Der folgende Abschnitt gibt daher einen Ausblick darauf, wie die erstellten Dienstentwürfe geeignet in die Implementierungsphase überführt werden können. Als Technologien kommen hierbei die Service Component Architecture (SCA) als Komponentenmodell, die Web Service Description Language (WSDL) zur Schnittstellenbeschreibung und die Business Process Execution Language (BPEL) als Sprache zur Spezifikation ausführbarer Geschäftsprozesse zum Einsatz.

Überführung nach SCA

Im Rahmen der Implementierungsphase stellt die SCA eine Möglichkeit dar, zunächst die Komponenten und ihre Abhängigkeiten zu beschreiben und anschließend die Implementierung mit verschiedenen Technologien wie bspw. Java oder BPEL durchzuführen. Die Kommunikation zwischen den Komponenten und somit den unterschiedlichen Technologien wird von einer entsprechenden SCA-Laufzeitumgebung ermöglicht. Im Zuge der Überführung der Entwurfsartefakte in Implementierungsartefakte gilt es daher, die Komponenten und ihre Abhängigkeiten geeignet mit der SCA zu gestalten, bevor die Komponenten durch weitere Technologien implementiert werden.

Die SCA stellt Elemente bereit, die sich mit denen aus SoaML hinsichtlich der Semantik decken. Aus diesem Grund kann eine Überführung der Dienstentwürfe basierend auf SoaML in die SCA nahezu identisch erfolgen. In SCA werden Komponenten in Composites zu höherwertigen Komponenten verschaltet. Jede Komponente und somit auch jedes Composite kann dabei Funktionalität in Form eines

Dienstes über eine Schnittstelle bereitstellen oder Funktionalität anderer Komponenten über deren Dienste nutzen. Bereitgestellte Dienste werden über ein Service-Element und genutzte Dienste über ein Reference-Element in SCA spezifiziert. Das Verständnis eines Composite ist daher mit dem einer Dienstkomponente vergleichbar, da auch eine Dienstkomponente selbst wieder aus anderen Dienstkomponenten bestehen kann und ggf. Funktionalität über eine Dienstschnittstelle bereitstellt und Funktionalität anderer Dienste nutzt. Ebenso entsprechen die Service- und Reference-Elemente aus SCA den ServicePoints und RequestPoints in SoaML. Demnach kann eine Abbildung von Dienstkomponenten in Composites, von ServicePoints in Service-Elemente und von RequestPoints in Reference-Elemente erfolgen. Weiterführende Informationen hinsichtlich der Überführung einzelner Modellelemente der UML, wie sie auch in SoaML genutzt werden, nach SCA sind in [Go08] gegeben. Abbildung 29 veranschaulicht das Vorgehen.

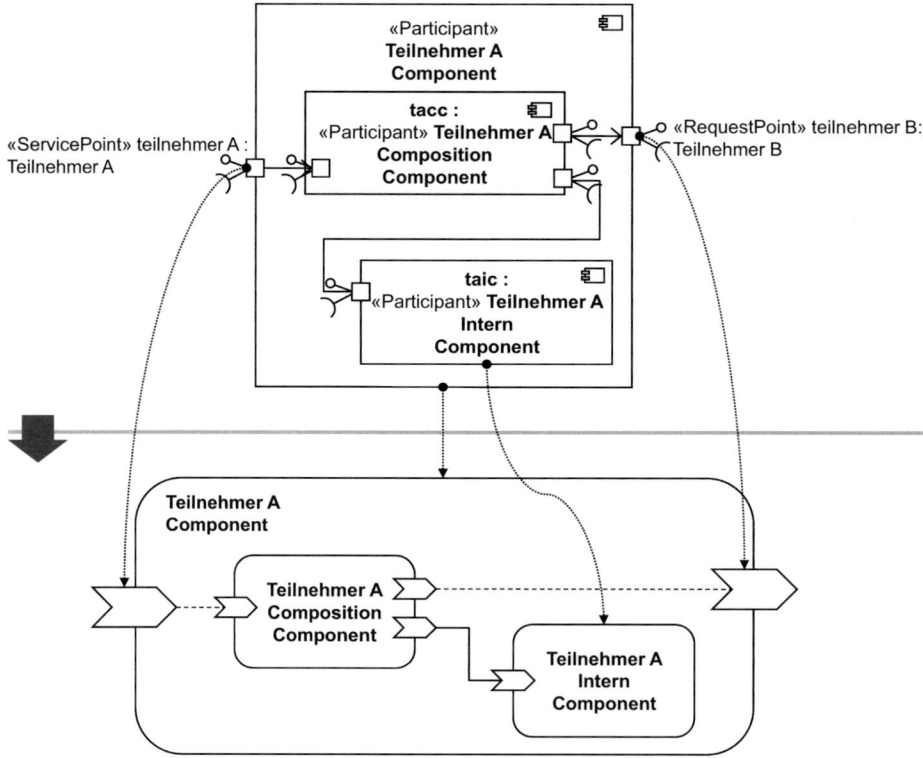

Abbildung 29: Überführung von Dienstkomponenten nach SCA

Unter der Prämisse, dass Webservices als Technologie genutzt werden sollen, kann als Typ der Schnittstelle direkt WSDL angegeben werden. Um die Technologie für die Komponenten festzulegen, muss unterschieden werden, ob es sich bei der Komponente um eine reine Komposition handelt, oder ob die Komponente eigene Logik beinhaltet, die nicht durch eine Komposition realisiert werden kann. Handelt es sich um eine Komposition, so kann BPEL als Sprache ausgewählt werden. An dieser Stelle zeigt sich erneut der Vorteil der rekursiven Fortsetzung des Entwurfsprozesses: Würde eine rekursive Fortsetzung nicht erfolgen, so wäre der Einsatz von BPEL in den seltensten Fällen möglich. BPEL erfordert, dass die erforderliche Funktionalität in Form von Webservices bereitliegt, die wiederum zu höherwertiger Funktionalität komponiert werden kann. Würde eine rekursive Fortsetzung des Entwurfsprozesses nicht durchgeführt werden, so könnten die wenigsten Geschäftsprozesse in der vorliegenden Form durch BPEL realisiert werden, da in den meisten Fällen eigene Funktionalität erbracht werden muss. Erst die Auslagerung dieser Funktionalität in eigene Dienste ermöglicht die Komposition von Funktionalität und somit die direkte Umsetzung des vorliegenden Geschäftsprozesses mit BPEL. Im Folgenden wird daher dargestellt, wie die Dienstschnittstelle nach WSDL und die internen Abläufe nach BPEL überführt werden können.

Überführung nach WSDL

Die Dienstschnittstelle als Teil des Dienstentwurfs kann genutzt werden, um eine geeignete Schnittstellenbeschreibung auf Basis von WSDL zu erstellen, die wiederum die Beschreibung der Schnittstelle einer oder mehrerer Komponenten in SCA ermöglicht. In Kapitel 4.4.1 wurde bereits dargestellt, wie eine Überführung von WSDL-Schnittstellenbeschreibungen in Dienstschnittstellen erfolgen kann. Dieses Vorgehen ist ebenso umgekehrt anwendbar, um aus einer Dienstschnittstelle eine Schnittstellenbeschreibung auf Basis von WSDL zu generieren. Demnach können die Operationen der durch die Dienstschnittstelle realisierten Schnittstelle genutzt werden, um Operationen innerhalb der Schnittstellenbeschreibung abzuleiten. Die Datentypen der Dienstentwürfe werden dabei in Datentypen auf Basis der XML Schema Definition (XSD) überführt und entweder direkt in die WSDL-Schnittstellenbeschreibung ergänzt oder importiert. IBM [IBM-UML-WSDL10], Gorelik [Go08] und Grønmo et al. [GS+04] und der Autor der vorliegenden Arbeit [HL+09, HG+09, HG+10] haben bereits gezeigt, wie UML-Elemente interpretiert werden können, um WSDL-Schnittstellenbeschreibungen abzuleiten. Hierbei wird insbesondere die seitens der Dienstschnittstelle realisierte Schnittstelle betrachtet, da diese die Operationen beinhaltet, die seitens des Dienstes bereitgestellt werden und dementsprechend nach WSDL überführt werden müssen. Im Zuge der Überführung erfolgen ggf. Umbenennungen der Artefakte, falls diese nicht mit WSDL kompatibel sind. So werden bspw. Leerzeichen entfernt, sofern diese in den jeweiligen Elementen innerhalb von WSDL nicht zugelassen sind. Die Benennung von Elementen wie bspw. einem

PortType oder einem Binding, die erst mit der Überführung nach WSDL erzeugt werden, erfolgt nach vorher definierten Regeln. So wird bspw. der PortType nach dem Namen der Dienstschnittstelle mit einem entsprechenden Suffix benannt. Durch die Nutzung von OWL zur Beschreibung des Domänenmodells ergibt sich ein zusätzlicher Vorteil bei der Überführung von Dienstentwürfen in WSDL-Schnittstellen-beschreibungen, der in den bestehenden Ansätzen in dieser Form nicht betrachtet wird: Mittels SAWSDL [W3C-SAWSDL-REC] ist es möglich, WSDL-Schnittstellen-beschreibungen um semantische Annotationen zu erweitern.

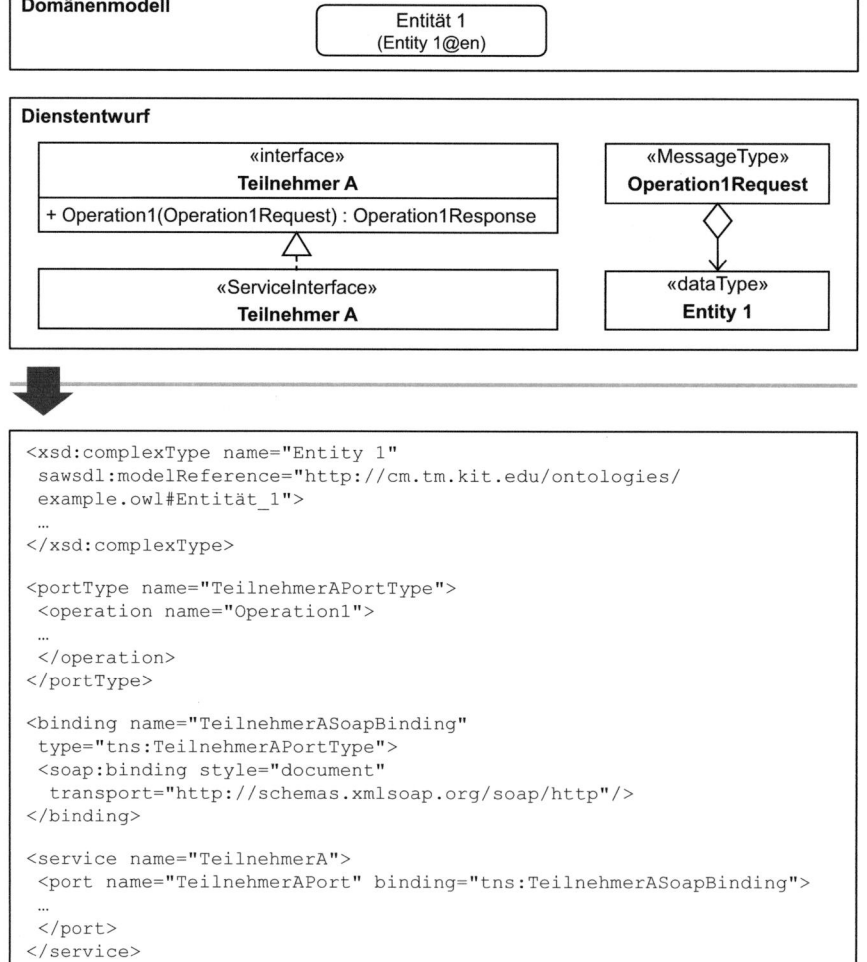

Abbildung 30: Überführung von Dienstentwürfen in WSDL-Schnittstellenbeschreibungen

Die semantischen Annotationen ermöglichen es, genutzte Datentypen oder Operationen innerhalb einer WSDL-Schnittstellenbeschreibung mit einer Ontologie und somit dem hier beschriebenen Domänenmodell zu verknüpfen. Hierdurch kann ein Dienstnehmer Informationen über die Semantik genutzter Datentypen und Operationen abfragen, was wiederum ein semantisches Auffinden der Dienste ermöglicht. Durch diese Verknüpfung findet das Domänenmodell aus der Geschäftsanalyse direkt wieder in der Implementierungsphase Verwendung, um die Dienstschnittstelle eines Dienstes um semantische Informationen anzureichern. Abbildung 30 veranschaulicht die Überführung von Dienstentwürfen basierend auf einem Domänenmodell in eine mit SAWSDL annotierte WSDL-Schnittstellenbeschreibung am Beispiel des Dienstentwurfs aus Abbildung 22.

Überführung nach BPEL

Um BPEL als Implementierung einer Komponente in SCA aus Dienstentwürfen abzuleiten, muss die interne Logik der entsprechenden Dienstkomponente betrachtet werden. Hierbei werden bspw. die einzelnen Partitionen innerhalb der Activity in PartnerLinks und die CallOperationActions innerhalb der Activity in Invoke-Aktivitäten in BPEL überführt. Auf ähnliche Weise können die Übrigen Modellelemente aus UML2-Aktivitätsdiagrammen in BPEL transformiert werden. IBM hat hierzu geeignete Transformationen entwickelt, die von Pattathe in [Pa08] detailliert beschrieben wurden und sich auch für den vorliegenden Fall eignen. Die folgende Abbildung zeigt anhand der Dienstkomponente aus Abbildung 28 die Überführung der internen Logik einer Kompositionskomponente nach BPEL.

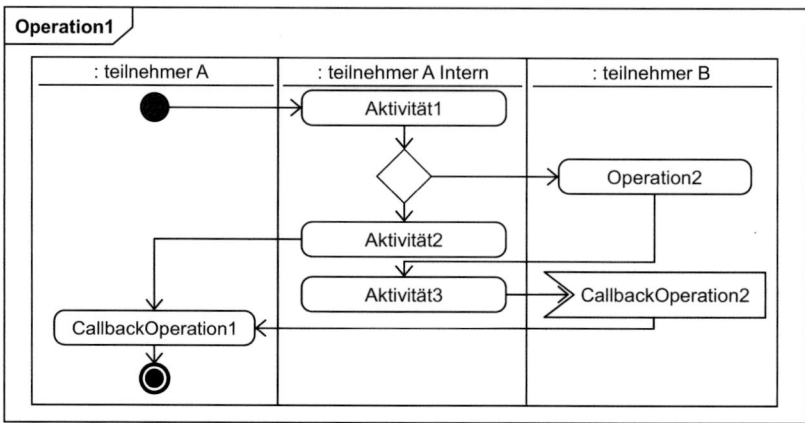

```
<bpel:process>
...
 <bpel:sequence name="main">

  <bpel:receive name="Operation1" partnerLink="teilnehmerA"
   portType="tns:TeilnehmerA" operation="Operation1"
   createInstance="yes" variable="input"/>

  <bpel:invoke name="Aktivität1" partnerLink="teilnehmerAIntern"
   operation="Aktivität1„ portType="ns:TeilnehmerAIntern">
  </bpel:invoke>

  <bpel:if name="If">
   <bpel:invoke name="Aktivität2" partnerLink="teilnehmerAIntern"
    operation="Aktivität2" portType="ns:TeilnehmerAIntern">
   </bpel:invoke>
   <bpel:else>
    <bpel:sequence>
     <bpel:invoke name="Operation2" partnerLink="teilnehmerB"
      operation="Operation2"></bpel:invoke>
     <bpel:invoke name="Aktivität3" partnerLink="teilnehmerAIntern"
      operation="Aktivität3" portType="ns:TeilnehmerAIntern">
     </bpel:invoke>
     <bpel:receive name="CallbackOperation2" partnerLink="teilnehmerA"
      operation="CallbackOperation2" portType="tns:TeilnehmerA">
     </bpel:receive>
    </bpel:sequence>
   </bpel:else>
  </bpel:if>

  <bpel:invoke name="CallbackOperation1"
   partnerLink="teilnehmerARequester„
   portType="tns:TeilnehmerARequester" operation="CallbackOperation1"
   inputVariable="output"/>

 </bpel:sequence>

</bpel:process>
```

Abbildung 31: Überführung der internen Logik von Kompositionskomponenten nach BPEL

4.7 Resümee

Im vorliegenden Kapitel wurde ein Entwurfsprozess vorgestellt, um ausgehend von Artefakten, die im Rahmen der Geschäftsanalyse entstanden sind, Dienstentwürfe mit gewünschten Qualitätseigenschaften zu erstellen. Der Fokus des Entwurfsprozesses und seiner Beschreibung lag dabei auf der Nachvollziehbarkeit und der Berücksichtigung von Qualitätseigenschaften.

Der Entwurfsprozess gliedert sich dabei in zwei Phasen, die Identifikationsphase und die Spezifikationsphase. Im Rahmen der Identifikationsphase werden Dienstkandidaten erstellt, die als vorläufige Dienste für die Spezifikationsphase dienen. Um die Nachvollziehbarkeit zu gewährleisten, wurden Regeln angegeben, mit denen die Dienstkandidaten systematisch aus Artefakten der Geschäftsanalyse abgeleitet werden können. Anschließend folgt eine Analyse und Überarbeitung der Dienstkandidaten hinsichtlich von Qualitätseigenschaften, um der Forderung nach einer Berücksichtigung von Qualitätseigenschaften gerecht zu werden. Die darauffolgende Spezifikationsphase dient der Erstellung von Dienstentwürfen, die letztlich als Grundlage für die Implementierung dienen. Hierbei werden ebenfalls zunächst systematisch Dienstentwürfe aus den Dienstkandidaten abgeleitet, die in einem weiteren Schritt hinsichtlich Qualitätseigenschaften analysiert und überarbeitet werden. Durch eine rekursive Fortsetzung des Entwurfsprozesses erfolgt zusätzlich eine Verfeinerung der erstellten Dienstkomponenten in interne Dienstkomponenten und ihre Zusammenhänge. Als Ergebnis liefert der Entwurfsprozess daher eine nachvollziehbare Menge an Dienstentwürfen, die nachweislich gewünschte Qualitätseigenschaften aufweisen. Durch die Nutzung von SoaML als Modellierungssprache werden zusätzlich die praktische Anwendbarkeit und die Plattformunabhängigkeit des Ansatzes gewahrt.

Aufgrund der nachgelagerten Analyse und Überarbeitung von Dienstkandidaten stellt die Ableitung der Operationskandidaten die elementare Aufgabe im Kontext der Ableitung von Dienstkandidaten dar. Die Gruppierung zu Dienstkandidaten ist hierbei nicht relevant, da im Zuge der Überarbeitung eine Umstrukturierung der Operationskandidaten erfolgen kann, sofern die vorliegende Gruppierung nicht in gewünschten Qualitätseigenschaften resultiert. Aus diesem Grund ist es zunächst nicht entscheidend, ob die Operationskandidaten bspw. in einen gemeinsamen Dienstkandidaten zusammengefasst oder für jeden Operationskandidaten ein eigener Dienstkandidat erstellt wird. Dies führt somit zu einer einfachen Übertragbarkeit des Ansatzes auf andere Entwicklungsprozesse. So stellen Engels et al. in [EH+08] eine sich unterscheidende Geschäftsanalyse basierend auf Geschäftsdiensten vor. Da jedoch auch hier Geschäftsprozesse modelliert werden, kann der in diesem Kapitel vorgestellte Entwurfsprozess auch in diesem Entwicklungsprozess angewandt werden. Eine Ableitung von Dienstkandidaten aus den Artefakten, wie sie in Quasar Enterprise von Engels et al. [EH+08] vorliegen, wurde von dem Autor der vorliegenden Arbeit bereits demonstriert [GM+10]. Jedoch können auch andere Entwicklungsprozesse genutzt werden, in denen keine Geschäftsprozesse erstellt werden, da lediglich die Aufgaben identifiziert werden müssen, die durch Dienste bereitgestellt werden sollen und somit einen Operationskandidaten repräsentieren. Von Heutschi [He07] wurde gezeigt, dass etablierte Entwurfsprozesse immer nur einen Ausschnitt der verbreiteten Qualitätseigenschaften für Dienste vollständig mit einbeziehen. Selbst wenn Qualitätseigenschaften berücksichtigt werden, ist dies, wie es aus der Betrachtung des Stands der Forschung in Kapitel 3 deutlich wurde, noch einmal deutlich von einer nachweisbaren Berücksichtigung der Qualitätseigenschaften auf Basis von Quantifizierungen zu unterscheiden. Durch die nachgelagerte Analyse und Überarbeitung können somit auch bestehende Entwicklungsprozesse zusätzlich um eine nachweisliche Berücksichtigung bekannter Qualitätseigenschaften angereichert werden. Des Weiteren sind die Qualitätseigenschaften insofern von dem eigentlichen Vorgehen losgelöst, dass jederzeit eine Änderung der berücksichtigten Qualitätseigenschaften erfolgen kann. So kann der Ansatz auch im Nachhinein um weitere Qualitätseigenschaften, die im Zuge des Entwurfs von Diensten berücksichtigt werden sollen, erweitert werden.

Der IT-Architekt erhält mit dem vorgestellten Entwurfsprozess somit ein Werkzeug, um systematisch zu Dienstentwürfen mit nachweislichen Qualitätseigenschaften zu gelangen. Der Entwurfsprozess fokussiert in der hier vorgestellten Form jedoch zunächst nur die auszuführenden Aufgaben und die systematische Ableitung von Dienstkandidaten und Dienstentwürfen. Die Analyse und ggf. darauffolgende Überarbeitung der Dienstkandidaten und Dienstentwürfe wurden zunächst nicht näher betrachtet. Diese werden im Detail in den folgenden Kapiteln 5 und 6 behandelt.

5 Bestimmung von Qualitätseigenschaften

Der Entwurfsprozess aus Kapitel 4 hat ein methodisches Vorgehen und somit den Rahmen für einen qualitätsorientierten Entwurf von Anwendungsdiensten geschaffen. Während hierbei zunächst die systematische Überführung von Artefakten aus der Analysephase in vorläufige Artefakte der Entwurfsphase im Sinne einer Nachvollziehbarkeit im Vordergrund stand, werden die nachträgliche Analyse und Überarbeitung zur Verbesserung von Qualitätseigenschaften in jeweils eigenen Kapiteln betrachtet. Das vorliegende Kapitel adressiert, wie in Abbildung 32 dargestellt, die Analyse von Dienstkandidaten, die aus der Identifikation hervorgegangen sind, und von Dienstentwürfen, die im Rahmen der Spezifikation erstellt wurden. Hierzu werden die Qualitätseigenschaften bestimmt und somit bspw. ermittelt, ob die erstellten Dienstkandidaten eindeutig einer Kategorie zugeordnet werden können, um eine höhere Wartbarkeit der resultierenden Dienste zu erzielen.

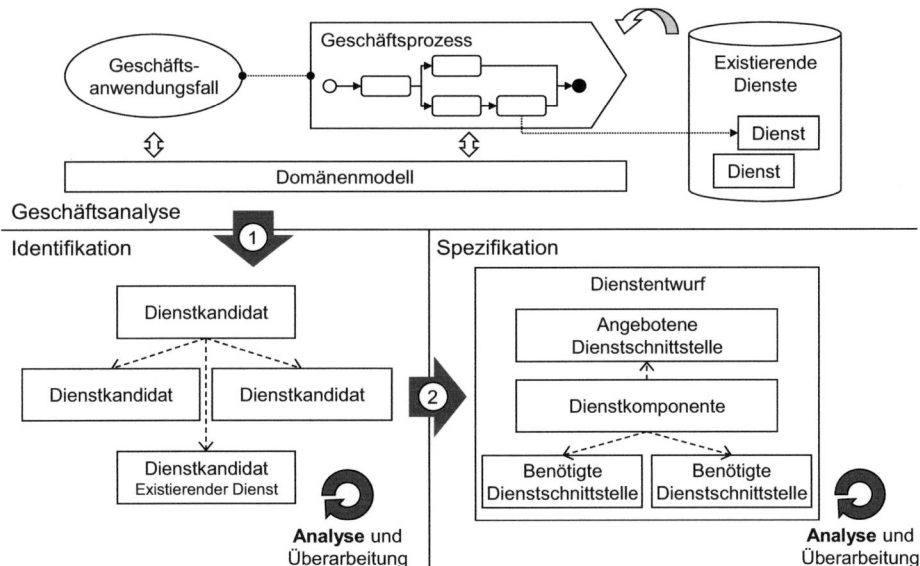

Abbildung 32: Bestimmung von Qualitätseigenschaften im Entwurfsprozess

Die im Zuge der Analyse ermittelten Ergebnisse stellen die Grundlage für die darauffolgende Überarbeitung von Dienstkandidaten und Dienstentwürfen, wie sie in Kapitel 6 behandelt wird, dar. Um die abstrakten Qualitätseigenschaften bestimmen zu können, werden Qualitätsindikatoren identifiziert, die letztlich direkt auf Basis von

Dienstkandidaten und Dienstentwürfen ermittelt werden können [He07]. Die Qualitätsindikatoren liefern dabei Hinweise zu den aktuell vorliegenden Qualitätseigenschaften
von Dienstkandidaten bzw. Dienstentwürfen und stellen somit die quantifizierte
Grundlage zur Bestimmung von Qualitätseigenschaften dar. Die Aggregation von
Qualitätsindikatoren zu quantifizierten Qualitätseigenschaften obliegt dabei zunächst
dem IT-Architekten. Hirzalla et al. [HC+08] und Perepletchikov et al. [PR+08]
demonstrieren beispielhafte Aggregationen einzelner Metriken zu Qualitätseigenschaften. Um die praktische Anwendbarkeit des Ansatzes zu gewährleisten, werden die
Qualitätsindikatoren auf Basis von SoaML als konkrete und standardisierte
Modellierungssprache demonstriert und auch darauffolgende zunächst abstrakte
Formalisierungen bis hin zu einer vollständig automatisierten Ermittlung an den bisher
eingeführten Begrifflichkeiten im Kontext von Dienstentwürfen und SoaML
ausgerichtet. Durch die Nutzung von SoaML und somit einer plattformunabhängigen
Beschreibung von Dienstkandidaten und Dienstentwürfen als Basis zur Bestimmung
von Qualitätsindikatoren ist auch die Plattformunabhängigkeit dieses Beitrags sichergestellt.

5.1 Identifikation von Qualitätsindikatoren

In der vorliegenden Arbeit werden als gewünschte Qualitätseigenschaften eine
eindeutige Kategorisierung von Diensten, ihre Auffindbarkeit, die lose Kopplung und
die Autonomie betrachtet. Um zu überprüfen, ob ein Dienst diese Eigenschaften
bestmöglich erfüllt, ist eine Ermittlung der zu betrachtenden Qualitätsindikatoren, die
auf Basis von Dienstkandidaten oder Dienstentwürfen bestimmt werden können,
erforderlich. Für diesen Zweck werden vorhandene Beschreibungen von Qualitätseigenschaften oder des zugrunde liegenden Qualitätsmerkmals untersucht und
Qualitätsindikatoren, deren Bestimmung zur Entwurfszeit möglich ist, identifiziert, wie
sie auch mitunter vom Autor der vorliegenden Arbeit in [GB+10] veröffentlicht wurden.
Ob dabei ein Qualitätsindikator den Umfang eines Dienstentwurfs voraussetzt oder
bereits auf Basis von Dienstkandidaten bestimmt werden kann, entscheidet sich über die
erforderlichen Informationen. Dabei beschränken sich Dienstkandidaten, wie in Kapitel
4.3 eingeführt, auf eine grobe Beschreibung der Architektur, d.h. der Dienste und ihrer
Abhängigkeiten. Weitere Informationen stehen erst auf Basis von Dienstentwürfen zur
Verfügung. Aufgrund der Flexibilität des Konzepts und der Unabhängigkeit der nachgelagerten Analyse und Überarbeitung vom eigentlichen Entwurfsprozess ist eine
Beschränkung auf die vier ausgewählten Qualitätseigenschaften möglich und keine
Vollständigkeit der Qualitätsindikatoren erforderlich. Weitere Qualitätseigenschaften
und Qualitätsindikatoren können im Nachhinein ergänzt und der Ansatz hierdurch
erweitert werden.

Um die praktische Anwendbarkeit und Nachvollziehbarkeit der Qualitätsindikatoren zu gewährleisten, werden diese zunächst am Beispiel der Modellierungssprache SoaML veranschaulicht. Dabei erfolgt die auszugsweise Darstellung von Dienstkandidaten oder Dienstentwürfen eines konkreten Szenarios, um das Verständnis für einen Qualitäts-indikator zu erhöhen. Im Anschluss daran wird mittels einer Formalisierung eines jeden Qualitätsindikators eine Quantifizierung des durch den Indikator ermittelten Maßes ermöglicht und gleichzeitig eine Präzisierung des Qualitätsindikators erzielt. Die Notation der Metriken orientiert sich an den Arbeiten von Perepletchikov et al. [PR+07, PR+07a, PR+07b, PR+08] und Choi et al. [CH+07, CK08]. Hierbei nutzt die Notation die in den jeweils darauffolgenden Tabellen erläuterten Variablen und Funktionen. Im Zuge der Formalisierungen werden zusätzlich die Konzepte von Dienstentwürfen und der SoaML genutzt, um eine direkte Anwendbarkeit auf eine konkrete Modellierungs-sprache zu gewährleisten und den Interpretationsspielraum so gering wie möglich zu halten. Die dennoch abstrakte Formalisierung stellt eine Anwendbarkeit dieser Metriken sicher, auch wenn nicht alle erforderlichen Informationen voll formalisiert vorliegen. Hierdurch wird somit ein Kompromiss zwischen einer voll automatisierbaren Berechnung, die eine Formalisierung aller Informationen erfordert und einer unpräzisen Beschreibung, die zunächst eine umfangreiche Interpretation voraussetzt, erzielt.

Als Szenario dient im Folgenden die Modulhandbuchverwaltung an deutschen Hochschulen, die vom Autor der vorliegenden Arbeit in [GH+09] genauer beschrieben ist. Der Wechsel zu Bachelor-/Masterabschlüssen an deutschen Hochschulen im Zuge des Bologna-Prozesses hat gleichzeitig die Einführung modularer Studiengänge erfordert. Dabei werden Studieninhalte in Form von Modulen gruppiert, die wiederum durch Prüfungen absolviert werden können. Die Vermittlung der Studieninhalte selbst erfolgt dabei im Rahmen von Veranstaltungen. Wird ein Modul erstellt oder bearbeitet, so muss dieses im Anschluss danach freigeschalten werden. Falls ein Modul in einem Semester nicht länger angeboten werden soll, so ist eine Deaktivierung des Moduls möglich. Eine Löschung eines Moduls kann nur erfolgen, wenn alle seine Veranstaltungen deaktiviert und gelöscht und das Modul ebenso deaktiviert wurden. Ebenso darf weder eine der Veranstaltungen noch das Modul vorher von einem Studierenden belegt worden sein. Nähere Informationen zum Bologna-Prozess können Kapitel 7.2 oder direkt den offiziellen Dokumenten des Bundesministeriums für Bildung und Forschung [BMBF-BOLOGNA] entnommen werden.

5.1.1 Eindeutige Kategorisierung

Sowohl Maier et al. [MN+09a], Cohen [Co07], Erl [Er08], als auch Engels et al. [EH+08] führen Ansätze für eine eindeutige Kategorisierung von Diensten ein. Hinter-grund dieser Kategorisierung stellt die Trennung unterschiedlicher und die Bündelung gemeinsamer Funktionalität dar, was mit dem Konzept der Kohäsion vergleichbar ist [Er08]. Zunächst sollten sich unterschiedlich schnell ändernde Funktionalitäten wie bspw. geschäftsbezogene und technische Funktionalität [RH06] getrennt werden, da sich dies positiv auf die Wartbarkeit des Dienstes auswirkt. Abgesehen hiervon wird in bestehenden Arbeiten zwischen Diensten, die stark wiederverwendbare, d.h. agnostische Funktionalität bereitstellen, weil sie bspw. Geschäftsentitäten verwalten, und prozessspezifischer und somit nicht-agnostischer Funktionalität unterschieden [Er08]. Ein Dienst, der eine Geschäftsentität verwaltet, sollte außerdem die Datenhoheit über diese Entität besitzen [EH+08]. Ebenso sollten die Operationen eines Dienstes auf gemeinsamen Geschäftsentitäten arbeiten [PR+08], um sicherzustellen, dass ein Entitätsdienst explizit eine Geschäftsentität oder davon abhängende Geschäftsentitäten verwaltet. Aus diesen Aspekten lassen sich die im Folgenden vorgestellten Qualitätsindikatoren ableiten.

Trennung von geschäftsbezogener und technischer Funktionalität

Um die Wartbarkeit und Flexibilität der Dienste zu erhöhen [Pa72, RH06], sollte geschäftsbezogene und technische Funktionalität getrennt werden. Geschäftsbezogene Funktionalität bezieht sich hierbei auf Logik der Geschäftsdomäne, während unter technischer Funktionalität querschnittliche, d.h. infrastrukturelle Logik, zu verstehen ist. Beispiele für technische Funktionalität sind Zugriffe auf Protokollsysteme (engl. *Logging System*) oder Sicherheitssysteme, welche die Konfiguration der Zugriffskontrolle auf Daten ermöglichen. Die hier genannte Trennung führt zu einer Kategorisierung eines Dienstes in die von Cohen [Co07] und Erl [Er08] eingeführten Kategorie der Entitäts-/Aufgabendienste, die geschäftsbezogene Funktionalität bereitstellen, oder in die Kategorie der Infrastrukturdienste, die sich durch technische Funktionalität auszeichnen.

Die Einhaltung einer Trennung von geschäftsbezogener und technischer Funktionalität lässt sich mit entsprechendem semantischem Hintergrundwissen in SoaML bereits auf Ebene der Dienstkandidaten überprüfen. Hierfür müssen die Operationskandidaten eines Dienstkandidaten gesichtet werden. Äquivalent hierzu lässt sich dieser Qualitätsindikator auf den Operationen der seitens einer Dienstschnittstelle realisierten Schnittstelle nachvollziehen. Die folgende Abbildung zeigt einen Dienstkandidaten und eine äquivalente Schnittstelle eines Dienstentwurfs zur Verwaltung von Modulen, die aufgrund eines Operationskandidaten und einer Operation, welche technische Funktionalität bereitstellen, keine Trennung von geschäftsbezogener und technischer Funktionalität einhalten.

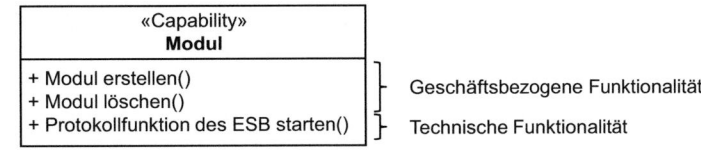

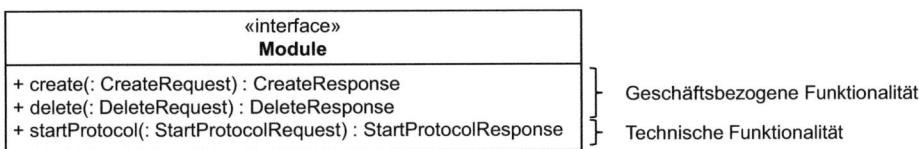

Abbildung 33: Trennung von geschäftsbezogener und technischer Funktionalität in SoaML

Die zugrunde liegende Formalisierung auf Basis von Dienstkandidaten misst daher den Anteil an Operationskandidaten mit geschäftlicher Funktionalität im Verhältnis zur Gesamtanzahl an Operationskandidaten und orientiert sich somit an den Formalisierungen aus [CH+07, CK08]. Hierbei ist anzumerken, dass es sich bei der von den Funktionen zurückgelieferten Mengen an bspw. Operationen um keine Multimengen handelt. Dies gilt ebenso für alle im weiteren Verlauf eingeführten Funktionen.

$$DBTF(sc) = \frac{\left| BF\big(OC(sc)\big) \right|}{\left| OC(sc) \right|}$$

Im Falle von Dienstentwürfen werden anstelle der Operationskandidaten die Operationen der von der Dienstschnittstelle realisierten Schnittstelle genutzt.

$$DBTF(s) = \frac{\left| BF\left(O\left(RI\big(SI(s)\big)\right)\right) \right|}{\left| O\left(RI\big(SI(s)\big)\right) \right|}$$

Tabelle 13: Erläuterung der in DBTF eingesetzten Variablen und Funktionen

Element	Erläuterung
DBTF	*Division of Business-related and Technical Functionality*
sc	*service candidate*: Der betrachtete Dienstkandidat

s	*service*: Der betrachtete Dienst, der bereitgestellt oder benötigt wird
BF(oc)	*Business Functionality*: Operationskandidaten mit geschäftsbezogener Funktionalität aus der Menge der Operationskandidaten oc
BF(o)	*Business Functionality*: Operationen mit geschäftsbezogener Funktionalität aus der Menge der Operationen o
OC(sc)	*Operation Candidates*: Operationskandidaten des Dienstkandidaten sc
SI(s)	*Service Interface*: Dienstschnittstelle des Dienstes s
RI(si)	*Realized Interfaces*: Realisierte Schnittstellen der Dienstschnittstelle si
O(i)	*Operations*: Operationen der Schnittstelle i
| oc |	Anzahl der Operationskandidaten oc
| o |	Anzahl der Operationen o

Die Metrik liefert demnach Ergebnisse von 0 bis 1, die in der Ordinalskala interpretiert werden. Die folgende Tabelle zeigt die Interpretationen der Werte von DBTF.

Tabelle 14: Interpretation der Werte von DBTF

Wert von DBTF	Interpretation
0	Es wird ausschließlich technische Funktionalität bereitgestellt.
Zwischen 0 und 1	Es wird sowohl geschäftsbezogene als auch technische Funktionalität bereitgestellt.
1	Es wird ausschließlich geschäftsbezogene Funktionalität bereitgestellt.

Gemäß obiger Tabelle wird ein Wert von 0 oder 1 angestrebt, da diese Werte eine Trennung von geschäftsbezogener und technischer Funktionalität aussagen und somit zu einer eindeutigen Kategorisierung beitragen.

Angewandt auf den Dienstkandidaten bzw. die Schnittstelle aus Abbildung 33 liefert die Metrik somit jeweils einen Wert von 2/3, was einer Mischung aus geschäftsbezogener und technischer Funktionalität entspricht und daher vermieden werden sollte. Die

Entfernung der geschäftsbezogenen oder technischen Funktionalität würde dazu führen, dass die Metrik den Wert 0 bzw. 1 zurückliefert und somit die erfolgreiche Trennung von geschäftsbezogener und technischer Funktionalität bestätigt.

Trennung von agnostischer und nicht-agnostischer Funktionalität

Um vor allem stark wiederverwendbare Funktionalität zu bündeln und in diesem Zuge weniger wiederverwendbare Funktionalität auszulagern, sollte agnostische und nicht-agnostische Funktionalität getrennt werden. Diese Trennung verhindert u.a., dass stark wiederverwendbare Entitätsdienste mit eher prozessspezifischer Logik vermischt werden, was in einer Trennung von Entitätsdiensten und Aufgabendiensten resultiert.

In SoaML kann diese Trennung bereits auf Basis von Dienstkandidaten überprüft werden, indem die Operationskandidaten gesichtet und die Agnostizität dieser Operationskandidaten ermittelt wird. Da sich die Agnostizität vor allem aus dem Kontext ergibt und eine Vorahnung der zukünftigen Szenarien erfordert, ist semantisches Hintergrundwissen und ebenso Intuition erforderlich. Die folgende Abbildung zeigt einen Dienstkandidaten, der agnostische und nicht-agnostische Funktionalität vermischt. Auf ähnliche Weise kann der Qualitätsindikator auf die Operationen in Dienstentwürfen angewandt werden.

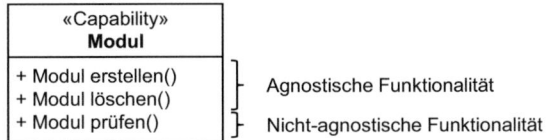

Abbildung 34: Trennung von agnostischer und nicht-agnostischer Funktionalität in SoaML

Die erfolgte Trennung von agnostischer und nicht-agnostischer Funktionalität kann ähnlich zur Trennung von geschäftsbezogener und technischer Funktionalität formalisiert werden. Mögliche Ergebnisse sind hierbei, dass ein Dienst nur agnostische, nur nicht-agnostische oder sowohl agnostische als auch nicht-agnostische Funktionalität bereitstellt. Im Falle von Dienstkandidaten wird hierzu der Anteil der agnostischen Operationskandidaten im Vergleich zu allen Operationskandidaten errechnet.

$$DANF(sc) = \frac{\left| AF\big(OC(sc)\big) \right|}{\left| OC(sc) \right|}$$

Im Falle von Dienstentwürfen werden anstelle der Operationskandidaten die Operationen der von der Dienstschnittstelle realisierten Schnittstelle genutzt.

$$DANF(s) = \frac{\mid AF\big(O(RI(SI(s)))\big) \mid}{\mid O(RI(SI(s))) \mid}$$

Tabelle 15: Erläuterung der in DBTF eingesetzten Variablen und Funktionen

Element	Erläuterung
DANF	*Division of Agnostic and Non-agnostic Functionality*
AF(oc)	*Agnostic Functionality*: Operationskandidaten mit agnostischer Funktionalität aus der Menge der Operationskandidaten oc
AF(o)	*Agnostic Functionality*: Operationen mit agnostischer Funktionalität aus der Menge der Operationen o

Die Interpretationen der Ergebnisse der Metrik auf der Ordinalskala sind in der nachfolgenden Tabelle dargestellt.

Tabelle 16: Interpretation der Werte von DANF

Wert von DANF	Interpretation
0	Es wird ausschließlich nicht-agnostische Funktionalität bereitgestellt.
Zwischen 0 und 1	Es wird sowohl agnostische als auch nicht-agnostische Funktionalität bereitgestellt.
1	Es wird ausschließlich agnostische Funktionalität bereitgestellt.

Demnach wird für eine eindeutige Kategorisierung entweder der Wert 0 oder der Wert 1 für die Metrik DANF angestrebt.

Für den Dienstkandidaten aus Abbildung 34 liefert die Metrik einen Wert von 2/3. Die Metrik bestätigt somit, dass im Falle des vorliegenden Dienstkandidaten eine Mischung von agnostischer und nicht-agnostischer Funktionalität vorliegt, die vermieden werden sollte. Eine alternative Gruppierung der Operationskandidaten in Dienstkandidaten ist in der folgenden Abbildung dargestellt. Dabei wird zugunsten der eindeutigen Kategorisierung agnostische und nicht-agnostische Funktionalität in zwei getrennte

Dienstkandidaten gruppiert. Die Metrik liefert dabei die Werte 1 bzw. 0 und bestätigt hierdurch die erfolgreiche Trennung von agnostischer und nicht-agnostischer Funktionalität.

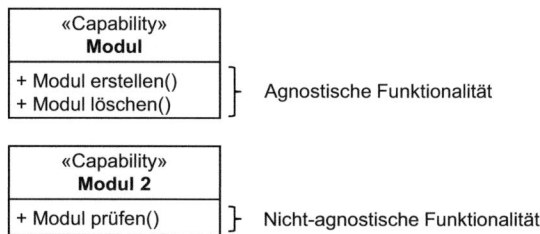

Abbildung 35: Alternative Gruppierung von agnostischer und nicht-agnostischer Funktionalität in SoaML

Datenhoheit

Verwaltet ein Dienst Geschäftsentitäten, muss das Prinzip der Datenhoheit gelten [EH+08]. Dies bedeutet, dass ein Dienst exklusiv für die Verwaltung einer Geschäftsentität zuständig ist. Ist dies nicht der Fall sollte er keine Verwaltungsaufgaben bzgl. dieser Geschäftsentität durchführen. In Erl [Er08] und Cohen [Co07] entspricht ein Dienst, der die Datenhoheit über eine Geschäftsentität besitzt, einem Entitätsdienst (engl. *Entity Service*). Ein Dienst, der die Datenhoheit über eine Geschäftsentität besitzt, wird meist auch nach dieser Geschäftsentität benannt.

In SoaML lässt sich dies mit entsprechendem semantischem Hintergrundwissen bereits zum Zeitpunkt der Dienstkandidaten und auch auf Basis der Dienstentwürfe erkennen. Auf Ebene der Dienstkandidaten müssen die seitens des Dienstkandidaten bereitgestellten Operationskandidaten gesichtet und mit den Operationskandidaten der anderen Dienstkandidaten abgeglichen werden. Dienen die bereitgestellten Operationskandidaten der Verwaltung bestimmter Geschäftsentitäten, dürfen andere Dienstkandidaten keine Operationskandidaten bereitstellen, die ebenfalls derartige Aufgaben erfüllen. Die folgende Abbildung zeigt drei Dienstkandidaten, die im Kontext einer dienstorientierten Architektur vorhanden sind. Während der erste Dienstkandidat die Datenhoheit besitzt, verwalten die zwei weiteren Dienstkandidaten gemeinsam eine andere Geschäftsentität, weshalb hier keine Datenhoheit vorliegt.

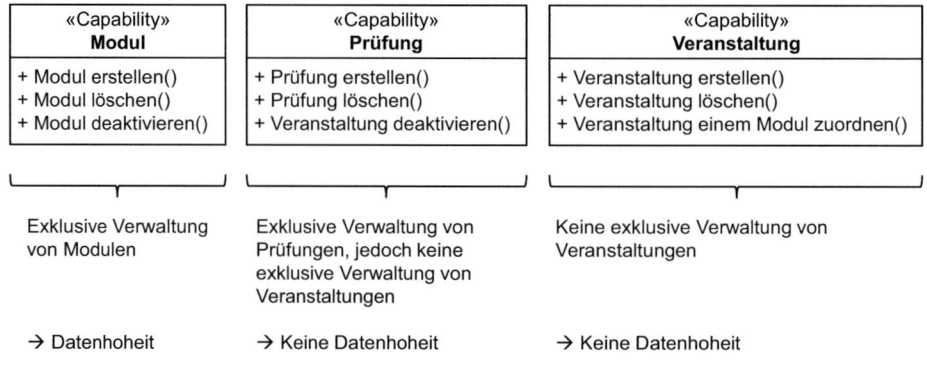

Abbildung 36: Datenhoheit in SoaML

Ebenso lässt sich dieser Qualitätsindikator auf Operationen von endgültigen Dienstentwürfen anwenden. Hierzu werden die Operationen innerhalb der seitens einer Dienstschnittstelle realisierten Schnittstelle herangezogen.

Um die Datenhoheit zu quantifizieren, müssen die Operationen eines Dienstes mit denen der anderen Operationen abgeglichen und daraufhin überprüft werden, ob die seitens des Dienstes verwalteten Geschäftsentitäten auch von anderen Diensten verwaltet werden. Demnach wird zwischen den zwei Ergebnissen der alleinigen Verwaltung und der gemeinsamen Verwaltung mit anderen Diensten unterschieden. Die zur Überprüfung der Datenhoheit genutzte Formalisierung bestimmt die exklusiv durch den Dienst verwalteten Geschäftsentitäten im Verhältnis zu allen seitens des Dienstes verwalteten Geschäftsentitäten. Die Formalisierung ist daher nur definiert, wenn mindestens eine Geschäftsentität durch den betrachteten Dienst verwaltet wird. Für Dienstkandidaten gestaltet sich die Formalisierung wie folgt:

$$DS(sc) = 1 - \frac{\left| MBE\big(OC(sc)\big) \cap MBE\big(OC(ALL_{SC} \setminus sc)\big) \right|}{\left| MBE\big(OC(sc)\big) \right|}$$

Ähnlich verhält es sich im Falle von Dienstentwürfen. Hier werden anstelle der Operationskandidaten die Operationen der seitens der Dienstschnittstelle realisierten Schnittstelle genutzt.

$$DS(s) = 1 - \frac{\left| MBE\left(O\left(RI(SI(s))\right)\right) \cap MBE\left(O\left(RI\left(SI((ALL_S \setminus s))\right)\right)\right) \right|}{\left| MBE\left(O\left(RI(SI(s))\right)\right) \right|}$$

Tabelle 17: Erläuterung der in DS eingesetzten Variablen und Funktionen

Element	Erläuterung
DS	*Data Superiority*
M1 \ M2	Elemente der Menge M1 ohne Elemente der Menge M2 oder das Element M2
ALL_{SC}	Alle vorhandenen Dienstkandidaten
ALL_{S}	Alle vorhandenen Dienste
MBE(oc)	*Managed Business Entities*: Geschäftsentitäten, die durch die Operationskandidaten oc verwaltet werden
MBE(o)	*Managed Business Entities*: Geschäftsentitäten, die durch die Operationen o verwaltet werden

Die Metrik DS liefert somit Ergebnisse von 0 bis 1. Die Interpretation dieser Werte in der Ordinalskala ist in folgender Tabelle dargestellt.

Tabelle 18: Interpretation der Werte von DS

Wert von DS	Interpretation
Kleiner 1	Es liegt keine Datenhoheit über die verwalteten Geschäftsentitäten vor.
1	Die verwalteten Geschäftsentitäten werden exklusiv verwaltet.

Demnach erfüllt ein Wert von 1 die Datenhoheit und ist daher wünschenswert, sofern seitens des Dienstes Geschäftsentitäten bearbeitet werden und die Metrik somit definiert ist.

Die Metrik bestätigt dabei die bereits informell durchgeführte Analyse der Dienstkandidaten in Abbildung 36. Da der Dienstkandidat "Modul" alleinig Module verwaltet, liefert die Metrik für diesen Dienstkandidaten den gewünschten Wert von 1. Für den Dienstkandidaten "Prüfung" hingegen wird ein Wert von 0,5 zurückgeliefert, da einer der zwei verwalteten Geschäftsentitäten auch durch andere Dienstkandidaten verwaltet wird. Im Falle des Dienstkandidaten "Veranstaltung" liefert die Metrik den Wert 0, da

Veranstaltungen auch durch den Dienstkandidaten "Prüfung" verwaltet werden. Demnach zeigt die Metrik, dass lediglich der Dienstkandidat "Modul" die Forderung nach Datenhoheit erfüllt, was gleichzeitig die Korrektheit der Metrik demonstriert.

Nutzung gemeinsamer Geschäftsentitäten

Durch die Datenhoheit ist bereits sichergestellt, dass ein Dienst im Falle der Verwaltung einer Geschäftsentität exklusiv diese Aufgabe ausführt. Jedoch sollte die Menge der Geschäftsentitäten, die seitens des Entitätsdienstes verwaltet werden, auf eine Geschäftsentität oder direkt damit zusammenhängende beschränkt sein. Dies entspricht der *Service Interface Data Cohesion* von Perepletchikov et al. [PR+07] und resultiert letztlich in einer höheren Wartbarkeit des Dienstes. Hierdurch wird sichergestellt, dass die durch die Operationen eines Dienstes genutzten Geschäftsentitäten übereinstimmen und somit durch die Operationen eines Dienstes ein gemeinsamer Bereich abgedeckt wird. Erl sieht für die Kategorie der Entitätsdienste vor, dass durch einen Entitätsdienst unterschiedliche Geschäftsentitäten verwaltet werden dürfen, sofern diese unmittelbar zusammenhängen und eine dieser Entitäten alleine nicht existieren kann. Beispiele hierfür sind die Bestellung und einzelne Einträge einer Bestellung oder ein Modul und dessen Änderungshistorie.

Zum Zeitpunkt von Dienstkandidaten lässt sich die Nutzung gemeinsamer Geschäftsentitäten in SoaML lediglich durch semantisches Hintergrundwissen überprüfen. Hierfür müssen die Operationskandidaten eines Dienstkandidaten auf die vermutliche Übereinstimmung der später bearbeiteten Geschäftsentitäten hin analysiert werden. Die folgende Abbildung zeigt einen Dienstkandidaten, der aufgrund der Benennung der Operationskandidaten vermutlich verschiedene Geschäftsentitäten bearbeiten wird, da die genutzten Geschäftsentitäten vollständig unabhängig voneinander existieren können.

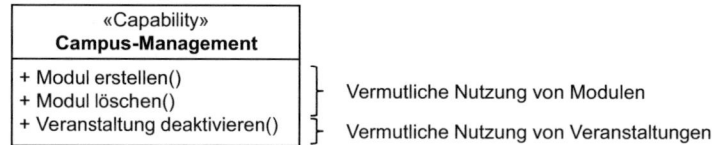

Abbildung 37: Nutzung gemeinsamer Geschäftsentitäten auf Basis von Dienstkandidaten in SoaML

Auf Basis von Dienstentwürfen lässt sich die Nutzung gemeinsamer Geschäftsentitäten anhand der Operationen und der verwendeten Datentypen überprüfen. Hierbei nutzen zwei Operationen gemeinsame Geschäftsentitäten, wenn diese entweder vollständig übereinstimmen oder gemäß Erl mittels Komposition voneinander abhängen und die abhängenden Geschäftsentitäten somit nicht alleine existieren können. Die folgende Abbildung zeigt die bereitgestellten Operationen eines Dienstes, deren Datentypen und somit genutzten Geschäftsentitäten nicht vollständig übereinstimmen, aber aufgrund der Komposition zwischen den Geschäftsentitäten dennoch die Anforderung nach einer Nutzung gemeinsamer Geschäftsentitäten erfüllen.

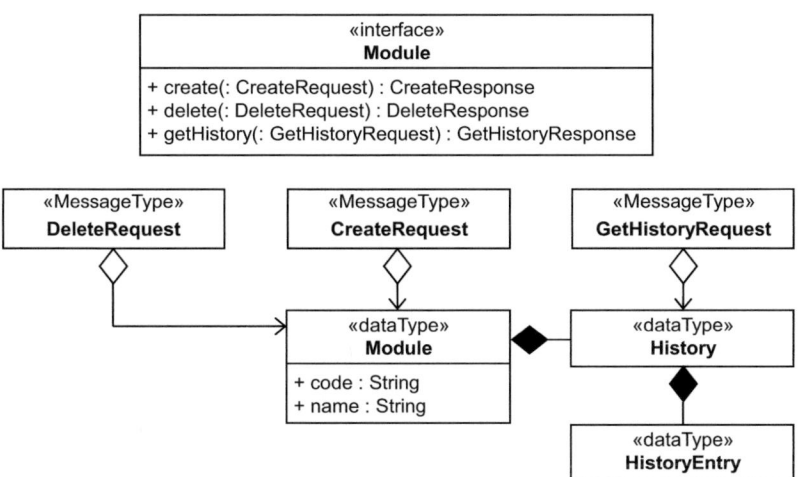

Abbildung 38: Nutzung gemeinsamer Geschäftsentitäten auf Basis von Dienstentwürfen in SoaML

Die Nutzung der gemeinsamen Geschäftsentitäten lässt sich auf Basis der Dienst-kandidaten somit über die Operationskandidaten ermitteln, jedoch ist hierfür zusätzliches semantisches Hintergrundwissen erforderlich. Die folgende Formalisierung orientiert sich an der *Service Interface Data Cohesion* aus [PR+07]. Gemäß den Entwurfsmustern von Erl [Er09] darf ein Entitätsdienst auch die von der verwalteten Geschäftsentität abhängenden Geschäftsentitäten bearbeiten, weshalb die Formalisierung auch die von einer Geschäftsentität mittels Komposition abhängenden Geschäftsentitäten mit einbezieht. D.h. die genutzten und somit als Eingabe übergebenen Geschäftsentitäten müssen entweder vollständig oder mit abhängenden Geschäftsentitäten übereinstimmen. Dabei berücksichtigt die Formalisierung auch den Fall, dass von allen Operationskandidaten oder Operationen ggf. mehrere Geschäfts-entitäten gemeinsam genutzt werden. So ist es bspw. auch im Sinne der Nutzung gemeinsamer Geschäftsentitäten, wenn alle Operationskandidaten oder Operationen die Entitäten A und B nutzen, obwohl A und B nicht voneinander abhängen.

$$CBEU(sc) = \frac{\left| OCUBE\left(OC(sc), CMP\left(MOUBE(OC(sc)), UBE(OC(sc))\right)\right)\right|}{|OC(sc)|}$$

Um auf Basis von Dienstentwürfen die Nutzung gemeinsamer Geschäftsentitäten zu prüfen, müssen die verwendeten Geschäftsentitäten der einzelnen von einem Dienst angebotenen Operationen miteinander verglichen werden.

$$CBEU(s) = \frac{\left| OUBE\left(O\left(RI(SI(s)) \right) \right), CMP\left(MOUBE\left(O\left(RI(SI(s)) \right) \right), UBE\left(O\left(RI(SI(s)) \right) \right) \right) \right|}{\left| O\left(RI(SI(s)) \right) \right|}$$

Tabelle 19: Erläuterung der in CBEU eingesetzten Variablen und Funktionen

Element	Erläuterung
CBEU	*Common Business Entity Usage*
CMP(be1, be2)	*Composition*: Größte Menge an Geschäftsentitäten der Menge be2, die über Kompositionen mit den Geschäftsentitäten be1 verknüpft sind
UBE(oc)	*Used Business Entities*: Geschäftsentitäten, die in den Operationskandidaten oc als Eingabe genutzt werden
UBE(o)	*Used Business Entities*: Geschäftsentitäten, die in den Operationen o als Eingabe genutzt werden
MOUBE(oc)	*Mostly Often Used Business Entities*: Geschäftsentitäten, die innerhalb eines Operationskandidaten aus der Menge an Operationskandidaten oc am häufigsten genutzt werden
MOUBE(o)	*Mostly Often Used Business Entities*: Geschäftsentitäten, die innerhalb einer Operation aus der Menge der Operationen o am häufigsten genutzt werden
OCUBE(oc, be)	*Operation Candidates Using Business Entities*: Operationskandidaten der Menge an Operationskandidaten oc, die nur Geschäftsentitäten der Menge be nutzen
OUBE(o, be)	*Operations Using Business Entities*: Operationen der Menge an Operationen o, die nur Geschäftsentitäten der Menge be nutzen

Gemäß der dargestellten Formalisierung liefert die Metrik CBEU Ergebnisse von 0 bis 1. Die Interpretation dieser Werte in der Ordinalskala ist in folgender Tabelle dargestellt.

Tabelle 20: Interpretation der Werte von CBEU

Wert von CBEU	Interpretation
Kleiner 1	Es werden nicht von allen Operationskandidaten bzw. Operationen gemeinsame Geschäftsentitäten genutzt.
1	Alle Operationskandidaten bzw. Operationen nutzen gemeinsame Geschäftsentitäten.

Um die Forderung nach einer Nutzung gemeinsamer Geschäftsentitäten erfüllen zu können, ist demnach ein Wert von 1 wünschenswert. In diesem Fall werden von allen Operationen ausschließlich gemeinsame Geschäftsentitäten, d.h. entweder identische oder voneinander abhängende Geschäftsentitäten genutzt.

Die Operationskandidaten des Dienstkandidaten "Campus-Management" aus Abbildung 37 nutzen voraussichtlich zwei Geschäftsentitäten, die unabhängig voneinander existieren können. Dabei wird das Modul von zwei und die Veranstaltung von einem Operationskandidaten genutzt. Die Metrik liefert demnach für diesen Dienstkandidaten einen Wert von 2/3 und zeigt hierdurch, dass die Nutzung von gemeinsamen Geschäftsentitäten unterhalb des Optimums liegt. Die Zerlegung des Dienstkandidaten in zwei Dienstkandidaten in Abhängigkeit der genutzten Geschäftsentitäten würde den Qualitätsindikator maximieren, was auch die Metrik mit jeweils einem Wert von 1 bestätigt. Im Gegensatz hierzu wird durch die Dienstschnittstelle aus Abbildung 38 bereits das Optimum erzielt. Modul und Historie sind über eine Komposition miteinander verknüpft, wodurch sie in der Ergebnismenge der Funktion CMP enthalten sind. Da alle Operationen ausschließlich diese zwei Geschäftsentitäten nutzen, liefert die Metrik den Wert 1 und zeigt hierdurch, dass alle Operationen innerhalb der Schnittstelle gemeinsame Geschäftsentitäten nutzen.

5.1.2 Auffindbarkeit

Die Nutzung bestehender Funktionalität zur Erstellung neuer, höherwertiger Funktionalität ist eine häufige Anforderung, die mit der Einführung dienstorientierter Architekturen einhergeht. Dabei ist es erforderlich, Dienste, die eine gewünschte Funktionalität bereitstellen, auffinden zu können und die benötigten Operationen zu identifizieren. Zum Zeitpunkt des Entwurfs kann die Auffindbarkeit auf Basis der folgenden Qualitätsindikatoren bestimmt werden.

Fachliche Benennung

Die Suche nach einem geeigneten Dienst erfolgt meist auf Basis fachlicher Anforderungen, d.h. es wird nach einer Funktionalität gesucht, die den fachlichen Anforderungen entspricht. Gemäß Josuttis [Jo08] muss, damit von einem Dienstnehmer verstanden wird, welche Funktionalität ein Dienst bereitstellt, auch dessen Beschreibung den fachlichen Begrifflichkeiten der jeweiligen Domäne folgen. Dies bedeutet, dass die Benennungen der Dienstschnittstelle, der Rollen, der Operationen, der Parameter und der Datentypen fachlichen Begrifflichkeiten folgen sollten. Dieser Qualitätsindikator lässt sich somit weiter in jeweils einen Qualitätsindikator bzgl. einer fachlichen Benennung der Dienstschnittstelle, der Rollen etc. verfeinern.

Die Benennung der Modellelemente lässt sich in SoaML über das jeweilige Attribut "Name" ermitteln. Dabei ist der Qualitätsindikator ausschließlich für Dienstentwürfe und nicht für Dienstkandidaten relevant, da Dienstkandidaten nur vorläufige Dienste repräsentieren, deren Benennung der Sprache des Kunden entspricht, im Zuge der Spezifikation überarbeitet wird und somit noch nicht als endgültig angesehen werden kann.

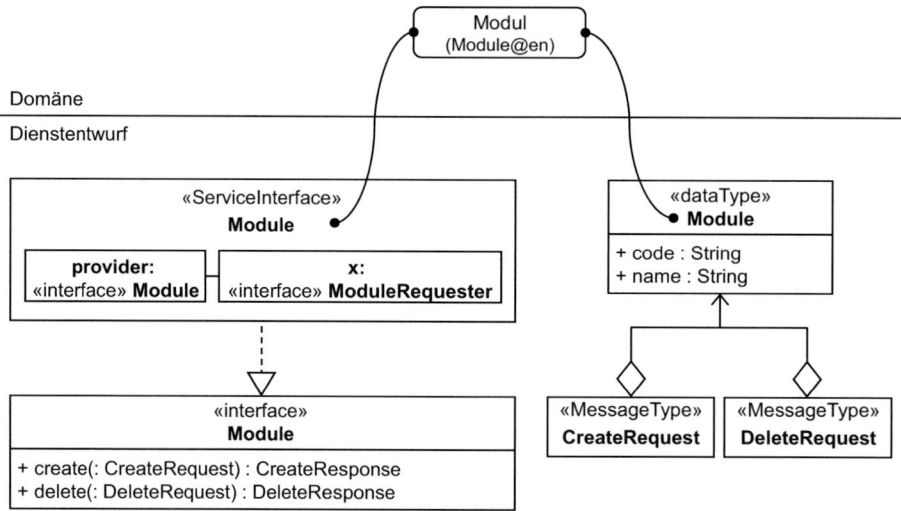

Abbildung 39: Fachliche Benennung in SoaML

Die obige Abbildung veranschaulicht die fachliche Benennung von Dienstentwürfen anhand der realisierten Schnittstelle in SoaML und der Domäne aus der Analysephase.

Wie erläutert, lässt sich die fachliche Benennung weiter in eine fachliche Benennung der Dienstschnittstelle, der Rollen, der Operationen, der Parameter und der Datentypen verfeinern, weshalb diese im Folgenden getrennt voneinander formalisiert werden. Die fachliche Benennung eines Dienstentwurfs insgesamt lässt sich anschließend in

Anlehnung an [PR+07] als Mittelwert der einzelnen Qualitätsindikatoren berechnen. Die Formalisierung der fachlichen Benennung der Dienstschnittstelle beschreibt, ob die Dienstschnittstelle fachlich benannt ist, während die fachliche Benennung der Rollen, der Operationen, der Parameter und Datentypen jeweils das Verhältnis von fachlich benannten zu allen Elementen bestimmt.

$$FNSI(s) \ = \ \big| \, FN\big(SI(s)\big) \, \big|$$

Die Formalisierung der fachlichen Benennung der Rollen erfolgt über die Berechnung des Verhältnisses der Anzahl fachlich benannter Rollen zur Anzahl aller Rollen.

$$FNR(s) \ = \ \frac{\big| \, FN\big(R(SI(s))\big) \, \big|}{\big| \, R\big(SI(s)\big) \, \big|}$$

Die Bestimmung der fachlichen Benennung von Operationen, Parametern und Datentypen erfolgt äquivalent:

$$FNO(s) \ = \ \frac{\big| \, FN\big(O\big(RI(SI(s))\big)\big) \, \big|}{\big| \, O\big(RI(SI(s))\big) \, \big|}$$

$$FNP(s) \ = \ \frac{\big| \, FN\big(P\big(O\big(RI(SI(s))\big)\big)\big) \, \big|}{\big| \, P\big(O\big(RI(SI(s))\big)\big) \, \big|}$$

$$FNDT(s) \ = \ \frac{\big| \, FN\big(DT\big(P\big(O\big(RI(SI(s))\big)\big)\big)\big) \, \big|}{\big| \, DT\big(P\big(O\big(RI(SI(s))\big)\big)\big) \, \big|}$$

Tabelle 21: Erläuterung der in FNSI, FNR, FNO, FNP und FNDT eingesetzten Variablen und Funktionen

Element	Erläuterung
FNSI	*Functional Naming of Service Interface*
FNR	*Functional Naming of Roles*
FNO	*Functional Naming of Operations*
FNP	*Functional Naming of Parameters*
FNDT	*Functional Naming of Data Types*
FN(me)	*Functional Naming*: Menge funktional benannter Elemente der Menge an Modellelementen me
P(o)	*Parameters*: Parameter der Operationen o und im Falle von Nachrichten die darin enthaltenen Parameter
DT(p)	*Data Types*: Genutzte Datentypen (rekursiv fortgeführt) der Parameter p
R(si)	*Roles*: Rollen der Dienstschnittstelle si

Die einzelnen Formalisierungen liefern jeweils einen Wert von 0 bis 1. Die Interpretation in der Ordinalskala erfolgt gemäß folgender Tabelle:

Tabelle 22: Interpretation der Werte von FNSI, FNR, FNO, FNP, FNDT

Wert von FN*	Interpretation
Kleiner 1	Die Elemente sind nicht vollständig fachlich benannt.
1	Alle Elemente sind fachlich benannt.

Demnach entspricht eine fachliche Benennung der Dienstschnittstelle, der Rollen, der Operationen, Parameter und Datentypen dem Wert 1 der jeweiligen Metrik. Um die fachliche Benennung eines gesamten Dienstentwurfs bestimmen zu können, ist eine Verknüpfung der einzelnen Metriken über eine Bestimmung des Mittelwertes denkbar. In diesem Fall würde ebenfalls ein Wert von 1 einer vollständigen fachlichen Benennung entsprechen.

Basierend auf der Dienstschnittstelle aus Abbildung 39 liefert die Metrik FNSI einen Wert von 1, da die Dienstschnittstelle fachlichen Begrifflichkeiten folgt. Selbiges gilt für die Metrik FNDT unter der Voraussetzung, dass keine weiteren Datentypen als Bestandteil des Dienstentwurfs existieren, die nicht fachlich benannt sind. In diesem Fall würde der Wert von FNDT entsprechend sinken und dem IT-Architekten hierdurch einen Indiz dafür liefern, dass die Benennung der Datentypen überprüft werden sollte. Die Operationen sind wie die dargestellten Parameter fachlich benannt, weshalb die Metriken FNO und FNP einen Wert von 1 liefern, sofern die nicht dargestellten Parameter in den Antwortnachrichten diese Anforderung ebenfalls erfüllen. Da die Bezeichnung "x" keine fachliche Benennung für eine Rolle darstellt, liefert die Metrik FNR einen Wert von 0,5. Hierdurch erhält der IT-Architekt einen Hinweis darauf, die Benennung der Rollen zu prüfen.

Einhaltung von Namenskonventionen

Gemäß Maier et al. [MN+09b] ist ein Dienst leichter auffindbar, wenn er sich an Namenskonventionen hält. Zur Entwurfszeit ist somit eine zu Konventionen konforme Benennung der Bestandteile von Dienstentwürfen, d.h. der Dienstschnittstelle, der Rollen, der Operationen, der Parameter und der Datentypen, erforderlich. Typische Konventionen sind hierbei, dass Namen von Dienstschnittstellen englisch, in substantivierter Form und jeweils der erste Buchstabe groß und die Namen von Operationen englisch, in Verbform und klein geschrieben werden. Demnach lässt sich auch dieser Qualitätsindikator ähnlich zum vorherigen weiter in jeweils einen Qualitätsindikator für die Einhaltung von Namenskonventionen bezüglich der Benennung der Dienstschnittstelle, der Rollen etc. verfeinern.

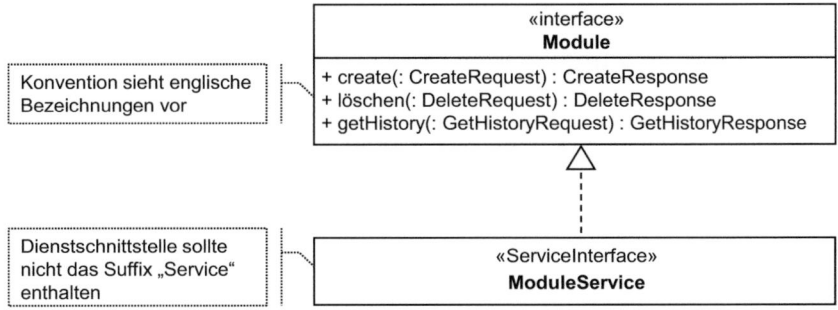

Abbildung 40: Einhaltung von Namenskonventionen in SoaML

Äquivalent zum vorherigen Qualitätsindikator lässt sich die Einhaltung von Konventionen in SoaML über das Attribut "Name" des jeweiligen Modellelements bestimmen. Da die finale Benennung von Diensten und der bereitgestellten Operationen erst im Rahmen des Dienstentwurfs erfolgt, ist dieser Qualitätsindikator ausschließlich für Dienstentwürfe und nicht für Dienstkandidaten relevant. Abbildung 40 zeigt den Ausschnitt eines Dienstentwurfs inklusive der Bewertung, ob Namenskonventionen eingehalten wurden.

Ähnlich zur vorherigen fachlichen Benennung lässt sich die Einhaltung von Namenskonventionen in eine Einhaltung von Namenskonventionen seitens der Dienstschnittstelle, der Rollen, der Operationen, der Parameter und der Datentypen verfeinern. Die Formalisierung erfolgt daher äquivalent zu den Formalisierungen der fachlichen Benennung und ist ebenfalls ausschließlich auf Basis von Dienstentwürfen und nicht zum Zeitpunkt der Dienstkandidaten bestimmbar, da die erforderlichen Informationen zu diesem Zeitpunkt noch nicht vorhanden sind oder noch nicht als endgültig angesehen werden können.

$$NCCSI(s) = \left| NCC\big(SI(s)\big) \right|$$

$$NCCR(s) = \frac{\left| NCC\big(R(SI(s))\big) \right|}{\left| R\big(SI(s)\big) \right|}$$

$$NCCO(s) = \frac{\left| NCC\big(O\big(RI(SI(s))\big)\big) \right|}{\left| O\big(RI(SI(s))\big) \right|}$$

$$NCCP(s) = \frac{\left| NCC\big(P\big(O\big(RI(SI(s))\big)\big)\big) \right|}{\left| P\big(O\big(RI(SI(s))\big)\big) \right|}$$

$$NCCDT(s) = \frac{\left| NCC\big(DT\big(P\big(O\big(RI(SI(s))\big)\big)\big)\big) \right|}{\left| DT\big(P\big(O\big(RI(SI(s))\big)\big)\big) \right|}$$

Tabelle 23: Erläuterung der in NCCSI, NCCR, NCCO, NCCP und NCCDT eingesetzten Variablen und Funktionen

Element	Erläuterung
NCCSI	*Naming Convention Compliance of Service Interface*
NCCR	*Naming Convention Compliance of Roles*
NCCO	*Naming Convention Compliance of Operations*
NCCP	*Naming Convention Compliance of Parameters*
NCCDT	*Naming Convention Compliance of Data Types*
NCC(me)	*Naming Convention Compliance*: Menge von Elementen der Modellierungselementen me, die definierten Namenskonventionen folgen

Äquivalent zu den Formalisierungen der fachlichen Benennung liefern die Formalisierungen zur Bestimmung der Einhaltung von Namenskonventionen jeweils einen Wert von 0 bis 1. Die Interpretation in der Ordinalskala erfolgt gemäß folgender Tabelle:

Tabelle 24: Interpretation der Werte von NCCSI, NCCR, NCCO, NCCP, NCCDT

Wert von NCC*	Interpretation
Kleiner 1	Die Elemente halten Namenskonventionen nicht vollständig ein.
1	Alle Elemente halten Namenskonventionen ein.

Somit ist auch in diesem Fall jeweils ein Wert von 1 wünschenswert, was auch auf eine Verknüpfung der einzelnen Metriken mittels Bildung des Mittelwerts zutrifft. Ein Wert von 1 bzgl. des Mittelwerts würde somit einer Einhaltung von Namenskonventionen hinsichtlich des gesamten Dienstentwurfs entsprechen.

Angewandt auf die Dienstschnittstelle aus Abbildung 40, liefert die Metrik FNSI einen Wert von 0, da diese nicht den Namenskonventionen folgt. Die Metrik FNO hingegen liefert einen Wert von 2/3, da für zwei der drei Operationen die Namenskonventionen eingehalten wurden. Auf diese Weise bestätigen die Metriken die bereits vorher manuell bestimmten Qualitätsindikatoren und liefern somit quantifizierte Informationen für den

IT-Architekten, welche Benennungen überarbeitet werden sollten. Die weiteren Metriken bzgl. der Einhaltung von Namenskonventionen können äquivalent bestimmt werden.

Informationsumfang

Je mehr Informationen eine Dienstschnittstelle bereitstellt, umso leichter kann die von ihr bereitgestellte Funktionalität gefunden werden. Aus diesem Grund nennt Erl [Er08] den Umfang der Dienstschnittstelle als Aspekt, der die Auffindbarkeit eines Dienstes beeinflusst.

Übertragen auf SoaML bedeutet dies, dass nach Möglichkeit die Dienstschnittstelle selbst, die realisierte Schnittstelle, die genutzte Schnittstelle auf Seite des Dienstnehmers, die Rollen und das Interaktionsprotokoll modelliert sein sollten. Da diese Informationen erst zum Zeitpunkt endgültiger Dienstentwürfe vorliegen, ist dieser Qualitätsindikator auch nur für solche relevant.

Um den Informationsumfang eines Dienstentwurfs quantifizieren zu können, muss überprüft werden, ob die möglichen Bestandteile eines Dienstentwurfs, d.h. die Dienstschnittstelle, die realisierte Schnittstelle, die genutzte Schnittstelle auf Seite des Dienstnehmers, jeweils inklusive der Operationen, die Rollen und das Interaktionsprotokoll modelliert sind. Hierzu wird das Vorhandensein dieser Bestandteile eines Dienstentwurfs geprüft und anschließend in Bezug zur maximalen Anzahl möglicher Bestandteile eines Dienstentwurfs gesetzt.

$$IC(s) = \frac{EX(SI(s)) + EX\left(RI(SI(s))\right) + EX\left(UI(SI(s))\right) + EX\left(R(SI(s))\right) + EX\left(IP(SI(s))\right)}{5}$$

Tabelle 25: Erläuterung der in IC eingesetzten Variablen und Funktionen

Element	Erläuterung
IC	*Information Content*
EX(e)	*Exists*: Liefert 1, falls das Element e existiert, ansonsten 0
IP(si)	*Interaction Protocol*: Interaktionsprotokoll der Dienstschnittstelle si
UI(si)	*Used Interfaces*: Genutzte Schnittstellen auf Seiten des Dienstnehmers

Gemäß der dargestellten Formalisierung, liefert die Metrik IC somit Ergebnisse von 0 bis 1. Die Interpretation dieser Werte in der Ordinalskala ist in folgender Tabelle dargestellt.

Tabelle 26: Interpretation der Werte von IC

Wert von IC	Interpretation
Kleiner 1	Es sind nicht alle möglichen Informationen im Dienstentwurf enthalten.
1	Es sind alle Informationen enthalten, wodurch ein maximaler Informationsumfang erzielt wird.

Demnach ist ein Wert von 1 wünschenswert, der einen maximalen Informationsumfang repräsentiert. Dies entspricht dem Fall, dass die Dienstschnittstelle, die realisierte Schnittstelle, die genutzte Schnittstelle auf Seite des Dienstnehmers, die Rollen und das Interaktionsprotokoll formalisiert vorliegen.

So weist bspw. der Entwurf in Abbildung 40 lediglich einen Wert von 2/5 für die Metrik IC auf, da eine genutzte Schnittstelle, die Rollen und das Interaktionsprotokoll nicht spezifiziert sind, wodurch die Metrik das Fehlen von Informationen bestätigt. Der IT-Architekt erhält hierdurch einen Hinweis darauf, dass der Dienstentwurf hinsichtlich der Vollständigkeit von Informationen überarbeitet werden sollte.

5.1.3 Lose Kopplung

Eine häufige Anforderung an Dienste im Kontext dienstorientierter Architekturen stellt die lose Kopplung dar, um die Flexibilität der Architektur sicherzustellen. Zur Entwurfszeit können die folgenden Qualitätsindikatoren genutzt werden, um zu bewerten, ob Entwürfe in lose oder tendenziell eher eng gekoppelten Diensten resultieren.

Asynchronität

Gemäß Josuttis [Jo08] und Maier et al. [MN+09] fördert eine asynchrone Kommunikation bei langlaufenden Operationen die lose Kopplung. Hierdurch ist es möglich, dass ein Dienstnehmer während der Bearbeitung eines Dienstaufrufs nicht an den Dienstgeber gekoppelt ist, sondern informiert wird, sobald das Ergebnis zur Verfügung steht. Somit muss der Dienstgeber bspw. zum Zeitpunkt des Aufrufs nicht zwingend zur Verfügung stehen und der Dienstnehmer kann ggf. im Laufe der Bearbeitung des Aufrufs weitere Aufgaben durchführen oder sogar durch einen anderen Dienstnehmer ausgetauscht werden, da die Antwort über einen *Callback* zurückgeliefert wird.

In SoaML handelt es sich hierbei um einen Aspekt, der erst zum Zeitpunkt des Dienstentwurfs festgelegt wird, da zum Zeitpunkt der Dienstkandidaten noch keine
Entscheidung getroffen wird, ob eine Operation synchron oder asynchron bereitgestellt
wird. Ob eine Operation auf einen asychronen Aufruf ausgelegt ist, lässt sich dem Interaktionsprotokoll entnehmen. Die hier aufgeführten CallOperationActions für den
Dienstgeber besitzen das Attribut "IsSynchronous". Ist dieses auf "false" gesetzt, erfolgt
der Aufruf der Operation asynchron. Die folgende Abbildung zeigt ein
Interaktionsprotokoll, gemäß dessen zwei Operationen des Dienstgebers asynchron und
eine synchron aufgerufen werden. Es gilt hierbei zu beachten, dass der Wechsel von
synchronen Operationen zu asynchronen Operationen zusätzliche Operationen wie
bspw. *Callback*-Operationen auf der Seite des Dienstnehmers erfordert.

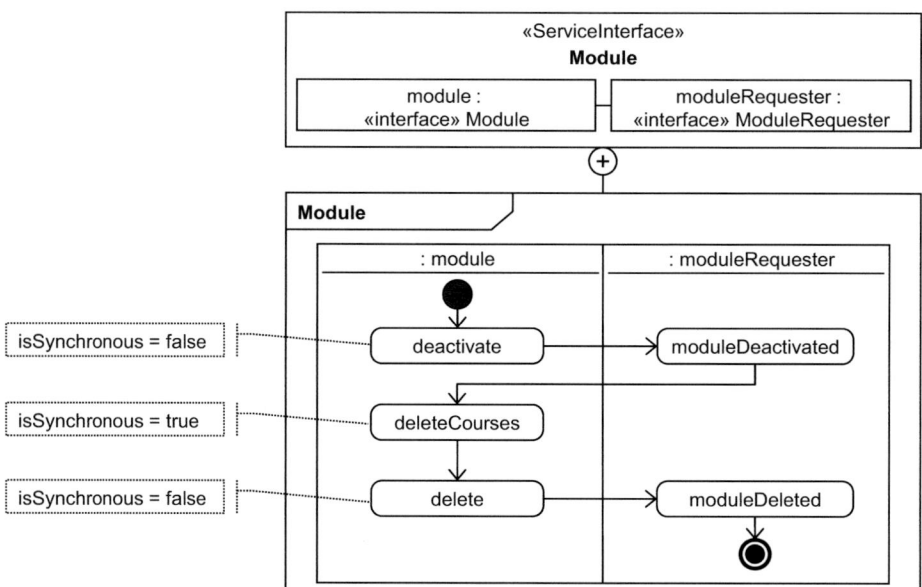

Abbildung 41: Asynchronität in SoaML

Die Asynchronität als Qualitätsindikator für eine lose Kopplung lässt sich somit auf
Basis von Dienstentwürfen über das Interaktionsprotokoll bestimmen. Die hier
angegebenen Operationen können entweder als synchron oder asynchron definiert
werden, wodurch sich das Verhältnis der Anzahl asynchroner langlaufender
Operationen zu der Anzahl aller langlaufenden Operationen ermitteln lässt. Demnach ist
die folgende Formalisierung nur definiert, sofern mindestens eine langlaufende
Operation bereitgestellt wird.

$$ASYNC(s) = \frac{\left| ASO\Big(IP\big(SI(s)\big)\Big) \cap LRO\Big(O\big(RI(SI(s))\big)\Big) \right|}{\left| LRO\Big(O\big(RI(SI(s))\big)\Big) \right|}$$

Tabelle 27: Erläuterung der in ASYNC eingesetzten Variablen und Funktionen

Element	Erläuterung
ASYNC	*Asynchronity*
ASO(ip)	*Asynchronous Operations*: Asynchrone Operationen innerhalb des Interaktionsprotokolls ip
LRO(o)	*Long Running Operations*: Langlaufende Operationen aus der Menge an Operationen o

Die Metrik ASYNC liefert somit Ergebnisse von 0 bis 1. Die Interpretation dieser Werte in der Ordinalskala ist in folgender Tabelle dargestellt.

Tabelle 28: Interpretation der Werte von ASYNC

Wert von ASYNC	Interpretation
Kleiner 1	Es werden nicht alle langlaufenden Operationen asynchron bereitgestellt.
1	Alle langlaufenden Operationen werden asynchron bereitgestellt.

Demnach ist ein Wert von 1 für die Metrik ASYNC wünschenswert, da dieser eine ausschließlich asynchrone Bereitstellung langlaufender Operationen repräsentiert.

Angewandt auf die Bestandteile des Dienstentwurfs aus Abbildung 41 ergibt sich unter der Bedingung, dass es sich bei allen drei Operationen um langlaufende Operationen handelt, ein Wert von 2/3, da für eine der langlaufenden Operationen nur ein synchroner Aufruf unterstützt wird. Würde es sich lediglich bei der Löschung und Deaktivierung von Modulen um langlaufende Operationen handeln, so würde die Metrik den gewünschten Wert von 1 zurückliefern.

Komplexität gemeinsamer Datentypen

Die gemeinsame Nutzung von Datentypen über mehrere Dienste hinweg führt zu einer engeren Kopplung zwischen diesen Diensten. Besteht seitens eines Dienstgebers der Wunsch, einen Datentyp zu ändern, wirkt sich dies zwangsläufig auch auf die anderen Dienste aus, die diesen Datentyp verwenden. Aus diesem Grund empfiehlt Josuttis [Jo08] für eine lose Kopplung die Nutzung heterogener Datentypen. D.h. jeder Dienst sollte seine eigenen Datentypen definieren. Sind gemeinsame Datentypen notwendig, so sollten diese nur eine geringe Komplexität aufweisen, um die Änderungswahrscheinlichkeit zu minimieren. Die jeweils nur eigenständig genutzten Datentypen werden anschließend durch die Infrastruktur, ggf. über ein kanonisches Datenformat, aufeinander abgebildet.

In SoaML lässt sich dieser Qualitätsindikator auf Basis eines Dienstentwurfs anhand der Parameter der angebotenen Operationen und den darin enthaltenen Datentypen erkennen. Diese werden zunächst mit denen, die seitens anderer Dienste genutzt werden abgeglichen. Hierbei muss nicht nur der Name des Datentyps, sondern auch das Paket, in dem sich der Datentyp befindet, betrachtet werden. So besteht die Möglichkeit, dass für jeden Dienst ein eigenes Paket mit den für diesen Dienst spezifischen Datentypen existieren kann. In einem weiteren Schritt müssen die gemeinsamen Datentypen auf ihre Komplexität hin untersucht werden. Im Idealfall kommen hierbei nur einfache gemeinsame Datentypen wie bspw. String oder Integer zum Einsatz. Die folgende Abbildung zeigt die Schnittstellen zweier Dienste, deren Operationen lediglich einfache Datentypen gemeinsam nutzen, was zu einer losen Kopplung beiträgt.

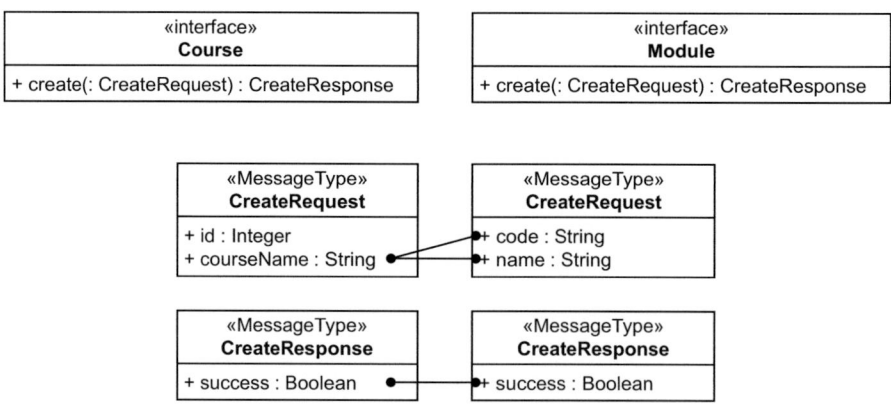

Abbildung 42: Komplexität gemeinsamer Datentypen in SoaML

Um die Komplexität gemeinsamer Datentypen bestimmen zu können, müssen auf Basis von Dienstentwürfen die Datentypen innerhalb der Parameter der bereitgestellten Operationen des betrachteten Dienstes und aller anderen Dienste untersucht und miteinander abgeglichen werden. Im Idealfall nutzen der betrachtete und die anderen Dienste vollständig unterschiedliche Datentypen. Ist dies nicht der Fall, sollte es sich bei den Datentypen um einfache Datentypen wie Integer oder String handeln.

$$CDTC(s) = \frac{\left| SDT\left(DT\left(P\left(O\left(RI(SI(s)) \right) \right) \right) \cap DT\left(P\left(O\left(RI(SI(ALL_s \setminus s)) \right) \right) \right) \right) \right|}{\left| DT\left(P\left(O\left(RI(SI(s)) \right) \right) \right) \right|}$$

Tabelle 29: Erläuterung der in CDTC eingesetzten Variablen und Funktionen

Element	Erläuterung
CDTC	*Common Data Types Complexity*
SDT(p)	*Simple Data Types*: Einfache Datentypen innerhalb der Parameter p

Die Metrik CDTC liefert somit Ergebnisse von 0 bis 1. Die folgende Tabelle zeigt die Interpretation dieser Werte in der Ordinalskala.

Tabelle 30: Interpretation der Werte von CDTC

Wert von CDTC	Interpretation
0	Es werden keine gemeinsamen Datentypen genutzt.
Zwischen 0 und 1	Es werden gemeinsame und gleichzeitig komplexe Datentypen genutzt.
1	Bei den gemeinsamen Datentypen handelt es sich ausschließlich um einfache Datentypen.

Für die Metrik CDTC gilt demnach ein Wert von 0 oder 1 als wünschenswert, da in diesem Fall entweder gar keine gemeinsamen Datentypen genutzt werden oder es sich bei gemeinsamen Datentypen ausschließlich um einfache Datentypen handelt.

Angewandt auf den Ausschnitt zweier Dienstschnittstellen aus Abbildung 42 liefert die Metrik einen Wert von 1, wodurch bestätigt wird, dass lediglich einfache Datentypen gemeinsam genutzt werden und die lose Kopplung hierdurch gefördert wird. Im

Vergleich hierzu zeigt die folgende Abbildung zwei Ausschnitte von Dienstschnittstellen, die gemeinsam einen komplexen Datentyp nutzen. Hierbei wird angenommen,
dass es sich bei diesem Datentyp um den identischen Datentypen und nicht um einen
gleichnamigen Datentyp in getrennten Paketen handelt. Die Metrik liefert in diesem Fall
einen Wert von 3/4, da es sich bei einem der vier genutzten Datentypen, dem Identifier,
um einen komplexen Datentypen handelt. Auf diese Weise bestätigt die Metrik die
gemeinsame Nutzung komplexer Datentypen und gibt dem IT-Architekt einen Hinweis
darauf, die genutzten Datentypen zu überprüfen, um letztlich die lose Kopplung zu
fördern.

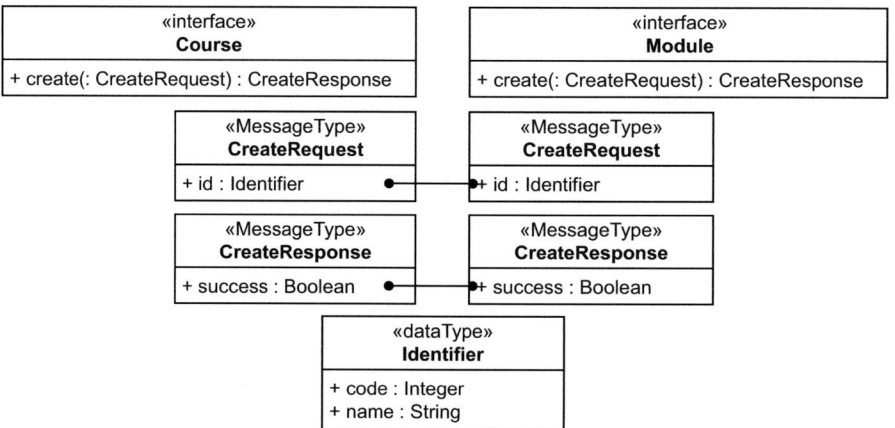

Abbildung 43: Alternative Komplexität gemeinsamer Datentypen in SoaML

Abstraktion

Um eine lose Kopplung zu erzielen, sollte ein Dienstnehmer nicht über Kenntnisse
interner Details eines Dienstgebers verfügen müssen, um die gewünschte Funktionalität
in Anspruch zu nehmen. Hierdurch sind ein implementierungsunabhängiger Aufruf von
Operationen und gleichzeitig ein einfacher Austausch des Dienstgebers durch einen
anderen Dienstgeber, mit ggf. unterschiedlicher Implementierung möglich. Die
Operationen eines Dienstes sollten daher gemäß Erl [Er08], Josuttis [Jo08] und Maier et
al. [MN+09] abstrakt gestaltet sein und interne Details verbergen.

Dieser Qualitätsindikator lässt sich in SoaML auf Basis von Dienstentwürfen ermitteln,
indem die Operationen der seitens der Dienstschnittstelle realisierten Schnittstellen
betrachtet werden. Die Namen der Operation sollten hierbei ausschließlich abstrakte
und fachliche Begrifflichkeiten nutzen. Ebenso sollten als Parameter keine technischen
Interna wie bspw. die Steuerung von Datenbussen oder SQL-Ausdrücke übergeben
werden, sondern nur abstrakte Parameter existieren, die letztlich zu einer Verschattung
der technischen Details führen. Die folgende Abbildung zeigt zwei Operationen, von
denen lediglich eine ein hohes Abstraktionsniveau aufweist.

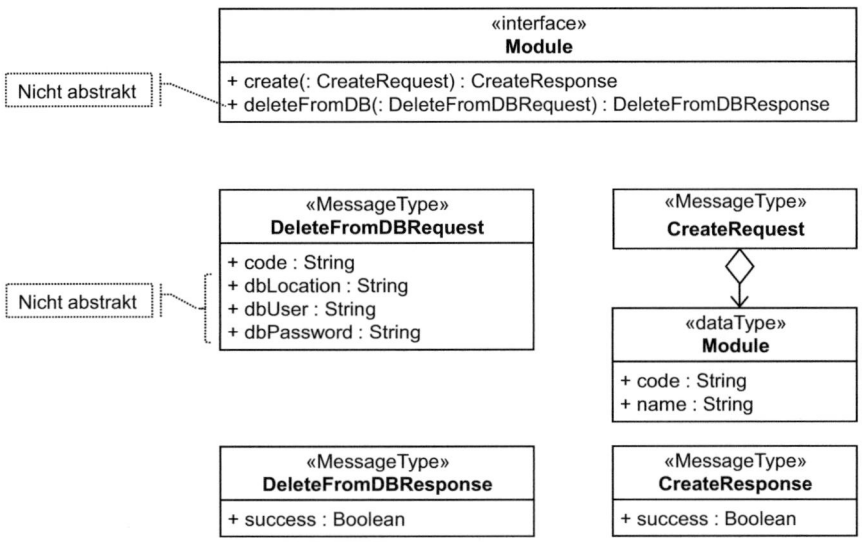

Abbildung 44: Abstraktion in SoaML

Wie erläutert, lässt sich der Qualitätsindikator der Abstraktion weiter in eine Abstraktion der Operationen und eine Abstraktion der Parameter verfeinern. Im ersten Fall werden hierfür die Namen der Operationen und im zweiten Fall die Parameter auf ihre Abstraktion überprüft. Dies erfolgt jeweils auf Basis von Dienstentwürfen und der darin beschriebenen Schnittstelle, die durch die Dienstschnittstelle realisiert wird. Die Abstraktion des gesamten Dienstentwurfs lässt sich anschließend über die Berechnung des Mittelwerts der beiden Verfeinerungen ermitteln.

$$AO(s) \ = \ \frac{\left| A\left(O\left(RI(SI(s))\right)\right) \right|}{\left| O\left(RI(SI(s))\right) \right|}$$

$$AP(s) \ = \ \frac{\left| A\left(P\left(O\left(RI(SI(s))\right)\right)\right) \right|}{\left| P\left(O\left(RI(SI(s))\right)\right) \right|}$$

Tabelle 31: Erläuterung der in AO und AP eingesetzten Variablen und Funktionen

Element	Erläuterung
AO	*Abstraction of Operations*
AP	*Abstraction of Parameters*
A(o)	*Abstract*: Menge der Operationen o, die abstrakt sind
A(p)	*Abstract*: Menge der Parameter p, die abstrakt sind

Als Rückgabewert liefern die Metriken AO und AP jeweils einen Wert von 0 bis 1. Die folgende Tabelle stellt die Interpretation dieser Werte in der Ordinalskala dar.

Tabelle 32: Interpretation der Werte von AO und AP

Wert von AO / AP	Interpretation
Kleiner 1	Nicht alle Operationen bzw. Parametertypen sind abstrakt.
1	Alle Operationen bzw. Parametertypen sind abstrakt.

Um die Forderung nach der Abstraktion zu erfüllen, ist demnach ein Wert von 1 für die Metriken AO und AP wünschenswert. In diesem Fall sind alle Operationen abstrakt und die Parameter abstrahieren von internen Details. Für die Bestimmung der Abstraktion des gesamten Dienstentwurfs über eine Berechnung des Mittelwerts gilt somit ebenfalls ein Wert von 1 als wünschenswert.

Die Tatsache, dass der Entwurf aus Abbildung 44 überarbeitet werden sollte, wird durch die Metriken AO und AP bestätigt. In diesem Fall liefert die Metrik AO zunächst einen Wert von 0,5, da nur eine der zwei Operationen abstrakt ist. Da dies nicht dem optimalen Wert von AO entspricht, erhält der IT-Architekt hierdurch die Information, dass eine Überarbeitung der Operationen erfolgen sollte. Ebenso liefert die Metrik AP lediglich einen Wert von 4/7, da drei Parameter Informationen der internen Datenbank adressieren und daher nicht die Forderung nach einer Abstraktion erfüllen. Auf diese Weise erhält der IT-Architekt ebenfalls den Hinweis, dass die genutzten Paramter überprüft werden sollten. Würden diese drei Parameter entfernt werden, so würde auch die Metrik AP einen Wert von 1 liefern und somit die Abstraktion der Parameter bestätigen.

Kompensation

Resultiert das Ausführen einer Operation in einer Zustandsänderung, so müssen im Sinne einer losen Kopplung kompensierende Operationen bereitgestellt werden [Jo08, EH+08]. Hierdurch wird sichergestellt, dass das Ergebnis einer ausgeführten und zustandsändernden Operation umgekehrt werden kann, was wiederum den Einsatz des Dienstes innerhalb von Transaktionskontexten ermöglicht, da in diesen ggf. aufgrund von Fehlern anderer Dienste eine Umkehrung der Funktionalität erforderlich ist, um die Einhaltung eines gültigen Zustands zu gewährleisten. Ein häufiges Verfahren für die Herstellung von Transaktionssicherheit ist die Einführung eines gemeinsamen Transaktionskontextes und die Nutzung des *Two-Phase-Commit*-Protokolls (2PC). Die hier auftretende Synchronisation führt jedoch zu einer engen Kopplung zwischen den Diensten, weshalb in Josuttis [Jo08] explizit zur Nutzung von Kompensationen zur Steigerung der losen Kopplung geraten wird.

Dieser Qualitätsindikator kann bereits zum Zeitpunkt der Dienstkandidaten und auch zum Zeitpunkt der Dienstentwürfe ermittelt werden. Auf Basis der Dienstkandidaten sollte, um eine lose Kopplung zu fördern, für jeden Operationskandidaten, der eine zustandsändernde Funktionalität repräsentiert, ein Operationskandidat existieren, der die Kompensation dieser Funktionalität ermöglicht. Ebenso verhält es sich mit den angebotenen Operationen innerhalb von Dienstentwürfen, wie sie bspw. in folgender Abbildung gezeigt sind. In dem dargestellten Fall sind für alle relevanten Operationen kompensierende Operationen vorhanden, wodurch eine lose Kopplung gefördert wird.

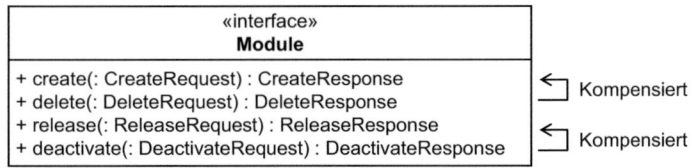

Abbildung 45: Kompensation in SoaML

Die Formalisierung ermittelt zunächst nicht-kompensierende Operationskandidaten bzw. Operationen, die eine zustandsändernde Funktionalität ausführen und über einen kompensierenden Operationskandidaten bzw. eine kompensierende Operation verfügen. Nicht-kompensierenden Operationskandidaten bzw. Operationen sind hierbei aus der Geschäftsanalyse motiviert und stellen Funktionalität zur Erbringung der Anforderungen bereit, die nicht explizit zur Kompensation ergänzt wurde. Anschließend werden diese ins Verhältnis zu allen nicht-kompensierenden Operationskandidaten bzw. Operationen gesetzt, die eine zustandsändernde Funktionalität erbringen. Die Formalisierung ist daher nur definiert, sofern der Dienstkandidat mindestens einen Operationskandidaten bzw. der Dienst mindestens eine Operation mit nicht-kompensierender und zustandsändernder Funktionalität anbietet.

$$CF(sc) \ = \ \frac{\left| CFP\left(SC\left(NC(OC(sc)) \right) \right) \right|}{\left| SC\left(NC(OC(sc)) \right) \right|}$$

Ähnlich zu obiger Formalisierung lässt sich die Kompensation auf Basis von Dienst-entwürfen beschreiben. Hierzu werden die Operationen innerhalb der seitens der Dienstschnittstelle realisierten Schnittstelle betrachtet.

$$CF(s) \ = \ \frac{\left| CFP\left(SC\left(NC\left(O\left(RI(SI(s)) \right) \right) \right) \right) \right|}{\left| SC\left(NC\left(O\left(RI(SI(s)) \right) \right) \right) \right|}$$

Tabelle 33: Erläuterung der in CF eingesetzten Variablen und Funktionen

Element	Erläuterung
CF	*Compensating Functionality*
NC(oc)	*Non-Compensating*: Nicht explizit kompensierende Operationskandidaten aus der Menge der Operationskandidaten oc
NC(o)	*Non-Compensating*: Nicht explizit kompensierende Operationen aus der Menge der Operationen o
SC(oc)	*State Changing*: Operationskandidaten aus der Menge von Operations-kandidaten oc, die eine zustandsändernde Funktionalität repräsentieren
SC(o)	*State Changing*: Operationen aus der Menge von Operationen o, die eine zustandsändernde Funktionalität repräsentieren
CFP(oc)	*Compensating Functionality Provided*: Operationskandidaten aus der Menge von Operationskandidaten oc, für die kompensierende Operations-kandidaten existieren
CFP(o)	*Compensating Functionality Provided*: Operationen aus der Menge von Operationen o, für die kompensierende Operationen existieren

Die Metrik CF liefert somit einen Wert von 0 bis 1. Die Interpretation dieser Werte in der Ordinalskala ist in folgender Tabelle dargestellt.

Tabelle 34: Interpretation der Werte von CF

Wert von CF	Interpretation
Kleiner 1	Nicht für alle Operationskandidaten bzw. Operationen, die zustandsändernde Funktionalität repräsentieren, wird ein kompensierender Operationskandidat bzw. eine kompensierende Operation bereitgestellt.
1	Alle Operationskandidaten bzw. Operationen, die zustandsändernde Funktionalität repräsentieren, können kompensiert werden.

Um die Forderung nach Kompensation erfüllen zu können, ist ein Wert von 1 wünschenswert. In diesem Fall verfügen alle Operationskandidaten bzw. Operationen, die zustandsändernde Funktionalitäten bereitstellen, über geeignete Operationskandidaten bzw. Operationen, die für eine Kompensation dieser Funktionalitäten genutzt werden können.

Die in Abbildung 45 dargestellte Schnittstelle zeigt zwei Operationen zur Erstellung und Freigabe von Modulen, die nicht explizit für eine Kompensierung bereitgestellt werden, sondern aus fachlichen Anforderungen motiviert sind. Da es sich bei beiden Operationen um zustandsändernde Operationen handelt und in beiden Fällen eine kompensierende Operation bereitgestellt wird, liefert die Metrik CF einen Wert von 1. Hierdurch bestätigt die Metrik, dass alle Operationen, die eine zustandsändernde Funktionalität repräsentieren, kompensiert werden können und hierdurch die lose Kopplung gefördert wird.

5.1.4 Autonomie

Ein Dienst sollte möglichst autonom agieren können, um die Zuverlässigkeit, Performance und auch Berechenbarkeit seiner Leistung zu erhöhen. Die folgenden Qualitätsindikatoren sind zur Entwurfszeit ermittelbar und geben Hinweise auf die Autonomie des resultierenden Dienstes.

Abhängigkeiten

Eine geringe Anzahl von Abhängigkeiten erhöht gemäß Erl [Er08] die Autonomie eines Dienstes, da die Zuverlässigkeit, Performance und somit auch die Berechenbarkeit des Dienstes nicht von anderen Diensten abhängt.

Die Abhängigkeiten eines Dienstes von anderen Diensten zeigen sich in SoaML zum Zeitpunkt der Dienstkandidaten und auch auf Basis von Dienstentwürfen. Im Falle von Dienstkandidaten können die Abhängigkeiten anhand der Verwendungsabhängigkeiten zwischen den Dienstkandidaten ermittelt werden. Je weniger Verwendungsabhängigkeiten von einem Dienstkandidaten zu anderen existieren, umso höher ist die Autonomie des resultierenden Dienstes. Auf Basis von Dienstentwürfen zeigen sich die Abhängigkeiten anhand der Anzahl von RequestPoints an der Dienstkomponente. Sie zeigen, wie viele Dienste seitens der Dienstkomponente in Anspruch genommen werden müssen, um die eigene Funktionalität, die selbst wieder als Dienst anderen Dienstnehmern bereitgestellt wird, zu erbringen. Die folgende Abbildung zeigt sowohl einen Dienstkandidaten mit zwei Verwendungsabhängigkeiten als auch eine Dienstkomponente mit zwei RequestPoints. Sowohl der Dienstkandidat als auch die Dienstkomponente besitzen demnach zwei Abhängigkeiten zu anderen Diensten.

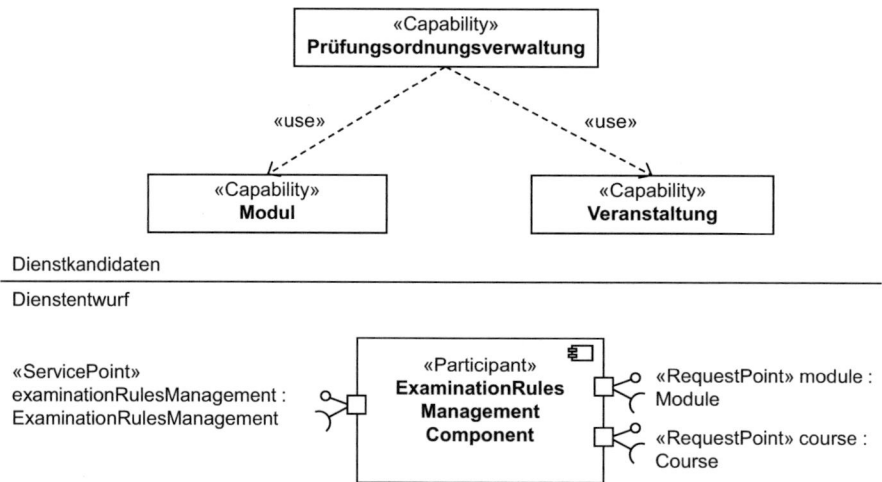

Abbildung 46: Abhängigkeiten in SoaML

Zur Quantifizierung können somit im Falle von Dienstkandidaten die Verwendungsabhängigkeiten genutzt werden, da diese beschreiben, von welchen anderen Dienstkandidaten ein Dienstkandidat abhängt.

$$SD(sc) = \mid RS(sc) \mid$$

Auf Basis von Dienstentwürfen kann die Dienstkomponente genutzt werden. Diese beschreibt die Interna eines Dienstes und definiert somit ebenfalls, von welchen Diensten der durch die Dienstkomponente erbrachte Dienst abhängt.

$$SD(s) = \big| \, RS\big(SCT(s)\big) \, \big|$$

Tabelle 35: Erläuterung der in SD eingesetzten Variablen und Funktionen

Element	Erläuterung
SD	*Service Dependency*
RS(sc)	*Required Services*: Dienstkandidaten, von denen der Dienstkandidat sc abhängt
SCT(s)	*Service Component*: Dienstkomponente des Dienstes s
RS(sct)	*Required Services*: Dienste, von denen die Dienstkomponente sct abhängt

Die Metrik SD liefert somit einen Wert von 0 bis unendlich. Die Interpretation dieser Werte in der Absolutskala ist in folgender Tabelle dargestellt.

Tabelle 36: Interpretation der Werte von SD

Wert von SD	Interpretation
0	Der Dienstkandidat oder die den Dienst erbringende Dienstkomponente hängen von keinen anderen Dienstkandidaten oder Diensten ab.
n (n > 0)	Der Dienstkandidat oder die den Dienst erbringende Dienstkomponente erfordern n andere Dienste, um die eigene Funktionalität zu erbringen.

Demnach ist im Sinne einer hohen Autonomie ein Wert von 0 für die Metrik SD wünschenswert, da in diesem Fall der betrachtete Dienstkandidat von keinem anderen Dienstkandidat bzw. die den Dienst erbringende Dienstkomponente von keinen anderen Diensten abhängt.

Angewandt auf den Dienstkandidaten bzw. den Dienst und dessen Dienstkomponente in Abbildung 46 bestätigt die Metrik die zwei Abhängigkeiten, da in beiden Fällen der Wert 2 zurückgeliefert wird.

Überlappung der Funktionalität

Gemäß Erl [Er08] wird die Autonomie eines Dienstes erhöht, indem für einen Dienst klare Funktionsgrenzen definiert sind. Demnach soll sich der Funktionsumfang eines Dienstes nicht mit dem eines anderen Dienstes überlappen und somit Redundanzfreiheit herrschen [HJ06]. Ansonsten würde eine autonome Nutzung des Dienstes im Rahmen eines komponierten Dienstes häufig mit der Notwendigkeit weiterer Dienste einhergehen, da diese Dienste ebenfalls Bestandteile der erforderlichen Funktionalität bereitstellen. Erl bezeichnet eine Herstellung von Überlappungsfreiheit als Dienstnormalisierung (engl. *Service Normalization*) [Er09]. Sofern ein Dienst Geschäfts-entitäten verwaltet, führt die Vermeidung von Überlappungen mitunter zu den in Erl [Er06, Er08] und Cohen [Co07] genannten Entitätsdiensten und der in Engels et al. [EH+08] angesprochenen Datenhoheit. Jedoch geht das Resultat einer Überlappungs-freiheit der Funktionalität über die Datenhoheit im Kontext von Entitätsdiensten hinaus und führt auch zu einer Überlappungsfreiheit von Aufgabendiensten und Infrastruktur-diensten. Während der Qualitätsindikator für eine Nutzung gemeinsamer Geschäftsentitäten im Kontext der eindeutigen Kategorisierung eine Aussage trifft, ob von allen Operationen eines Dienstes gemeinsame Geschäftsentitäten bearbeitet werden, wird durch den Qualitätsindikator der Überlappung der Funktionalität zusätzlich sicher-gestellt, dass keine Überschneidung mit anderen Diensten herrscht. Demnach betrachtet dieser Qualitätsindikator ebenfalls wie die Qualitätsindikatoren der eindeutigen Kategorisierung die Bündelung gemeinsamer Funktionalität, wie sie aus der Kohäsion der Objektorientierung bekannt ist.

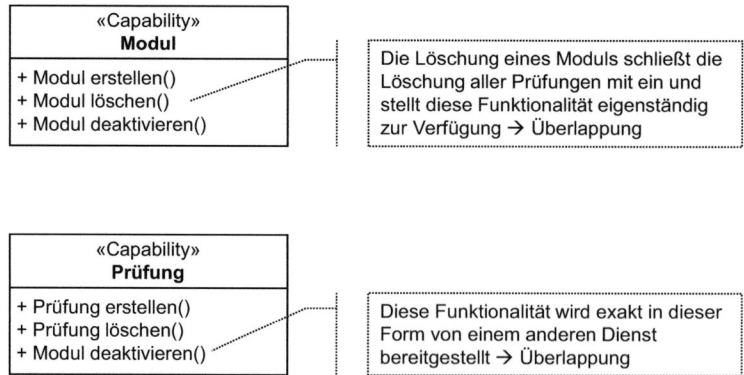

Abbildung 47: Überlappung der Funktionalität aus Basis von Dienstkandidaten in SoaML

In SoaML zeigt sich die Überlappung der Funktionalität auf Basis der Dienstkandidaten anhand der Operationskandidaten. Die hier genutzte Funktionalität darf sich nicht mit der Funktionalität überlappen, die durch die Operationskandidaten anderer Dienstkandidaten bereitgestellt wird. Auf Basis von Dienstentwürfen zeigt sich die Überlappung der Funktionalität äquivalent anhand der angebotenen Operationen. Obige Abbildung zeigt zwei Dienstkandidaten mit sich überlappender Funktionalität.

Die Überlappung der Funktionalität eines Dienstes mit der Funktionalität anderer Dienste lässt sich somit zum Zeitpunkt von Dienstkandidaten und auch auf Basis von Dienstentwürfen bestimmen. Bzgl. Dienstkandidaten bedeutet eine Überlappung von Funktionalität, dass sich die Operationskandidaten des betrachteten Dienstkandidaten hinsichtlich ihrer Funktionalität mit Operationskandidaten anderer Dienstkandidaten überschneiden.

$$FO(sc) = \frac{\left| RF\big(OC(sc), OC(ALL_{sc} \setminus sc)\big) \right|}{|OC(sc)|}$$

Ähnlich verhält es sich mit der Formalisierung basierend auf Dienstentwürfen: Hierbei gilt es, die Funktionalität der Operationen, die seitens des Dienstes bereitgestellt werden, mit der Funktionalität der Operationen anderer Dienste abzugleichen.

$$FO(s) = \frac{\left| RF\left(O\left(RI(SI(s))\right), O\left(RI(SI(ALL_s \setminus s))\right)\right) \right|}{\left| O\left(RI(SI(s))\right) \right|}$$

Tabelle 37: Erläuterung der in FO eingesetzten Variablen und Funktionen

Element	Erläuterung
FO	*Functionality Overlap*
RF(oc1, oc2)	*Redundant Functionality*: Operationskandidaten aus der Menge der Operationskandidaten oc1, deren Funktionalität zu Operationskandidaten aus der Menge der Operationskandidaten oc2 redundant ist
RF(o1, o2)	*Redundant Functionality*: Operationen aus der Menge der Operationen o1, deren Funktionalität zu Operationen aus der Menge der Operationen o2 redundant ist

Als Ergebnis liefert die Metrik FO somit Werte von 0 bis 1, die auf der Ordinalskala, wie in folgender Tabelle dargestellt, interpretiert werden können.

Tabelle 38: Interpretation der Werte von FO

Wert von FO	Interpretation
0	Keine der Operationskandidaten oder Operationen des betrachteten Dienstkandidaten bzw. Dienstes stellen Funktionalität bereit, die sich mit Funktionalität anderer Dienstkandidaten bzw. Dienste überlappt.
Zwischen 0 und 1	Der Dienstkandidat oder Dienst stellt teilweise Operationskandidaten bzw. Operationen bereit, die sich hinsichtlich ihrer Funktionalität mit der Funktionalität anderer Dienstkandidaten bzw. Dienste überlappen.
1	Der Dienstkandidat oder Dienst stellt ausschließlich Operationskandidaten bzw. Operationen bereit, die sich hinsichtlich ihrer Funktionalität mit der Funktionalität anderer Dienstkandidaten bzw. Dienste überlappen.

Um die Forderung nach einer möglichst geringen Überlappung der Funktionalität zu erfüllen, ist demnach für die Metrik FO idealerweise ein Wert von 0 wünschenswert. In diesem Fall wird durch die Operationskandidaten bzw. Operationen ausschließlich Funktionalität bereitgestellt, die sich nicht mit derer anderer Dienste überlappt.

Die Metrik lässt sich auf die Dienstkandidaten in Abbildung 47 anwenden und bestätigt hierbei, dass sich die Funktionalität der Dienstkandidaten überlappt. So liefert die Metrik für beide Dienstkandidaten jeweils den Wert 2/3, da sich jeweils zwei der drei bereitgestellten Operationskandidaten bzgl. der Funktionalität mit einem Operationskandidaten eines anderen Dienstkandidaten überlappen. Da dieser Wert nicht dem gewünschten Wert für die Metrik FO entspricht, erhält der IT-Architekt hierdurch die Information, dass die Operationskandidaten hinsichtlich sich überlappender Funktionalität überprüft werden sollten.

5.2 Automatisierte Bestimmung der Qualitätsindikatoren

Während die praktische Anwendbarkeit des Ansatzes durch die Demonstration der Qualitätsindikatoren anhand von SoaML in Kapitel 5.1 und den darauffolgenden Formalisierungen gezeigt wurde, soll diese durch eine vollständige Automatisierung der Qualitätsindikatoren weiter erhöht werden. Hierzu ist eine Präzisierung der Formalisierungen erforderlich, so dass eine automatisierte Anwendung der Qualitätsindikatoren auf konkrete Modelle erfolgen kann. Aufgrund der Nutzung von SoaML zur Beschreibung von Dienstkandidaten und Dienstentwürfen werden die Qualitäts-indikatoren aufbauend auf der Idee von Baroni et al. [BB+02, BB03] mittels der Object Constraint Language (OCL) beschrieben.

Um einen Qualitätsindikator nach OCL zu überführen, muss für jede der in den formalisierten Qualitätsindikatoren genutzten Funktionen wie bspw. *Business Functionality* (BF) oder *Agnostic Functionality* (AF) geprüft werden, ob eine Quantifizierung auf Basis der zur Verfügung stehenden Informationen möglich ist oder ob ggf. Intuition bzw. semantische Hintergrundinformation erforderlich ist, die nicht durch Dienstkandidaten oder Dienstentwürfe abgedeckt wird. Steht eine Information für eine Funktion nicht zur Verfügung, so muss diese manuell ergänzt werden. Dies bedeutet wiederum, dass die Ergänzung dieser Information nach definierten Vorgaben erfolgen muss, damit eine korrekte Auswertung der Qualitätsindikatoren gewährleistet werden kann. Sobald alle Funktionen eines Qualitätsindikators mit OCL formalisiert sind, kann der gesamte Qualitätsindikator aus diesen einzelnen Formalisierungen zusammengesetzt werden. Im Folgenden wird daher zunächst ein Vorgehen vorgestellt, mit dem semantische Hintergrundinformationen in Dienstkandidaten und Dienst-entwürfen auf Basis von SoaML ergänzt werden können. Im Anschluss daran werden beispielhaft drei Qualitätsindikatoren nach OCL überführt.

5.2.1 Ergänzung semantischer Hintergrundinformationen

Eine Möglichkeit zur Ergänzung semantischer Hintergrundinformationen stellt das Kommentarfeld von Modellelementen dar. Beispielsweise wird für eine geschäftsbezogene Funktionalität das Kürzel "BF" und für eine agnostische Funktionalität das Kürzel "AF" als Kommentar der jeweiligen Operation ergänzt. Stellt eine Operation geschäftsbezogene und gleichzeitig agnostische Funktionalität bereit, so werden beide Kürzel hintereinander in einem Kommentar, entweder durch Komma oder durch Leerzeichen getrennt, d.h. in der Form "AF, BF", angegeben. Anschließend ist es möglich, diese Information mittels OCL abzufragen und im Rahmen der automatischen Bestimmung von Qualitätsindikatoren zu nutzen.

Die folgende Funktion "semanticComments" zeigt, wie mit OCL der Inhalt des Kommentarfeldes eines Modellelements in eine Menge einzelner Informationen zerlegt werden kann. Hierbei dient ein Komma oder Leerzeichen als Trennungszeichen. Enthält das Kommentarfeld bspw. die Zeichenkette "AF, BF", so liefert die Funktion die Zeichenketten "AF" und "BF" zurück. Diese Zerlegung kann anschließend innerhalb der Formalisierung von Qualitätsindikatoren mit OCL weiterverarbeitet werden, um ggf. zu überprüfen, ob bestimmte Werte enthalten sind oder nicht.

```
-- Bestimmung der Trennzeichen wie bspw. Komma oder Leerzeichen im
Kommentarfeld

def: positions() : Sequence(Integer) = Sequence{1..(ownedComment->
 asSequence()->at(1).body.size())}->select(i | ownedComment->
  asSequence()->at(1).body.substring(i, i) = ',' or ownedComment->
   asSequence()->at(1).body.substring(i, i) = ' ')->prepend(1)->
    append(ownedComment->asSequence()->at(1).body.size())


def: semanticComments : Set(String) = Sequence{1..positions->size()-1}
 ->iterate(position; result : Set(String) = Set{} |


  if (position = 1) then

  -- Im Falle des ersten Kommentars muss kein einführendes Komma oder
     Leerzeichen gelöscht werden
   result->including(ownedComment->asSequence()->at(1).body.
    substring(positions->asSequence()->at(position), positions->
     asSequence()->at(position + 1) - 1))

  else
   if (position = positions->size() - 1) then

   -- Für den letzten Kommentar muss kein abschließendes Komma oder
      Leerzeichen gelöscht werden
    result->including(ownedComment->asSequence()->at(1).body.
     substring(positions->asSequence()->at(position) + 1, positions->
      asSequence()->at(position + 1)))
   else

   -- Für Kommentare zwischen dem ersten und letzten muss ein
      einführendes und abschließendes Komma oder Leerzeichen gelöscht
      werden
    result->including(ownedComment->asSequence()->at(1).body.
     substring(positions->asSequence()->at(position) + 1, positions->
      asSequence()->at(position + 1) - 1))
   endif


  endif )
```

Quelltext 2: Abfrage der semantischen Hintergrundinformationen

5.2.2 Beispielhafte Formalisierung von Qualitätsindikatoren mit OCL

Zur Veranschaulichung des Vorgehens werden im Folgenden exemplarisch drei Qualitätsindikatoren der eindeutigen Kategorisierung mit OCL formalisiert.

Trennung von geschäftsbezogener und technischer Funktionalität

Gemäß der Formalisierung aus Kapitel 5.1 erfordert die Ermittlung einer Trennung von geschäftsbezogener und technischer Funktionalität die Abfrage der Operations-kandidaten eines Dienstkandidaten und eine Filterung dahingehend, ob es sich hierbei um geschäftsbezogene Funktionalität handelt.

Die Abfrage von Operationskandidaten in Dienstkandidaten auf Basis von SoaML erfolgt über die Rückgabe der Operationen innerhalb des Dienstkandidaten, der wiederum als UML-Klasse mit dem Stereotyp "Capability" beschrieben ist.

```
def: oc() : Set(Operation) = ownedOperation
```

Quelltext 3: Abfrage der Operationskandidaten

Ob ein Operationskandidat oder eine Operation geschäftsbezogene Funktionalität bereitstellt, lässt sich ohne semantische Hintergrundinformation nicht erkennen. Aus diesem Grund muss diese Information nachträglich ergänzt werden. Im vorliegenden Fall wird das Kürzel "BF" als enthaltener Kommentar der entsprechenden UML-Operation hinzugefügt, wenn es sich um eine geschäftsbezogene und "TF", wenn es sich um eine technische Funktionalität handelt. Die Abfrage kann über die in Quelltext 2 eingeführte Funktion "semanticComments" erfolgen, indem überprüft wird, ob das Kürzel "BF" als Kommentar vorhanden ist.

```
def: bf() : Set(Operation) =
  select(o | o.semanticComments->includes('BF'))
```

Quelltext 4: Filterung der Operationskandidaten oder Operationen mit geschäftsbezogener Funktionalität

Als Ausgangspunkt zur Abfrage der Dienstschnittstelle dient ein ServicePoint bzw. RequestPoint. Die Dienstschnittstelle ist hierbei als Typ angegeben und kann daher über das entsprechende Attribut ermittelt werden.

```
def: si() : Interface = type
```

Quelltext 5: Abfrage der Dienstschnittstelle

Die von einer Dienstschnittstelle realisierte Schnittstelle kann wie folgt abgefragt werden:

```
def: ri() : oclAsType(Class).interfaceRealization->supplier
```

Quelltext 6: Abfrage der realisierten Schnittstelle

Die Abfrage von Operationen, die seitens einer Schnittstelle bereitgestellt werden, erfolgt äquivalent zur Abfrage der Menge an Operationskandidaten.

```
def: o() : Set(Operation) = ownedOperation
```

Quelltext 7: Abfrage der Operationen

Der Qualitätsindikator lässt sich aus den formalisierten Funktionen somit äquivalent zur Formalisierung in Kapitel 5.1, wie im Folgenden dargestellt, zusammenfügen. Um die Funktionen auf Basis von Dienstkandidaten und Dienstentwürfen unterscheiden zu können, wird das Suffix "sc" bzw. "s" angehängt.

```
def: dbtf_sc() : Real = oc()->bf()->size() /
 oc()->size()
```

Quelltext 8: Bestimmung der Trennung von geschäftsbezogener und technischer Funktionalität auf Basis von Dienstkandidaten

Die Trennung von geschäftsbezogener und technischer Funktionalität auf Basis von Dienstentwürfen lässt sich wie folgt ermitteln:

```
def: dbtf_s() : Real = si()->ri()->o()->bf()->size() /
 si()->ri()->o()->size()
```

Quelltext 9: Bestimmung der Trennung von geschäftsbezogener und technischer Funktionalität auf Basis von Dienstentwürfen

Demnach lässt sich durch die Erweiterung des Modells um die notwendige semantische Information, ob es sich bei einem Operationskandidaten oder einer Operation um eine geschäftsbezogene Funktionalität handelt, eine automatische Bestimmung des Qualitätsindikators ermöglichen. Hierbei liefern die Funktionen Werte von 0 bis 1, wobei auch in diesem Fall die in Kapitel 5.1 eingeführten Interpretationen gelten.

Trennung von agnostischer und nicht-agnostischer Funktionalität

Um die Trennung von agnostischer und nicht-agnostischer Funktionalität mittels OCL umzusetzen, kann auf die bereits formalisierten Funktionen des vorherigen Qualitätsindikators zurückgegriffen werden. Dennoch müssen einige weitere Funktionen ergänzt werden.

Als erste Ergänzung ist eine Überprüfung erforderlich, ob es sich bei der von einem Operationskandidaten bzw. einer Operation bereitgestellten Funktionalität um agnostische oder nicht-agnostische Funktionalität handelt. Hierzu kann äquivalent zur geschäftsbezogenen Funktionalität eine Information innerhalb des Kommentars der UML-Operation ergänzt werden. Handelt es sich um eine agnostische Funktionalität, so wird das Kürzel "AF" als Kommentar hinzugefügt.

```
def: af() : Set(Operation) =
  select(o | o.semanticComments->includes('AF'))
```

Quelltext 10: Filterung der Operationskandidaten oder Operationen mit agnostischer Funktionalität

Demnach lässt sich der Qualitätsindikator zur Trennung von agnostischer und nicht-agnostischer Funktionalität aufbauend auf der Funktion zur Abfrage der Operationskandidaten oder Operationen mit agnostischer Funktionalität äquivalent zum vorherigen Qualitätsindikator beschreiben.

```
def: danf_sc() : Real = oc()->af()->size() /
  oc()->size()
```

Quelltext 11: Bestimmung der Trennung von agnostischer und nicht-agnostischer Funktionalität auf Basis von Dienstkandidaten

Auf Basis von Dienstentwürfen lässt sich die Trennung von agnostischer und nicht-agnostischer Funktionalität äquivalent bestimmen. Anstelle der Operationskandidaten werden die Operationen der von der Dienstschnittstelle realisierten Schnittstelle betrachtet.

```
def: danf_s() : Real = si()->ri()->o()->af()->size() /
 si()->ri()->o()->size()
```

Quelltext 12: Bestimmung der Trennung von agnostischer und nicht-agnostischer Funktionalität auf Basis von Dienstentwürfen

Die dargestellten Funktionen liefern somit gemäß Kapitel 5.1 einen Wert von 0 bis 1, wobei der Werte von 0 oder 1 angestrebt werden sollte, da diese einer Trennung von agnostischer und nicht-agnostischer Funktionalität entsprechen.

Datenhoheit

Auch für die Datenhoheit können die bereits eingeführten Funktionen in OCL wiederverwendet werden. Jedoch sind auch in diesem Fall weitere Funktionen notwendig, die im Folgenden aufgeführt sind.

Um die Menge an Geschäftsentitäten, die durch einen Operationskandidaten bzw. eine Operation verwaltet werden, herauszufinden, muss diese Information als Kommentar ergänzt werden. Dabei folgt diese Information dem Schema "MBE_<Name>". Anstelle von "<Name>" ist der Name der Geschäftsentität aufzuführen. Die von einem Operationskandidaten oder einer Operation verwalteten Geschäftsentitäten können demnach unter Nutzung der Funktion aus Quelltext 2, wie im Folgenden beschrieben, ermittelt werden.

```
def: mbe() : Set(String) = semanticComments()->select(c : String |
 c.size() > 4 and c.substring(1,4) = 'MBE_')->iterate(comment; result:
  Set(String) = Set{} |
   result->including(comment.substring(5, comment.size()))))
```

Quelltext 13: Abfrage der von einem Operationskandidaten oder einer Operation verwalteten Geschäftsentitäten

Demnach wird zunächst geprüft, ob eine Information beginnend mit "MBE_" als Kommentar vorhanden ist und anschließend das entsprechende Suffix, welches die Geschäftsentität repräsentiert, zurückgeliefert.

Des Weiteren wird die Menge aller Dienstkandidaten benötigt, um anschließend die von diesen Dienstkandidaten verwalteten Geschäftsentitäten, mit denen des betrachteten Dienstkandidaten zu vergleichen. Die Abfrage aller Dienstkandidaten erfolgt über eine Bestimmung aller Klassen, die mit dem Stereotyp "Capability" versehen sind.

```
def: allServiceCandidates() : Set(Class) = Class.allInstances()->
 select(c |
  c.isStereotypeApplied(
   c.getApplicableStereotype('SoaML::Capability')
  )
 )
```

Quelltext 14: Abfrage aller Dienstkandidaten

Ähnlich zur Menge aller Dienstkandidaten, muss die Menge aller Dienste, d.h. aller UML-Ports mit dem Stereotyp "ServicePoint", ermittelt werden. Die Abfrage dieser Menge erfolgt äquivalent zur Abfrage aller Dienstkandidaten.

```
def: allServices() : Set(Port) = Port.allInstances()->select(p |
 p.isStereotypeApplied(
  p.getApplicableStereotype('SoaML::ServicePoint')
 )
)
```

Quelltext 15: Abfrage aller Dienste

Ausgehend von den für die Datenhoheit und bereits im Zuge vorheriger Qualitäts-indikatoren definierten Funktionen, kann nun eine automatische Bestimmung der Datenhoheit erfolgen. Hierzu werden die definierten Funktionen gemäß den Formalisierungen aus Kapitel 5.1 verknüpft. Auf Basis von Dienstkandidaten gestaltet sich die Bestimmung der Datenhoheit wie folgt:

```
def: ds_sc() : Real = 1 - (oc()->mbe()->
 intersection(allServiceCandidates()->
 excluding(self)->oc()->mbe())->size() / oc()->mbe()->size())
```

Quelltext 16: Bestimmung der Datenhoheit auf Basis von Dienstkandidaten

Die Bestimmung der Datenhoheit auf Basis von Dienstentwürfen erfolgt hierbei äquivalent und ebenfalls gemäß der vorher bereits für den Qualitätsindikator vorge-stellten Formalisierung.

```
def: ds_s() : Real = 1 - (si()->ri()->o()->mbe()->
  intersection(allServices()->
  excluding(self)->
   si()->ri()->o()->mbe())->size() / si()->ri()->o()->mbe()->size())
```

Quelltext 17: Bestimmung der Datenhoheit auf Basis von Dienstentwürfen

Die Funktionen zur Bestimmung der Datenhoheit in OCL liefern somit äquivalent zu den Formalisierungen aus Kapitel 5.1 jeweils einen Wert von 0 bis 1, wobei ein Wert von 1 der Einhaltung der Datenhoheit entspricht.

5.3 Resümee

Dieses Kapitel hat gezeigt, wie Dienstkandidaten und Dienstentwürfe hinsichtlich Qualitätseigenschaften analysiert werden können. Diese Analyse findet dabei innerhalb des Entwurfsprozesses aus Kapitel 4 nach der systematischen Ableitung von Dienstkandidaten aus den Anforderungen oder der Ableitung von Dienstentwürfen aus Dienstkandidaten statt. Hierzu wurden die Qualitätseigenschaften der eindeutigen Kategorisierung, Auffindbarkeit, losen Kopplung und Autonomie untersucht und aus den in der Literatur verbreiteten Beschreibungen Qualitätsindikatoren abgeleitet. Im Gegensatz zu Qualitätseigenschaften lassen sich diese Qualitätsindikatoren direkt auf Dienstkandidaten oder Dienstentwürfen ermitteln und geben dabei Hinweise, inwieweit eine bestimmte Qualitätseigenschaft ausgeprägt ist. Hierbei ist keine Vollständigkeit der Qualitätseigenschaften und Qualitätsindikatoren erforderlich. Die Flexibilität des Ansatzes aus Kapitel 4 erlaubt die nachträgliche Erweiterung um zusätzliche Qualitätseigenschaften und Qualitätsindikatoren.

Um die praktische Anwendbarkeit der Qualitätsindikatoren zu erhöhen, wurden diese direkt an einem Beispiel in SoaML illustriert. Ebenso wurden Formalisierungen ergänzt, die eine Quantifizierung ermöglichen. Die Formalisierungen orientieren sich hierbei ebenfalls an den Gegebenheiten von Dienstkandidaten und Dienstentwürfen in SoaML, wodurch die Anwendbarkeit der Formalisierungen deutlich erhöht wird, da keine weitere Interpretation oder Übertragung auf eine bestimmte Modellierungssprache erforderlich ist. Durch die Wahl von SoaML konnte zusätzlich eine plattformunabhängige Beschreibung der Formalisierungen sichergestellt werden.

Abschließend wurden ausgewählte Qualitätsindikatoren mittels OCL formalisiert, um eine automatische Bestimmung von Qualitätsindikatoren zu demonstrieren. Da eventuell die im Dienstentwurf erstellten Artefakte nicht alle notwendigen Informationen bereitstellen, müssen diese ggf. in Form von Kommentaren ergänzt werden. Für die Zukunft wäre eine Verknüpfung der Modelle mit formalisierten und bereits bestehenden semantischen Hintergrundinformationen wünschenswert, um auf eine nachträgliche Ergänzung verzichten zu können. Nichtsdestotrotz hilft die Ergänzung der notwendigen Information dabei, die Qualitätsindikatoren auch im Zuge nachfolgender Überarbeitungen von Dienstkandidaten oder Dienstentwürfen automatisch und somit mit geringem Aufwand zu bestimmen. Da sich Informationen wie bspw. ob es sich um geschäftsbezogene oder um agnostische Funktionalität handelt direkt innerhalb der jeweiligen UML-Operation befinden, werden diese Informationen im Falle einer Verschiebung eines Operationskandidaten bzw. einer Operation in einen anderen Dienstkandidaten bzw. Dienst mitgeführt, weshalb eine Bestimmung der Qualitätsindikatoren ohne erneute Ergänzung dieser semantischen Hintergrundinformation möglich ist. Auf diese Weise kann verhindert werden, dass im Zuge der Überarbeitung von Dienstkandidaten bzw. Dienstentwürfen der Fokus auf einige wenige Qualitätsindikatoren gesetzt ist und andere eventuell bereits verbesserte Qualitätsindikatoren nicht weiter berücksichtigt werden. Durch die Nutzung von OCL und den Bezug auf SoaML-basierte Modelle ist letztlich auch eine Integration der Formalisierungen in Entwicklungswerkzeuge, die UML und SoaML als UML-Profil unterstützen, möglich.

6 Überarbeitung von Dienstkandidaten und Dienstentwürfen

Nach einer Bestimmung von Qualitätseigenschaften im Rahmen der Analyse von Dienstkandidaten oder Dienstentwürfen ist ggf. eine Überarbeitung dieser erforderlich, um eine Verbesserung der Qualitätseigenschaften zu erzielen. Das vorliegende Kapitel liefert daher ein Vorgehen, wie eine Überarbeitung von Dienstkandidaten und Dienstentwürfen erfolgen kann, um ausgewählte Qualitätseigenschaften gezielt zu verbessern. Innerhalb des Entwurfsprozesses stellt dieses Vorgehen den zweiten Bestandteil der iterativen Analyse und Überarbeitung von Dienstkandidaten und Dienstentwürfen dar. Die folgende Abbildung ordnet die Überarbeitung und somit den Beitrag des folgenden Kapitels in den Entwurfsprozess ein.

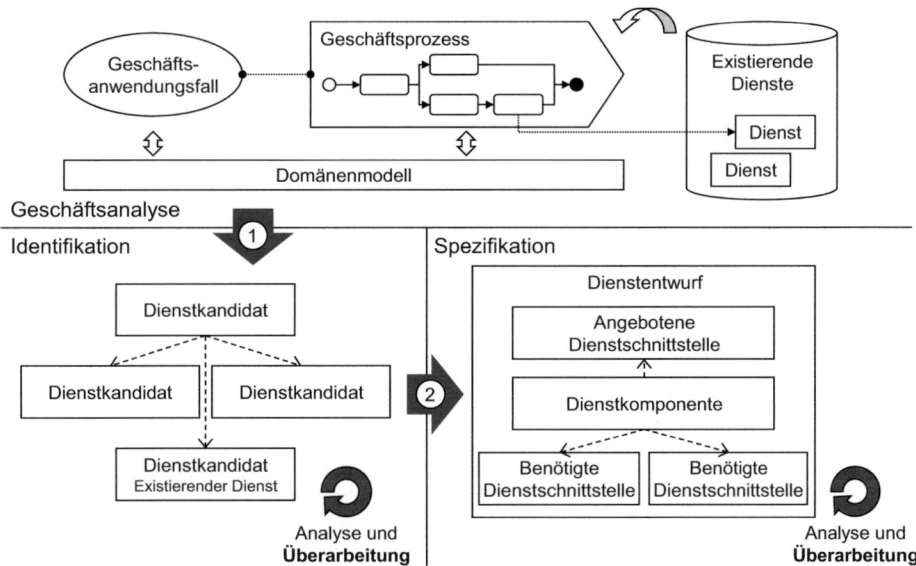

**Abbildung 48: Überarbeitung von Dienstkandidaten und Dienstentwürfen im Entwurfs-
prozess**

Hierzu wird zunächst eine Methode vorgestellt, um die kritischen Stellen innerhalb der Dienstkandidaten und Dienstentwürfe zu identifizieren, deren Überarbeitung in einer Verbesserung ausgewählter Qualitätseigenschaften resultieren könnte. Durch diese Identifikation ist es möglich, dem IT-Architekten erste Anhaltspunkte zu geben, welche Bestandteile von Dienstkandidaten oder Dienstentwürfen generell überarbeitet werden sollten. Die kritischen Stellen werden in einem weiteren Schritt auf Basis der OCL formalisiert, um eine automatisierte Identifikation der kritischen Stellen zu ermöglichen. Des Weiteren erfolgt eine Identifikation von Entwurfsentscheidungen, die im Rahmen der Überarbeitung von Dienstkandidaten und Dienstentwürfen getroffen werden können. Diese werden anschließend mit den Qualitätsindikatoren und somit Qualitätseigenschaften in Beziehung gesetzt, wodurch dem IT-Architekten Handlungsalternativen bereitgestellt werden, die letztlich zu einer gezielten und an ausgewählten Qualitätseigenschaften orientierten Überarbeitung der Dienstkandidaten und Dienstentwürfe führen. Die schlussendliche Auswahl und Durchführung dieser Handlungsalternativen liegt dabei auf Seite des IT-Architekten.

6.1 Identifikation kritischer Stellen

Der erste Bestandteil der Überarbeitung von Dienstkandidaten und Dienstentwürfen fokussiert die Identifikation kritischer Stellen, d.h. der Bestandteile in den Modellen, deren Überarbeitung in einer Verbesserung der Qualitätseigenschaften resultieren könnte. Da der IT-Architekt nur das Ergebnis der Bestimmung von Qualitätseigenschaften bzw. der zugrunde liegenden Qualitätsindikatoren aus Kapitel 5 erhält, stellt sich ihm die Frage nach dem Grund dieses Wertes. So soll dem IT-Architekten bspw. direkt vermittelt werden, dass eine bestimmte Operation innerhalb der von der Dienstschnittstelle realisierten Schnittstelle den Grund für den nicht ausreichenden Qualitätsindikator darstellt und eine Überarbeitung dieser Operation wie bspw. eine Umbenennung eine Verbesserung dieser Qualitätseigenschaft erzielen könnte. Die folgende Abbildung veranschaulicht die Identifikation einer kritischen Stelle an einem Ausschnitt eines Dienstentwurfs in SoaML.

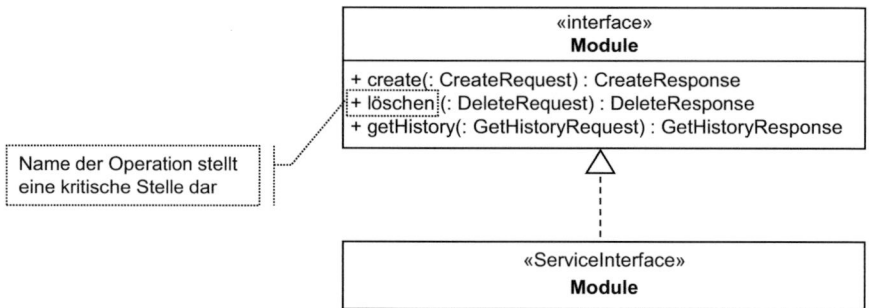

Abbildung 49: Kritische Stelle innerhalb eines Dienstentwurfs in SoaML

Um dies zu ermöglichen, ist es erforderlich, die formalisierten Qualitätsindikatoren zu untersuchen und mit Bestandteilen aus Dienstkandidaten und Dienstentwürfen in Verbindung zu setzen. Dass Metriken generell als Werkzeug genutzt werden können, um kritische Stellen in Entwürfen zu identifizieren, wurde bereits in anderen Arbeiten gezeigt [EM+01, Ma01, Ma04, Ma05]. In der vorliegenden Arbeit werden zur Bestimmung der kritischen Stellen die Bestandteile von Dienstkandidaten und Dienstentwürfen betrachtet, auf die sich die Qualitätsindikatoren beziehen. Abbildung 50 veranschaulicht das Vorgehen.

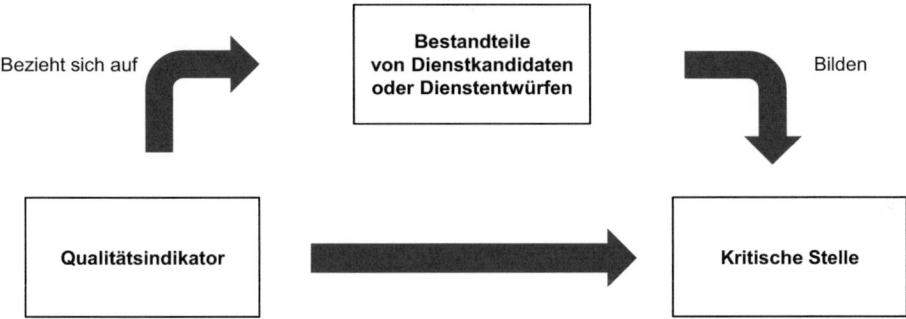

Abbildung 50: Verknüpfung von Qualitätsindikatoren mit kritischen Stellen

Zur Formalisierung der kritischen Stellen werden nach Möglichkeit die Elemente der Formalisierung des betrachteten Qualitätsindikators, wie in Kapitel 5.1 eingeführt, genutzt, um die im Falle eines nicht zufriedenstellenden Wertes aufzuzeigenden Bestandteile zu beschreiben. Durch dieses Vorgehen wird erzielt, dass keine gesonderten Metriken erstellt werden müssen, die explizit eine kritische Stelle identifizieren. Stattdessen werden die Qualitätsindikatoren mit den Bestandteilen von Dienstkandidaten und Dienstentwürfen verknüpft und diese im Falle eines nicht zufriedenstellenden Wertes als kritische Stelle aufgezeigt. Durch die Nutzung der Formalisierungen der Qualitätsindikatoren für die Formalisierungen der kritischen Stellen wird zusätzlich die direkte Verwendung der bereits formalisierten OCL-Ausdrücke für ein automatisches Aufzeigen der kritischen Stellen in Entwicklungs-werkzeugen ermöglicht.

6.1.1 Eindeutige Kategorisierung

Der folgende Abschnitt verknüpft die Qualitätsindikatoren im Kontext der eindeutigen Kategorisierung mit Bestandteilen in Dienstkandidaten und Dienstentwürfen, welche letztlich die kritischen Stellen darstellen, die es im Falle einer unzureichenden eindeutigen Kategorisierung basierend auf den einzelnen Qualitätsindikatoren zu unter-suchen gilt.

Trennung von geschäftsbezogener und technischer Funktionalität

Wurde die Trennung von geschäftsbezogener und technischer Funktionalität nicht vollständig eingehalten, d.h. liefert die Metrik DBTF einen Wert ungleich 0 oder 1, gilt es im Falle von Dienstkandidaten die Operationskandidaten anzuzeigen, die den Grund hierfür darstellen. Werden überwiegend Operationskandidaten mit geschäftsbezogener Funktionalität bereitgestellt, gilt es, die Operationskandidaten mit technischer Funktionalität darzustellen. Im Falle von überwiegend technischer Funktionalität sollen die Operationskandidaten mit geschäftsbezogener Funktionalität dargestellt werden. Demnach muss folgende Unterscheidung getroffen werden:

Liefert die Metrik DBTF einen Wert von größer oder gleich 0,5, was einer überwiegenden Anzahl von Operationskandidaten mit geschäftsbezogener Funktionalität entspricht, werden die Operationskandidaten, die keine geschäftsbezogene Funktionalität bereitstellen, angezeigt.

$$OC(sc) \setminus BF\big(OC(sc)\big)$$

Im Falle eines Wertes von kleiner 0,5 werden die Operationskandidaten mit geschäftsbezogener Funktionalität als kritische Stellen hervorgehoben.

$$BF\big(OC(sc)\big)$$

In beiden Fällen wird eine Menge von Operationskandidaten als Ergebnis geliefert.

Auf Basis von Dienstentwürfen stellen die Operationen innerhalb der von der Dienstschnittstelle realisierten Schnittstelle die Ursache für eine nicht vollständig eingehaltene Trennung von geschäftsbezogener und technischer Funktionalität dar. Eine Überarbeitung der Operationen könnte zu einer Verbesserung dieses Qualitätsindikators und somit der eindeutigen Kategorisierung des Dienstes beitragen. Hierbei erfolgt dieselbe Unterteilung:

Im Falle eines Wertes von größer oder gleich 0,5 werden die Operationen mit technischer Funktionalität dargestellt:

$$O\left(RI\big(SI(s)\big)\right) \setminus BF\left(O\left(RI\big(SI(s)\big)\right)\right)$$

Wird ein Wert kleiner 0,5 geliefert, so wird eine Auswahl der Operationen, die geschäftsbezogene Funktionalität bereitstellen, getroffen.

$$BF\left(O\left(RI(SI(s))\right)\right)$$

Ähnlich wie auf Basis der Dienstkandidaten erfolgt in beiden Fällen eine Auswahl von Operationen, die dem IT-Architekten als kritische Stellen angezeigt werden.

Trennung von agnostischer und nicht-agnostischer Funktionalität

Bei der Trennung von agnostischer und nicht-agnostischer Funktionalität verhält es sich ähnlich zur Trennung von geschäftsbezogener und technischer Funktionalität. Liefert die Metrik DANF einen Wert ungleich 0 oder 1, stellen auf Basis von Dienstkandidaten die Operationskandidaten die kritische Stelle dar. Hierbei werden die Operationskandidaten in Abhängigkeit des Wertes der Metrik DANF ähnlich zur Metrik DBTF gefiltert.

Wird ein Wert größer oder gleich 0,5 geliefert, so werden die Operationskandidaten mit nicht-agnostischer Funktionalität dargestellt, da der Dienstkandidat überwiegend Operationskandidaten mit agnostischer Funktionalität beinhaltet.

$$OC(sc) \setminus AF\left(OC(sc)\right)$$

Im Falle eines Wertes von kleiner 0,5 werden die Operationskandidaten, die agnostische Funktionalität bereitstellen, hervorgehoben.

$$AF\left(OC(sc)\right)$$

Auf Basis von Dienstentwürfen werden anstelle der Operationskandidaten die Operationen der von der Dienstschnittstelle realisierten Schnittstelle als kritische Stelle markiert. Dabei erfolgt ebenso eine Filterung anhand obiger Kriterien.

Ein Wert größer oder gleich 0,5 liefert daher die Operationen, die nicht-agnostische Funktionalität bereitstellen:

$$O\left(RI(SI(s))\right) \setminus AF\left(O\left(RI(SI(s))\right)\right)$$

Im Falle eines Wertes kleiner 0,5, wird eine Auswahl der Operationen, die agnostische Funktionalität bereitstellen, getroffen:

$$AF\left(O\left(RI(SI(s))\right)\right)$$

Datenhoheit

Wird die Datenhoheit nicht erfüllt und somit ein Wert für DS kleiner 1 geliefert, soll dem IT-Architekten aufgezeigt werden, welche der Operationskandidaten anderer Dienstkandidaten oder Operationen anderer Dienste verantwortlich sind, dass die Datenhoheit nicht erfüllt wird. Demnach werden auf Basis von Dienstkandidaten die Operationskandidaten der anderen Dienstkandidaten angezeigt, die ebenfalls für die Verwaltung der betrachteten Geschäftsentitäten zuständig sind.

$$OCMBE\left(OC(ALL_{SC}\setminus sc), MBE\left(OC(sc)\right)\right)$$

Auf Basis von Dienstentwürfen werden die Operationen der anderen Dienste als kritische Stellen hervorgehoben, die dafür verantwortlich sind, dass der betrachtete Dienst nicht die Datenhoheit über die verwalteten Geschäftsentitäten besitzt.

$$OMBE\left(O\left(RI(SI(ALL_S\setminus s))\right), MBE\left(O\left(RI(SI(s))\right)\right)\right)$$

Hierbei kommen zusätzlich zu den Funktionen aus Kapitel 5.1 die in der folgenden Tabelle beschriebenen Funktionen zum Einsatz.

Tabelle 39: Funktionen zur Bestimmung kritischer Stellen bei nicht erfüllter Datenhoheit

Element	Erläuterung
OCMBE(oc, mbe)	*Operation Candidates Managing Business Entities*: Operations-kandidaten der Menge an Operationskandidaten oc, die mindestens eine der Geschäftsentitäten mbe verwalten
OMBE(o, mbe)	*Operations Managing Business Entities*: Operationen der Menge an Operationen o, die mindestens eine der Geschäftsentitäten mbe verwalten

Nutzung gemeinsamer Geschäftsentitäten

Nutzen nicht alle Operationen in Diensten gemeinsame Geschäftsentitäten, d.h. liefert die Metrik CBEU einen Wert kleiner 1, so gilt es, die Operationskandidaten bzw. Operationen hervorzuheben, die nicht die Geschäftsentitäten der größten gemeinsamen Menge nutzen. Hierzu werden zunächst die Operationskandidaten bzw. Operationen identifiziert, die ausschließlich gemeinsame Geschäftsentitäten nutzen. In einem weiteren Schritt wird die Differenzmenge aller Operationskandidaten bzw. Operationen und der Operationskandidaten bzw. Operationen, die gemeinsame Geschäftsentitäten nutzen, gebildet. Auf Basis von Dienstkandidaten lässt sich die kritische Stelle daher wie folgt identifizieren:

$$OC(sc) \setminus OCUBE\left(OC(sc), CMP\left(MOUBE(OC(sc)), UBE(OC(sc))\right)\right)$$

Die Identifikation der kritischen Stelle lässt sich auf Basis von Dienstentwürfen äquivalent durchführen. Hierbei werden anstelle der Operationskandidaten des betrachteten Dienstkandidaten die Operationen der seitens der Dienstschnittstelle realisierten Schnittstelle genutzt.

$$O\left(RI(SI(s))\right)$$

$$\setminus OUBE\left(O\left(RI(SI(s))\right), CMP\left(MOUBE\left(O\left(RI(SI(s))\right)\right), UBE\left(O\left(RI(SI(s))\right)\right)\right)\right)$$

6.1.2 Auffindbarkeit

Ähnlich zum vorherigen Abschnitt werden im Folgenden Formalisierungen zur Identifikation kritischer Stellen angegeben, die es im Falle einer unzureichenden Auffindbarkeit basierend auf den Qualitätsindikatoren zu untersuchen gilt.

Fachliche Benennung

Wie bereits in Kapitel 5.1.2 erwähnt, lässt sich der Qualitätsindikator der fachlichen Benennung weiter in eine fachliche Benennung der Dienstschnittstelle, der Rollen, der Operationen, der Parameter und der Datentypen verfeinern, weshalb diese getrennt voneinander formalisiert wurden. Demnach erfolgt auch die Identifikation kritischer Stellen im Falle einer unzureichenden fachlichen Benennung gemäß dieser Verfeinerung.

Wurde die Dienstschnittstelle eines Dienstes nicht fachlich benannt, d.h. liefert die Metrik FNSI einen Wert kleiner 1, so erfolgt eine Darstellung des Namens, d.h. des Name-Attributs, der nicht fachlich benannten Dienstschnittstelle.

$$N\big(SI(s)\big)$$

Ähnlich verhält es sich mit den Rollen, den Operationen, den Parametern und Datentypen, wobei im Gegensatz zur Dienstschnittstelle mehrere Elemente als Teil eines Dienstes existieren können und somit zunächst eine Selektion derjenigen vorgenommen werden muss, die keiner fachlichen Benennung folgen. Für den Fall von FNR kleiner 1 wird die kritische Stelle somit über folgende Formalisierung bestimmt:

$$N\Big(R\big(SI(s)\big) \setminus FN\big(R\big(SI(s)\big)\big)\Big)$$

Für die Fälle FNO kleiner 1, FNP kleiner 1 und FNDT kleiner 1 gelten folgende Formalisierungen zur Ermittlung der jeweils kritischen Stelle:

$$N\Big(O\big(RI(SI(s))\big) \setminus FN\big(O\big(RI(SI(s))\big)\big)\Big)$$

$$N\Big(P\big(O\big(RI(SI(s))\big)\big) \setminus FN\big(P\big(O\big(RI(SI(s))\big)\big)\big)\Big)$$

$$N\Big(DT\big(P\big(O\big(RI(SI(s))\big)\big)\big) \setminus FN\big(DT\big(P\big(O\big(RI(SI(s))\big)\big)\big)\big)\Big)$$

Die zusätzlich zu den bereits eingeführten Variablen und Funktionen genutzte Funktion N wird in der folgenden Tabelle erläutert.

Tabelle 40: Funktionen zur Bestimmung kritischer Stellen bei nicht erfüllter fachlicher Benennung

Element	Erläuterung
N(me)	*Name:* Name des Modellelements me

Einhaltung von Namenskonventionen

Die Identifikation kritischer Stellen bei nicht erfolgter Einhaltung von Namenskonventionen erfolgt identisch zur Identifikation kritischer Stellen bei nicht erfolgter fachlicher Benennung, weshalb keine weitere Beschreibung der Formalisierungen erforderlich ist.

Informationsumfang

Liefert die Metrik IC einen Wert kleiner 1, d.h. wurden nicht alle Informationen wie bspw. die Rollen oder das Interaktionsprotokoll als Teil der Dienstschnittstelle angegeben, so lässt sich lediglich die Dienstschnittstelle als kritische Stelle angeben. Im Zuge der Überarbeitung des Dienstentwurfs gilt es, diese um weitere Informationen zu ergänzen.

$$SI(s)$$

6.1.3 Lose Kopplung

Der folgende Abschnitt fokussiert die Identifikation kritischer Stellen im Falle einer nicht zufriedenstellenden losen Kopplung. Hierbei erfolgt wie in den Abschnitten zuvor eine Beschreibung der kritischen Stellen unterteilt nach den Qualitätsindikatoren, die Hinweise auf eine lose Kopplung liefern.

Asynchronität

Die Asynchronität der angebotenen Operationen eines Dienstes lässt sich anhand der Operationen innerhalb des Interaktionsprotokolls erkennen. Liefert die Asynchronität einen nicht optimalen Wert, d.h. beträgt der Wert der Metrik ASYNC einen Wert kleiner 1, so gilt es, die Kommunikationsmodi der langlaufenden Operationen des Dienstes innerhalb des Interaktionsprotokolls hervorzuheben, die keinen asynchronen Aufruf erlauben.

$$CM\left(IP(SI(s)), LRO\left(O\left(RI(SI(s))\right)\right)\right.$$
$$\left.\setminus \left(ASO\left(IP(SI(s))\right) \cap LRO\left(O\left(RI(SI(s))\right)\right)\right)\right)$$

Hierbei kommt zusätzlich zu den Variablen und Funktionen, die bereits zur Bestimmung der Asynchronität eingeführt wurden, die folgende Funktion zum Einsatz:

Tabelle 41: Funktionen zur Bestimmung kritischer Stellen bei nicht erfüllter Asynchronität

Element	Erläuterung
CM(ip, o)	*Communication Mode*: Kommunikationsmodi der Operationen o innerhalb des Interaktionsprotokolls ip

Komplexität gemeinsamer Datentypen

Im Falle eines Wertes zwischen 0 und 1 für die Metrik CDTC nutzen die Operationen der Dienste gemeinsame Datentypen, bei denen es sich nicht ausschließlich um einfache Datentypen handelt. Als kritische Stelle können daher die Datentypen hervorgehoben werden, die gemeinsam genutzt werden und komplex sind.

$$DT\left(P\left(O\left(RI(SI(s))\right)\right)\right)$$

$$\setminus SDT\left(DT\left(P\left(O\left(RI(SI(s))\right)\right)\right)\cap DT\left(P\left(O\left(RI(SI(ALL_s \setminus s))\right)\right)\right)\right)$$

Abstraktion

Wie bereits in Kapitel 5.1.3 dargestellt, lässt sich der Qualitätsindikator der Abstraktion weiter in eine Abstraktion der Operationen und eine Abstraktion der Parameter verfeinern. Aus diesem Grund erfolgt auch die Identifikation kritischer Stellen gemäß dieser Verfeinerung.

Liefert die Metrik AO einen Wert kleiner 1, d.h. sind nicht alle Operationen eines Dienstes bzw. der realisierten Schnittstelle abstrakt benannt, so stellen diejenigen, die nicht abstrakt sind, die kritische Stelle dar.

$$O\left(RI(SI(s))\right)\setminus A\left(O\left(RI(SI(s))\right)\right)$$

Ähnlich verhält es sich mit den Parametern. Liefert die Metrik AP einen Wert kleiner 1, so gelten die nicht abstrakten Parameter als kritische Stelle. Diese werden durch die folgende Formalisierung identifiziert.

$$P\left(O\left(RI(SI(s))\right)\right)\setminus A\left(P\left(O\left(RI(SI(s))\right)\right)\right)$$

Kompensation

Die Metrik CF auf Basis von Dienstkandidaten und konkreten Dienstentwürfen liefert einen optimalen Wert, d.h. einen Wert von 1, wenn alle Operationskandidaten bzw. Operationen, die eine zustandsändernde Funktionalität repräsentieren, durch einen entsprechenden Operationskandidaten bzw. eine entsprechende Operation kompensiert werden können. Aus diesem Grund können die Operationen, die dieses Kriterium nicht erfüllen, als kritische Stelle betrachtet werden. Auf Basis von Dienstkandidaten ist eine Formalisierung der kritischen Stelle wie folgt möglich:

$$SC\left(NC(OC(sc))\right) \setminus CFP\left(SC\left(NC(OC(sc))\right)\right)$$

Äquivalent hierzu erfolgt die Formalisierung auf Basis von Dienstentwürfen. Anstelle der Operationskandidaten werden die Operationen der seitens der Dienstschnittstelle realisierten Schnittstelle betrachtet.

$$SC\left(NC\left(O\left(RI(SI(s))\right)\right)\right) \setminus CFP\left(SC\left(NC\left(O\left(RI(SI(s))\right)\right)\right)\right)$$

6.1.4 Autonomie

Im Folgenden werden die Autonomie betrachtet und kritische Stellen formalisiert, die im Falle einer nicht vollständig erfüllten Autonomie hervorgehoben werden können. Dabei erfolgt die Formalisierung der kritischen Stellen, äquivalent zu den vorherigen Abschnitten, unterteilt in die zugrunde liegenden Qualitätsindikatoren.

Abhängigkeiten

Sind zur Erfüllung der eigenen Funktionalität andere Dienste erforderlich, liefert die Metrik SD sowohl auf Basis von Dienstkandidaten als auch von Dienstentwürfen einen Wert größer 0. In diesem Fall gilt es, diese Abhängigkeiten kenntlich zu machen und dem IT-Architekten aufzuzeigen. Dies kann darüber erfolgen, indem die Operationskandidaten oder die Operationen hervorgehoben werden, die für diese Abhängigkeiten verantwortlich sind. Die Formalisierung erfragt daher die erforderlichen Dienste und anschließend die Operationskandidaten bzw. Operationen, die diese Dienste benötigen. Auf Basis von Dienstkandidaten gestaltet sich die Formalisierung wie folgt:

$$OCUSC\left(OC(sc), RS(sc)\right)$$

Auf Basis von Dienstentwürfen erfolgt die Formalisierung äquivalent. Hierbei werden die Operationen der seitens der Dienstschnittstelle realisierten Schnittstelle anstelle der Operationskandidaten genutzt.

$$OUS\Big(O\big(RI(SI(s))\big),RS(SCT(s))\Big)$$

Zusätzlich zu den bereits eingeführten Variablen und Funktionen erfolgt hierbei die Nutzung zweier neuer Funktionen OCUSC und OUS. Diese werden in der folgenden Tabelle erläutert.

Tabelle 42: Funktionen zur Bestimmung kritischer Stellen bei vorhandenen Abhängigkeiten

Element	Erläuterung
OCUSC(oc, sc)	*Operations Candidates Using Service Candidates*: Operationskandidaten der Menge an Operationskandidaten oc, die mindestens einen der Dienstkandidaten sc erfordern
OUS(o, s)	*Operations Using Services*: Operationen der Menge an Operationen o, die mindestens einen der Dienste s erfordern

Überlappung der Funktionalität

Liefert die Metrik FO einen Wert größer 0, so überlappt sich die Funktionalität des Dienstkandidaten bzw. des Dienstes mit der Funktionalität anderer Dienstkandidaten bzw. Dienste. In diesem Fall stellen auf Basis von Dienstkandidaten die Operationskandidaten, deren Funktionalität sich mit der Funktionalität von Operationskandidaten anderer Dienstkandidaten überlappt, die kritische Stelle dar. Die Formalisierung gestaltet sich daher wie folgt:

$$RF\big(OC(sc),OC(ALL_{sc}\setminus sc)\big)$$

Im Falle von Dienstentwürfen erfolgt die Identifikation kritischer Stellen äquivalent. Hierbei stellen die Operationen, deren Funktionalität sich mit der Funktionalität von Operationen anderer Dienste überlappt, die kritische Stelle dar.

$$RF\left(O\left(RI(SI(s))\right), O\left(RI(SI(ALL_s \setminus s))\right)\right)$$

6.2 Automatisierte Identifikation kritischer Stellen

Aufgrund der Tatsache, dass die Identifikation kritischer Stellen auf Basis von Dienstkandidaten und Dienstentwürfen bereits unter Berücksichtigung der Konzepte von SoaML beschrieben wurde, kann eine direkte Überführung der Formalisierungen – ähnlich zu den Qualitätsindikatoren aus Kapitel 5.2 – nach OCL erfolgen. Die erstellten OCL-Ausdrücke können anschließend eingesetzt werden, um die kritischen Stellen automatisiert zu identifizieren, sofern ein Qualitätsindikator nicht dem gewünschten Wert entspricht. Da sich die Formalisierungen der kritischen Stellen bereits den Funktionen und Variablen der Qualitätsindikatoren bedient haben, können auch die OCL-Ausdrücke, die in Kapitel 5.2 eingeführt wurden, größtenteils wiederverwendet werden. Im Folgenden werden für die exemplarisch in Kapitel 5.2.2 behandelten Qualitätsindikatoren entsprechende Formalisierungen der kritischen Stellen mittels OCL vorgestellt.

Trennung von geschäftsbezogener und technischer Funktionalität

Liefert die Metrik DBTF zur Trennung von geschäftsbezogener und technischer Funktionalität auf Basis von Dienstkandidaten, d.h. die Funktion dbtf_sc aus Kapitel 5.2, einen Wert größer oder gleich 0,5, so gestaltet sich die Formalisierung der kritischen Stelle in OCL gemäß Kapitel 6.1.1 wie folgt:

```
oc()->excluding(oc()->bf())
```

Quelltext 18: Abfrage der Operationskandidaten mit technischer Funktionalität

Im Falle eines Wertes kleiner 0,5 müssen die Operationskandidaten mit geschäftsbezogener Funktionalität hervorgehoben werden.

```
oc()->bf()
```

Quelltext 19: Abfrage der Operationskandidaten mit geschäftsbezogener Funktionalität

Äquivalent erfolgt die Formalisierung der kritischen Stelle im Falle von Dienst-entwürfen, d.h. wenn die Funktion dbtf_s einen Wert größer oder gleich 0,5 zurückliefert.

```
si()->ri()->o()->excluding(si()->ri()->o()->bf())
```

Quelltext 20: Abfrage der Operationen mit technischer Funktionalität

Die Formalisierung zur Abfrage der Operationen mit geschäftsbezogener Funktionalität, falls dbtf_s einen Wert kleiner 0,5 zurückliefert, ist dabei – ebenfalls unter Nutzung der bereits in Kapitel 5.2 vorgestellten Formalisierungen – im Folgenden angegeben.

```
si()->ri()->o()->bf()
```

Quelltext 21: Abfrage der Operationen mit geschäftsbezogener Funktionalität

Trennung von agnostischer und nicht-agnostischer Funktionalität

Die Formalisierungen der Identifikation kritischer Stellen im Falle einer nicht vollständigen Trennung von agnostischer und nicht-agnostischer Funktionalität erfolgt ebenfalls unter Nutzung bereits eingeführter Funktionen und somit äquivalent zur Trennung von technischer und geschäftsbezogener Funktionalität. Liefert die Metrik DANF auf Basis von Dienstkandidaten, d.h. die Funktion danf_sc aus Kapitel 5.2, einen Wert größer oder gleich 0,5 so werden gemäß Kapitel 6.1.1 die Operationskandidaten mit nicht-agnostischer Funktionalität dargestellt. Dies lässt sich ausgehend von der bereits in Kapitel 5.2 vorgestellten Formalisierung wie folgt in OCL beschreiben:

```
oc()->excluding(oc()->af())
```

Quelltext 22: Abfrage der Operationskandidaten mit nicht-agnostischer Funktionalität

Wird ein Wert kleiner 0,5 zurückgegeben, so müssen die Operationskandidaten mit agnostischer Funktionalität hervorgehoben werden. Die Formalisierung in OCL gestaltet sich dabei folgendermaßen:

```
oc()->af()
```

Quelltext 23: Abfrage der Operationskandidaten mit agnostischer Funktionalität

Auf Basis von Dienstentwürfen erfolgt die Formalisierung äquivalent. Als Kriterium gilt hierbei die Funktion danf_s. Liefert diese einen Wert größer oder gleich 0,5 so müssen die Operationen mit nicht-agnostischer Funktionalität aufgezeigt werden.

```
si()->ri()->o()->excluding(si()->ri()->o()->af())
```

Quelltext 24: Abfrage der Operationen mit nicht-agnostischer Funktionalität

Wird stattdessen ein Wert kleiner 0,5 zurückgeliefert, so erfolgt eine Identifikation der Operationen, die agnostische Funktionalität bereitstellen. Die Formalisierung ist im Folgenden angegeben:

```
si()->ri()->o()->af()
```

Quelltext 25: Abfrage der Operationen mit agnostischer Funktionalität

Datenhoheit

Um kritische Stellen im Falle einer nicht erfüllten Datenhoheit automatisiert zu bestimmen, müssen zusätzliche Funktionen zu den bereits in Kapitel 5.2 vorgestellten ergänzt werden. Zur Ermittlung der kritischen Stelle auf Basis von Dienstkandidaten, ist eine Bestimmung der Operationskandidaten erforderlich, die eine bestimmte Menge an Geschäftsentitäten verwalten. Ausgehend von der Formalisierung für OCMBE in Kapitel 6.1.1 kann folgende Formalisierung auf Basis von OCL abgeleitet werden.

```
def: ocmbe(mbes : Set(String)) : Set(Operation) =
  select(o | o.mbe()->intersection(mbes)->size() > 0)
```

**Quelltext 26: Abfrage von bestimmte Geschäftsentitäten verwaltenden Operations-
kandidaten**

Auf Basis von Dienstentwürfen erfolgt die Formalisierung unter Nutzung von Operationen. Da in SoaML ein Operationskandidat nicht von einer Operation unterscheidbar ist, gestaltet sich die Formalisierung für die Funktion OMBE äquivalent.

```
def: ombe(mbes : Set(String)) : Set(Operation) =
  select(o | o.mbe()->intersection(mbes)->size() > 0)
```

Quelltext 27: Abfrage von bestimmte Geschäftsentitäten verwaltenden Operationen

Aufbauend auf diesen Formalisierungen kann nun die kritische Stelle im Falle einer nicht erfüllten Datenhoheit in OCL beschrieben werden. Die folgende Formalisierung identifiziert die Operationskandidaten anderer Dienstkandidaten, die Geschäftsentitäten verwalten, die auch seitens der Operationskandidaten des betrachteten Dienstkandidaten verwaltet werden.

```
allServiceCandidates->excluding(self)->oc()->ocmbe(oc()->mbe())
```

**Quelltext 28: Abfrage von bestimmte Geschäftsentitäten verwaltenden Operations-
kandidaten anderer Dienstkandidaten**

Ähnlich erfolgt die Identifikation der kritischen Stelle auf Basis von Dienstentwürfen. In diesem Fall werden die Operationen der anderen Dienste als kritische Stellen hervorgehoben, die dafür verantwortlich sind, dass der betrachtete Dienst nicht die Datenhoheit über die verwalteten Geschäftsentitäten besitzt.

```
allServices->excluding(self)->si()->ri()->o()->
  ombe(si()->ri()->o()->mbe())
```

**Quelltext 29: Abfrage von bestimmte Geschäftsentitäten verwaltenden Operationen
anderer Dienste**

6.3 Bereitstellung von Handlungsalternativen

Nach Identifikation kritischer Stellen stellt sich die Frage nach geeigneten Möglichkeiten zur Überarbeitung der Dienstkandidaten und Dienstentwürfe, um letztlich eine Beseitigung der kritischen Stellen und somit eine Verbesserung ausgewählter Qualitätseigenschaften zu erzielen. Dem IT-Architekten sollen daher Handlungsalternativen bereitgestellt werden, die ihm Hinweise darauf geben, wie die Überarbeitung der Dienstkandidaten oder Dienstentwürfe gezielt erfolgen kann. Unter einer Handlungsalternative wird demnach eine Entwurfsentscheidung verstanden, die im Zuge einer Überarbeitung berücksichtigt werden sollte. Dass ausgehend von bestimmten Werten ausgewählter Metriken Handlungsalternativen abgeleitet und somit gezielt Änderungen an einem Entwurf vorgenommen werden können, wurde bereits von Tahvildari et al. in [TK03, TK04] gezeigt. Hierzu werden im Folgenden die Entwurfsentscheidungen, die im Rahmen der Überarbeitung von Dienstkandidaten oder Dienstentwürfen getroffen werden können, identifiziert und mit den kritischen Stellen verknüpft. Dies ermöglicht es, dem IT-Architekten diejenigen Entwurfsentscheidungen als Handlungsalternativen aufzuzeigen, die im Rahmen einer Überarbeitung von Dienstkandidaten oder Dienstentwürfen in Betracht gezogen werden sollten. Zusätzlich werden, soweit möglich, konkrete Entscheidungen bewertet und auf diese Weise eine bevorzugte Handlungsalternative ermittelt.

6.3.1 Entwurfsentscheidungen

Werden Dienstkandidaten und Dienstentwürfe erstellt, so können im Zuge der Überarbeitung Entwurfsentscheidungen getroffen werden, wodurch die Gestaltung der Dienstkandidaten und Dienstentwürfe maßgeblich beeinflusst wird. Eine Entwurfsentscheidung kann dabei gemäß Jansen und Bosch [JB05] wie folgt definiert werden:

> *A description of the set of architectural additions, subtractions and modifications to the software architecture, the rationale, and the design rules, design constraints and additional requirements that (partially) realize one or more requirements on a given architecture.*

Die möglichen Entwurfsentscheidungen stellen dabei den Handlungsspielraum dar, der dem IT-Architekten im Rahmen der Überarbeitung von Dienstkandidaten und Dienstentwürfen zur Verfügung steht. Daher repräsentieren diese Entwurfsentscheidungen mögliche Handlungsalternativen, die gezielt ausgewählt und dem IT-Architekten als Vorschlag bereitgestellt werden sollen. Die Entwurfsentscheidungen werden daher im Folgenden zunächst identifiziert, bevor sie in einem weiteren Schritt mit konkreten kritischen Stellen verknüpft werden, um eine gezielte Auswahl der Entwurfsentscheidungen als Handlungsalternative vornehmen zu können. Die Identifikation der Entwurfsentscheidungen erfolgt anhand von Entwurfsprozessen, wie sie in der Literatur von Erl [Er06] und IBM [IBM-RUP-SOMA07] beschrieben werden. Diese stellen Entwurfsentscheidungen vor, die im Zuge der Erstellung von Dienstentwürfen getroffen werden müssen, weshalb diese geeignet in Entwurfsentscheidungen zur Überarbeitung von Dienstkandidaten und Dienstentwürfen überführt werden können. Dabei erfolgt nur eine Berücksichtigung solcher Entwurfsentscheidungen, deren Ausführung in einem validen Zustand resultiert. So ist bspw. das Entfernen einer erforderlichen Operation keine Entwurfsentscheidung, die als valide Handlungsalternative aufgeführt wird, da die Funktionalität der resultierenden Architektur ggf. nicht mehr vollständig ist und somit eine Bewertung dieser Handlungsalternative im Vergleich zu anderen Alternativen kein aussagekräftiges Ergebnis liefern würde.

Hinsichtlich der möglichen Entwurfsentscheidungen wird in dieser Arbeit kein Anspruch auf Vollständigkeit erhoben. Durch die Flexibilität des Ansatzes, die nachgelagerte Analyse und Überarbeitung von Dienstkandidaten bzw. von Dienstentwürfen und die damit einhergehende Unabhängigkeit der Bereitstellung von Handlungsalternativen vom gesamten Entwurfsprozess, kann bei Bedarf eine nachträgliche Ergänzung weiterer Entwurfsentscheidungen ähnlich der Erweiterung um zusätzliche Qualitätsindikatoren erfolgen.

Verschiebung eines Operationskandidaten

Im Rahmen der Erstellung von Dienstkandidaten kann nach der Ableitung der Dienstkandidaten aus den Anforderungen ggf. eine Verschiebung von Operationskandidaten aus einem Dienstkandidaten in einen anderen Dienstkandidaten erfolgen. Der IT-Architekt hat daher die Entwurfsentscheidung zu treffen, ob er einen bestimmten Operationskandidaten ggf. verschiebt oder nicht. Hierbei stehen verschiedene konkrete Entscheidungen zur Auswahl:

1. Der betrachtete Operationskandidat wird nicht verschoben

2. Der betrachtete Operationskandidat wird in einen neuen Dienstkandidaten verschoben

3. Der betrachtete Operationskandidat wird in einen bestehenden Dienstkandidaten verschoben

Die dritte Entscheidung kann hierbei weiter in die Menge der zur Verfügung stehenden Dienstkandidaten unterteilt werden. Die folgende Abbildung zeigt den zu dieser Entwurfsentscheidung zugehörigen Entscheidungsbaum.

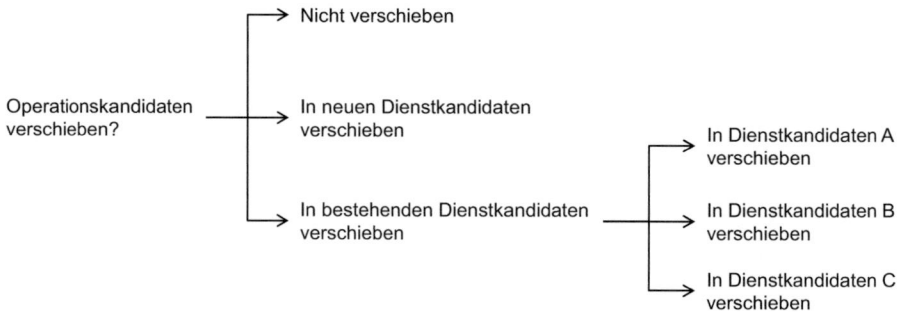

Abbildung 51: Entscheidungsbaum für die Verschiebung eines Operationskandidaten

Verschiebung einer Operation

Wurde ein Dienstentwurf erstellt, so stellt sich ähnlich zur vorherigen Entwurfsent-scheidung die Frage, ob eine Operation ggf. in einen anderen Dienst verschoben werden sollte. Hierbei stehen äquivalent zur Verschiebung eines Operationskandidaten die folgenden konkreten Entscheidungen zur Auswahl:

1. Die betrachtete Operation wird nicht verschoben

2. Die betrachtete Operation wird in einen neuen Dienst verschoben

3. Die betrachtete Operation wird in einen bestehenden Dienst verschoben

Die dritte Entscheidung kann hierbei weiter in die Menge der zur Verfügung stehenden Dienste unterteilt werden, weshalb sich äquivalent zur vorherigen Entwurfsentscheidung der folgende Entscheidungsbaum ergibt.

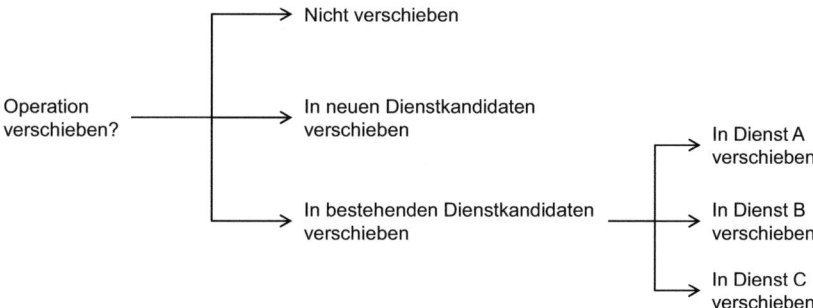

Abbildung 52: Entscheidungsbaum für die Verschiebung einer Operation

Umbenennung der Dienstschnittstelle

Die Erstellung eines Dienstentwurfs schließt die Benennung der Dienstschnittstelle, welche letztlich den Namen des Dienstes repräsentiert, mit ein. Aus diesem Grund hat der IT-Architekt im Rahmen der Überarbeitung von Dienstentwürfen die Entscheidung zu treffen, ob und wenn ja, wie die Dienstschnittstelle umbenannt werden soll. Die möglichen Entscheidungen bzgl. einer konkreten Umbenennung sind hierbei zu umfangreich, als dass dem IT-Architekten hier eine detaillierte Auswahl von Handlungsalternativen zur Verfügung gestellt werden könnte.

Umbenennung einer Operation

Während es sich bei Operationskandidaten zunächst nur um vorläufige Operationen handelt, deren Benennung letztlich nicht ausschlaggebend für die Qualität des Dienstes ist, hat die Benennung von Operationen in Dienstentwürfen Einfluss auf bspw. die Qualitätseigenschaft der Auffindbarkeit. Demnach hat der IT-Architekt die Entscheidung zu treffen, wie die Operationen benannt werden sollen. Im Zuge der Überarbeitung von Dienstentwürfen ist demnach, ähnlich zur vorherigen Entwurfsentscheidung, die Entscheidung zu treffen, ob und wenn ja, wie eine bestimmte Operation umbenannt werden sollte.

Umbenennung einer Rolle

Die im Zuge der Erstellung von Dienstentwürfen festgelegten Rollen müssen ebenfalls benannt und ggf. im Rahmen der Überarbeitung umbenannt werden. Auch hier besteht die Auswahl zwischen keiner Umbenennung und einer Umbenennung in eine beliebige Zeichenkette.

Umbenennung eines Parameters

Ähnlich zur Umbenennung einer Operation, muss im Zuge der Erstellung von Dienstentwürfen eine Benennung der Parameter erfolgen, die ggf. im Rahmen der Überarbeitung von Dienstentwürfen überdacht werden sollte.

Umbenennung eines Datentyps

Ebenso ist ggf. eine Umbenennung der Datentypen erforderlich. Hier besteht ebenfalls die Auswahl zwischen keiner Umbenennung und einer Umbenennung in eine beliebige Zeichenkette.

Änderung des Kommunikationsmodus einer Operation

Der IT-Architekt hat die Entscheidung zu treffen, ob eine Operation synchron aufgerufen und somit das Ergebnis direkt von der Operation zurückgeliefert wird oder ob der Aufruf asynchron erfolgen und somit nach erfolgreicher Ausführung eine *Callback*-Funktion auf Seite des Dienstnehmers aufgerufen werden soll. Im Zuge der Überarbeitung gilt es demnach die Entscheidung zu treffen, ob der Kommunikationsmodus einer Operation ggf. von synchron nach asynchron oder von asynchron nach synchron geändert werden soll. Dementsprechend stehen nur zwei konkrete Handlungsalternativen bereit: keine Änderung des Kommunikationsmodus oder Änderung des Kommunikationsmodus.

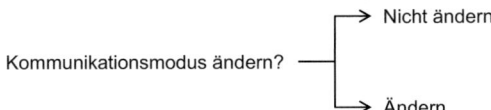

Abbildung 53: Entscheidungsbaum für die Änderung des Kommunikationsmodus einer Operation

Änderung eines Datentyps

Die Erstellung von Dienstentwürfen erfordert die Festlegung von Datentypen, die später in den Parametern von Operationen genutzt werden können. Demzufolge kann im Rahmen der Überarbeitung von Dienstentwürfen eine Änderung dieser Datentypen erforderlich sein. Der IT-Architekt hat dabei die Entscheidung zu treffen, ob ein bestimmter Datentyp geändert und wenn ja, welche Art von Änderung durchgeführt werden soll.

Änderung der Parameter einer Operation

Im Zuge der Festlegung von Operationen in einer Schnittstelle müssen die Parameter, die für als Eingabe und Ausgabe dienen, bestimmt werden. Die Überarbeitung von Dienstentwürfen kann daher eine Änderung dieser Parameter einer Operation erfordern. Der IT-Architekt muss daher entscheiden, ob und wenn ja, wie eine Änderung der Parameter erfolgen soll.

6.3.2 Identifikation von Handlungsalternativen

Im vorherigen Abschnitt wurden Entwurfsentscheidungen identifiziert, die im Rahmen der Überarbeitung von Dienstkandidaten und Dienstentwürfen getroffen werden können. Um dem IT-Architekten konkrete Handlungsalternativen für eine zielgerichtete Überarbeitung präsentieren zu können, gilt es, die Entwurfsentscheidungen auszuwählen, die in der Behebung einer kritischen Stelle und somit einer Verbesserung einer ausgewählten Qualitätseigenschaft resultieren können.

Im Rahmen der Identifikation kritischer Stellen wurden bereits Modellelemente identifiziert, welche die Ursache für eine ausgewählte, unzureichende Qualitätseigen-schaft darstellen. Da Entwurfsentscheidungen zu einer Modifikation von Modellelementen führen, kann diese Gemeinsamkeit genutzt werden, um eine Verknüpfung zwischen einer identifizierten, kritischen Stelle und einer Entwurfsent-scheidung herzustellen, die letztlich zu einer Beseitigung dieser kritischen Stelle führen kann. Die folgende Abbildung veranschaulicht das Vorgehen.

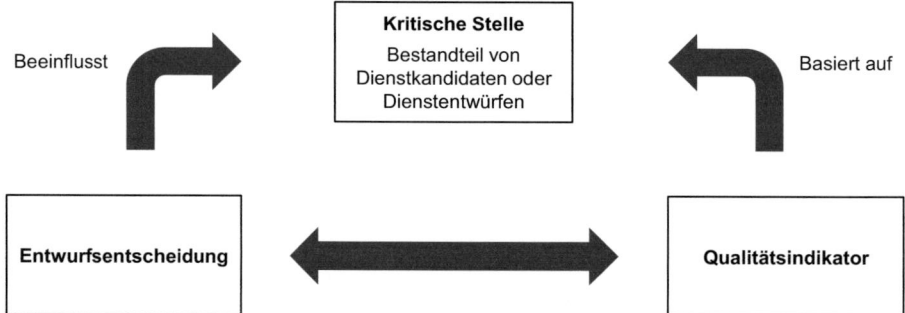

Abbildung 54: Verknüpfung von Entwurfsentscheidungen mit Qualitätsindikatoren

Demnach werden im Folgenden die von Entwurfsentscheidungen beeinflussten Modellelemente in Dienstkandidaten und Dienstentwürfen aus den vorherigen Beschreibungen abgeleitet. Anschließend kann diese Kenntnis genutzt werden, um im Falle einer kritischen Stelle eine Entwurfsentscheidung und somit eine Handlungsalternative zu identifizieren. Ebenso kann über die Verknüpfung zu den kritischen Stellen, wie sie in Kapitel 6.1 aus den Qualitätsindikatoren abgeleitet wurden, der Bezug zwischen Entwurfsentscheidungen und Qualitätseigenschaften hergestellt werden. Der IT-Architekt erhält somit durch diese Verknüpfung nicht nur Kenntnis darüber, wie er eine kritische Stelle beheben kann, sondern er erhält zusätzlich die Information, auf welche Qualitätseigenschaft sich ggf. eine Entwurfsentscheidung auswirken kann. Die folgende Tabelle zeigt Entwurfsentscheidungen und die jeweils beeinflussten Modellelemente.

Tabelle 43: Von Entwurfsentscheidungen beeinflusste Modellelemente

Entwurfsentscheidung	Modellelement
Verschiebung eines Operationskandidaten	Operationskandidat
Verschiebung einer Operation	Operation
Umbenennung der Dienstschnittstelle	Name der betrachteten Dienstschnittstelle
Umbenennung einer Rolle	Name der betrachteten Rolle
Umbenennung einer Operation	Name der betrachteten Operation
Umbenennung eines Parameters	Name des betrachteten Parameters

Umbenennung eines Datentyps	Name des betrachteten Datentyps
Änderung des Kommunikationsmodus einer Operation	Kommunikationsmodus einer Operation innerhalb des Interaktionsprotokolls
Änderung eines Datentyps	Datentyp
Änderung der Parameter einer Operation	Parameter

Aufbauend auf dieser Information und der Kenntnis der kritischen Stellen aus Kapitel 6.1 können im Folgenden die Qualitätsindikatoren mit den Entwurfsentscheidungen verknüpft werden. Auf diese Weise können im Falle eines unzureichenden Qualitäts-indikators anhand der Verknüpfung über die beeinflussten Modellelemente die Entwurfsentscheidungen als Handlungsalternativen identifiziert werden, die eine Behebung der kritischen Stelle bewirken können. Die folgende Tabelle zeigt die Qualitätsindikatoren aus Kapitel 5.1 und die jeweils beeinflussenden Entwurfs-entscheidungen.

Tabelle 44: Verknüpfung von Entwurfsentscheidungen mit Qualitätsindikatoren

Qualitätsindikator	Entwurfsentscheidung
Trennung von geschäftsbezogener und technischer Funktionalität	Verschiebung eines Operationskandidaten bzw. Verschiebung einer Operation
Trennung von agnostischer und nicht-agnostischer Funktionalität	Verschiebung eines Operationskandidaten bzw. Verschiebung einer Operation
Datenhoheit	Verschiebung eines Operationskandidaten bzw. Verschiebung einer Operation
Nutzung gemeinsamer Geschäftsentitäten	Verschiebung eines Operationskandidaten bzw. einer Operation
Fachliche Benennung der Dienstschnitt-stelle	Umbenennung der Dienstschnittstelle
Fachliche Benennung der Rollen	Umbenennung einer Rolle
Fachliche Benennung der Operationen	Umbenennung einer Operation

Fachliche Benennung der Parameter	Umbenennung eines Parameters
Fachliche Benennung der Datentypen	Umbenennung eines Datentyps
Einhaltung von Namenskonventionen seitens der Dienstschnittstelle	Umbenennung der Dienstschnittstelle
Einhaltung von Namenskonventionen seitens der Rollen	Umbenennung einer Rolle
Einhaltung von Namenskonventionen seitens der Operationen	Umbenennung einer Operation
Einhaltung von Namenskonventionen seitens der Parameter	Umbenennung eines Parameters
Einhaltung von Namenskonventionen seitens der Datentypen	Umbenennung eines Datentyps
Informationsumfang	-
Asynchronität	Änderung des Kommunikationsmodus einer Operation
Abstraktion der Operationen	Umbenennung einer Operation
Abstraktion der Parameter	Änderung der Parameter einer Operation
Kompensation	Verschiebung eines Operationskandidaten bzw. Verschiebung einer Operation
Abhängigkeiten	Verschiebung eines Operationskandidaten bzw. Verschiebung einer Operation
Überlappung der Funktionalität	Verschiebung eines Operationskandidaten bzw. Verschiebung einer Operation

Die Verknüpfung von Entwurfsentscheidungen mit kritischen Stellen und die Ableitung kritischer Stellen aus Qualitätsindikatoren führt somit zusätzlich zu der Kenntnis, welche Entwurfsentscheidungen welche Qualitätseigenschaft beeinflussen. Der IT-Architekt erhält hierdurch die Information, welche Auswirkungen eine Entwurfs-entscheidung und somit eine Änderung von Dienstkandidaten und Dienstentwürfen nach sich ziehen kann. Die folgende Tabelle stellt diese Zusammenhänge zwischen Entwurfsentscheidungen und Qualitätseigenschaften dar.

Tabelle 45: Zusammenhang zwischen Entwurfsentscheidungen und Qualitätseigenschaften

Entwurfsentscheidung	Qualitätseigenschaft
Verschiebung eines Operationskandidaten	Eindeutige Kategorisierung Autonomie
Verschiebung einer Operation	Eindeutige Kategorisierung Autonomie
Umbenennung der Dienstschnittstelle	Auffindbarkeit
Umbenennung einer Operation	Auffindbarkeit
Umbenennung eines Parameters	Auffindbarkeit
Umbenennung eines Datentyps	Auffindbarkeit
Umbenennung einer Rolle	Auffindbarkeit
Änderung des Kommunikationsmodus einer Operation	Lose Kopplung
Änderung eines Datentyps	Lose Kopplung
Änderung der Parameter einer Operation	Lose Kopplung

6.3.3 Bewertung von Handlungsalternativen

Im vorherigen Abschnitt wurden Handlungsalternativen identifiziert und mit konkreten Stellen und somit Qualitätseigenschaften in Beziehung gesetzt. Hierdurch erhält der IT-Architekt Kenntnis darüber, wie Dienstkandidaten und Dienstentwürfe gezielt überarbeitet werden können, um kritische Stellen zu heben. Falls mehrere Handlungsalternativen zur Verfügung stehen, ist eine Bewertung dieser notwendig, um die bevorzugte Handlungsalternative zu bestimmen. Hierfür können erneut die Qualitätsindikatoren aus Kapitel 5 herangezogen werden. Die verschiedenen Handlungsalternativen werden demnach auf Basis dieser Qualitätsindikatoren evaluiert und der Einfluss auf die Qualitätseigenschaften abgeleitet. Anschließend kann die Alternative gewählt werden, die den größten positiven Einfluss erzielt. Hierbei ist primär ein Vergleich der bereits sehr konkreten Handlungsalternativen wie bspw. der Verschiebung einer Operation in einen bestimmten Dienst miteinander möglich.

6.4 Resümee

Aufbauend auf einer Analyse, wie sie in Kapitel 5 mittels der Bestimmung von Qualitätseigenschaften erzielt wurde, hat dieses Kapitel gezeigt, wie eine gezielte Überarbeitung von Dienstkandidaten und Dienstentwürfen hinsichtlich der Qualitätseigenschaften erfolgen kann.

Dabei wurde zunächst ein Vorgehen vorgestellt, mit dem sich kritische Stellen innerhalb von Dienstkandidaten und Dienstentwürfen identifizieren lassen. Als kritische Stelle wird hierbei das Modellelement innerhalb eines Modells bezeichnet, das letztlich die Ursache für einen nicht zufriedenstellenden Qualitätsindikator und somit eine nicht zufriedenstellende Qualitätseigenschaft darstellt. Hierzu wurden die Qualitätsindikatoren aus Kapitel 5.1 mit konkreten Modellelementen innerhalb von Dienstkandidaten und Dienstentwürfen verknüpft. Ebenso wurden die kritischen Stellen auszugsweise mit OCL formalisiert, wodurch letztlich eine automatisierte Identifikation der kritischen Stellen und ggf. sogar eine Einbettung in eine Entwicklungsumgebung ermöglicht werden. Durch diese Formalisierung und auch die Orientierung an SoaML wird ebenfalls zu einer praktischen Anwendbarkeit des Ansatzes bei gleichzeitiger Plattformunabhängigkeit beigetragen.

Um dem IT-Architekten Handlungsalternativen bereitstellen zu können, die eine gezielte Veränderung von Qualitätsindikatoren bewirken, wurden Entwurfsentscheidungen identifiziert, die im Rahmen der Überarbeitung von Dienstkandidaten und Dienstentwürfen getroffen werden können. Hierbei erfolgte teilweise eine Unterteilung der Entwurfsentscheidungen weiter in konkretere Entscheidungen und letztlich eine Verknüpfung mit den Modellelementen, welche die kritischen Stellen repräsentieren. Dies ermöglicht, zugehörig zu kritischen Stellen Handlungsalternativen bereitzustellen, die in einer Überarbeitung dieser Stellen resultieren und somit zu einer Verbesserung ausgewählter Qualitätseigenschaften beitragen können. Des Weiteren erhält der IT-Architekt durch diese Verknüpfung eine Kenntnis darüber, welche Entwurfsentscheidungen welche Qualitätsindikatoren und somit welche Qualitätseigenschaften beeinflussen. Liegen konkrete Entscheidungen vor, so werden diese mittels der Qualitätsindikatoren bewertet und somit eine Auswahl der bevorzugten Handlungsalternative getroffen. Somit können dem IT-Architekt zum einen Vorschläge unterbreitet werden, welche Entwurfsentscheidungen im Zuge einer Überarbeitung von Dienstkandidaten und Dienstentwürfen berücksichtigt werden sollten, da diese in einer Verbesserung der Qualitätsindikatoren und somit Qualitätseigenschaften resultieren können. Zum anderen ist es möglich, teilweise konkrete Handlungsempfehlungen zu geben, deren Durchführung nachweislich in einer Verbesserung der Qualitätsindikatoren und somit Qualitätseigenschaften resultiert. Hierdurch stellt dieses Kapitel die logische Fortführung der Bestimmung von Qualitätseigenschaften und dementsprechend der Analyse von Dienstkandidaten und Dienstentwürfen dar, um letztlich zielgerichtet und nachvollziehbar zu Dienstkandidaten und Dienstentwürfen mit nachweislichen Qualitätseigenschaften zu gelangen.

7 Demonstration der Tragfähigkeit

Im Folgenden werden die in dieser Arbeit entwickelten Konzepte für einen qualitätsorientierten Entwurf von Anwendungsdiensten an zwei konkreten Anwendungsfällen gezeigt, um die Tragfähigkeit dieser Konzepte im Sinne ihrer Anwendbarkeit und Effektivität zu demonstrieren. Die Anwendungsfälle sind dabei in unterschiedlichen Domänen als jeweils begrenzte Interessens- bzw. Wissensgebiete [SV+07], in denen dienstorientierte Architekturen zum Einsatz kommen können, angesiedelt, um die domänenübergreifende Anwendbarkeit der Konzepte aufzuzeigen. Im Konkreten wird ein Anwendungsfall aus der Domäne der personenzentrierten Umweltbeobachtung und ein Anwendungsfall aus der Domäne Campus-Management betrachtet.

Mittels Anwendung der erstellten Konzepte auf diese Anwendungsfälle durch den Autor der vorliegenden Arbeit wird nachgewiesen, dass die Konzepte ein hilfreiches und anwendbares Werkzeug für den IT-Architekten darstellen. Die Anwendbarkeit definiert sich in diesem Kontext darüber, dass zu jedem Zeitpunkt die aktuell durchzuführende Aufgabe innerhalb des Entwurfsprozesses klar spezifiziert ist, so dass eine Durchführung dieser Aufgaben ausgehend von geschäftlichen Anforderungen in einer systematischen Erstellung von Dienstentwürfen mit ausgewählten Qualitätseigenschaften resultiert.

Die Effektivität im Sinne des Wirkungsgrads der vorgestellten Lösung hingegen fokussiert zum einen die nachweisliche Einhaltung einer eindeutigen Kategorisierung, losen Kopplung, Auffindbarkeit und Autonomie seitens der erstellten Dienstentwürfe und zum anderen die Erfüllung der gestellten Anforderungen aus Kapitel 3. Hierfür werden zunächst die systematisch entworfenen Dienste jeweils im Anschluss an einen betrachteten Anwendungsfall analysiert und das Ergebnis des Entwurfs bewertet. Diese Bewertung erfolgt dabei unabhängig von den zuvor genutzten Qualitätsindikatoren, wodurch verhindert wird, dass die zur Erstellung der Dienstentwürfe genutzten Mittel selbst wieder zur Bewertung der Ergebnisse eingesetzt werden. Des Weiteren wird in Kapitel 7.3 basierend auf den Erfahrungen, die durch die Anwendung der Konzepte gesammelt werden konnten, eine Überprüfung auf Erfüllung der definierten Anforderungen durchgeführt. Durch den Abgleich der erfüllten mit den gestellten Anforderungen lässt sich die Effektivität der vorgestellten Konzepte ermitteln. Ebenso erfolgt in diesem Zuge basierend auf den Erfahrungen ein Vergleich der Konzepte der vorliegenden Arbeit mit alternativen Ansätzen, wodurch der in dieser Arbeit erzielte Beitrag zusätzlich hervorgehoben wird.

7.1 Qualitätsorientierter Entwurf von Diensten für die Domäne der Umweltbeobachtung

Aufbauend auf einer Kooperation mit dem Fraunhofer-Institut für Optronik, Systemtechnik und Bildauswertung (IOSB) wurde in der Forschungsgruppe Cooperation & Management (C&M) am Karlsruher Institut für Technologie (KIT) die Domäne des Human-centered EnviRonmental Observation (HERO) eingeführt. Die Idee von HERO basiert dabei auf dem am Fraunhofer IOSB entwickelten System "Network Enabled Surveillance and Tracking" (NEST).

Bei NEST handelt es sich um ein Eigenforschungsprojekt des Fraunhofer IOSB zur vernetzten Gebäudeüberwachung [BE+08, MR+10]. Hierbei ist die Idee, dass Personen oder Gegenstände in einem Gebäude überwacht und darauf aufbauend komplexere Aufgaben durchgeführt werden können. Als Beispiel ist die Überwachung eines Besuchers eines Gebäudes zu nennen, der bestimmte Bereiche des Gebäudes nicht betreten darf. Dieses Szenario ist vom Autor der vorliegenden Arbeit in [GM+10] dargestellt. Der Besucher meldet sich zunächst am Empfang an und teilt mit, einen bestimmten Mitarbeiter aufsuchen zu wollen. Ausgehend von der Rolle des Besuchers werden die erlaubten und unerlaubten Bereiche des Gebäudes ermittelt. Anschließend erfolgt bspw. mittels Kameras eine Überwachung der Person, so dass entsprechend reagiert werden kann, sobald die überwachte Person einen unerlaubten Bereich betritt.

Im Gegensatz zu NEST steht bei HERO weniger die Überwachung von Personen und Gegenständen als vielmehr die Beobachtung und somit Unterstützung von Menschen im Vordergrund. Innerhalb der Domäne HERO werden in der Forschungsgruppe C&M HERO-Anwendungen entwickelt. Hierbei handelt es sich um Lösungen, die sich dadurch auszeichnen, dass Informationen aus der Umgebung eines Menschen erfasst und verarbeitet werden, um das Leben des Menschen zu unterstützen. Aufgrund der hierfür erforderlichen Integration von bereits verteilt vorliegenden Informationen wie bspw. der Positionsermittlung des Menschen mittels Sensordiensten und der Forderung nach hoher Flexibilität und Wiederverwendbarkeit von Funktionalität, sollen die HERO-Anwendungen dienstorientiert gestaltet sein. Dies bedeutet, dass im Zuge der Entwicklung einer neuen HERO-Anwendung ein Entwurf der erforderlichen Dienste durchzuführen ist.

Aus diesem Grund eignet sich diese Domäne für die Demonstration der Tragfähigkeit der in dieser Arbeit vorgestellten Beiträge, indem beispielhaft eine HERO-Anwendung entwickelt und die hierfür erforderlichen Dienste mittels der erarbeiteten Konzepte entworfen werden. In Zusammenarbeit mit dem Fraunhofer IOSB erfolgte zusätzlich eine Anwendung der Konzepte auf die ursprüngliche Idee von NEST. Die Ergebnisse wurden mitunter von dem Autor der vorliegenden Arbeit in [GM+10] veröffentlicht.

7.1.1 Geschäftsanalyse

Die im Rahmen dieser Arbeit betrachtete HERO-Anwendung wird als KITCampusGuide bezeichnet und dient dazu, einen Studierenden am KIT über den Campus zu leiten. Es wird hierbei angenommen, dass der Studierende über ein mobiles Endgerät verfügt, das bspw. über Wireless LAN (WLAN) auf Dienste des KIT zugreifen kann. Der Studierende ruft zur Nutzung des KITCampusGuide zunächst eine Webseite auf und trägt hier sein gewünschtes Ziel ein, zu dem er geleitet werden möchte. Dabei hat er die Möglichkeit, entweder einen konkreten Raum bzw. Hörsaal oder einen Mitarbeiter anzugeben. Handelt es sich bei dem angegebenen Ziel um einen Mitarbeiter, so erfolgt zunächst eine Abfrage des Raums, in dem sich der Mitarbeiter üblicherweise aufhält. Hierbei kann bspw. das Büro des Mitarbeiters zurückgegeben werden. Anschließend wird zu diesem Ziel ausgehend von der aktuellen Position des Studierenden die Route inklusive einer Karte ermittelt und dem Studierenden angezeigt. Die folgende Abbildung veranschaulicht die Idee des KITCampusGuide.

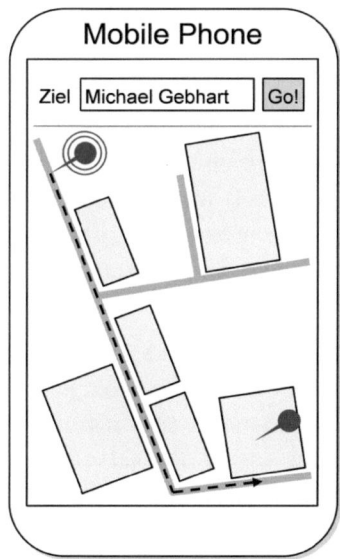

Abbildung 55: Veranschaulichung des KITCampusGuide

Im Zuge der Abfrage einer Route inklusive der Karte werden Geschäftsentitäten wie bspw. eine Person oder ein Raum abgefragt oder bearbeitet. Diese Geschäftsentitäten werden innerhalb eines Domänenmodells beschrieben, welches wiederum auch die Grundlage für die Begrifflichkeiten bildet. Das im Folgenden gezeigte Domänenmodell wurde iterativ vervollständigt und berücksichtigt in der vorliegenden Form alle im weiteren Verlauf der Geschäftsanalyse benötigten Geschäftsentitäten.

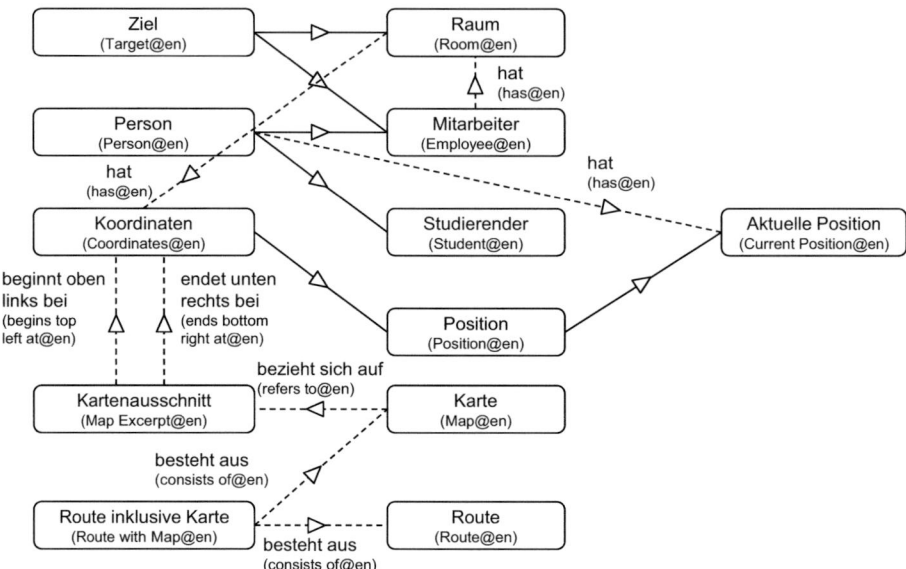

Abbildung 56: Domänenmodell der personenzentrierten Umweltbeobachtung mit Fokus auf den KITCampusGuide

Als Werkzeug diente hierbei das vom Stanford Center for Biomedical Informatics Research entwickelte Protégé [Ho09]. Während in obiger Abbildung eine Darstellung, wie sie in Kapitel 4.2 eingeführt wurde, erfolgt, ist die vollständige Beschreibung des Domänenmodells als entsprechendes XML-Dokument im Anhang dieser Arbeit aufgeführt.

Sowohl der Geschäftsanwendungsfall als auch der Geschäftsprozess orientieren sich an dem dargestellten Domänenmodell. Da im Zuge des Entwurfs und der Implementierung englische Begriffe zum Einsatz kommen und auch hier einheitliche Begrifflichkeiten genutzt werden sollen, werden wie in Kapitel 4.2 beschrieben, zusätzlich zu den Benennungen der Klassen und Eigenschaften, d.h. der Geschäftsentitäten und ihren Beziehungen, die englischen Bezeichnungen ergänzt. Diese sind als zusätzliche Anmerkungen zu den deutschsprachigen Bezeichnungen mit dem Kürzel "@en" versehen. Sie dienen somit als Ausgangspunkt für die Überführung der Geschäftsentitäten in englischsprachige Datentypen.

Da es sich bei der Zieleingabe und Darstellung der Route inklusive der dazugehörigen Karte um lokale Aufgaben des Studierenden und seines mobilen Endgeräts handelt, stellt die Abfrage der Route inklusive der Karte den zentralen Geschäftsanwendungsfall dar, der im Zuge der Entwicklung der Dienste für den KITCampusGuide betrachtet werden muss.

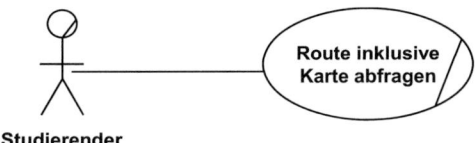

Studierender

Abbildung 57: Betrachteter Geschäftsanwendungsfall im Kontext der personenzentrierten Umweltbeobachtung

Die Erstellung des Geschäftsanwendungsfalls, sowie aller weiteren UML-Modelle erfolgte ursprünglich mit dem Rational Software Architect (RSA) von IBM [IBM-RSA7.5], während die dargestellten Abbildungen für eine bessere Lesbarkeit aufbereitet wurden. Die Diagramme für den vorliegenden Tragfähigkeitsnachweis befinden sich in ihrer ursprünglichen Form im Anhang dieser Arbeit.

Die Anfrage einer Route inklusive einer Karte, die zur Abdeckung der Route erforderlich ist, richtet sich zunächst an die Studierendenverwaltung des KIT. Diese wiederum stellt entsprechende Anfragen an die Personalverwaltung und Gebäudeverwaltung. Für die Routenermittlung und das Kartenmaterial sollen externe Dienstleister eingebunden werden, die jedoch selbst, ebenso wie die anderen Organisationseinheiten noch keine geeigneten Dienste bereitstellen, die ggf. berücksichtigt werden müssten. Der Geschäftsprozess des KITCampusGuide zur Abfrage einer Route inklusive der Karte ist im Folgenden dargestellt.

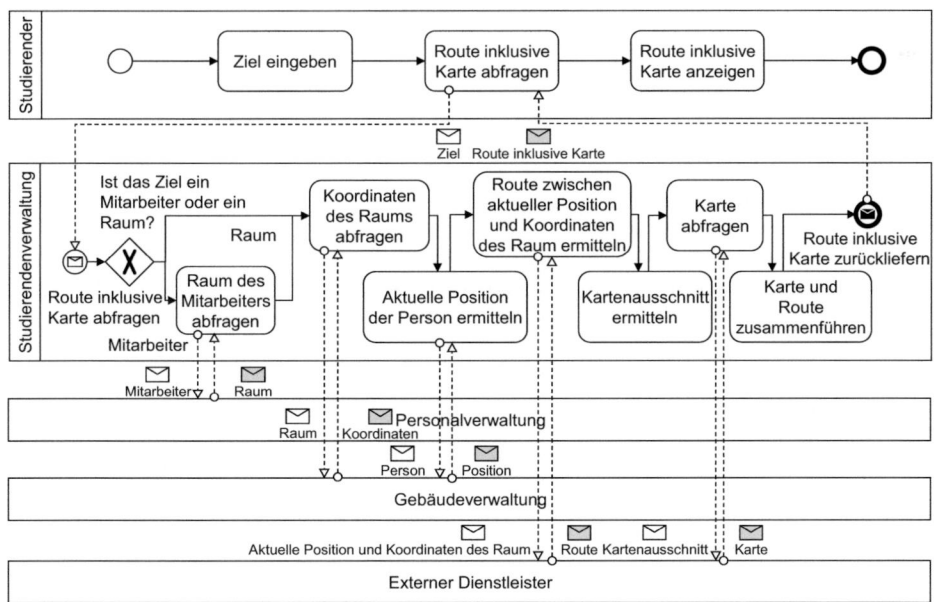

Abbildung 58: Geschäftsprozess zur Abfrage einer Route inklusive der dazugehörigen Karte

Jede der betroffenen Organisationseinheiten oder Rollen wie bspw. der Studierende oder die Studierendenverwaltung ist dabei, wie in Kapitel 4.2 eingeführt, als Pool dargestellt. Die Interaktion zwischen den Pools erfolgt über Nachrichten, welche letztlich ausgetauschten Geschäftsentitäten entsprechen. Die genutzten Begrifflichkeiten für diese Entitäten und auch für die innerhalb der Pools aufgeführten Aktivitäten orientiert sich an dem vorher erstellten Domänenmodell, wodurch das Verständnis des Geschäftsprozesses verstärkt und eventuelle Missverständnisse reduziert werden.

Die Abfrage einer Route inklusive der Karte beginnt mit einer Unterscheidung, ob als Ziel ein Mitarbeiter oder ein konkreter Raum angegeben wurde. Handelt es sich bei dem Ziel um einen Mitarbeiter wird zunächst der Raum des Mitarbeiters von der Personalverwaltung abgefragt. In einem nächsten Schritt werden zu diesem Raum oder dem ursprünglich als Ziel angegebenen Raum die Koordinaten von der Gebäudeverwaltung abgefragt. Diese Koordinaten bilden somit das Ziel der Routenberechnung. Anschließend erfolgt eine Ermittlung der aktuellen Position der Person, die den KITCampusGuide nutzt. Hierzu wird ebenfalls die Gebäudeverwaltung einbezogen, da diese über bspw. Kameras oder entsprechende Nutzung der FriCard, d.h. der Zugangskarte am KIT, die Position der Person ermitteln kann, welche wiederum ebenfalls als Koordinaten vorliegt. In einem weiteren Schritt wird der externe Dienstleister in Anspruch genommen, um die Route zwischen dieser aktuellen Position der Person in Form von Koordinaten und dem Zielraum, dessen Koordinaten abgefragt wurden, zu ermitteln. Ausgehend von der Route wird seitens der Studierendenverwaltung der notwendige Kartenausschnitt ermittelt, der vollständig die zuvor abgefragte Route abdeckt. Die Karte wird anschließend ebenfalls von einem externen Dienstleister abgefragt. Abschließend werden die Route und die Karte zusammengeführt und als Bild an den Studierenden zurückgegeben.

7.1.2 Dienstentwurf

Ausgehend von obiger Geschäftsanalyse kann nun gemäß des Vorgehens aus Kapitel 4 ein Entwurf der Dienste erfolgen. Der Entwurf gliedert sich dabei entsprechend in eine Identifikation der Dienstkandidaten und die darauffolgende Spezifikation der Dienstentwürfe.

Identifikation

Im Rahmen der Identifikation werden die Dienstkandidaten zunächst systematisch aus den Artefakten der Geschäftsanalyse abgeleitet. Hierbei wird jeder Pool in einen Dienstkandidaten und die Interaktionen zwischen diesen Pools in Operationskandidaten überführt. Die folgende Abbildung zeigt die systematisch abgeleiteten Dienstkandidaten.

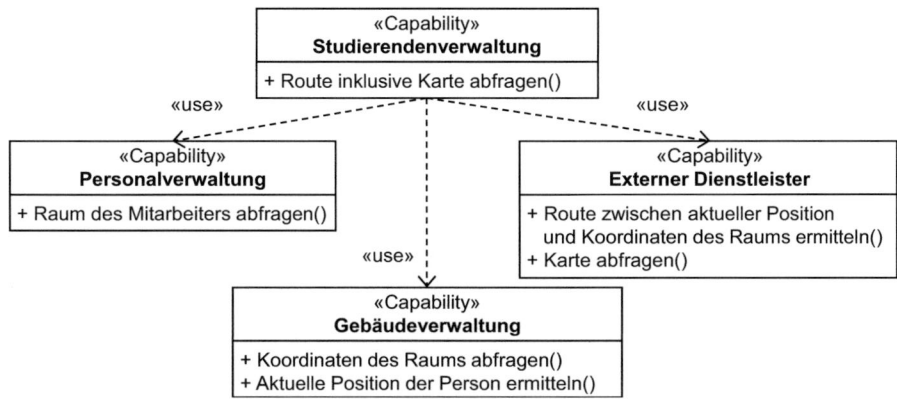

Abbildung 59: Abgeleitete Dienstkandidaten im Kontext der personenzentrierten Umweltbeobachtung

Diese Dienstkandidaten werden nun in einem weiteren Schritt hinsichtlich ihrer Qualitätseigenschaften analysiert, um ggf. entsprechende Überarbeitungen vorzunehmen. Die folgende Tabelle zeigt die Qualitätsindikatoren aus Kapitel 5.1, die zum Zeitpunkt von Dienstkandidaten relevant sind. Dabei wird für jeden Qualitätsindikator auf Basis der eingeführten Formalisierungen der Wert für die Dienstkandidaten Studierendenverwaltung (SV), Personalverwaltung (PV), Gebäudeverwaltung (GV) und Externer Dienstleiter (ED) bestimmt. Werte, die nicht dem Optimum entsprechen, werden hierbei durch Fettschrift hervorgehoben.

Tabelle 46: Qualitätsindikatoren der abgeleiteten Dienstkandidaten im Kontext der personenzentrierten Umweltbeobachtung

Qualitätsindikator	SV	PV	GV	ED
Trennung von geschäftsbezogener und technischer Funktionalität	1,0	1,0	1,0	1,0
Trennung von agnostischer und nicht-agnostischer Funktionalität	1,0	1,0	**0,5**	1,0
Datenhoheit	n.a.	1,0	1,0	1,0
Nutzung gemeinsamer Geschäftsentitäten	1,0	1,0	**0,5**	**0,5**
Kompensation	n.a.	n.a.	n.a.	n.a.
Abhängigkeiten	**4,0**	0,0	0,0	0,0
Überlappung der Funktionalität	0,0	0,0	0,0	0,0

Da alle Operationskandidaten aus geschäftlichen Anforderungen abgeleitet wurden, stellen diese Operationskandidaten ausschließlich geschäftsbezogene Funktionalität bereit. Aus diesem Grund entspricht die Trennung von geschäftsbezogener und technischer Funktionalität für alle Dienstkandidaten dem optimalen Wert. Hinsichtlich der Trennung von agnostischer und nicht-agnostischer Funktionalität zeigen sich jedoch insbesondere bei der Gebäudeverwaltung Defizite. Da in diesem Fall die Abfrage der Koordinaten eines Raums eine agnostische und die Ermittlung der aktuellen Position der Person eine nicht-agnostische Funktionalität darstellen, liefert die zugunde liegende Formalisierung für diesen Qualitätsindikator einen Wert von 0,5. Die Operationskandidaten der übrigen Dienstkandidaten stellen entweder jeweils nur agnostische oder nur nicht-agnostische Funktionalität bereit, weshalb der Qualitätsindikator für diese Dienstkandidaten dem gewünschten Wert entspricht. Die Datenhoheit auf Seite der Personalverwaltung ist optimal, da explizit die Geschäftsentität des Mitarbeiters verwaltet wird. Selbiges trifft auf die Gebäudeverwaltung mit der Geschäftsentität des Raumes und den externen Dienstleister mit der Geschäftsentität der Karte zu. Die Studierendenverwaltung verwaltet selbst keine Geschäftsentitäten, weshalb eine Ermittlung der Datenhoheit in diesem Fall nicht möglich ist. Die Nutzung gemeinsamer Geschäftsentitäten entspricht sowohl im Falle der Studierendenverwaltung als auch bzgl. der Personalverwaltung aufgrund der Bereitstellung eines einzigen Operationskandidaten dem gewünschten Wert. Für die Gebäudeverwaltung liefert die Metrik zur Nutzung gemeinsamer Geschäftsentitäten nur einen Wert von 0,5, da Räume und Personen unabhängig voneinander existieren können und somit in den zwei Operationskandidaten unterschiedliche Geschäftsentitäten genutzt werden. Selbiges trifft auf den externen Dienstleister zu, da auch in diesem Fall innerhalb der zwei bereitgestellten Operationskandidaten eine Nutzung unterschiedlicher Geschäftsentitäten vorliegt. Die Kompensation lässt sich für die Dienstkandidaten nicht ermitteln, da keiner der bereitgestellten Operationskandidaten eine zustandsändernde Funktionalität ausführt. Während die Dienstkandidaten der Personenverwaltung, der Gebäudeverwaltung und des externen Dienstleisters nicht von anderen modellierten Dienstkandidaten abhängen, erfordert die Studierendenverwaltung vier weitere Dienstkandidaten, um ihre Funktionalität zu erbringen. Aus diesem Grund entspricht dieser Qualitätsindikator im Sinne einer möglichst hohen Autonomie des Dienstes nicht dem optimalen Wert und ist ebenfalls als Defizit aufzuführen. Überlappungen hinsichtlich der Funktionalität liegen für keinen der erstellten Operationskandidaten vor, weshalb dieser Qualitätsindikator für alle Dienstkandidaten dem gewünschten Wert entspricht. Ausgehend von den bestimmten Qualitätsindikatoren, sollen die identifizierten Defizite im Zuge der Überarbeitung behoben werden.

Zunächst wird der Dienstkandidat der Gebäudeverwaltung überarbeitet. Aufbauend auf den Formalisierungen aus Kapitel 6.1 werden daher zunächst die kritischen Stellen ermittelt, die für die nicht zufriedenstellenden Qualitätsindikatoren verantwortlich sind. Für den Qualitätsindikator der Trennung von agnostischer und nicht-agnostischer Funktionalität werden die Operationskandidaten hervorgehoben, die nicht-agnostische Funktionalität bereitstellen. Für den Qualitätsindikator der Nutzung gemeinsamer Geschäftsentitäten stellen die Operationskandidaten, die keine gemeinsame Geschäftsentität nutzen, eine kritische Stelle dar. Da es sich hierbei um dieselbe kritische Stelle handelt, wird nur ein Operationskandidat als kritische Stelle gekennzeichnet. Die folgende Abbildung zeigt den Dienstkandidaten der Gebäudeverwaltung inklusive Hervorhebung der kritischen Stelle.

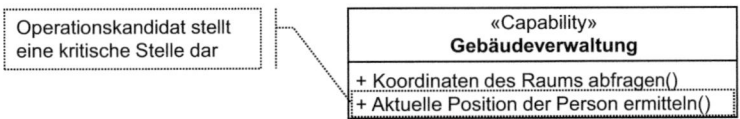

Abbildung 60: Kritische Stelle des Dienstkandidaten der Gebäudeverwaltung

Zur Behebung der kritischen Stelle kann gemäß Kapitel 6.3.2 die Handlungsalternative "Verschiebung eines Operationskandidaten" identifiziert werden. Für den Operationskandidaten "Aktuelle Position der Person ermitteln" wird dementsprechend überprüft, ob er ggf. verschoben werden sollte, um letztlich eine Beseitigung der kritischen Stelle und somit gezielte Veränderung der Qualitätsindikatoren zu bewirken. Der Entscheidungsbaum für die Entwurfsentscheidung "Verschiebung eines Operationskandidaten" kann daher wie folgt ausgeprägt werden.

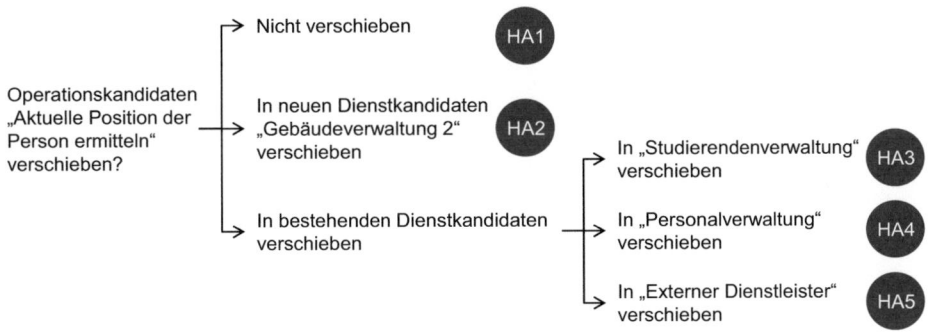

**Abbildung 61: Entscheidungsbaum zur Verschiebung des Operationskandidaten
"Aktuelle Position der Person ermitteln"**

Aufbauend auf diesem Entscheidungsbaum kann nun für jede Handlungsalternative HA1 bis HA5 eine Bewertung, wie in Tabelle 46 dargestellt, durchgeführt und hiervon ausgehend die bevorzugte Handlungsalternative als Handlungsempfehlung bestimmt werden. Hierfür wird für jeden Qualitätsindikator und jeden Dienstkandidat der Wert pro Handlungsalternative in einer Zeile beginnend von HA1 bis HA5 ermittelt

Tabelle 47: Qualitätsindikatoren der Dienstkandidaten im Kontext der personenzentrierten Umweltbeobachtung pro Handlungsalternative

Qualitätsindikator	HA	SV	PV	GV	GV$_2$	ED	∅
Trennung von geschäftsbezogener und technischer Funktionalität	HA1	1,0	1,0	1,0	-	1,0	1,0
	HA2	1,0	1,0	1,0	1,0	1,0	1,0
	HA3	1,0	1,0	1,0	-	1,0	1,0
	HA4	1,0	1,0	1,0	-	1,0	1,0
	HA5	1,0	1,0	1,0	-	1,0	1,0
Trennung von agnostischer und nicht-agnostischer Funktionalität	HA1	1,0	1,0	**0,5**	-	1,0	**0,7**
	HA2	1,0	1,0	1,0	1,0	1,0	1,0
	HA3	1,0	1,0	1,0	-	1,0	1,0
	HA4	1,0	**0,5**	1,0	-	1,0	**0,7**
	HA5	1,0	1,0	1,0	-	1,0	1,0
Datenhoheit	HA1	n.a.	1,0	1,0	-	1,0	1,0
	HA2	n.a.	1,0	1,0	n.a.	1,0	1,0
	HA3	n.a.	1,0	1,0	-	1,0	1,0
	HA4	n.a.	1,0	1,0	-	1,0	1,0
	HA5	n.a.	1,0	1,0	-	1,0	1,0
Nutzung gemeinsamer Geschäftsentitäten	HA1	1,0	1,0	**0,5**	-	**0,5**	**0,75**
	HA2	1,0	1,0	1,0	1,0	**0,5**	**0,9**
	HA3	**0,5**	1,0	1,0	-	**0,5**	**0,75**
	HA4	1,0	1,0	1,0	-	**0,5**	**0,88**
	HA5	1,0	1,0	1,0	-	**0,3**	**0,83**

Kompensation	HA1	n.a.	n.a.	n.a.	-	n.a.	n.a.
	HA2	n.a.	n.a.	n.a.	n.a.	n.a.	n.a.
	HA3	n.a.	n.a.	n.a.	-	n.a.	n.a.
	HA4	n.a.	n.a.	n.a.	-	n.a.	n.a.
	HA5	n.a.	n.a.	n.a.	-	n.a.	n.a.
Abhängigkeiten	HA1	3,0	**0,0**	**0,0**	-	**0,0**	0,75
	HA2	**4,0**	0,0	0,0	0,0	0,0	**0,8**
	HA3	**3,0**	0,0	0,0	-	0,0	**0,75**
	HA4	**3,0**	0,0	0,0	-	0,0	**0,75**
	HA5	**3,0**	0,0	0,0	-	0,0	**0,75**
Überlappung der Funktionalität	HA1	0,0	0,0	0,0	-	0,0	0,0
	HA2	0,0	0,0	0,0	0,0	0,0	0,0
	HA3	0,0	0,0	0,0	-	0,0	0,0
	HA4	0,0	0,0	0,0	-	0,0	0,0
	HA5	0,0	0,0	0,0	-	0,0	0,0

Aus dieser Tabelle lässt sich entnehmen, dass sich im Falle einer Verschiebung des Operationskandidaten vor allem Änderungen hinsichtlich der Qualitätsindikatoren "Trennung von agnostischer und nicht-agnostischer Funktionalität", "Nutzung gemeinsamer Geschäftsentitäten" und "Abhängigkeiten" ergeben. Unter der Voraussetzung, dass alle Qualitätsindikatoren gleichgewichtet sind, zeigt sich anhand der Berechnung der Durchschnittswerte für die jeweiligen Handlungsalternativen, dass für eine Verbesserung der Nutzung gemeinsamer Geschäftsentitäten die Handlungsalternativen HA2 und HA4 bevorzugt betrachtet werden sollten. Allerdings beeinflusst HA2 die Trennung agnostischer und nicht-agnostischer Funktionalität eines anderen Dienstkandidaten negativ, während HA4 die Anzahl der Abhängigkeiten eines anderen Dienstkandidaten erhöht. Es liegt daher im Ermessen des IT-Architekten zu entscheiden, welcher Kompromiss eingegangen werden soll. Im Folgenden wird eine steigende Abhängigkeit von drei zu vier Diensten als weniger kritisch angesehen. Aus diesem Grund erfolgt eine Wahl der Handlungsalternative HA2 als bevorzugte Alternative und demnach eine Verschiebung des Operationskandidaten "Aktuelle Position der Person ermitteln" in einen neuen Dienstkandidaten.

Dieses Vorgehen wird wiederholt auf alle Dienstkandidaten angewandt, bis keine weiteren Überarbeitungen mehr erforderlich sind. Das Ergebnis der Identifikationsphase ist in der folgenden Abbildung dargestellt.

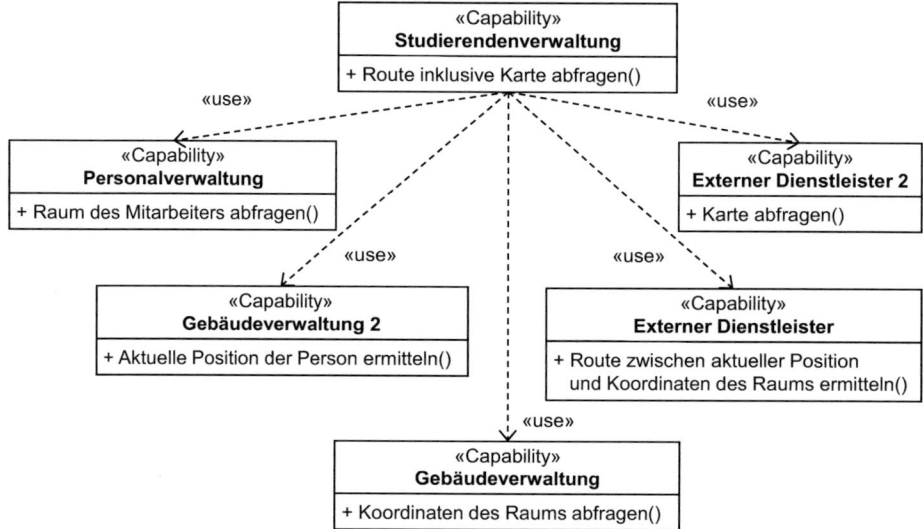

Abbildung 62: Überarbeitete Dienstkandidaten im Kontext der personenzentrierten Umweltbeobachtung

Die folgende Tabelle zeigt die Qualitätsindikatoren bzgl. der Dienstkandidaten. Hierbei wird deutlich, dass bis auf die Anzahl der Abhängigkeiten alle Qualitätsindikatoren einen optimalen Wert erreicht haben.

Tabelle 48: Qualitätsindikatoren der überarbeiteten Dienstkandidaten im Kontext der personenzentrierten Umweltbeobachtung

Qualitätsindikator	SV	PV	GV	GV_2	ED	ED_2
Trennung von geschäftsbezogener und technischer Funktionalität	1,0	1,0	1,0	1,0	1,0	1,0
Trennung von agnostischer und nicht-agnostischer Funktionalität	1,0	1,0	1,0	1,0	1,0	1,0
Datenhoheit	n.a.	1,0	1,0	n.a.	1,0	1,0
Nutzung gemeinsamer Geschäftsentitäten	1,0	1,0	1,0	1,0	1,0	1,0
Kompensation	n.a.	n.a.	n.a.	n.a.	n.a.	n.a.
Abhängigkeiten	**5,0**	0,0	0,0	0,0	0,0	0,0
Überlappung der Funktionalität	0,0	0,0	0,0	0,0	0,0	0,0

Spezifikation

Ausgehend von der Dienstidentifikation können in einem weiteren Schritt die konkreten Dienstentwürfe spezifiziert werden. Hierzu werden zunächst für jeden Dienstkandidaten systematisch eine Dienstschnittstelle und eine Dienstkomponente abgeleitet. Die Operationskandidaten innerhalb der Dienstkandidaten werden in Operationen innerhalb einer Schnittstelle überführt, die wiederum durch die Dienstschnittstelle realisiert wird. Ebenso werden für jede Operation entsprechende Ein- und Ausgabeparameter in Form von Nachrichten erstellt. Die folgende Abbildung zeigt eine abgeleitete Dienstschnittstelle für den Dienstkandidaten "Studierendenverwaltung".

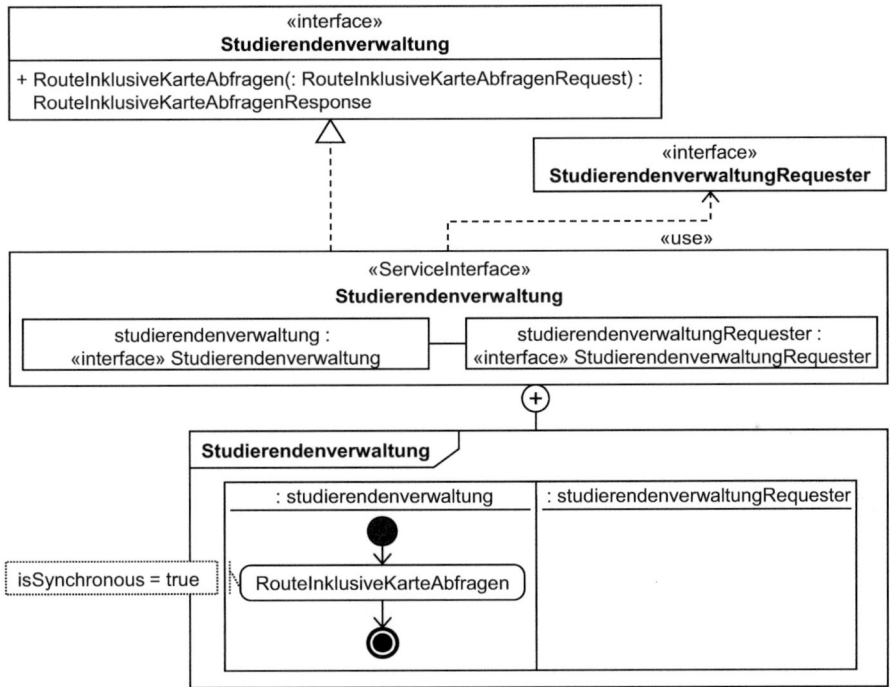

Abbildung 63: Abgeleitete Dienstschnittstelle für die Studierendenverwaltung im Kontext der personenzentrierten Umweltbeobachtung

Die Datentypen ergeben sich dabei aus dem Domänenmodell, welches ebenfalls in der Geschäftsanalyse erstellt wurde. Hierbei wird davon ausgegangen, dass im Sinne einer möglichst geringen Komplexität gemeinsamer Datentypen für jeden Dienstentwurf erneut die Datentypen erstellt und in ein für diesen Dienstentwurf spezifisches Paket abgelegt werden. Auf diese Weise werden zunächst keine gemeinsamen Datentypen genutzt. Da im Domänenmodell zusätzlich zu den deutschsprachigen bereits englischsprachige Begriffe für die Geschäftsentitäten hinterlegt wurden, ist im Zuge der Ableitung eine Nutzung dieser Begriffe möglich, um englischsprachige Datentypen zu erstellen, da dies als Namenskonvention für Datentypen angenommen wird. In Kombination mit den Geschäftsprozessen, in denen die gleichnamigen Konzepte zum Einsatz kommen, können die Datentypen zusätzlich direkt den Nachrichtentypen der Operationen zugeordnet werden. Die folgende Abbildung zeigt einen Ausschnitt der abgeleiteten Datentypen und die Zuordnung zu Nachrichtentypen.

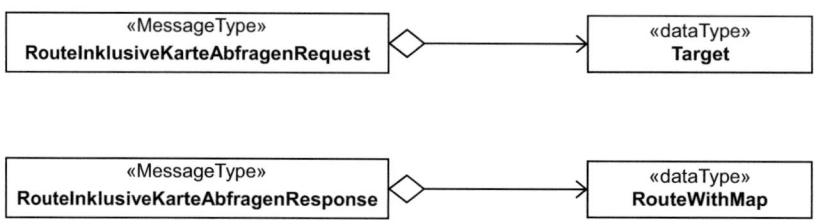

Abbildung 64: Abgeleitete Datentypen zur Abfrage einer Route inklusive Karte

Die Ableitung der Dienstkomponente erfolgt ebenfalls systematisch. Hierbei wird ein ServicePoint erstellt, der mit der vorher abgeleiteten Dienstschnittstelle typisiert ist. Ebenso wird jede Abhängigkeit zu anderen Dienstkandidaten in einen RequestPoint überführt und dieser ebenfalls mit der von diesem Dienstkandidaten abgeleiteten Dienstschnittstelle typisiert. Die Dienstkomponente ist in der folgenden Abbildung dargestellt.

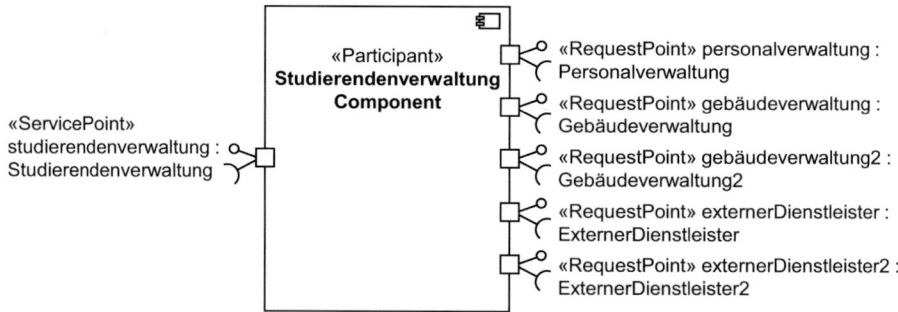

Abbildung 65: Abgeleitete Dienstkomponente für die Studierendenverwaltung im Kontext der personenzentrierten Umweltbeobachtung

Die Ableitung der Dienstschnittstellen und Dienstkomponenten aus den anderen Dienstkandidaten erfolgt hierbei äquivalent. Ausgehend von dieser systematischen Ableitung erfolgt nun eine Analyse und ggf. Überarbeitung der Dienstentwürfe. Für die Analyse werden, wie auf Basis der Dienstkandidaten, die Qualitätsindikatoren aus Kapitel 5.1 bestimmt. Die folgende Tabelle zeigt die Qualitätsindikatoren und ihre Werte basierend auf den einzelnen Dienstentwürfen.

Tabelle 49: Qualitätsindikatoren der abgeleiteten Dienstentwürfe im Kontext der personenzentrierten Umweltbeobachtung

Qualitätsindikator	SV	PV	GV	GV$_2$	ED	ED$_2$
Trennung von geschäftsbezogener und technischer Funktionalität	1,0	1,0	1,0	1,0	1,0	1,0
Trennung von agnostischer und nicht-agnostischer Funktionalität	1,0	1,0	1,0	1,0	1,0	1,0
Datenhoheit	n.a.	1,0	1,0	n.a.	1,0	1,0
Nutzung gemeinsamer Geschäftsentitäten	1,0	1,0	1,0	1,0	1,0	1,0
Fachliche Benennung der Dienst-schnittstelle	1,0	1,0	1,0	1,0	1,0	1,0
Fachliche Benennung der Rollen	1,0	1,0	1,0	1,0	1,0	1,0
Fachliche Benennung der Operationen	1,0	1,0	1,0	1,0	1,0	1,0
Fachliche Benennung der Parameter	1,0	1,0	1,0	1,0	1,0	1,0
Fachliche Benennung der Datentypen	1,0	1,0	1,0	1,0	1,0	1,0
Einhaltung von Namenskonventionen seitens der Dienstschnittstelle	**0,0**	**0,0**	**0,0**	**0,0**	**0,0**	**0,0**
Einhaltung von Namenskonventionen seitens der Rollen	**0,0**	**0,0**	**0,0**	**0,0**	**0,0**	**0,0**
Einhaltung von Namenskonventionen seitens der Operationen	**0,0**	**0,0**	**0,0**	**0,0**	**0,0**	**0,0**
Einhaltung von Namenskonventionen seitens der Parameter	**0,0**	**0,0**	**0,0**	**0,0**	**0,0**	**0,0**
Einhaltung von Namenskonventionen seitens der Datentypen	1,0	1,0	1,0	1,0	1,0	1,0
Informationsumfang	1,0	1,0	1,0	1,0	1,0	1,0
Asynchronität	n.a.	n.a.	n.a.	n.a.	n.a.	n.a.

Komplexität gemeinsamer Datentypen	0,0	0,0	0,0	0,0	0,0	0,0
Abstraktion der Operationen	1,0	1,0	1,0	1,0	1,0	1,0
Abstraktion der Parameter	1,0	1,0	1,0	1,0	1,0	1,0
Kompensation	n.a.	n.a.	n.a.	n.a.	n.a.	n.a.
Abhängigkeiten	**5,0**	0,0	0,0	0,0	0,0	0,0
Überlappung der Funktionalität	0,0	0,0	0,0	0,0	0,0	0,0

Da bereits im Rahmen der Identifikation eine Überarbeitung der Dienstkandidaten erfolgte, weisen auch die Dienstentwürfe bereits eine Vielzahl positiver Qualitätseigenschaften auf. So ist die eindeutige Kategorisierung bereits optimal. Wie der Tabelle 49 zu entnehmen ist, sind jedoch einige Qualitätsindikatoren, die vor allem erst auf Basis von Dienstentwürfen ermittelt werden können, nicht zufriedenstellend. Diese wurden durch Fettschrift hervorgehoben. Hierbei handelt es sich vor allem um Belange hinsichtlich der Benennung von Artefakten. Da die Dienstentwürfe aus den Dienstkandidaten abgeleitet wurden, die wiederum vollständig aus Artefakten der Geschäftsanalyse hervorgingen, sind die Anforderungen an eine fachliche Benennung vollständig erfüllt. Die Namenskonventionen hingegen wurden weitestgehend nicht eingehalten. In der vorliegenden Arbeit wird davon ausgegangen, dass auf Basis von Dienstentwürfen die folgenden Konventionen gelten, die sich vor allem an den Konventionen von Erl [Er08] und Engels et al. [EH+08] orientieren:

- Für die Benennung der Artefakte ist die englische Sprache zu verwenden.

- Dienstschnittstellen werden in Form von Substantiven benannt, wobei der erste Buchstabe großgeschrieben wird.

- Operationen sind in Verbform benannt, wobei der erste Buchstabe kleingeschrieben wird. Es können ebenfalls Substantive enthalten sein, wodurch die Operation, die weiterhin in Verbform benannt ist, genauer beschrieben wird.

- Nachrichten folgen dem Namen der Operation, wobei der erste Buchstabe großgeschrieben wird. Zusätzlich wird ein Suffix "Request" bei Eingabenachrichten und "Response" bei Ausgabenachrichten ergänzt.

- Besitzt ein Dienst die Datenhoheit über eine Geschäftsentität, so wird die Dienstschnittstelle nach dieser Geschäftsentität benannt.

Mit dem Wechsel von Dienstkandidaten zu Dienstentwürfen finden somit zusätzlich ein Wechsel der Sprache und eine Betrachtung dieser Namenskonventionen statt, was bei der Ableitung von Dienstentwürfen aus Dienstkandidaten nur bei Erstellung der Datentypen berücksichtigt wurde. Daher halten sich die Dienstschnittstellen, die Rollen, die Operationen und die Parameter nicht an existierende Namenskonventionen, weshalb die zugrunde liegende Formalisierung jeweils einen Wert von 0 zurückliefert. Die Datentypen hingegehen berücksichtigen die Namenskonventionen. Die Anwendung der Methodik zur Identifikation kritischer Stellen aus Kapitel 6.1 liefert daher die Name-Attribute der Dienstschnittstelle, der Rollen, der Operationen und der Parameter der betrachteten Dienstentwürfe.

Um die kritischen Stellen zu beheben, können als Handlungsalternativen gemäß dem Vorgehen in Kapitel 6.3.2 die Umbenennung der Dienstschnittstelle, der Rollen, der Operationen, der Parameter und der Datentypen ermittelt werden. Die folgende Abbildung zeigt eine überarbeite Dienstschnittstelle, welche die Anforderungen der Einhaltung von Namenskonventionen vollständig erfüllt.

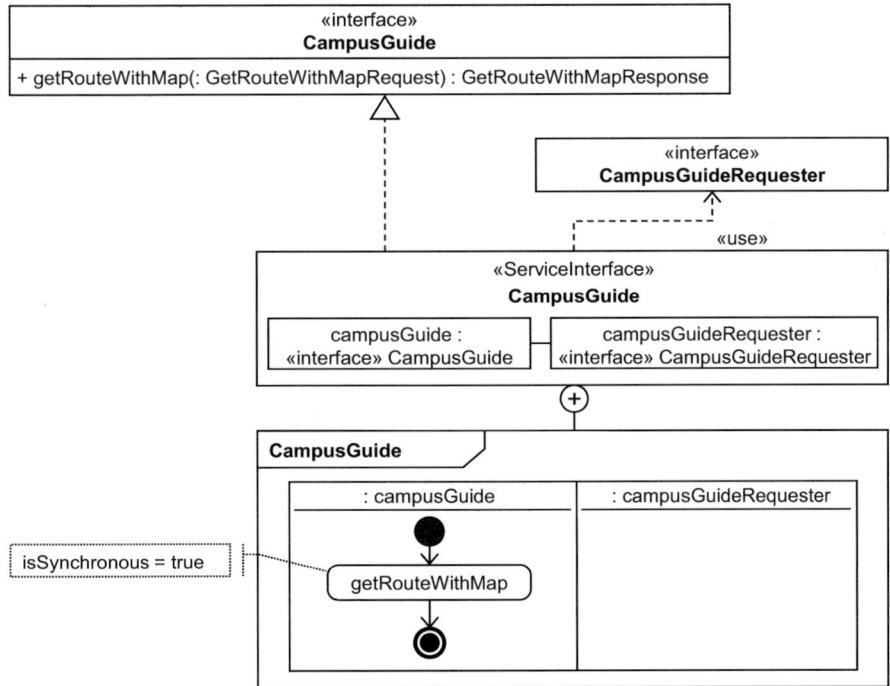

Abbildung 66: Überarbeitete Dienstschnittstelle für die Studierendenverwaltung im Kontext der personenzentrierten Umweltbeobachtung

Unabhängig von Umbenennungen erfolgen ebenso inhaltliche Überarbeitungen der Datentypen. Dies bedeutet, dass die abgeleiteten Datentypen sowohl in ihren Beziehungen zueinander überprüft aber auch hinsichtlich ihrer Vollständigkeit ggf. erweitert werden. Die folgende Abbildung zeigt einen Ausschnitt der überarbeiteten Datentypen. Hierbei wurden entsprechende Vererbungshierarchien ergänzt und bspw. das Ziel und die Person als abstrakte Datentypen definiert, da stets entweder ein Mitarbeiter oder ein Raum, bzw. ein Mitarbeiter oder ein Studierender angegeben werden müssen. Die weiteren Datentypen wurden hinsichtlich ihrer Attribute vervollständigt und so bspw. eine Person um die Attribute "firstName" und "lastName" erweitert. Ebenso kommt im Zuge der Überarbeitung ein neuer Datentyp zum Einsatz, bezeichnet als "Kml". Hierbei handelt es sich um die Keyhole Markup Language, eine von Google für u.a. Google Earth entwickelte und mittlerweile vom Open Geospatial Consortium (OGC) standardisierte Auszeichnungssprache für Geodaten [OGC-KML]. Sie wird benutzt, um die Route auf einer Karte zu beschreiben. Eine Karte wiederum wird als Bild abgelegt, ebenso wie die Kombination aus Route und Karte, die an den Aufrufer zurückgeliefert wird. Die Route inklusive dazugehöriger Karte bildet dabei den Rückgabewert der Operation.

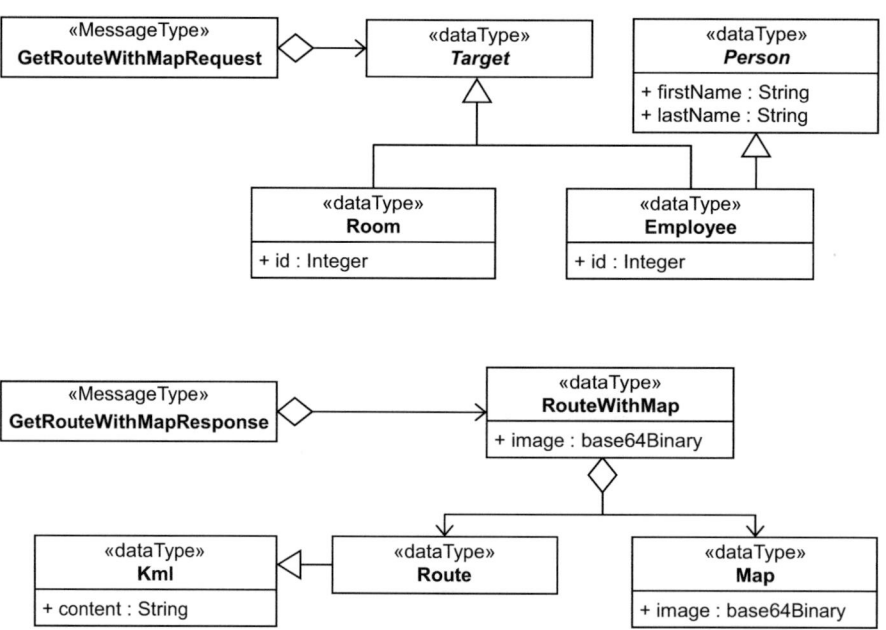

Abbildung 67: Überarbeitete Datentypen zur Abfrage einer Route inklusive Karte

Auch wenn sich die Benennung der angebotenen Schnittstelle, der seitens des Dienstnehmers bereitzustellenden Schnittstelle, der Nachrichtentypen, der Dienstkomponente
und der RequestPoints und ServicePoints nicht auf die Qualitätseigenschaften des
Dienstes auswirkt, sollten diese dennoch im Sinne eines guten Entwurfsartefakts an die
Umbenennungen angepasst werden. Demnach kann auch die Dienstkomponente wie
folgt überarbeitet werden:

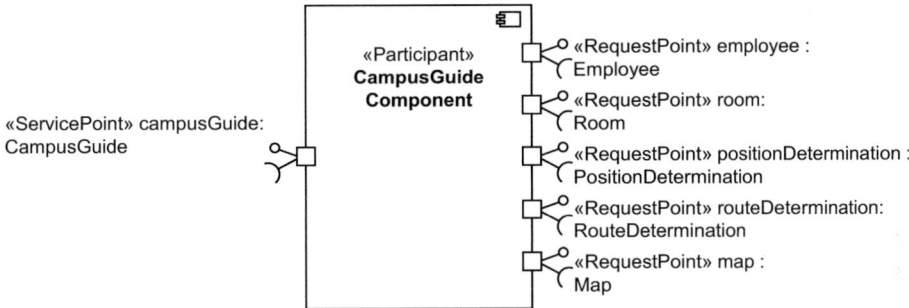

**Abbildung 68: Überarbeitete Dienstkomponente für die Studierendenverwaltung im
Kontext der personenzentrierten Umweltbeobachtung**

Die Abbildung zeigt zusätzlich, dass die anderen Dienstschnittstellen, sofern die
Dienste die Datenhoheit bzgl. einer Geschäftsentität aufweisen, auch nach dieser
Geschäftsentität benannt wurden. Die durchgeführten Umbenennungen wirken sich
auch auf die Beschreibung der internen Logik aus. Die folgende Abbildung zeigt den
internen Ablauf der überarbeiteten Dienstkomponente "CampusGuideComponent" in
Form einer Activity. Hierbei existiert für jeden ServicePoint und RequestPoint eine
eigene Partition, die wiederum die jeweils aufgerufenen Operationen beinhaltet. Die
Activity zeigt dabei, dass Funktionalität existiert, die seitens der Dienstkomponente
eigenständig ausgeführt wird.

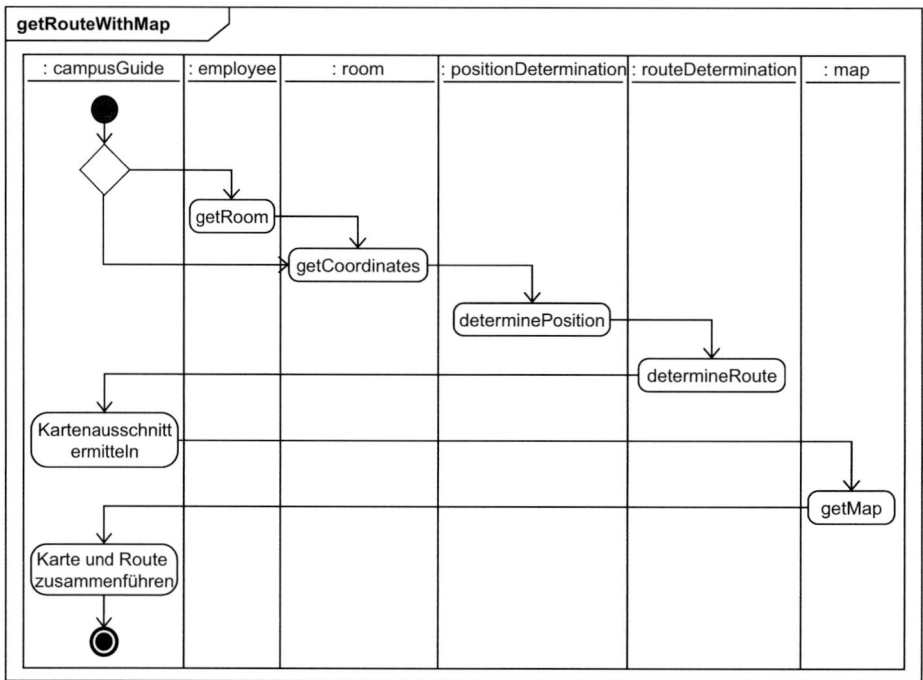

Abbildung 69: Interne Logik der CampusGuideComponent

Rekursive Fortsetzung des Entwurfsprozesses

Wie in Kapitel 4.5 beschrieben, kann nach der Spezifikation der Dienstkomponente eine rekursive Fortsetzung des Entwurfsprozesses erfolgen, wodurch die Dienstkomponente letztlich in weitere Dienstkomponenten dekomponiert wird. Im Fall des KITCampusGuide existieren zwei Aktivitäten, "Kartenausschnitt ermitteln" und "Karte und Route zusammenführen", die eigenständig durch die erstellte Dienstkomponente "CampusGuideComponent" durchgeführt werden. Aus diesem Grund lässt sich diese Dienstkomponente in weitere Dienstkomponenten zerlegen, die wiederum komponiert werden, um die gewünschte Funktionalität zu erbringen. Diese internen Dienstkomponenten sind dementsprechend der Dienstkomponente "CampusGuideComponent" untergeordnet und können nicht von anderen externen Dienstkomponenten, die im Zuge der ersten Durchführung des Entwurfsprozesses erstellt wurden, genutzt werden.

Gemäß des Vorgehens aus Kapitel 4.5 lässt sich folgender Dienstkandidat aus dem Geschäftsprozess ableiten und, wie in Abbildung 70 dargestellt, überarbeiten. Für die zwei resultierenden Dienstkandidaten werden in einem weiteren Schritt entsprechende Dienstentwürfe erstellt, die im Anhang dieser Arbeit detailliert dargestellt sind. Das Vorgehen erfolgt hierbei äquivalent zum ersten Durchlauf des Entwurfsprozesses.

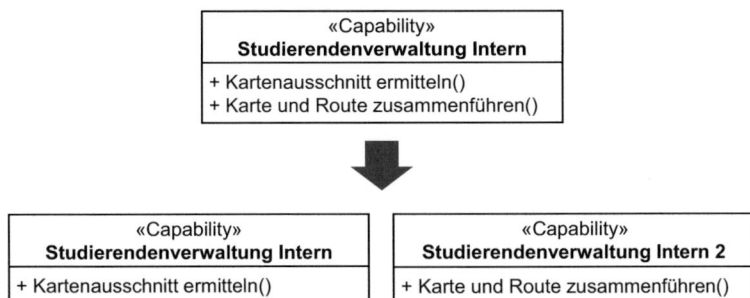

Abbildung 70: Intern genutzte Dienstkandidaten im Kontext der personenzentrierten Umweltbeobachtung

Die hieraus erstellten Dienstkomponenten werden nun der übergeordneten Dienstkomponente untergeordnet. Zusätzlich wird eine Kompositionskomponente ergänzt, deren Aufgabe in der Komposition der zwei internen und der externen Dienste liegt.

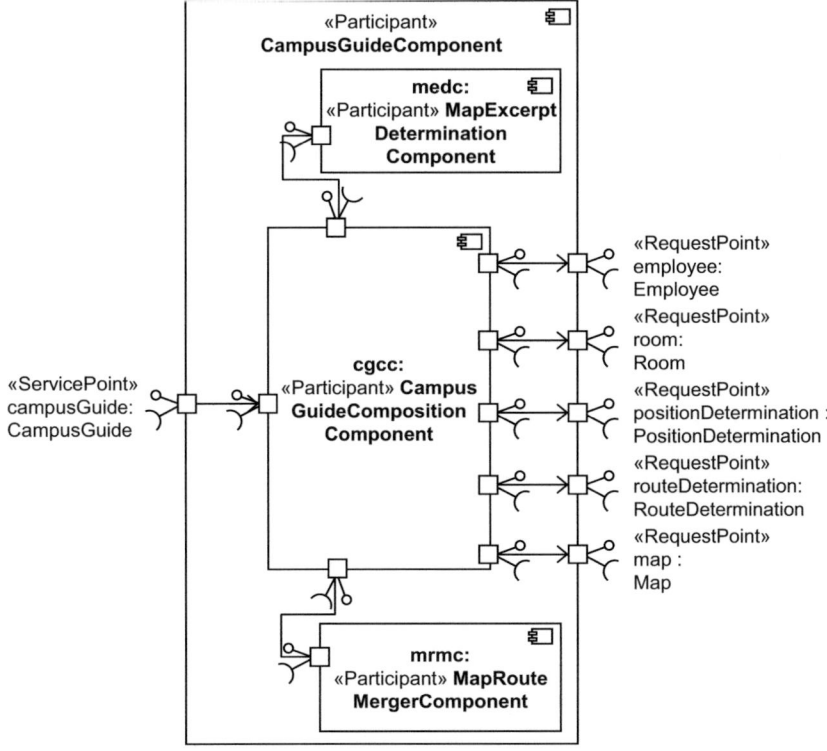

Abbildung 71: Verfeinerte Dienstkomponente der Studierendenverwaltung im Kontext der personenzentrierten Umweltbeobachtung

Obige Abbildung zeigt die Dienstkomponente inklusive ihrer internen Dienstkomponenten. Der interne Ablauf der "CampusGuideCompositionComponent" ist im Anhang dieser Arbeit dargestellt.

Da keine weitere Verfeinerung der Komponente erforderlich ist, endet der Entwurfsprozess an dieser Stelle. Der Entwurfsprozess liefert somit die zur Umsetzung des KITCampusGuide notwendigen Dienstentwürfe bei gleichzeitiger Berücksichtigung gewünschter Qualitätseigenschaften.

7.1.3 Implementierung

Ausgehend von den im vorherigen Kapitel erstellten Dienstentwürfen, können Artefakte der Implementierungsphase abgeleitet werden. Im Folgenden wird exemplarisch aufbauend auf den Überführungen aus Kapitel 4.6 das SCA-Composite der CampusGuideComponent, die Schnittstellenbeschreibung auf Basis der WSDL für den Dienst "CampusGuide" und der BPEL-Prozess für den internen Ablauf der CampusGuideCompositionComponent dargestellt.

SCA-Composite

Die Dienstkomponente "CampusGuideComponent" lässt sich identisch in ein entsprechendes SCA-Composite überführen. Dabei bildet das Composite die Zusammenfassung und die dazugehörige Verdrahtung der darin enthaltenen Komponenten "MapRouteMergeComponent", "MacExcerptDeterminationComponent" und "CampusGuideCompositionComponent", wie in Abbildung 71 dargestellt. Die folgende Abbildung zeigt das SCA-Composite.

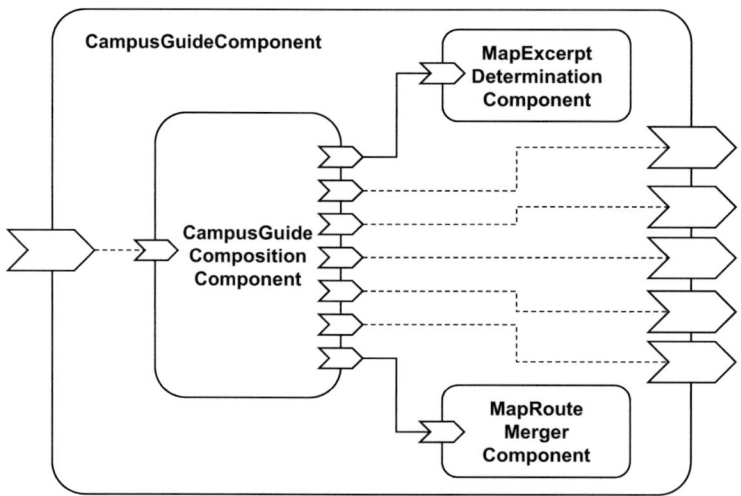

Abbildung 72: SCA-Composite "CampusGuideComponent"

WSDL-Schnittstellenbeschreibung

Ebenso lässt sich aus der vorher erstellten Dienstschnittstelle "CampusGuide" als Teil des Dienstentwurfs eine WSDL-Schnittstellenbeschreibung ableiten, die wiederum in SCA genutzt werden kann, um die Schnittstelle des gesamten Composite und der darin enthaltenen Komponente "CampusGuideCompositionComponent" zu beschreiben. Dabei erfolgt zusätzlich zur Schnittstellenbeschreibung ausgehend von der Dienstschnittstelle, bzw. der von der Dienstschnittstelle realisierten Schnittstelle, eine Ableitung der Datentypen auf Basis von XSD. Beispielhaft werden im Folgenden die WSDL-Schnittstellenbeschreibung des CampusGuide, bzw. der seitens der Dienstschnittstelle realisierten Schnittstelle "CampusGuide", und die dazugehörigen Datentypen ausschnittsweise dargestellt. Ebenso erfolgt in diesem Zuge eine Verknüpfung der Datentypen mit Konzepten des Domänenmodells unter Nutzung von SAWSDL [W3C-SAWSDL-REC]. Auf diese Weise können Außenstehende die Datentypen mit Konzepten der Domäne assoziieren, wodurch das Verständnis der Datentypen gestärkt wird. Die gesamte Schnittstellenbeschreibung ist im Anhang dieser Arbeit beschrieben.

```
<wsdl:definitions name="CampusGuide"
 targetNamespace="http://cm.tm.kit.edu/HERO/CampusGuide/"
 xmlns:soap="http://schemas.xmlsoap.org/wsdl/soap/"
 xmlns:tns="http://cm.tm.kit.edu/HERO/CampusGuide/"
 xmlns:wsdl="http://schemas.xmlsoap.org/wsdl/"

 xmlns:xsd="http://www.w3.org/2001/XMLSchema"
 xmlns:sawsdl="http://www.w3.org/ns/sawsdl">
 <wsdl:types>
   <xsd:schema
    targetNamespace="http://cm.tm.kit.edu/HERO/CampusGuide/">

    <xsd:complexType name="Target" abstract="true"
     sawsdl:modelReference="http://cm.tm.kit.edu/ontologies/
     hero.owl#Ziel">
     <xsd:sequence></xsd:sequence>
    </xsd:complexType>

    <xsd:complexType name="Room"
     sawsdl:modelReference="http://cm.tm.kit.edu/ontologies/
     hero.owl#Raum">
     <xsd:sequence>
       <xsd:element name="id" type="xsd:integer"></xsd:element>
     </xsd:sequence>
    </xsd:complexType>
```

```
        <xsd:complexType name="Employee"
         sawsdl:modelReference="http://cm.tm.kit.edu/ontologies/
         hero.owl#Mitarbeiter">

          <xsd:complexContent>
            <xsd:extension base="tns:Person">
              <xsd:sequence>
                <xsd:element name="id" type="xsd:integer"></xsd:element>
              </xsd:sequence>
            </xsd:extension>
          </xsd:complexContent>
        </xsd:complexType>

...

    </wsdl:types>

    <wsdl:message name="getRouteWithMapRequest">
      <wsdl:part element="tns:getRouteWithMapRequest"
        name="parameters" />
    </wsdl:message>

    <wsdl:message name="getRouteWithMapResponse">
      <wsdl:part element="tns:getRouteWithMapResponse"
        name="parameters" />
    </wsdl:message>

...

    <wsdl:service name="CampusGuide">
      <wsdl:port binding="tns:CampusGuideSOAP" name="CampusGuideSOAP">
        <soap:address location="http://cm.tm.kit.edu/HERO/CampusGuide"/>
      </wsdl:port>
    </wsdl:service>

</wsdl:definitions>
```

Quelltext 30: Auszug aus der WSDL-Schnittstellenbeschreibung der Schnittstelle "CampusGuide"

Die Komponenten innerhalb des SCA-Composites können anschließend basierend auf den WSDL-Schnittstellenbeschreibungen mittels verschiedener Sprachen wie bspw. BPEL oder Java implementiert werden. Im Folgenden ist ein Ausschnitt der Implementierung der CampusGuideCompositionComponent mittels BPEL dargestellt.

```
<bpel:process name="CampusGuide" ...>

...

  <bpel:sequence name="main">

    <bpel:receive name="getRouteWithMap" partnerLink="campusGuide"
     portType="tns:getRouteWithMap" operation="getRouteWithMap"
     createInstance="yes" />

    <bpel:if name="If Target is Employee">
      <bpel:invoke name="getRoom" partnerLink="employee"
       operation="getRoom" portType="ns:Employee"></bpel:invoke>
    </bpel:if>

    <bpel:invoke name="getCoordinates" partnerLink="room"
     operation="getCoordinates"></bpel:invoke>

    <bpel:invoke name="determinePosition"
     partnerLink="positionDetermination"
     operation="determinePosition"></bpel:invoke>


    <bpel:invoke name="determineRoute"
     partnerLink="routeDetermination"
     operation="determineRoute"></bpel:invoke>

    <bpel:invoke name="determineMapExcerpt"
     partnerLink="mapExcerptDetermination"
     operation="determineMapExcerpt"></bpel:invoke>



    <bpel:invoke name="getMap" partnerLink="map"
     operation="getMap"></bpel:invoke>

    <bpel:invoke name="mergeMapRoute" partnerLink="mapRouteMerger"
     operation="mergeMapRoute"></bpel:invoke>

    <bpel:reply name="reply" partnerLink="campusGuide"
     portType="tns:getRouteWithMap" operation="getRouteWithMap" />

  </bpel:sequence>

</bpel:process>
```

Quelltext 31: Auszug aus der Implementierung der
"CampusGuideCompositionComponent" mittels BPEL

7.1.4 Bewertung und Ausblick

Unter Nutzung des Entwurfsprozesses aus Kapitel 4 konnte die Erstellung von Dienstentwürfen für den KITCampusGuide systematisch und nachvollziehbar durchgeführt werden. Gleichzeitig wurden die Qualitätseigenschaften der eindeutigen Kategorisierung, Auffindbarkeit, losen Kopplung und Autonomie vollständig berücksichtigt, so dass nach einer Analyse der Dienstkandidaten und Dienstentwürfe hinsichtlich dieser Qualitätseigenschaften jeweils eine überarbeitete Variante erstellt werden konnte, die letztlich diese Qualitätseigenschaften bestmöglich erfüllt.

Die hierbei hervorgegangenen Dienstentwürfe zeichnen sich durch eine klare Trennung von Zuständigkeitsbereichen aus. So wurde bspw. ein Dienst erstellt, der ausschließlich die Verwaltung von Mitarbeitern fokussiert, während ein anderer Dienst die Verwaltung von Räumen verantwortet. Diese Funktionalitäten, die denen von Entitätsdiensten entsprechen, kann in verschiedenen Szenarien genutzt werden, weshalb die eher für diesen Anwendungsfall spezifischen Funktionalitäten zur Ermittlung der Position einer Person oder zur Routenberechnung in entsprechende Dienste, die der Definition von Aufgabendiensten entsprechen, ausgelagert wurden. Sollten somit Änderungen an einer dieser spezifischen Funktionalitäten durchgeführt werden müssen, so betreffen diese Änderungen lediglich die Aufgabendienste und erfordern keine Änderung der Dienste, die eine tendenziell vielseitig eingesetzte Funktionalität zur Verwaltung von Geschäftsentitäten bereitstellen. Hierdurch kann die Wartbarkeit der Dienste deutlich gesteigert werden. Ebenso liegt Funktionalität, die eine Geschäftsentität betrifft, immer gebündelt in einem gemeinsamen Entitätsdienst vor, so dass auch eine Änderung von Verwaltungsfunktionalität bzgl. einer Geschäftsentität immer nur einen Dienst betrifft. Des Weiteren zeichnen sich die erstellten Artefakte durch ein hohes Maß an Konsistenz hinsichtlich der Benennung aus. Alle Dienstentwürfe folgen den vorgeschriebenen Namenskonventionen und nutzen ausschließlich abstrakte und fachliche Bezeichnungen. Auch die Operationen und eingesetzten Datentypen besitzen stets einen fachlichen Bezug, was einen Austausch der zugrunde liegenden Implementierung vereinfacht und auf diese Weise die Flexibilität der Architektur erhöht. Durch die Dekomposition der Dienstkomponenten liegt einzelne Funktionalität in gekapselt Form vor, die bei Bedarf durch einen bestehenden Dienst ersetzt oder anderen Dienstnehmern zur Verfügung gestellt werden kann. Da diese Änderung alleine durch eine Neuverdrahtung, d.h. durch eine Änderung der Dienstkanäle erfolgen kann, trägt diese Struktur ebenfalls zur Flexibilität der Architektur bei. Als Ergebnis liefert die Entwurfsphase mittels der in dieser Arbeit vorgestellten Konzepte somit eine Menge von Dienstentwürfen für den KITCampusGuide, deren Umsetzung zur Erfüllung der Ziele, die mit der Etablierung einer dienstorientierten Architektur verknüpft sind, beiträgt.

Aufbauend auf den entworfenen Diensten konnten nach einer Überführung der Dienstentwürfe in Artefakte der Implementierungsphase, wie in Kapitel 4.6 dargestellt, prototypische Implementierungen des KITCampusGuide am KIT vorgenommen werden. Dabei wurde als externer Dienstleister OpenStreetMap eingesetzt, da dieser mit YourNavigation [OSM-YN] einen Dienst zur Routenbestimmung und zusätzlich einen Web Map Service (WMS) [OSM-WMS] gemäß der zugehörigen Spezifikation des Open Geospatical Consortium (OGC) zur Abfrage von Kartenmaterial zur Verfügung stellt.

Für die Zukunft sind Erweiterungen des KITCampusGuide und weitere HERO-Anwendungen geplant, die unter Zuhilfenahme des Entwurfsprozesses nach gleichem Vorgehen entwickelt werden können. Konkret ist hierbei ein PersonalHealthManager vorgesehen, der Informationen über den Gesundheitszustand eines Menschen sammelt und darauf aufbauend Hinweise zur Unterstützung der Gesundheit des Menschen gibt. Ebenso werden die in der HERO-Domäne betrachteten Anwendungen in einen größeren Kontext, dem EU-Projekt "PESCaDO" [PES-ENVIROINF10], eingeordnet werden, um ein semantisches Auffinden von Diensten anhand eines Informationsbedürfnisses zu ermöglichen. Die im Kontext von PESCaDO erforderlichen Dienste werden zum Zeitpunkt der vorliegenden Arbeit in Zusammenarbeit mit dem Fraunhofer IOSB ebenfalls nach den hier entwickelten Konzepten entworfen, wodurch deutlich wird, dass die Beiträge vielseitig einsetzbar sind auch in zukünftigen Projekten Anwendung finden.

7.2 Qualitätsorientierter Entwurf von Diensten für die Domäne Campus-Management

Mit der 1999 unterzeichneten anfänglich 29, heute 47 europäische Staaten die Bologna-Erklärung für ein einheitliches europäisches Hochschulwesen. Ziel des Bologna-Prozesses ist es hierbei gemäß des Bundesministeriums für Bildung und Forschung (BMBF) [BMBF-BOLOGNA] ...

> ... dass Europa durch die Einführung eines gestuften Studiensystems aus Bachelor und Master mit europaweit vergleichbaren Abschlüssen, die Einführung und Verbesserung der Qualitätssicherung sowie die Steigerung der Mobilität im Hochschulbereich stärker zusammenwächst.

Aufgrund der gravierenden Eingriffe in die bisherigen Hochschulorganisationen und -prozesse ist seitens der IT eine hohe Flexibilität gefordert, um sich diesen Änderungen anpassen zu können. So müssen bspw. Prozesse zur Verwaltung von Modulhandbüchern unterstützt werden, die in bisherigen Hochschulorganisationen nicht vorgesehen waren [GH+09]. Dieser Aspekt wird durch die Tatsache verstärkt, dass sich die Mitglieder des Bologna-Prozesses, dessen Ziel ursprünglich auf 2010 angesetzt war, auf eine Fortsetzung des Prozesses verständigt haben, wodurch sich weitere Änderungen in der Zukunft ergeben werden. Um die bereits notwendigen und auch in der Zukunft erforderlichen Änderungen der Organisation und Prozesse bestmöglich unterstützen und gleichzeitig bestehende Systeme weiterverwenden zu können, eignet sich eine dienstorientierte Architektur zur Gestaltung der IT an Hochschulen, wie sie bereits an einigen deutschen Hochschulen eingeführt wurde oder derzeit vorgesehen ist. In diesem Zuge sind auch Hersteller von Campus-Management-Systemen, welche die Kernaufgaben an Hochschulen wie die Verwaltung von Prüfungsordnungen, Modulen oder Veranstaltungen unterstützen, gefordert, sich in eine dienstorientierte Architektur zu integrieren und somit geeignete Dienste bereitzustellen und selbst bei Bedarf bestehende Dienste zu nutzen.

Am Karlsruher Institut für Technologie (KIT) wurde eine solche dienstorientierte Architektur im Rahmen des Projekts "Karlsruher Integriertes InformationsManagement" (KIM) eingeführt. In diesem Zuge erfolgte die Entwicklung eines einheitlichen Portals, über das Studierende und Dozierende u.a. auf Inhalte von Lehrveranstaltungen zugreifen, sich einen Stundenplan zusammenstellen oder für Prüfungen anmelden können [AB+08, HL+09]. Hierzu greift das Portal über geeignete Dienste auf bestehende Systeme zu. Im Rahmen einer europaweiten Ausschreibung hat sich das Teilprojekt "Campus-Management" (CM) von KIM zum Ziel gesetzt, das bisherige Campus-Management-System in Kombination mit einer Organisationsentwicklung der Universität zu ersetzen. Zum Zeitpunkt der vorliegenden Arbeit befindet sich das neue Campus-Management-System in der Einführungsphase. Da jedoch auch dieses System ursprünglich nicht dienstorientiert gestaltet ist, stellt sich hierbei die Frage nach geeigneten Diensten, um mit diesem System zu interagieren. Aus diesem Grund wird im Folgenden als Demonstration der Tragfähigkeit gezeigt, wie die in dieser Arbeit vorgestellten Konzepte genutzt werden können, um geeignete Dienste für die Domäne Campus-Management zu entwerfen.

7.2.1 Geschäftsanalyse

Im Rahmen der Demonstration der Tragfähigkeit wird die Beantragung eines Diploma Supplement als Teil der mit dem Bologna-Prozess einhergehenden Änderungen betrachtet, da dieses durch den Europäischen Rat und der UNESCO/CEPES [EC-Diploma-Supplement] international vereinbart ist und automatisiert erstellt werden soll. Ziel des Diploma Supplement ist es, das nationale Zeugnis eines Absolventen zu ergänzen und hierdurch die Anerkennung der Leistungen zu vereinfachen. Hierzu wurde eine einheitliche, englischsprachige Vorlage erstellt, die sich insgesamt in die folgenden acht Abschnitte unterteilt:

1. Informationen zur Identifikation des Inhabers der Qualifikation
2. Informationen zur Identifikation der Qualifikation
3. Informationen über die Stufe der Qualifikation
4. Informationen über die Inhalte und erzielten Ergebnisse

5. Informationen über den Zweck der Qualifikation

6. Weitere Informationen

7. Zertifizierung des Diploma Supplement

8. Informationen über das nationale Hochschulsystem

In Deutschland wurde die englischsprachige Vorlage als solche ohne Änderungen übernommen. Zusätzlich wurde von der Hochschulrektorenkonferenz eine deutschsprachige Vorlage veröffentlicht, um den Hochschulwechsel innerhalb Deutschlands und den Einstieg in das Berufsleben zu vereinfachen [HRK-Diploma-Supplement].

Wie aus der Beschreibung der Abschnitte hervorgeht, müssen im Zuge der Beantragung eines Diploma Supplement mehrere Geschäftsentitäten abgefragt werden, da diese Informationen die Basis für ein Diploma Supplement darstellen. Zur Beschreibung dieser Geschäftsentitäten und zur gleichzeitigen Schaffung grundlegender Begrifflichkeiten wird daher zunächst, wie in Kapitel 4.2 eingeführt, ein Domänen-modell erstellt. Zur Erstellung des Domänenmodells dienen hierbei neben der Beschreibung des Diploma Supplement [EC-Diploma-Supplement] vor allem die folgenden offiziell verabschiedeten Dokumente im Kontext der Domäne Campus-Management:

- das Hochschulrahmengesetz (HRG) des Bundesministeriums für Bildung und Forschung [BMBF-HRG]

- das Glossar des Bologna-Prozesses der Hochschulrektorenkonferenz (HRK) [HRK-Bologna-Glossary]

- der ECTS Users' Guide [EC-ECTS-Users-Guide]

- der Beschluss der Kultusministerkonferenz zu ländergemeinsamen Struktur-vorgaben für die Akkreditierung von Bachelor- und Masterstudiengängen [KMK-Strukturvorgaben]

- die Rahmenvorgaben für die Einführung von Leistungspunktsystemen und Modularisierung von Studiengängen der Kultusministerkonferenz [KMK-Leistungspunktsysteme]

- die Empfehlung zur Sicherung der Qualität von Studium und Lehre in Bachelor- und Masterstudiengängen der Hochschulrektorenkonferenz [HRK-Qualitätssicherung]

Das folgende Domänenmodell wurde iterativ vervollständigt, so dass es in der vorliegenden Form alle in der Geschäftsanalyse genutzten Geschäftsentitäten beinhaltet. Die Modellierung erfolgte äquivalent zum ersten Tragfähigkeitsnachweis mittels Protégé [Ho09]. Die folgende Abbildung zeigt das Domänenmodell für die Domäne Campus-Management mit Fokus auf das Diploma Supplement in graphischer Notation, während eine vollständige Beschreibung des Domänenmodells als entsprechendes XML-Dokument im Anhang dieser Arbeit zu finden ist.

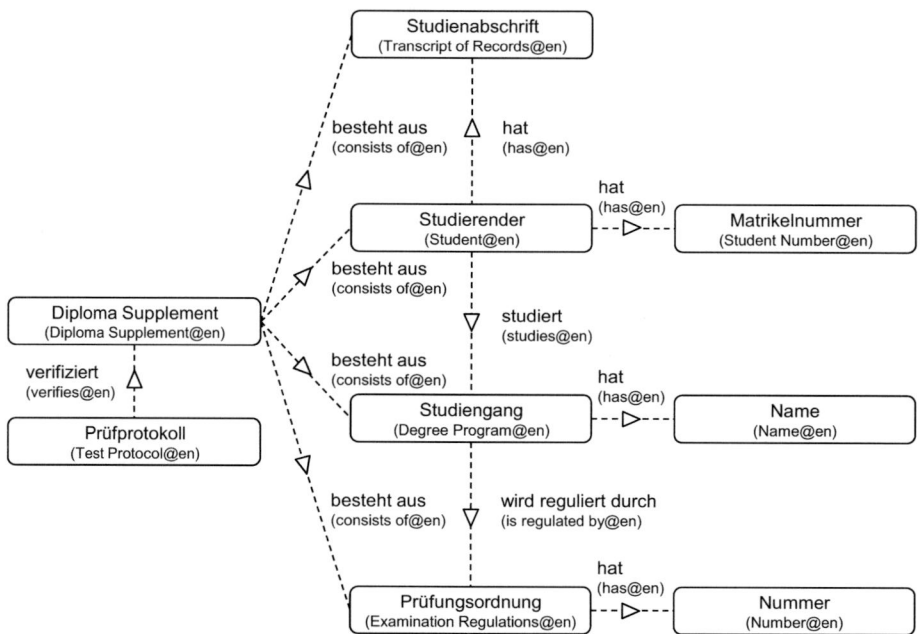

Abbildung 73: Domänenmodell der Domäne Campus-Management mit Fokus auf das Diploma Supplement

Die dargestellten Geschäftsentitäten schaffen somit hinsichtlich Konzepten und Begrifflichkeiten die Grundlage für den betrachteten Geschäftsanwendungsfall und den zugrunde liegenden Geschäftsprozess. Während die Beschreibung der Geschäftsenti-täten zunächst in deutscher Sprache erfolgt, zeigt die Abbildung zusätzlich die englisch-sprachigen Bezeichnungen, gekennzeichnet durch das Kürzel "@en". Diese dienen im Rahmen des Entwurfsprozesses zur Erstellung englischsprachiger Datentypen.

Im vorliegenden Fall wird davon ausgegangen, dass die Beantragung eines Diploma Supplement von einem Studierenden aktiv angestoßen wird. An Universitäten findet man auch häufig den Fall, dass das Diploma Supplement automatisiert nach Abschluss des Studiums erstellt wird. In diesem Fall wäre auch ein Anstoßen durch die Studierendenverwaltung denkbar. Die folgende Abbildung zeigt den betrachteten

Geschäftsanwendungsfall. Die Erstellung des Geschäftsanwendungsfalls sowie aller weiteren UML-Modelle erfolgte hierbei ursprünglich mit dem Rational Software Architect (RSA) von IBM [IBM-RSA7.5]. Für eine bessere Lesbarkeit wurden die entsprechenden Diagramme jedoch nachträglich aufbereitet. Die Diagramme des RSA finden sich im Anhang dieser Arbeit.

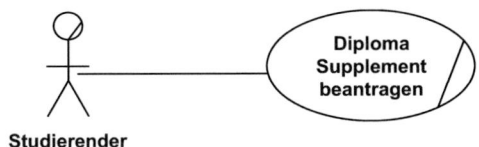

Abbildung 74: Betrachteter Geschäftsanwendungsfall im Kontext von Campus-Management

Dass bereits zu diesem Zeitpunkt das Domänenmodell berücksichtigt wurde, zeigt sich dadurch, dass im deutschsprachigen Anwendungsfall der Begriff "Diploma Supplement" und keine alternativen Übersetzungen wie "Diplomzusatz" genutzt werden. Das Domänenmodell verhindert somit bereits zum Zeitpunkt der Erstellung von Geschäftsanwendungsfällen, dass Synonyme genutzt werden und hierdurch ggf. Missverständnisse auftreten.

Der diesem Geschäftsanwendungsfall zugrunde liegende Geschäftsprozess kann aus den Bestandteilen eines Diploma Supplement und den Geschäftsentitäten des Domänenmodells abgeleitet werden. Die folgende Tabelle listet die Bestandteile des Diploma Supplement gemäß der Nummerierung in [EC-Diploma-Supplement] auf und ordnet diese Bestandteile jeweils einer Geschäftsentität aus dem Domänenmodell zu.

Tabelle 50: Zuordnung von Bestandteilen eines Diploma Supplement zu Geschäftsentitäten

Bestandteil eines Diploma Supplement	Geschäftsentität
1. Inhaber	
1.1 Nachname	Studierender
1.2 Vorname	Studierender
1.3 Geburtsdatum	Studierender
1.4 Matrikelnummer	Studierender

2. Qualifikationen	
2.1 Bezeichnung der Qualifikation	Studierender
2.2 Hauptstudienfach/-fächer	Studierender
2.4 Name der Einrichtung, die den Studiengang durchgeführt hat	Studiengang
2.5 Verwendete Sprachen	Studiengang
3. Ebene der Qualifikation	
3.1 Qualifikationsebene	Studiengang
3.2 Regelstudienzeit	Studiengang
3.3 Zugangsvoraussetzungen	Studiengang
4. Inhalte und Ergebnisse	
4.1 Studienform	Studiengang
4.2 Qualifikationsprofil	Studiengang
4.3 Abgelegte Prüfungen und Noten	Studienabschrift
4.4 Notensystem und Hinweise zur Vergabe von Noten	Prüfungsordnung
4.5 Gesamtnote	Studienabschrift
5. Zweck der Qualifikation	
5.1 Zugang zu weiterführenden Studien	Studiengang
5.2 Beruflicher Status	Studiengang
6. Zusätzliche Informationen	
6.1 Weitere Angaben	Studiengang
6.2 Weitere Informationsquellen	Studiengang

Aus obiger Tabelle ist somit ersichtlich, welche Geschäftsentitäten für die Zusammen-
stellung eines Diploma Supplement erforderlich sind. Der Abschnitt 2.3 im Diploma
Supplement, der den Namen der Einrichtung, die die Qualifikation verliehen hat,
beschreibt, entspricht dem Namen der Universität und wird daher statisch bei Erstellung
des Diploma Supplement eingetragen. Als betroffene Organisationseinheiten einer
Universität können basierend auf den Organisationsstrukturen des KIT die
Studierendenverwaltung, derer sich der Studierende zur Beantragung eines Diploma
Supplement bedient und die jeweilige Fakultät des Studierenden identifiziert werden.
Ausgehend von diesen Informationen gestaltet sich der Geschäftsprozess zur Beantra-
gung eines Diploma Supplement wie folgt:

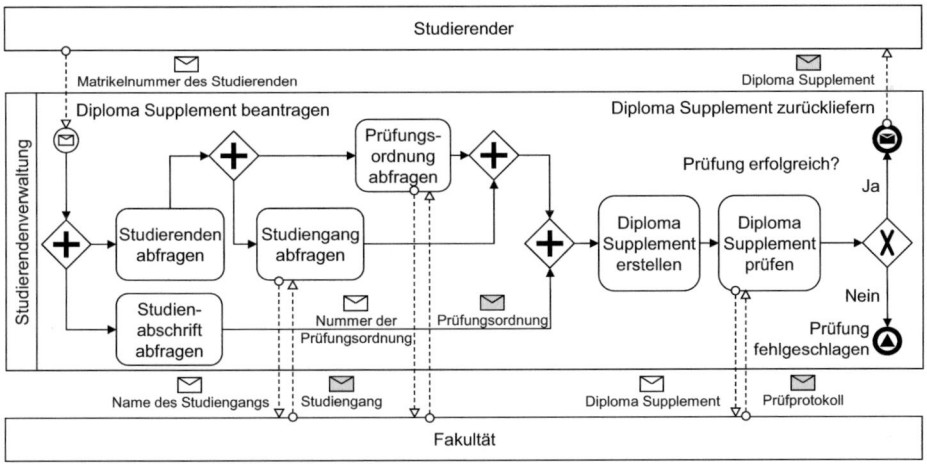

Abbildung 75: Geschäftsprozess zur Beantragung eines Diploma Supplement

An dieser Stelle sei erwähnt, dass die Reihenfolge der Aktivitäten als Vorschlag
anzusehen ist und in Einzelfällen verändert werden kann. Aufgrund der gegenseitigen
Abhängigkeiten können einzelne Aktivitäten ausschließlich sequenziell und andere
parallel ausgeführt werden. So lassen sich bspw. die Abfrage des Studierenden und der
Studienabschrift parallelisieren, während die Prüfung des Diploma Supplement erst
nach dessen Erstellung erfolgen kann. Der dargestellte Prozess wurde mit dem Ziel
einer maximalen Parallelisierung entworfen.

7.2.2 Dienstentwurf

Im Anschluss an die Geschäftsanalyse kann gemäß des Vorgehens aus Kapitel 4 und
ausgehend von den erstellten Artefakten ein Entwurf der Dienste erfolgen. Hierbei
werden zunächst Dienste identifiziert und anschließend für jeden Dienst eine
vollständige Spezifikation in Form eines Dienstentwurfs erstellt.

Identifikation

Die Identifikation beginnt mit einer systematischen Ableitung von Dienstkandidaten aus den Artefakten der Geschäftsanalyse. Hierbei werden die Pools in Dienstkandidaten und die Interaktionen zwischen den Pools, d.h. die Nachrichten, in Operationskandidaten überführt. Im Anschluss daran folgt eine Überarbeitung, so dass die Qualitäts-indikatoren den gewünschten Werten entsprechen. Die folgende Abbildung zeigt die überarbeiteten Dienstkandidaten.

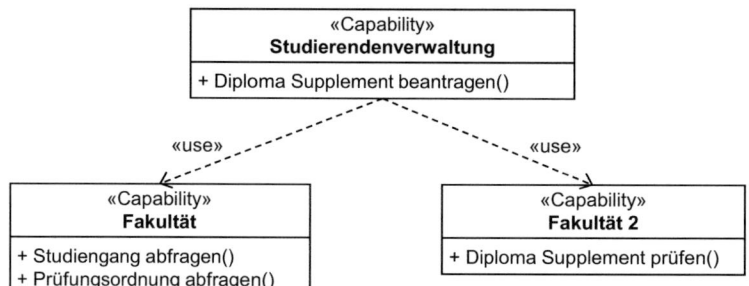

Abbildung 76: Überarbeitete Dienstkandidaten im Kontext von Campus-Management

Spezifikation

Aufbauend auf den überarbeiteten Dienstkandidaten kann in einem weiteren Schritt eine Spezifikation der Dienste, d.h. eine Erstellung der Dienstentwürfe erfolgen. Hierzu werden gemäß des Vorgehens aus Kapitel 4 zunächst für jeden Dienstkandidaten eine Dienstschnittstelle und eine Dienstkomponente abgeleitet. Die Operationskandidaten werden dabei in Operationen innerhalb einer Schnittstelle überführt, die seitens der Dienstschnittstelle realisiert wird. Des Weiteren werden Nachrichtentypen erstellt und entsprechend als Ein- und Ausgabeparameter ergänzt. Die folgende Abbildung zeigt die aus dem Dienstkandidaten der Studierendenverwaltung abgeleitete Dienstschnittstelle.

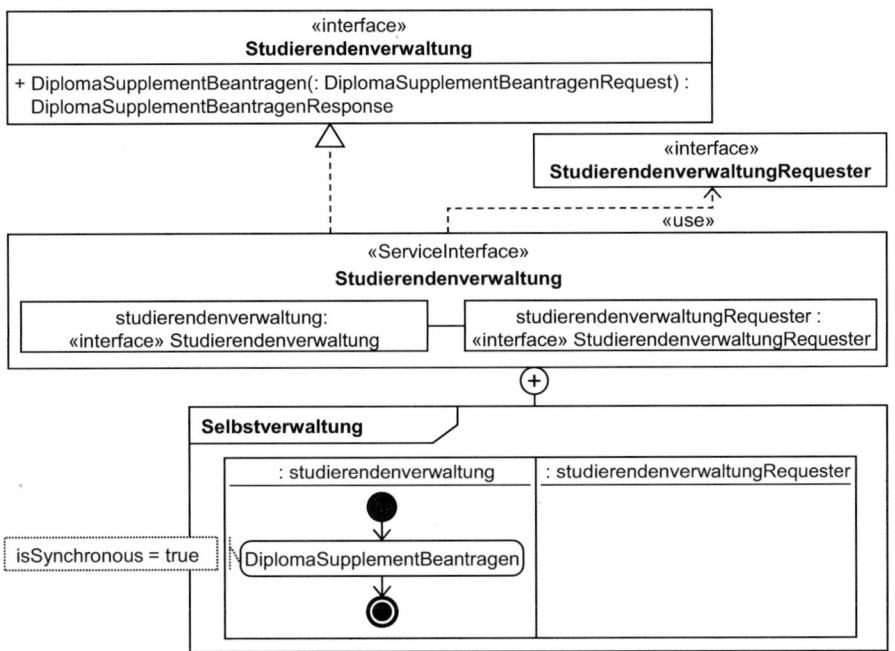

Abbildung 77: Abgeleitete Dienstschnittstelle für die Studierendenverwaltung im Kontext von Campus-Management

Ausgehend von der Beschreibung des Prozesses und dem Domänenmodell lassen sich zusätzlich für jede Dienstschnittstelle Datentypen erstellen. Hierbei werden zunächst aus den ausgetauschten Nachrichten im Geschäftsprozess, die sich ebenfalls an den Begrifflichkeiten im Domänenmodell orientieren, Datentypen abgeleitet. Die erstellten Datentypen werden dabei in einem für die Dienstschnittstelle spezifischen Paket abgelegt, um die Nutzung gemeinsamer komplexer Datentypen zunächst zu vermeiden. Da bereits im Domänenmodell zusätzlich zu den deutschsprachigen die englischsprachigen Bezeichnungen angegeben wurden und die englische Sprache als Konvention für alle Entwurfsartefakte gilt, kann direkt eine Überführung in die englische Sprache erfolgen. Ebenso findet bereits eine Berücksichtigung von Namenskonventionen statt, so dass Leerzeilen aus den Bezeichnungen entfernt werden und eine entsprechende Groß- und Kleinschreibung erfolgt. Des Weiteren wird für jedes Konzept im Domänenmodell entschieden, ob es sich hierbei um eine Geschäftsentität handelt. Falls dies zutrifft, erfolgt eine Formalisierung der Beziehungen zwischen den Geschäftsentitäten über entsprechende Identifier, andernfalls wird das Konzept als Attribut ergänzt. Nachdem für jede Nachricht im Prozess ein entsprechender Datentyp erstellt wurde, können diese über die Beschreibung des Geschäftsprozesses den zuvor abgeleiteten Nachrichtentypen zugeordnet werden. Die folgende Abbildung zeigt einen Ausschnitt der abgeleiteten Datentypen und die entsprechende Zuordnung zu den Nachrichtentypen.

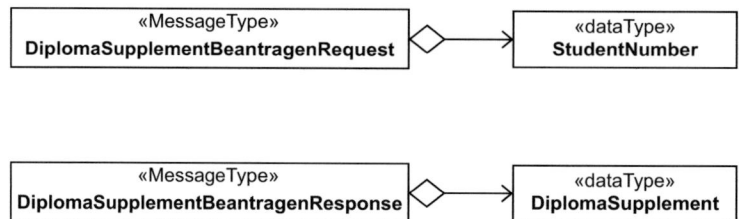

Abbildung 78: Abgeleitete Datentypen zur Beantragung eines Diploma Supplement

Für eine Spezifikation der Dienstkomponente wird zunächst für den betrachteten Dienst-kandidaten eine Dienstkomponente erstellt und ein ServicePoint, der mit der zuvor abgeleiteten Dienstschnittstelle typisiert ist, ergänzt. Des Weiteren erfolgt für jeden Dienstkandidaten aus der Identifikationsphase, der von dem derzeit betrachteten Dienst genutzt wird, die Ableitung eines RequestPoint mit der jeweiligen Typisierung. Die folgende Abbildung zeigt die Dienstkomponente, die aus dem Dienstkandidaten der Studierendenverwaltung hervorgeht.

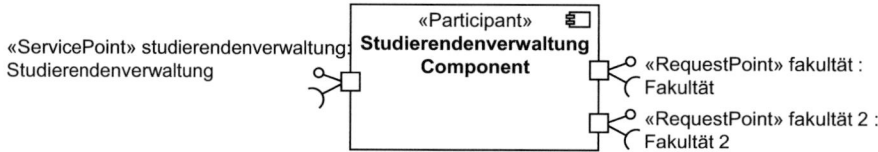

Abbildung 79: Abgeleitete Dienstkomponente für die Studierendenverwaltung im Kontext von Campus-Management

Im Anschluss an die zunächst systematische Ableitung der Dienstentwürfe erfolgt die Analyse und Überarbeitung der Dienstentwürfe hinsichtlich von Qualitätseigenschaften. Hierzu werden zunächst die Qualitätsindikatoren aus Kapitel 5.1 für die einzelnen Dienstentwürfe bestimmt und nicht zufriedenstellende Werte identifiziert. Die Qualitätsindikatoren hinsichtlich der einzelnen Dienstentwürfe sind in der folgenden Tabelle dargestellt.

Tabelle 51: Qualitätsindikatoren der abgeleiteten Dienstentwürfe im Kontext von Campus-Management

Qualitätsindikator	SV	F	F$_2$
Trennung von geschäftsbezogener und technischer Funktionalität	1,0	1,0	1,0
Trennung von agnostischer und nicht-agnostischer	1,0	1,0	1,0

Funktionalität			
Datenhoheit	n.a.	1,0	n.a.
Nutzung gemeinsamer Geschäftsentitäten	1,0	1,0	1,0
Fachliche Benennung der Dienstschnittstelle	1,0	1,0	1,0
Fachliche Benennung der Rollen	1,0	1,0	1,0
Fachliche Benennung der Operationen	1,0	1,0	1,0
Fachliche Benennung der Parameter	1,0	1,0	1,0
Fachliche Benennung der Datentypen	1,0	1,0	1,0
Einhaltung von Namenskonventionen seitens der Dienst-schnittstelle	**0,0**	**0,0**	**0,0**
Einhaltung von Namenskonventionen seitens der Rollen	**0,0**	**0,0**	**0,0**
Einhaltung von Namenskonventionen seitens der Operationen	**0,0**	**0,0**	**0,0**
Einhaltung von Namenskonventionen seitens der Parameter	**0,0**	**0,0**	**0,0**
Einhaltung von Namenskonventionen seitens der Datentypen	1,0	1,0	1,0
Informationsumfang	1,0	1,0	1,0
Asynchronität	**0,0**	n.a.	n.a.
Komplexität gemeinsamer Datentypen	0,0	0,0	0,0
Abstraktion der Operationen	1,0	1,0	1,0
Abstraktion der Parameter	1,0	1,0	1,0
Kompensation	n.a.	n.a.	n.a.
Abhängigkeiten	**2,0**	0,0	0,0
Überlappung der Funktionalität	0,0	0,0	0,0

Diese Tabelle zeigt, dass die bereits im Rahmen der Identifikation durchgeführten Überarbeitungen dazu geführt haben, dass auch auf Basis von Dienstentwürfen bereits eine Vielzahl von Qualitätsindikatoren einen optimalen Wert erfüllt. Jedoch weisen einige Qualitätsindikatoren, deren Bestimmung vor allem erst auf Basis von Dienstentwürfen erfolgen konnte, Defizite auf. Die Qualitätsindikatoren, deren Werte nicht zufriedenstellend sind, wurden durch Fettschrift hervorgehoben. Hierbei handelt es sich zunächst, wie im vorherigen Tragfähigkeitsnachweis, um Qualitätsindikatoren, die die Benennung der Artefakte betreffen. Da die Dienstentwürfe aus den Dienstkandidaten abgeleitet wurden, die wiederum aus Artefakten der Geschäftsanalyse entstanden sind, ist bereits eine fachliche Benennung erfolgt, die sich jedoch nicht an den Namenskonventionen orientiert. Hierbei gelten äquivalent zum vorherigen Tragfähigkeitsnachweis die folgenden Namenskonventionen, die sich wiederum an den Konventionen von Erl [Er08] und Engels et al. [EH+08] orientieren:

- Für die Benennung der Artefakte ist die englische Sprache zu verwenden.

- Die Benennung von Dienstschnittstellen erfolgt in Form von Substantiven, wobei der erste Buchstabe großgeschrieben wird.

- Operationen sind in Verbform benannt. Hierbei wird der erste Buchstabe kleingeschrieben. Der Name der Operation kann um weitere Informationen wie bspw. Substantive erweitert werden.

- Die Nachrichten werden gemäß dem Namen der Operation benannt. Hierbei wird der erste Buchstabe großgeschrieben und ein Suffix "Request" bei Eingabenachrichten und "Response" bei Ausgabenachrichten ergänzt.

- Die Dienstschnittstelle wird nach der verwalteten Geschäftsentität benannt, sofern der Dienst die Datenhoheit über eine Geschäftsentität besitzt.

Der Wechsel der Sprache und die Berücksichtigung von Namenskonventionen wurden somit nur bei der Ableitung der Datentypen berücksichtigt und müssen nun auch für die übrigen Artefakte des Dienstentwurfs betrachtet werden.

Im Unterschied zum vorherigen Tragfähigkeitsnachweis kann aufgrund der Aktivität "Diploma Supplement prüfen", die in Form einer menschlichen Aufgabe (engl. *Human Task*) durch einen Benutzer ausgeführt werden muss, davon ausgegangen werden, dass es sich bei dem Prozess zur Beantragung eines Diploma Supplement um einen langlaufenden Prozess handelt. Aus diesem Grund sollte es sich hierbei um eine asynchrone Operation handeln, so dass der Dienstnehmer nicht auf die erfolgreiche Ausführung der Operation warten muss.

Mittels des Verfahrens aus Kapitel 6.1 zur Identifikation kritischer Stellen können demnach mehrere kritische Stellen im Dienstentwurf der Studierendenverwaltung identifiziert werden. Zunächst wird das Name-Attribut der Dienstschnittstelle, der Rollen, der Operationen und der Parameter und zusätzlich der Kommunikationsmodus

der Operation "DiplomaSupplementBeantragen" im Interaktionsprotokoll hervorgehoben. Zur Behebung der kritischen Stellen können gemäß Kapitel 6.3 als
Handlungsalternativen die Umbenennung der Dienstschnittstelle, der Rollen, der
Operation und der Parameter und eine Änderung des Kommunikationsmodus ermittelt
werden. Ausgehend von diesen Handlungsalternativen zeigt die folgende Abbildung die
überarbeite Dienstschnittstelle der Studierendenverwaltung, welche die Anforderung
der Einhaltung von Namenskonventionen und der Asynchronität vollständig erfüllt.

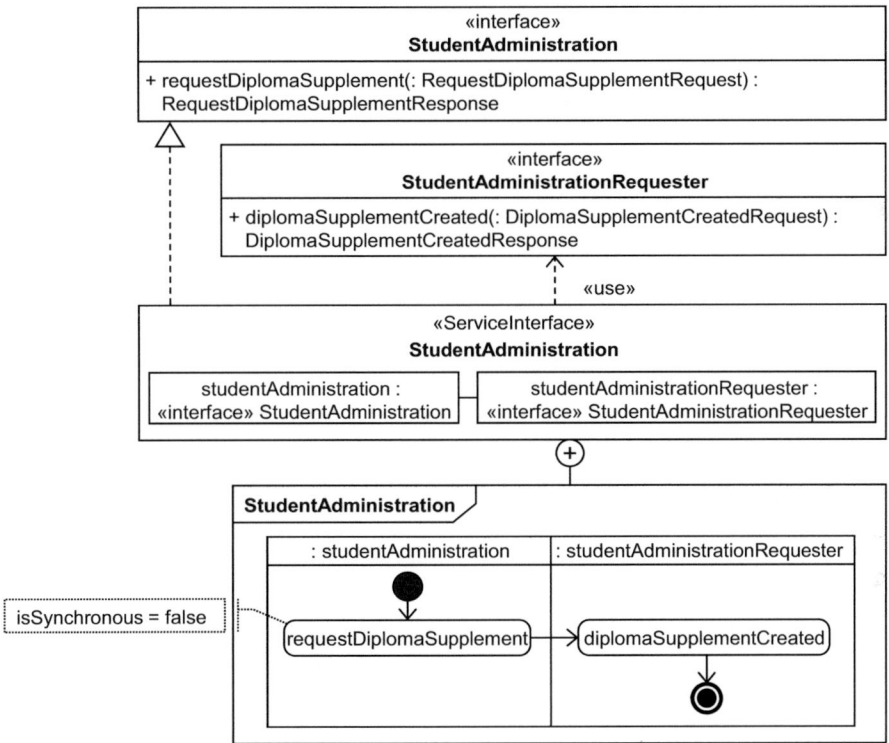

**Abbildung 80: Überarbeitete Dienstschnittstelle für die Studierendenverwaltung im
Kontext von Campus-Management**

Die Abbildung zeigt, dass mit dem Wechsel von einem synchronen zu einem
asynchronen Kommunikationsmodus zusätzlich die Ergänzung einer entsprechenden
Callback-Operation einhergeht. Daher wurde der Entwurf der Dienstschnittstelle um
eine entsprechende Operation, die auf Seite des Dienstnehmers bereitgestellt werden
muss, ergänzt.

Im Zuge der Überarbeitung der Dienstentwürfe findet außerdem eine Überarbeitung der
Datentypen statt. Dies bedeutet, dass die Datentypen zum einen hinsichtlich der
Benennung und zum anderen auch hinsichtlich der Vollständigkeit überarbeitet werden

müssen. So wurden im Rahmen der Überarbeitung des Dienstentwurfs der Studierendenverwaltung entsprechende Attribute eines Diploma Supplement ergänzt. Ein Ausschnitt der überarbeiteten Datentypen, die im Kontext der Beantragung eines Diploma Supplement genutzt werden, ist in der folgenden Abbildung dargestellt.

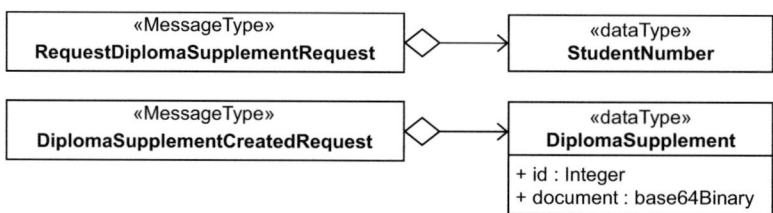

Abbildung 81: Überarbeitete Datentypen zur Beantragung eines Diploma Supplement

Im Anschluss daran sollte noch eine Überarbeitung der Dienstkomponente hinsichtlich der Benennung der Dienstkomponente und der Service- und RequestPoints erfolgen, auch wenn sich diese nicht direkt auf die Qualitätseigenschaften des Dienstes auswirkt. Die folgende Abbildung zeigt daher die überarbeitete Dienstkomponente der Studierendenverwaltung.

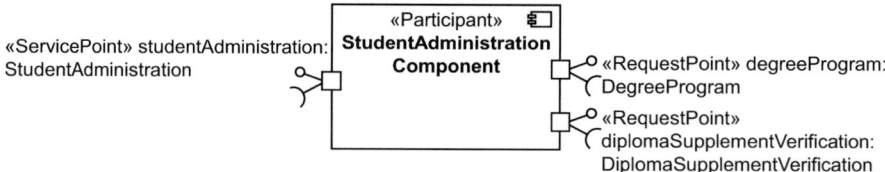

Abbildung 82: Überarbeitete Dienstkomponente für die Studierendenverwaltung im Kontext des von Campus-Management

Hieraus wird zusätzlich deutlich, dass der Dienst, der agnostische Funktionalität hinsichtlich des Studiengangs und der Prüfungsordnung bereitstellt, nach der obersten Entität, dem Studiengang benannt wurde, während der Dienst, der ausschließlich die Prüfung eines Diploma Supplement als sehr spezifische Funktionalität bereitstellt, auch einen entsprechend spezifischen Namen erhalten hat.

Als weitere wesentliche Änderung ist die Änderung des Kommunikationsmodus zur Prüfung eines Diploma Supplement zu nennen, da diese Operation aufgrund der Langläufigkeit ebenfalls asynchron bereitgestellt wird und sich diese Änderung auch auf das interne Verhalten der Dienstkomponente auswirkt.

Rekursive Fortsetzung des Entwurfsprozesses

Nachdem die Überarbeitung der Dienstentwürfe abgeschlossen ist, kann wie in Kapitel 4.5 beschrieben, eine rekursive Fortsetzung des Entwurfsprozesses erfolgen. Hierbei werden nicht die Nachrichtenaufrufe zwischen den Pools, sondern innerhalb der Pools die Aktivitäten, die keinem externen Aufruf entsprechen, betrachtet. Im Falle der Studierendenverwaltung handelt es sich hierbei um die Aktivitäten "Studierenden abfragen", Studienabschrift abfragen" und "Diploma Supplement erstellen". Diese werden eigenständig durch die Dienstkomponente "StudentAdministrationComponent" erbracht, weshalb diese in weitere interne Dienstkomponenten dekomponiert werden kann. Diese sind dabei der Dienstkomponente "StudentAdministrationComponent" untergeordnet und können nicht von den im vorher-gehenden Entwurfsprozess identifizierten Dienstkomponenten genutzt werden.

Um die internen Dienstkomponenten zu ermitteln, wird zunächst gemäß Kapitel 4.5 für jede Lane ein interner Dienstkandidat erstellt. Da im Falle der Studierendenverwaltung nur eine Lane existiert, wird ein interner Dienstkandidat abgeleitet. Anschließend wird dieser gemäß den Qualitätsindikatoren überarbeitet. Die folgende Abbildung zeigt den abgeleiteten und die aus der Überarbeitung resultierenden Dienstkandidaten.

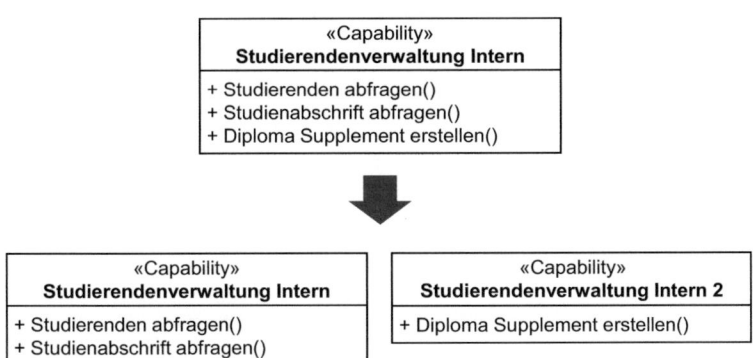

Abbildung 83: Intern genutzte Dienstkandidaten im Kontext von Campus-Management

Aufbauend auf diesen Dienstkandidaten werden im Anschluss, wie für die Dienstkandidaten des vorher durchgeführten Entwurfsprozesses, Dienstentwürfe abgeleitet und überarbeitet. Die hieraus entstehenden Dienstkomponenten werden der Dienstkomponente "StudentAdministrationComponent" untergeordnet und über eine zusätzliche Kompositionskomponente komponiert. Die resultierende verfeinerte Dienstkomponente "StudentAdministrationComponent" ist in der folgenden Abbildung dargestellt.

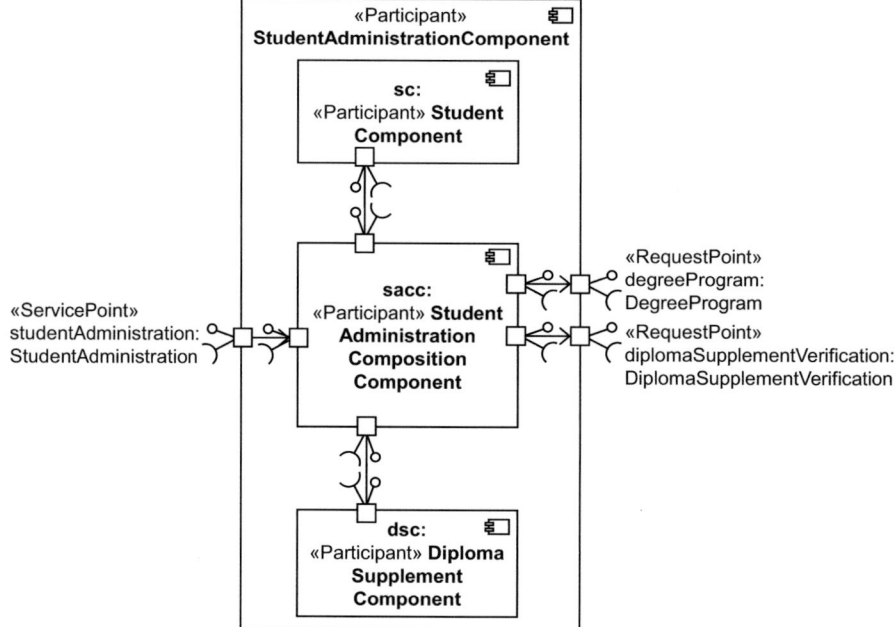

Abbildung 84: Intern genutzte Dienstkandidaten im Kontext von Campus-Management

Da es sich bei der Prüfung eines Diploma Supplement um eine langlaufende Operation handelt, wird auch diese Operation asynchron aufgerufen, weshalb die Dienstkomponente "StudentAdministrationComponent" und dementsprechend die darin enthaltene komponierende "StudentAdministrationCompositionComponent" gefordert ist, entsprechende *Callback*-Operationen bereitzustellen. Abbildung 85 zeigt den internen Ablauf dieser Dienstkomponente.

Des Weiteren wird die interne Dienstschnittstelle des Dienstes zur Verwaltung eines Diploma Supplement um die Möglichkeit zur Löschung eines Diploma Supplement erweitert. Während aus der Ableitung nur eine Operation zur Erstellung hervorgeht und es sich hierbei um eine zustandsändernde Operation handelt, ist eine entsprechende kompensierende Operation erforderlich.

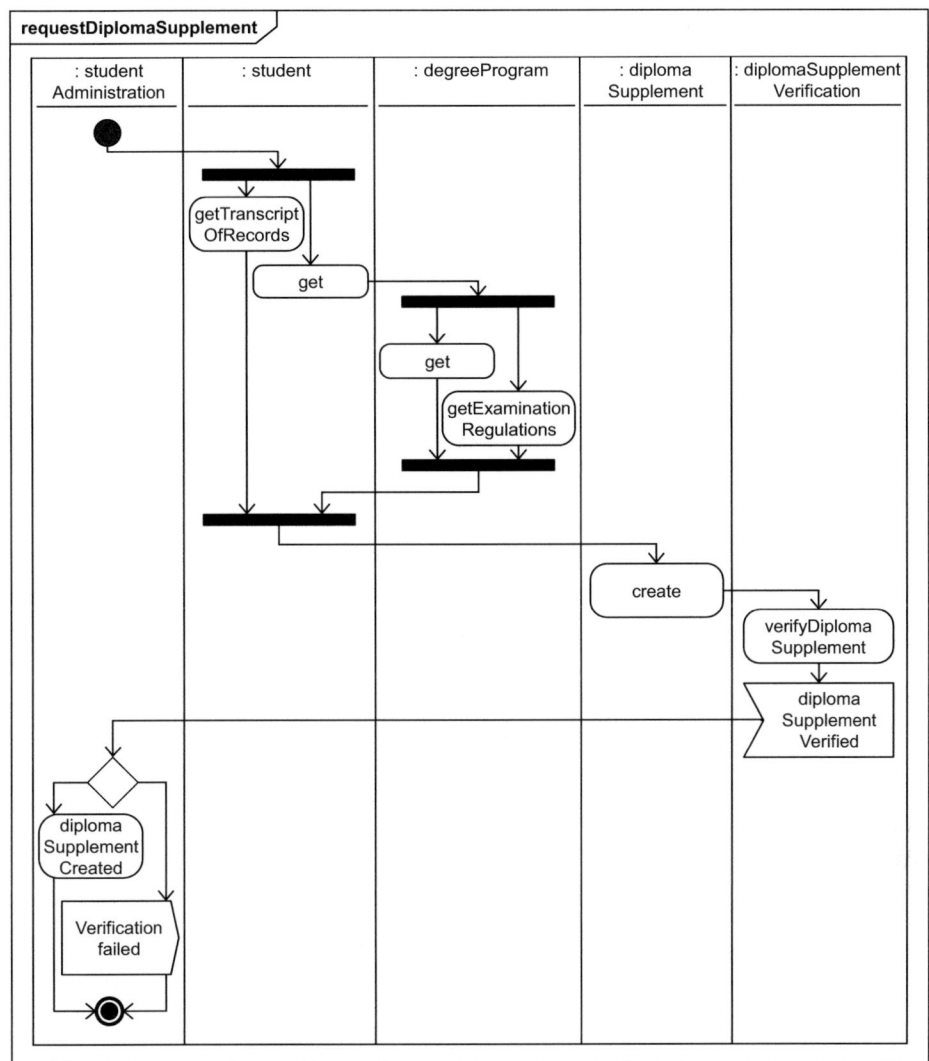

Abbildung 85: Interne Logik der StudentAdministrationCompositionComponent

Für die neu erstellten Dienstkomponenten ist keine weitere Verfeinerung erforderlich, so dass die Dienstentwürfe in Artefakte der Implementierungsphase überführt werden können. Im Rahmen des Entwurfsprozesses konnten somit alle Dienstentwürfe, die für die Beantragung eines Diploma Supplement erforderlich sind, nachvollziehbar erstellt werden.

7.2.3 Implementierung

Wie in Kapitel 4.6 beschrieben und im vorherigen Tragfähigkeitsnachweis demonstriert, können die erstellten Dienstentwürfe im Anschluss an die Entwurfsphase in Artefakte der Implementierungsphase überführt werden, die wiederum die Grundlage für weitere Arbeiten innerhalb der Implementierungsphase darstellen. Im Folgenden liegt der Fokus auf der exemplarischen Ableitung von Artefakten aus dem Dienstentwurf der "StudentAdministration". Dabei wird insbesondere die Überführung der internen Dienstkomponente "StudentAdministrationCompositionComponent" betrachtet, da diese keine weitere Verfeinerung erfordert und somit direkt nach BPEL überführt werden kann. Des Weiteren muss in diesem Fall im Vergleich zum vorherigen Tragfähigkeitsnachweis eine *Callback*-Operation bereitgestellt werden, welches sich wiederum auch in der Überführung nach BPEL niederschlägt.

SCA-Composite

Da der Aufbau eines SCA-Composite einer Dienstkomponente entspricht, kann aus der Dienstkomponente "StudentAdministrationComponent" ein entsprechendes SCA-Composite abgeleitet werden. Dabei werden die internen Dienstkomponenten "StudentComponent" und "DiplomaSupplementComponent" als Komponenten in das SCA-Composite und auch die Verdrahtung der Komponenten entsprechend aus der Dienstkomponente und den darin enthaltenen Dienstkanälen übernommen.

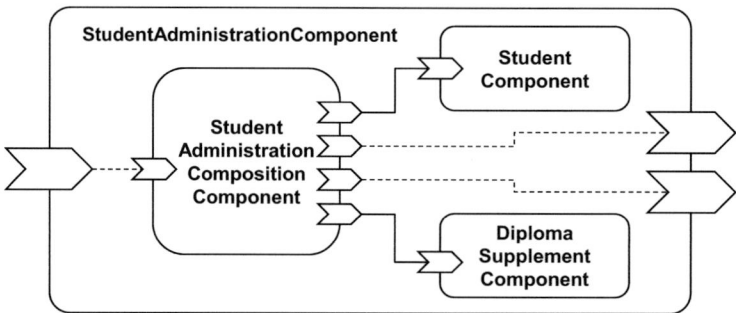

Abbildung 86: SCA-Composite "StudentAdministrationComponent"

WSDL-Schnittstellenbeschreibung

Zusätzlich zu dem vorherigen SCA-Composite lässt sich die Dienstschnittstelle in eine WSDL-Schnittstellenbeschreibung überführen. Diese kann direkt innerhalb des SCA-Composite genutzt werden, um die vom gesamten Composite und der darin enthaltenen Komponente "StudentAdministrationCompositionComponent" bereitgestellten Schnittstellen zu spezifizieren. Dabei werden die WSDL-Schnittstellenbeschreibung aus der seitens der Dienstschnittstelle realisierten Schnittstelle abgeleitet und die Datentypen des Dienstentwurfs in Datentypen auf Basis von XSD überführt. Im Folgenden ist beispielhaft ein Auszug der WSDL-Schnittstellenbeschreibung für die realisierte Schnittstelle "StudentAdministration" inklusive der benötigten Datentypen dargestellt. Zusätzlich erfolgt hierbei die Verknüpfung der Datentypen direkt mit den Konzepten des Domänenmodells, um das Verständnis der Datentypen für potenzielle Dienstnehmer zu erhöhen. Die Erweiterung der WSDL-Schnittstellenbeschreibung erfolgt hierbei unter Nutzung von SAWSDL [W3C-SAWSDL-REC]. Die auf Seite des Dienstnehmers bereitzustellende Dienstschnittstelle kann äquivalent mittels WSDL beschrieben werden.

```
<wsdl:definitions name="StudentAdministration"
 targetNamespace="http://cm.tm.kit.edu/CM/StudentAdministration"
 xmlns:soap="http://schemas.xmlsoap.org/wsdl/soap/"
 xmlns:tns="http://cm.tm.kit.edu/CM/StudentAdministration"
 xmlns:wsdl="http://schemas.xmlsoap.org/wsdl/"
 xmlns:xsd="http://www.w3.org/2001/XMLSchema"
 xmlns:sawsdl="http://www.w3.org/ns/sawsdl">

...

     <xsd:complexType name="DiplomaSupplement"
      sawsdl:modelReference="http://cm.tm.kit.edu/ontologies/
      cm.owl#Diploma_Supplement">
       <xsd:sequence>
         <xsd:element name="id" type="xsd:int"></xsd:element>
         <xsd:element name="document"
          type="xsd:base64Binary"></xsd:element>
       </xsd:sequence>
     </xsd:complexType>

     <xsd:simpleType name="StudentNumber"
      sawsdl:modelReference="http://cm.tm.kit.edu/ontologies/
      cm.owl#Matrikelnummer"></xsd:simpleType>

...

  <wsdl:portType name="StudentAdministration">
    <wsdl:operation name="requestDiplomaSupplement">
      <wsdl:input message="tns:requestDiplomaSupplementRequest"/>
      <wsdl:output message="tns:requestDiplomaSupplementResponse"/>
    </wsdl:operation>

  </wsdl:portType>
...

</wsdl:definitions>
```

Quelltext 32: Auszug aus der WSDL-Schnittstellenbeschreibung der Schnittstelle "StudentAdministration"

Im Anschluss an die Erstellung des SCA-Composite und der WSDL-Schnittstellen-beschreibung kann für die StudentAdministrationCompositionComponent die Implementierung auf Basis von BPEL erstellt werden. Im Vergleich zum vorherigen Tragfähigkeitsnachweis unterscheidet sich diese Implementierung abgesehen von dem eigentlichen Ablauf vor allem durch die Asynchronität und dem damit einhergehenden Aufruf einer *Callback*-Operation.

```
<bpel:process name="StudentAdministration" ...>

...

  <bpel:sequence name="main">
    <bpel:receive name="requestDiplomaSupplement"
     partnerLink="studentAdministration"
     portType="tns:StudentAdministration"
     operation="requestDiplomaSupplement" createInstance="yes"/>

    <bpel:flow name="Flow">
      <bpel:invoke name="getTranscriptOfRecords"
       partnerLink="student"
       operation="getTranscriptOfRecords"></bpel:invoke>

      <bpel:sequence name="Sequence">
        <bpel:invoke name="get" partnerLink="student"
         operation="get"
         portType="ns:Student"></bpel:invoke>

        <bpel:flow name="Flow1"><bpel:invoke name="get"
         partnerLink="degreeProgram"
         operation="get"></bpel:invoke>
          <bpel:invoke name="getExaminationRegulations"
           partnerLink="degreeProgram"
           operation="getExaminationRegulations"
           portType="ns0:DegreeProgram"></bpel:invoke>
        </bpel:flow>
      </bpel:sequence>
    </bpel:flow>



    <bpel:invoke name="create" partnerLink="diplomaSupplement"
     operation="create"></bpel:invoke>

    <bpel:invoke name="verifyDiplomaSupplement"
     partnerLink="diplomaSupplementVerification"
     operation="verifyDiplomaSupplement"></bpel:invoke>
```

```
    <bpel:receive name="diplomaSupplementVerified"
     partnerLink="studentAdministration"
     operation="diplomaSupplementVerified"
     portType="tns:StudentAdministration"></bpel:receive>

    <bpel:if name="Verification Succesful">
      <bpel:invoke name="diplomaSupplementCreated"
       partnerLink="studentAdministration"
       portType="tns:StudentAdministrationCallback"
       operation="diplomaSupplementCreated"/>

      <bpel:else>
        <bpel:throw name="Verification failed"></bpel:throw>
      </bpel:else>
    </bpel:if>

  </bpel:sequence>

</bpel:process>
```

**Quelltext 33: Auszug aus der Implementierung der
"StudentAdministrationCompositionComponent" mittels BPEL**

7.2.4 Bewertung und Ausblick

Dieser Tragfähigkeitsnachweis hat demonstriert, wie durch Anwendung des Entwurfsprozesses aus Kapitel 4 Dienste für die Domäne Campus-Management entworfen und
gleichzeitig die Qualitätseigenschaften der eindeutigen Kategorisierung, losen
Kopplung, Auffindbarkeit und Autonomie berücksichtigt werden können.

Ähnlich zum vorherigen Tragfähigkeitsnachweis zeichnen sich die Dienstentwürfe
durch eine klare Trennung von Verantwortlichkeiten aus. So wurden Dienste erstellt,
die explizit die Verwaltung einzelner Geschäftsentitäten fokussieren, ebenso erfolgte im
Sinne eines flexiblen Einsatzes der Dienste eine Trennung von hochgradig wiederver-
wendbarer und eher spezifischer Logik. Des Weiteren wurde eine fachliche Benennung
sowohl der Dienste als auch der genutzten Datentypen sichergestellt, so dass die
Auffindbarkeit der Dienste erhöht wird. Die Konsistenz hinsichtlich der Benennung
trägt ebenfalls zur Auffindbarkeit bei und erhöht zusätzlich die Wartbarkeit der Dienste.
Durch eine geeignete Dekomposition der Dienstkomponente kann interne Funktionalität
flexibel für andere Dienstnehmer bereitgestellt oder durch bereits bestehende
Funktionalität ersetzt werden.

Im Vergleich zum vorherigen Tragfähigkeitsnachweis zeichnet sich der vorliegende vor
allem durch die Berücksichtigung von europäischen und nationalen Vorgaben aus,
welche die Grundlage für die Gestaltung der Domäne und des betrachteten Geschäfts-

prozesses bilden. Die erstellten Dienstentwürfe orientieren sich an diesen Vorgaben und eignen sich somit auch als Grundlage für eine domänenweite Anwendung, d.h. den Einsatz in mehreren Hochschulen. Des Weiteren wurde die Langläufigkeit der Aktivität zur Prüfung eines Diploma Supplement geeignet berücksichtigt, so dass sowohl die Prüfung als auch die gesamte Beantragung eines Diploma Supplement asynchron genutzt werden können, da im Zuge der Überarbeitung der Kommunikationsmodus geeignet gesetzt und entsprechende *Callback*-Operationen ergänzt wurden. Ebenso erfolgte im Falle des Dienstes zur Verwaltung von Diploma Supplements die Ergänzung von Funktionalität zur Kompensation, in diesem Fall zur Löschung eines Diploma Supplement, die in den geschäftlichen Anforderungen nicht vorgesehen war, jedoch insbesondere im Kontext langlaufender Operationen erforderlich ist.

Das Vorgehen zur Erstellung von Dienstentwürfen für die Domäne Campus-Management bei gleichzeitiger Berücksichtigung von europäischen und nationalen Vorgaben soll insbesondere Herstellern von Campus-Management-Systemen und Hochschulen dabei helfen, Dienste zu entwerfen, die sich an bestimmte Vorgaben halten und somit ein hohes Maß an Interoperabilität aufweisen. So sollen in Zukunft die Methode und auch die bereits erstellten Dienstentwürfe als Vorlage für die im KIM-Projekt betriebenen Dienste genutzt werden.

Zum Zeitpunkt der Arbeit wird zusätzlich zur Beantragung eines Diploma Supplement die Erstellung einer Lernvereinbarung betrachtet und auch für diesen Anwendungsfall geeignete Dienstentwürfe erstellt, die eine automatisierte Anrechnung von Prüfungs-leistungen zwischen mehreren Hochschulen ermöglicht. Auch in diesem Fall orientieren sich die Dienstentwürfe an existierenden Vorgaben, so dass sich die Dienstentwürfe für den Einsatz an mehreren Hochschulen eignen.

7.3 Resümee

Durch Anwendung der in dieser Arbeit erstellten Konzepte auf die zwei Anwendungs-fälle konnte demonstriert werden, dass sich die Konzepte eignen, um Dienste mit nachweislichen Qualitätseigenschaften nachvollziehbar zu entwerfen. Dabei war zu jedem Zeitpunkt die aktuell durchzuführende Aufgabe klar definiert, um aus geschäftlichen Anforderungen zu Dienstentwürfen zu gelangen, wodurch die Anwendbarkeit des Ansatzes nachgewiesen wurde. Da sich die Anwendungsfälle in ihrer Domäne unterscheiden, konnte zusätzlich die Anwendbarkeit des Vorgehens in verschiedenen Domänen, in denen ggf. dienstorientierte Architekturen zum Einsatz kommen, gezeigt werden.

Ebenso gelang es durch die Anwendung der Konzepte auf die Anwendungsfälle, die Effektivität der Konzepte zu belegen. Da die Dienstentwürfe nachvollziehbar aus den geschäftlichen Anforderungen erstellt wurden und stets die Überführung von Artefakten einer Phase in Artefakte der darauffolgenden Phase definiert war, wurde die Anforderung der Nachvollziehbarkeit erfüllt. Die Nutzung der Qualitätsindikatoren innerhalb des Entwurfsprozesses und die nachträgliche und von den Qualitätsindikatoren unabhängige Bewertung der resultierten Dienstentwürfe haben zusätzlich gezeigt, dass gewünschte Qualitätseigenschaften berücksichtigt wurden und die Dienstentwürfe zur Erreichung der mit dienstorientierten Architekturen verknüpften Ziele beitragen. Sofern Widersprüche in den Qualitätsindikatoren vorlagen, hatte der IT-Architekt die Möglichkeit eigenständig zu entscheiden, welcher Qualitätsindikator und somit welche Qualitätseigenschaft bevorzugt berücksichtigt werden sollte, wodurch auch diese Anforderung erfüllt wurde. Durch den Einsatz standardisierter Sprachen zur formalen Beschreibung von Analyse- und Entwurfsartefakten konnten verbreitete Entwicklungswerkzeuge genutzt und somit die praktische Anwendbarkeit nachgewiesen werden. Des Weiteren erfolgte eine Erhöhung der praktischen Anwendbarkeit durch die Formalisierungen der Qualitätsindikatoren zur Bestimmung der Qualitätseigenschaften von Dienstkandidaten und Dienstentwürfen, da erst hierdurch eine Quantifizierung der Qualitätsindikatoren und somit eine systematische Überarbeitung der zunächst abgeleiteten Dienstkandidaten und Dienstentwürfe ermöglicht wurden. Hierbei hat sich auch die Erkenntnis ergeben, dass nicht, wie ursprünglich erhofft, alle Interpretationsfreiräume bei der Auswertung der Formalisierungen verhindert werden konnten. So wird bspw. die Bestimmung von Operationen, die agnostische Funktionalität bereitstellen, durch das subjektive Empfinden des IT-Architekten, wann es sich um agnostische Funktionalität handelt und wann nicht, beeinflusst. Dies liegt darin begründet, dass die Qualitätsindikatoren aus teilweise unpräzisen Definitionen der Qualitätseigenschaften abgeleitet und diese Definitionen im Zuge der Überführung nicht konkretisiert wurden, weshalb diese Beschreibungen in der Zukunft präzisiert werden sollten, um Mehrdeutigkeiten der Begriffe und somit Interpretationsfehler bei der Bestimmung der Qualitätsindikatoren zu verhindern. Die erstellten Dienstentwürfe erfüllen durch die Nutzung von SoaML die Forderung nach einer Plattformunabhängigkeit und können somit im weiteren Verlauf des Entwicklungsprozesses, wie in Kapitel 4.6 dargestellt, in unterschiedliche Technologien überführt werden. Exemplarisch wurde jeweils die Überführung nach SCA, Webservices beschrieben durch WSDL und BPEL demonstriert. Das vorgestellte Vorgehen lässt sich somit in einen ganzheitlichen Entwicklungsprozess für Dienste im Kontext dienstorientierter Architekturen integrieren.

Im Vergleich zu anderen Ansätzen hat sich vor allem die Kombination aus einer nachvollziehbaren Beschreibung der Überführung von Artefakten der Analysephase in Artefakte der Entwurfsphase und der gleichzeitigen Integration formalisierter Qualitätsindikatoren als wesentlicher Vorteil herausgestellt. Während Arbeiten von Erl [Er06, Er08] und Engels et al. [EH+08] eine abstrakte Beschreibung des Vorgehens fokussieren, liefert die vorliegende Arbeit eine exakte Definition der Überführung der Artefakte. Ebenso werden die Qualitätseigenschaften in bestehenden Arbeiten entweder informell oder ohne Bezug zu konkreten Modellen beschrieben, was die praktische Anwendbarkeit erheblich erschwert. Durch die in dieser Arbeit vorgestellten Formalisierungen konnten die Qualitätsindikatoren und somit Qualitätseigenschaften ohne weitere Interpretationen bestimmt und die Dienstentwürfe entsprechend überarbeitet werden. Wie bereits erwähnt, konnten jedoch aufgrund der unpräzisen Begrifflichkeiten aus den Beschreibungen der Qualitätseigenschaften und der in dieser Arbeit nicht durchgeführten Konkretisierung nicht alle Interpretationsfreiräume bei der Bestimmung der Qualitätseigenschaften verhindert werden. Die Anwendung der Konzepte auf die Anwendungsfälle hat gezeigt, dass alleine die Sammlung der Qualitätsindikatoren bereits einen wesentlichen Beitrag liefert. Auf diese Weise erhält der IT-Architekt einen Katalog an Kriterien, die im Zuge des Entwurfs von Diensten zu berücksichtigen sind. Hierdurch wird auch im Falle von Überarbeitungen der Dienst-kandidaten und Dienstentwürfe sichergestellt, dass stets alle Kriterien im Sinne der Qualitätsindikatoren berücksichtigt werden und die Verbesserung eines Qualitäts-indikators nicht in einer unbewussten Verschlechterung anderer Qualitätsindikatoren resultiert, weil diese zum Zeitpunkt der Überarbeitung nicht im Fokus lagen. Die Unabhängigkeit von einer konkreten Plattform wird auch von anderen Arbeiten wie bspw. RUP/SOMA [IBM-RUP-SOMA07] adressiert und stellt somit keinen erheblichen Mehrwert im Vergleich zu anderen Arbeiten dar. Jedoch handelt es sich hierbei um eine Anforderung, die heutige Entwurfsprozesse erfüllen sollten und der daher auch die Konzepte der vorliegenden Arbeit gerecht werden.

8 Bewertung und Ausblick

Das folgende und abschließende Kapitel dient der Zusammenfassung und Bewertung der im Rahmen der vorliegenden Arbeit erzielten Ergebnisse. Die Bewertung der Beiträge erfolgt hierbei anhand der in Kapitel 3.1 vorgestellten Anforderungen. Ein Ausblick auf mögliche weiterführende Fragestellung im Kontext eines qualitätsorientierten Entwurfs von Anwendungsdiensten schließt das vorliegende Kapitel und somit die Arbeit ab.

8.1 Beiträge der Arbeit

Mit der Einführung dienstorientierter Architekturen sind häufig Ziele wie bspw. eine höhere Flexibilität hinsichtlich der IT eines Unternehmens verknüpft. Diese Ziele können jedoch nur erreicht werden, sofern die wesentlichen Bestandteile der Architektur, die Dienste, gewisse Qualitätseigenschaften erfüllen. In der Literatur sind hierbei die eindeutige Kategorisierung, die Auffindbarkeit, die lose Kopplung und die Autonomie prominent vertreten. Diese Qualitätseigenschaften stellen somit die Basis für eine erfolgreiche Einführung einer dienstorientierten Architektur dar. Ziel der vorliegenden Arbeit war es daher, ein Vorgehen für einen qualitätsorientierten Entwurf von Anwendungsdiensten im Kontext dienstorientierter Architekturen zu schaffen, so dass systematisch Dienste erstellt werden können, die obige Qualitätseigenschaften erfüllen. Dabei galt es vor allem, einen bereits bestehenden Entwurfsprozess um die notwendige Systematik und die Berücksichtigung von Qualitätseigenschaften zu ergänzen. Als Ergebnis der Arbeit konnten drei Beiträge geliefert werden, deren Tragfähigkeit im Sinne der Anwendbarkeit und Effektivität anhand von zwei konkreten Anwendungsfällen aus der Praxis nachgewiesen wurde.

8.1.1 Entwurfsprozess

Der erste Beitrag fokussierte den Prozess für den Entwurf der Dienste und gliederte sich dabei in eine Identifikation von Dienstkandidaten und eine Spezifikation von Dienstentwürfen. Als Grundlage für das Vorgehen dienten der RUP/SOMA von IBM und die Prozesse von Erl und Engels et al., wobei diese um die notwendige Systematik und Berücksichtigung von Qualitätseigenschaften ergänzt wurden. Im Rahmen des erarbeiteten Entwurfsprozesses erfolgt daher zunächst eine systematische und somit nachvollziehbare Ableitung von Dienstkandidaten aus den Anforderungen, die in Form eines Domänenmodells, Geschäftsanwendungsfällen und Geschäftsprozessen vorliegen.

Hierfür wurde eine konkrete Überführung der Artefakte aus der Analysephase in Dienstkandidaten, die auf Basis von SoaML modelliert werden, beschrieben. Um die Qualitätseigenschaften zu berücksichtigen, erfolgt innerhalb des Entwurfsprozesses eine nachträgliche Analyse und ggf. eine Überarbeitung der Dienstkandidaten. Die Analyse liefert eine Quantifizierung von Qualitätsindikatoren, die wiederum eine Aussage hinsichtlich der Qualitätseigenschaften der Dienstkandidaten treffen. Sollten bestimmte Qualitätsindikatoren nicht den gewünschten Werten entsprechen, folgt die Überarbeitung der Dienstkandidaten hinsichtlich der Qualitätseigenschaften. Sobald dieser iterativ durchgeführte Prozess abgeschlossen ist, werden aus den Dienst-kandidaten systematisch Dienstentwürfe abgeleitet, auf ihre Qualitätseigenschaften hin analysiert und bei Bedarf überarbeitet. Auf diese Weise liefert der Entwurfsprozess eine Menge von Dienstentwürfen, deren Umsetzung in Diensten resultiert, die zur Erfüllung der Ziele, die mit einer dienstorientierten Architektur verknüpft sind, beitragen.

8.1.2 Bestimmung von Qualitätseigenschaften

Während der erste Beitrag den Entwurfsprozess als Rahmen und die darin enthaltene Systematik zur Ableitung von Dienstkandidaten aus den Anforderungen und von Dienstentwürfen aus Dienstkandidaten adressierte, fokussierte der zweite Beitrag die Analyse von Dienstkandidaten und Dienstentwürfen. Als Kriterien für eine Analyse wurden die Qualitätseigenschaften der eindeutigen Kategorisierung, Auffindbarkeit, losen Kopplung und Autonomie herangezogen. Um eine Bestimmung der Qualitäts-eigenschaften vornehmen zu können, wurden aus den Beschreibungen der Qualitäts-eigenschaften aus bestehender Literatur Qualitätsindikatoren abgeleitet. Diese liefern Hinweise darauf, inwieweit Dienstkandidaten oder Dienstentwürfe eine bestimmte Qualitätseigenschaft einhalten. Um eine praktische Anwendbarkeit des Ansatzes zu gewährleisten, wurden die Qualitätsindikatoren direkt auf Basis von Dienstkandidaten und Dienstentwürfen in SoaML illustriert. Ebenso wurden für die Qualitätsindikatoren Formalisierungen geliefert, die dem IT-Architekten als exakte Beschreibung für eine Quantifizierung dienen. Diese Formalisierungen ermöglichen eine Berechnung der Qualitätsindikatoren, ohne dass alle Informationen formalisiert vorliegen müssen. Auf diese Weise wird ein Kompromiss zwischen einer informellen Beschreibung, die zunächst eine Interpretation mit möglichen Interpretationsfehlern verlangt, und einer automatisiert durchführbaren Formalisierung, die wiederum eine Formalisierung aller notwendigen Informationen erfordert, erzielt. Abschließend erfolgte die Formalisierung beispielhafter Qualitätsindikatoren, die auf Basis der im Entwurfsprozess vorgestellten Artefakte und ggf. Ergänzungen semantischer Hintergrundinformation automatisiert ermittelt werden können, mittels OCL, wodurch eine automatische Berechnung innerhalb von UML-Modellierungswerkzeugen ermöglicht wird.

8.1.3 Überarbeitung von Dienstkandidaten und Dienstentwürfen

Im Anschluss an eine Analyse von Dienstkandidaten und Dienstentwürfen auf Basis von Qualitätseigenschaften mittels Qualitätsindikatoren ist ggf. eine Überarbeitung dieser erforderlich. Diese Überarbeitung bildete den Schwerpunkt des dritten Beitrags. Hierbei wurde zunächst gezeigt, wie kritische Stellen in Dienstkandidaten und Dienstentwürfen identifiziert werden können, die eine mögliche Ursache für eine nicht optimal erfüllte Qualitätseigenschaft darstellen. Hierfür wurden die Qualitätsindikatoren mit Modellierungselementen verknüpft, deren Änderungen sich maßgeblich auf den Qualitätsindikator auswirken. Des Weiteren erfolgte die Formalisierung beispielhafter kritischer Stellen ebenfalls mit OCL, um eine automatische Identifikation zu ermöglichen. Wurde eine kritische Stelle identifiziert, so stellt sich die Frage, welche Korrekturen vorgenommen werden müssen, um diese zu beheben. Um eine aktive Unterstützung des IT-Architekten zu erzielen, sollen diesem Handlungsalternativen aufgezeigt werden, deren Durchführung des betrachteten Qualitätsindikators resultieren würde. Hierfür wurden mögliche Entwurfsentscheidungen, die ggf. im Rahmen der Überarbeitung von Dienstkandidaten und Dienstentwürfen getroffen werden müssen, identifiziert und mit den vorher vorgestellten kritischen Stellen in Beziehung gesetzt. Auf diese Weise ist zu einer kritischen Stelle die Ermittlung verschiedener Entwurfsentscheidungen möglich, die ggf. zu einer Behebung dieser kritischen Stelle beitragen. Die im Rahmen einer Entwurfsentscheidung möglichen Handlungsalternativen können dem IT-Architekten bereitgestellt und gleichzeitig auf Basis der Indikatoren bewertet werden, was wiederum in einer Bestimmung der bevorzugten Handlungsalternative zur Behebung der aufgezeigten kritischen Stelle resultiert.

8.1.4 Tragfähigkeitsnachweise

Die Tragfähigkeit im Sinne der Anwendbarkeit und Effektivität der im Rahmen der Beiträge entwickelten Konzepte wurde anhand von zwei sich deutlich unterscheidenden Anwendungsfällen und somit in verschiedenen Anwendungsgebieten nachgewiesen.

Der erste Anwendungsfall adressierte die Beobachtung von Umweltinformationen und die hierauf aufbauende Unterstützung von Menschen. Das dieser Idee zugrunde liegende HERO-Projekt der Forschungsgruppe C&M basiert auf Arbeiten des NEST-Projektes am Fraunhofer IOSB. Im Rahmen des HERO-Projektes wurden mit Hilfe der in dieser Arbeit entwickelten Beiträge Dienste für den KITCampusGuide entworfen, der einen Studierenden über den Campus zu einem bestimmten Mitarbeiter oder Raum wie bspw. Hörsaal leiten soll. Die hierfür notwendigen Informationen wie die Position des Studierenden werden dabei mittels Sensordienste abgefragt und das Kartenmaterial von einem externen Anbieter bereitgestellt. Die Dienste erfüllen dabei ebenfalls nachweislich bestmöglich die Qualitätseigenschaften der eindeutigen Kategorisierung, Auffindbarkeit, losen Kopplung und Autonomie.

Der zweite Anwendungsfall betrachtete die IT von Hochschulen und fokussierte daher den Entwurf von Diensten für die Domäne Campus-Management. Durch den Bologna-Prozess ist die IT von Hochschulen starken Änderungen ausgesetzt. Um die notwendige Flexibilität gewährleisten zu können, gestalten Hochschulen ihre IT zunehmend dienstorientiert. So sind auch Hersteller von Campus-Management-Systemen gefordert, eine Integration ihrer Systeme in eine dienstorientierte Architektur zu ermöglichen, was bedeutet, dass geeignete Dienste bereitgestellt und bestehende Dienste genutzt werden müssen. Ziel war es daher mittels des in dieser Arbeit entwickelten qualitätsorientierten Entwurfs von Anwendungsdiensten sowohl hochschulinternen Projekten, wie dem KIM-Projekt am KIT als auch Herstellern von Campus-Management-Systemen eine Hilfestellung für den Entwurf von Diensten zu geben. Beispielhaft wurden Dienste für die Erstellung eines Diploma Supplement entworfen, wobei die resultierenden Dienste die in dieser Arbeit betrachteten Qualitätseigenschaften bestmöglich erfüllen.

Durch die Nutzung der Konzepte durch den Autor der vorliegenden Arbeit konnte somit die Anwendbarkeit der Konzepte geeignet demonstriert werden. Die Qualitäts-indikatoren und deren Einordnung und Nutzung innerhalb eines methodischen Vorgehens halfen dabei, die Dienstentwürfe systematisch hinsichtlich ausgewählter Qualitätseigenschaften zu erstellen. Die darauffolgende Analyse und Bewertung der Ergebnisse hat gezeigt, dass die systematisch entworfenen Dienstentwürfe die gewünschen Eigenschaften und damit erhoffte Vorzüge aufweisen. Ebenso konnten die gestellten Anforderungen erfüllt werden, wodurch neben der Anwendbarkeit durch den Autor zusätzlich die Effektivität der in dieser Arbeit entwickelten Konzepte nachgewiesen wurde.

8.2 Diskussion der Ergebnisse

Im Folgenden werden die Beiträge und damit erzielten Ergebnisse kritisch diskutiert. Dabei erfolgt eine Bewertung der Ergebnisse entlang des Anforderungskatalogs aus Kapitel 3.1, da dieser bereits zur Bewertung bestehender Arbeit herangezogen wurde und hierdurch den Handlungsbedarf motivierte. Auf diese Weise kann aufgezeigt werden, inwieweit die vorliegende Arbeit die gestellten Anforderungen erfüllt.

8.2.1 Nachvollziehbarkeit

Die Nachvollziehbarkeit des in dieser Arbeit vorgestellten, qualitätsorientierten Entwurfs von Anwendungsdiensten wird sowohl durch den Entwurfsprozess als auch durch die Bestimmung von Qualitätseigenschaften sichergestellt. Im Rahmen des Entwurfsprozesses wird eine konkrete Überführung der Artefakte der Analysephase in Artefakte der Entwurfsphase, d.h. Dienstkandidaten, beschrieben. Zusätzlich wird innerhalb der Entwurfsphase eine konkrete Überführung von Dienstkandidaten in Dienstentwürfe vorgestellt. Die Entstehung der Artefakte ist daher durchgängig nachvollziehbar. Da im Zuge der Analyse und Überarbeitung Änderungen an den Dienstkandidaten und Dienstentwürfen vorgenommen werden, müssen auch diese Änderungen die Anforderung der Nachvollziehbarkeit erfüllen. Dies wird dadurch sichergestellt, dass die Änderungen immer zielgerichtet an Qualitätseigenschaften erfolgen, die sich nachweislich durch die identifizierten Qualitätsindikatoren bestimmen lassen. Ebenso erfolgt im Rahmen der Überarbeitung die Bereitstellung von Handlungs-alternativen, die in einer zielgerichteten Änderung der Qualitätsindikatoren und somit Qualitätseigenschaften resultieren. Aus diesem Grund ist die Nachvollziehbarkeit von Beginn der Entwurfsphase bis zum finalen Dienstentwurf als Resultat der Entwurfs-phase gewährleistet.

8.2.2 Berücksichtigung gewünschter Qualitätseigenschaften

Da die Analyse und Überarbeitung von Dienstkandidaten und Dienstentwürfen innerhalb des Entwurfsprozesses auf Basis von Qualitätseigenschaften erfolgt, findet eine Berücksichtigung von Qualitätseigenschaften statt. Jedoch werden nicht zwangsläufig Dienste mit denselben Eigenschaften erzeugt, wie es teilweise in anderen Entwurfsprozessen der Fall ist. Stattdessen erhält der IT-Architekt dank der Phase der Analyse und Überarbeitung den Freiraum, eigenständig Veränderungen hinsichtlich gewünschter Qualitätseigenschaften durchzuführen. Somit kann er selbst eine Priorisierung der Qualitätseigenschaften vornehmen und die Dienstkandidaten und Dienstentwürfe nach individuellen Kriterien überarbeiten. Dieser Aspekt bildet den Unterschied zwischen einer einfachen Berücksichtigung von Qualitätseigenschaften und der Berücksichtigung gewünschter Qualitätseigenschaften.

8.2.3 Praktische Anwendbarkeit

Die praktische Anwendbarkeit zieht sich vollständig durch den gesamten Entwurfs-prozess und wird durch verschiedene Aspekte sichergestellt. Zunächst orientiert sich der Entwurfsprozess an bereits etablierten Prozessen, wobei er vorrangig an RUP/SOMA von IBM angelehnt ist, jedoch Arbeiten von Erl und Engels et al. berücksichtigt und diese durch eine stärkere Nachvollziehbarkeit und Berücksichtigung von Qualitäts-eigenschaften erweitert. Durch den Einsatz der Modellierungssprachen BPMN, UML und SoaML als UML-Profil kommen standardisierte Sprachen zum Einsatz, was die Nutzung verbreiteter Entwicklungswerkzeuge ermöglicht. Ebenso wird hierdurch die praktische Anwendbarkeit der Überführung von Artefakten aus der Analysephase in Dienstkandidaten erhöht. Hinsichtlich der Bestimmung von Qualitätseigenschaften zeigt sich die praktische Anwendbarkeit insbesondere dadurch, dass zunächst jeder Qualitätsindikator auf Basis von SoaML veranschaulicht und hierdurch die Analyse von

Dienstkandidaten und Dienstentwürfen, die mit SoaML modelliert wurden, vereinfacht wird. Ebenso orientieren sich die Formalisierungen der Qualitätsindikatoren an Dienst-kandidaten und Dienstentwürfen in SoaML. Es werden somit Variablen und Funktionen genutzt, die sich nach der Modellierung in SoaML richten und hierdurch eine direkte praktische Anwendbarkeit der Formalisierungen erzielt. Interpretationen der Formalisierungen und somit eine Übertragung auf eine konkrete Modellierungssprache sind nicht erforderlich, wodurch Interpretationsfehler reduziert werden. Jedoch bestehen durch unpräzise Definitionen der Qualitätsindikatoren und eine fehlende Konkretisierung weiterhin Mehrdeutigkeiten bei der Bestimmung der Qualitäts-indikatoren. Die Formalisierung beispielhafter Qualitätsindikatoren auf Basis von OCL demonstriert schließlich die Möglichkeit, diese Qualitätsindikatoren in UML-Modellierungswerkzeuge zu integrieren und automatisiert bestimmen zu lassen.

8.2.4 Plattformunabhängigkeit

Die Plattformunabhängigkeit wird zunächst durch die Nutzung von SoaML als Modellierungssprache sichergestellt. SoaML abstrahiert von der konkreten Plattform und trifft keine Aussage über einzusetzende Technologien. Da sich die Qualitäts-indikatoren zur Bestimmung der Qualitätseigenschaften ebenfalls auf die Entwurfszeit beschränken und an SoaML orientieren, wird auch hierdurch eine Plattformun-abhängigkeit gesichert. Somit sind weder die modellierten Artefakte, d.h. die Dienst-kandidaten und Dienstentwürfe, noch die Kriterien zur Bewertung dieser Artefakte, d.h. die Qualitätsindikatoren, an eine bestimmte Plattform oder Technologie gebunden.

8.2.5 Resümee

Die vorherigen Abschnitte belegen, dass die in Kapitel 3.1 aufgestellten Anforderungen durch die in dieser Arbeit entwickelten Beiträge abgedeckt und somit der Handlungs-bedarf und die in Kapitel 1.3 aufgezeigten Problemstellungen erfolgreich bearbeitet wurden.

Der vorgestellte Entwurfsprozess orientiert sich vorrangig an den Vorgehen von IBM, Erl und Engels et al. und ergänzt notwendige Details, um die Nachvollziehbarkeit zu gewährleisten und gewünschte Qualitätseigenschaften zu berücksichtigen. Hierdurch erhält der IT-Architekt klare Informationen, wie er aus den zuvor erstellten Anforderungen Dienstkandidaten und schließlich Dienstentwürfe erstellen kann, damit diese ausgewählte Qualitätseigenschaften berücksichtigen und hierdurch die Ziele, die mit der Einführung einer dienstorientierten Architektur verknüpft sind wie bspw. eine hohe Flexibilität bestmöglich erreicht werden.

Bei der Beschreibung der für eine Bestimmung von Qualitätseigenschaften notwendigen Qualitätsindikatoren wurde von sehr abstrakten und von konkreten Sprachen losgelösten Formalisierungen abgesehen. Stattdessen wurde direkt SoaML als standardisierte

Modellierungssprache gewählt, um notwendige Interpretationen seitens des IT-Architekten zu vermeiden. Hierdurch gelang es, Qualitätsindikatoren zu formulieren, die direkt auf konkrete Modelle von Dienstkandidaten oder Dienstentwürfen angewandt werden können. Jedoch wurde durch die Anwendung der Qualitätsindikatoren im Zuge der Tragfähigkeitsnachweise deutlich, dass weiterhin Mehrdeutigkeiten aufgrund der unpräzisen Begrifflichkeiten existieren, die in Zukunft gelöst werden sollten. Für eine automatische Auswertung der Qualitätsindikatoren ist meist semantisches Hintergrundwissen erforderlich, weshalb die eigentliche Bestimmung der Qualitätsindikatoren häufig manuell durchgeführt werden muss. Die Ergänzung notwendiger semantischer Hintergrundinformation ermöglicht eine vollständige automatische Bestimmung der Qualitätsindikatoren, die durch eine Formalisierung ausgewählter Qualitätsindikatoren mit OCL demonstriert wurde. Unabhängig von einer automatischen Bestimmung liefern die Qualitätsindikatoren und ihre Formalisierungen ein wertvolles Werkzeug für den IT-Architekten, so dass diese auch im Rahmen der Tragfähigkeitsnachweise ohne weitere Zwischenschritte direkt auf die erstellten Modelle angewandt und somit erste Hinweise auf mögliche Unzulänglichkeiten geliefert werden konnten. Ebenso hat sich durch die Tragfähigkeitsnachweise gezeigt, dass alleine die Existenz einer Sammlung von Qualitätsindikatoren bereits einen deutlichen Beitrag liefert, da dem IT-Architekt somit auch im Falle von Überarbeitungen stets die Auswirkungen auf alle Qualitätsindikatoren bewusst werden und eventuelle negative Auswirkungen einfacher ersichtlich sind.

Die Identifikation kritischer Stellen und die Bereitstellung von Handlungsalternativen inklusive einer Bewertung und somit Bestimmung der bevorzugten Alternative liefern im Rahmen der Überarbeitung von Dienstkandidaten und Dienstentwürfen eine weitere Unterstützung für den IT-Architekten. Im Zuge eines iterativen Prozesses der Analyse und Überarbeitung gelangt der IT-Architekt somit zu Dienstkandidaten und später zu Dienstentwürfen, die ausgewählte Qualitätseigenschaften bestmöglich erfüllen. So gelang es, in den ausgewählten Anwendungsfällen des Tragfähigkeitsnachweises die zunächst systematisch abgeleiteten Dienstkandidaten und Dienstentwürfe mit Blick auf die Qualitätseigenschaften der eindeutigen Kategorisierung, Auffindbarkeit, losen Kopplung und Autonomie zielgerichtet zu überarbeiten.

Durch die jeweils nachgelagerte Analyse und Überarbeitung innerhalb des Entwurfsprozesses können die erarbeiteten Konzepte unabhängig vom jeweiligen Entwurfsprozess eingesetzt werden. So ist es möglich, auch bereits bestehende Dienstkandidaten oder Dienstentwürfen, die mit einem abweichenden Vorgehen erstellt wurden, systematisch zu analysieren und zu überarbeiten. Da gemäß Heutschi [He07] bestehende Entwurfsprozesse jeweils nur eine Auswahl der bekannten Qualitätseigenschaften in quantifizierter und somit nachweisbarer Form berück-sichtigen, können diese um die hier vorgestellten Konzepte angereichert werden, wodurch der Beitrag der vorliegenden Arbeit zusätzlich erhöht wird.

8.3 Ausblick

Im Zuge der Bearbeitung der Problemstellungen und der Anwendung der in dieser Arbeit entwickelten Konzepte zur Demonstration der Tragfähigkeit haben sich weitere Fragestellungen ergeben, wodurch erneut die Komplexität eines qualitätorientierten Entwurfs von Anwendungsdiensten verdeutlicht wurde. Diese Fragestellungen eignen sich daher als mögliche Weiterführung dieser Arbeit, weshalb sie im Folgenden vorgestellt werden.

Berücksichtigung von Implementierungsdetails

Nachdem der Entwurf der Dienste abgeschlossen ist, erfolgt eine konkrete Implementierung der Dienste. Hierbei gilt es, die Implementierung derart durchzuführen, dass die bereits vorher bestimmten Qualitätseigenschaften weiterhin eingehalten bleiben. Zusätzlich wird der Entwurf um weitere Details, wie den internen Aufbau eines Dienstes in Form seiner Komponenten erweitert. Aus diesem Grund stellt sich hier die Frage, wie sich die Qualitätseigenschaften auf Basis dieser nun zusätzlichen Informationen ermitteln lassen. Hier liefern Perepletchikov et al. in [PR+08] bereits erste Ansätze. Zusätzlich können im weiteren Verlauf des Entwicklungsprozesses durch die zusätzlichen Informationen ggf. weitere Qualitäts-eigenschaften ermittelt werden, die zum Zeitpunkt von Dienstentwürfen nicht bestimmbar waren. Bspw. wird die Idempotenz oder die Zustandslosigkeit maßgeblich durch die Implementierung der Dienste beeinflusst. Hierbei stellt sich somit die Frage, wie diese Qualitätseigenschaften mit Hilfe von Implementierungsdetails bestimmt und wie somit die hier erarbeiteten Konzepte auf die Implementierungsphase ausgedehnt werden können.

Verknüpfung mit Laufzeitaspekten

Die in dieser Arbeit berücksichtigten Qualitätseigenschaften beziehen sich ausschließlich auf strukturelle Aspekte, die somit ohne Informationen der Laufzeit-umgebung bestimmt werden können. Insbesondere im Sinne eines Dienstes als betriebene Funktionalität stellt sich jedoch zusätzlich die Frage, wie Laufzeitaspekte bereits zur Entwurfszeit berücksichtigt werden können, um später festgelegte Zusicherungen im Rahmen von Dienstgütevereinbarungen (engl. *Service Level Agreement,* SLA) garantieren zu können. Wird bspw. innerhalb eines SLA eine Zusicherung hinsichtlich der Performanz des Dienstes getroffen, so sollte bereits zum Zeitpunkt des Entwurfs sichergestellt werden, dass diese Performanz eingehalten werden kann. Hierzu sind ebenfalls Implementierungsdetails erforderlich, die erst im weiteren Verlauf des Entwicklungsprozesses vorliegen.

Präzisierung von Begrifflichkeiten in Qualitätseigenschaften

Obwohl die Qualitätsindikatoren bereits eine Präzisierung der Qualitätseigenschaften in Form von auf Dienstentwürfen bestimmbaren Aspekten darstellen, enthalten sie unpräzise Begrifflichkeiten, die in dieser Form in den ursprünglichen Qualitätseigenschaften und daher auch in den Qualitätsindikatoren genutzt werden. So muss der IT-Architekt bspw. agnostische und nicht-agnostische Funktionalität entscheiden können. Jedoch erfordert diese Unterscheidung zunächst ein konkretes Verständnis des Begriffs der Agnostizität, der seitens des IT-Architekten unterschiedlich interpretiert werden kann. Aus diesem Grund ist eine Präzisierung der Begrifflichkeiten erforderlich, die ursprünglich in den Qualitätseigenschaften eingeführt und somit in die Qualitätsindikatoren übernommen wurden, um Mehrdeutigkeiten bei der Bestimmung der Qualitätseigenschaften zu vermeiden.

Ergänzung semantischer Hintergrundinformationen

Die vorgestellten Qualitätsindikatoren erfordern zumeist eine manuelle Auswertung oder die Ergänzung weiterer semantischer Hintergrundinformationen, da diese ursprünglich nicht vollständig formalisiert vorliegen. So ist bspw. nicht ersichtlich, wie sich automatisiert erkennen lässt, ob eine Operation fachlich benannt wurde. Um eine Operation auf ihre fachliche Benennung hin zu überprüfen, wäre abgesehen von der Kenntnis der Begrifflichkeiten eine Kenntnis der Grammatik erforderlich, um bspw. zu erkennen, dass der Name der Operation aus einem Verb und einem Substantiv besteht und beide Begriffe aus der Fachdomäne stammen. Auch für weitere Qualitätsindikatoren ist zusätzliches Wissen erforderlich, welches nicht vollständig formalisiert vorliegt. Hieraus ergibt sich die Frage, wie dieses Wissen formalisiert werden müsste, um letztlich eine vollständig automatisierte Bestimmung der Qualitätsindikatoren zu ermöglichen.

Einordnung semantischer Annotationen

Im Zuge einer automatischen Auffindung von Diensten sind weiterführende semantische Annotationen der Dienste erforderlich. Im Falle von Webservices können hierzu Erweiterungen von WSDL wie bspw. die in dieser Arbeit eingesetzte SAWSDL [W3C-SAWSDL-REC] verwendet werden. Es stellt sich daher die Frage, wie diese semantischen Annotationen für ein automatisches Finden von Diensten bereits frühzeitig im Entwicklungsprozess eingeordnet werden müssen, wie sich diese aus den Anforderungen ableiten und wie diese schließlich auch mit in die Bestimmung von Qualitätseigenschaften einfließen. So ist bspw. denkbar, dass ein Dienst primär über semantische Annotationen beschrieben ist und die Operationen selbst in den Hintergrund rücken. Die semantischen Annotationen müssen daher in die bestehenden Konzepte geeignet eingeordnet und die Methoden zur Bestimmung von Qualitätseigenschaften ggf. entsprechend erweitert werden.

Anhang

A. Artefakte

Der folgende Abschnitt zeigt die vollständigen Artefakte, die im Rahmen der Tragfähigkeitsnachweise erstellt und aus Gründen der Übersicht in Kapitel 7 bisher nur auszugsweise dargestellt wurden. Hierbei kamen konkrete Werkzeuge wie der Rational Software Architect (RSA) von IBM [IBM-RSA7.5] oder Protégé des Stanford Center for Biomedical Informatics Research [Ho09] zum Einsatz, weshalb die Darstellungen direkt diesen Werkzeugen entnommen sind.

I. Personenzentrierte Umweltbeobachtung

Innerhalb der Domäne der personenzentrierten Umweltbeobachtung wurde der KITCampusGuide als Szenario und hierbei die Abfrage einer Route inklusive dazugehöriger Karte als Geschäftsanwendungsfall betrachtet. Im Folgenden werden die hierbei entstandenen Artefakte der Geschäftsanalyse und des Dienstentwurfs dargestellt.

Geschäftsanalyse

Im Rahmen der Geschäftsanalyse wurden ein Domänenmodell, ein Geschäftsanwendungsfall-modell und ein Geschäftsprozessmodell erstellt. Die Erstellung des Domänenmodells erfolgte in Protégé als Ontologie mittels OWL. Um die wesentlichen Aspekte der Ontologie vollständig darzustellen, wird hierbei auf eine graphische Darstellung verzichtet und stattdessen das zugrunde liegende XML-Dokument vorgestellt.

```
<?xml version="1.0"?>
<!DOCTYPE Ontology [
    <!ENTITY xsd "http://www.w3.org/2001/XMLSchema#" >
    <!ENTITY xml "http://www.w3.org/XML/1998/namespace" >
    <!ENTITY rdfs "http://www.w3.org/2000/01/rdf-schema#" >
    <!ENTITY rdf "http://www.w3.org/1999/02/22-rdf-syntax-ns#" >
]>

<Ontology xmlns="http://www.w3.org/2002/07/owl#"
    xml:base="http://cm.tm.kit.edu/ontologies/hero.owl"
    xmlns:rdfs="http://www.w3.org/2000/01/rdf-schema#"
    xmlns:xsd="http://www.w3.org/2001/XMLSchema#"
    xmlns:rdf="http://www.w3.org/1999/02/22-rdf-syntax-ns#"
    xmlns:xml="http://www.w3.org/XML/1998/namespace"
    ontologyIRI="http://cm.tm.kit.edu/ontologies/hero.owl">

    <Prefix name="xsd" IRI="http://www.w3.org/2001/XMLSchema#"/>
    <Prefix name="owl" IRI="http://www.w3.org/2002/07/owl#"/>
    <Prefix name="" IRI="http://www.w3.org/2002/07/owl#"/>
```

```
  <Prefix name="rdf" IRI="http://www.w3.org/1999/02/22-rdf-syntax-
ns#"/>
  <Prefix name="rdfs" IRI="http://www.w3.org/2000/01/rdf-schema#"/>

  <Declaration>
    <Class IRI="#AktuellePosition"/>
  </Declaration>

  <Declaration>
    <Class IRI="#Karte"/>
  </Declaration>

  <Declaration>
    <Class IRI="#Kartenausschnitt"/>
  </Declaration>

  <Declaration>
    <Class IRI="#Koordinaten"/>
  </Declaration>

  <Declaration>
    <Class IRI="#Mitarbeiter"/>
  </Declaration>

  <Declaration>
    <Class IRI="#Person"/>
  </Declaration>

  <Declaration>
    <Class IRI="#Position"/>
  </Declaration>

  <Declaration>
    <Class IRI="#Raum"/>
  </Declaration>

  <Declaration>
    <Class IRI="#Route"/>
  </Declaration>

  <Declaration>
    <Class IRI="#RouteInklusiveKarte"/>
  </Declaration>

  <Declaration>
    <Class IRI="#Studierender"/>
  </Declaration>
```

```
<Declaration>
  <Class IRI="#Ziel"/>
</Declaration>

<Declaration>
  <ObjectProperty IRI="#beginntObenLinksBei"/>
</Declaration>

<Declaration>
  <ObjectProperty IRI="#bestehtAus"/>
</Declaration>

<Declaration>
  <ObjectProperty IRI="#beziehtSichAuf"/>
</Declaration>

<Declaration>
  <ObjectProperty IRI="#endetUntenRechtsBei"/>
</Declaration>

<Declaration>
  <ObjectProperty IRI="#hat"/>
</Declaration>

<SubClassOf>
  <Class IRI="#AktuellePosition"/>
  <Class IRI="#Position"/>
</SubClassOf>

<SubClassOf>
  <Class IRI="#Karte"/>
  <ObjectExactCardinality cardinality="1">
    <ObjectProperty IRI="#beziehtSichAuf"/>
    <Class IRI="#Kartenausschnitt"/>
  </ObjectExactCardinality>
</SubClassOf>

<SubClassOf>
  <Class IRI="#Kartenausschnitt"/>
  <Class abbreviatedIRI=":Thing"/>
</SubClassOf>

<SubClassOf>
  <Class IRI="#Kartenausschnitt"/>
  <ObjectExactCardinality cardinality="1">
  <ObjectProperty IRI="#beginntObenLinksBei"/>
    <Class IRI="#Koordinaten"/>
  </ObjectExactCardinality>
</SubClassOf>
```

```
<SubClassOf>
  <Class IRI="#Kartenausschnitt"/>
  <ObjectExactCardinality cardinality="1">
    <ObjectProperty IRI="#endetUntenRechtsBei"/>
      <Class IRI="#Koordinaten"/>
  </ObjectExactCardinality>
</SubClassOf>

<SubClassOf>
  <Class IRI="#Mitarbeiter"/>
  <Class IRI="#Person"/>
</SubClassOf>

<SubClassOf>
  <Class IRI="#Mitarbeiter"/>
  <Class IRI="#Ziel"/>
</SubClassOf>

<SubClassOf>
  <Class IRI="#Mitarbeiter"/>
  <ObjectExactCardinality cardinality="1">
    <ObjectProperty IRI="#hat"/>
    <Class IRI="#Raum"/>
  </ObjectExactCardinality>
</SubClassOf>

<SubClassOf>
  <Class IRI="#Person"/>
  <Class abbreviatedIRI=":Thing"/>
</SubClassOf>

<SubClassOf>
  <Class IRI="#Person"/>
  <ObjectExactCardinality cardinality="1">
    <ObjectProperty IRI="#hat"/>
    <Class IRI="#AktuellePosition"/>
  </ObjectExactCardinality>
</SubClassOf>

<SubClassOf>
  <Class IRI="#Position"/>
  <Class IRI="#Koordinaten"/>
</SubClassOf>

<SubClassOf>
  <Class IRI="#Raum"/>
  <Class IRI="#Ziel"/>
</SubClassOf>
```

```
<SubClassOf>
  <Class IRI="#Raum"/>
  <ObjectExactCardinality cardinality="1">
    <ObjectProperty IRI="#hat"/>
    <Class IRI="#Koordinaten"/>
  </ObjectExactCardinality>
</SubClassOf>


<SubClassOf>
  <Class IRI="#RouteInklusiveKarte"/>
  <ObjectIntersectionOf>
    <ObjectExactCardinality cardinality="1">
      <ObjectProperty IRI="#bestehtAus"/>
      <Class IRI="#Karte"/>
    </ObjectExactCardinality>
    <ObjectExactCardinality cardinality="1">
      <ObjectProperty IRI="#bestehtAus"/>
      <Class IRI="#Route"/>
    </ObjectExactCardinality>
  </ObjectIntersectionOf>
</SubClassOf>

<SubClassOf>
  <Class IRI="#Studierender"/>
  <Class IRI="#Person"/>
</SubClassOf>

<SubObjectPropertyOf>
  <ObjectProperty IRI="#beginntObenLinksBei"/>
  <ObjectProperty abbreviatedIRI=":topObjectProperty"/>
</SubObjectPropertyOf>

<SubObjectPropertyOf>
  <ObjectProperty IRI="#bestehtAus"/>
  <ObjectProperty abbreviatedIRI=":topObjectProperty"/>
</SubObjectPropertyOf>

<SubObjectPropertyOf>
  <ObjectProperty IRI="#beziehtSichAuf"/>
  <ObjectProperty abbreviatedIRI=":topObjectProperty"/>
</SubObjectPropertyOf>

<SubObjectPropertyOf>
  <ObjectProperty IRI="#endetUntenRechtsBei"/>
  <ObjectProperty abbreviatedIRI=":topObjectProperty"/>
</SubObjectPropertyOf>
```

```
<SubObjectPropertyOf>
  <ObjectProperty IRI="#hat"/>
  <ObjectProperty abbreviatedIRI=":topObjectProperty"/>
</SubObjectPropertyOf>

<AnnotationAssertion>
  <AnnotationProperty abbreviatedIRI="rdfs:label"/>
  <IRI>#AktuellePosition</IRI>
  <Literal xml:lang="en"
   datatypeIRI="&rdf;PlainLiteral">Current Position</Literal>
</AnnotationAssertion>


<AnnotationAssertion>
  <AnnotationProperty abbreviatedIRI="rdfs:label"/>
  <IRI>#Karte</IRI>
  <Literal xml:lang="en"
   datatypeIRI="&rdf;PlainLiteral">Map</Literal>
</AnnotationAssertion>

<AnnotationAssertion>
  <AnnotationProperty abbreviatedIRI="rdfs:label"/>
  <IRI>#Kartenausschnitt</IRI>
  <Literal xml:lang="en"
   datatypeIRI="&rdf;PlainLiteral">MapExcerpt</Literal>
</AnnotationAssertion>

<AnnotationAssertion>
  <AnnotationProperty abbreviatedIRI="rdfs:label"/>
  <IRI>#Koordinaten</IRI>
  <Literal xml:lang="en"
   datatypeIRI="&rdf;PlainLiteral">Coordinates</Literal>
</AnnotationAssertion>

<AnnotationAssertion>
  <AnnotationProperty abbreviatedIRI="rdfs:label"/>
  <IRI>#Mitarbeiter</IRI>
  <Literal xml:lang="en"
   datatypeIRI="&rdf;PlainLiteral">Employee</Literal>
</AnnotationAssertion>

<AnnotationAssertion>
  <AnnotationProperty abbreviatedIRI="rdfs:label"/>
  <IRI>#Person</IRI>
  <Literal xml:lang="en"
   datatypeIRI="&rdf;PlainLiteral">Person</Literal>
</AnnotationAssertion>
```

```
<AnnotationAssertion>
  <AnnotationProperty abbreviatedIRI="rdfs:label"/>
  <IRI>#Position</IRI>
  <Literal xml:lang="en"
   datatypeIRI="&rdf;PlainLiteral">Position</Literal>
</AnnotationAssertion>

<AnnotationAssertion>
  <AnnotationProperty abbreviatedIRI="rdfs:label"/>
  <IRI>#Raum</IRI>
  <Literal xml:lang="en"
   datatypeIRI="&rdf;PlainLiteral">Room</Literal>
</AnnotationAssertion>

<AnnotationAssertion>
  <AnnotationProperty abbreviatedIRI="rdfs:label"/>
  <IRI>#Route</IRI>
  <Literal xml:lang="en"
   datatypeIRI="&rdf;PlainLiteral">Route</Literal>
</AnnotationAssertion>

<AnnotationAssertion>
  <AnnotationProperty abbreviatedIRI="rdfs:label"/>
  <IRI>#RouteInklusiveKarte</IRI>
  <Literal xml:lang="en"
   datatypeIRI="&rdf;PlainLiteral">RouteWithMap</Literal>
</AnnotationAssertion>

<AnnotationAssertion>
  <AnnotationProperty abbreviatedIRI="rdfs:label"/>
  <IRI>#Studierender</IRI>
  <Literal xml:lang="en"
   datatypeIRI="&rdf;PlainLiteral">Student</Literal>
</AnnotationAssertion>

<AnnotationAssertion>
  <AnnotationProperty abbreviatedIRI="rdfs:label"/>
  <IRI>#Ziel</IRI>
  <Literal xml:lang="en"
   datatypeIRI="&rdf;PlainLiteral">Target</Literal>
</AnnotationAssertion>

<AnnotationAssertion>
  <AnnotationProperty abbreviatedIRI="rdfs:label"/>
  <IRI>#beginntObenLinksBei</IRI>
  <Literal xml:lang="en" datatypeIRI="&rdf;PlainLiteral">
   begins top left at</Literal>
</AnnotationAssertion>
```

```
<AnnotationAssertion>
  <AnnotationProperty abbreviatedIRI="rdfs:label"/>
  <IRI>#bestehtAus</IRI>
  <Literal xml:lang="en"
    datatypeIRI="&rdf;PlainLiteral">consists of</Literal>
</AnnotationAssertion>

<AnnotationAssertion>
  <AnnotationProperty abbreviatedIRI="rdfs:comment"/>
  <IRI>#beziehtSichAuf</IRI>
  <Literal xml:lang="en"
    datatypeIRI="&rdf;PlainLiteral">refersTo</Literal>
</AnnotationAssertion>



<AnnotationAssertion>
  <AnnotationProperty abbreviatedIRI="rdfs:label"/>
  <IRI>#endetUntenRechtsBei</IRI>
  <Literal xml:lang="en" datatypeIRI="&rdf;PlainLiteral">
    ends bottom right at</Literal>
</AnnotationAssertion>

<AnnotationAssertion>
  <AnnotationProperty abbreviatedIRI="rdfs:label"/>
  <IRI>#hat</IRI>
  <Literal xml:lang="en"
    datatypeIRI="&rdf;PlainLiteral">has</Literal>
</AnnotationAssertion>

</Ontology>
```

Quelltext 34: Domänenmodell des KITCampusGuide in OWL

Die folgende Abbildung zeigt den betrachteten Geschäftsanwendungsfall zur Abfrage einer Route inklusive einer Karte innerhalb des RSA.

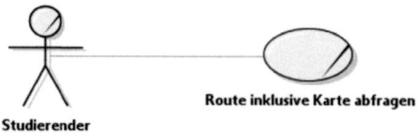

Abbildung 87: Betrachteter Geschäftsanwendungsfall im Kontext der personenzentrierten Umweltbeobachtung im RSA

Der betrachtete Geschäftsanwendungsfall wird durch den folgenden Geschäftsprozess realisiert. Dieser wurde mit BPMN ebenfalls innerhalb des RSA modelliert. Hierbei gilt zu beachten, dass der RSA noch nicht alle Elemente der BPMN 2.0 unterstützt, weshalb die folgende Darstellung leicht von der innerhalb des 7.1 abweicht.

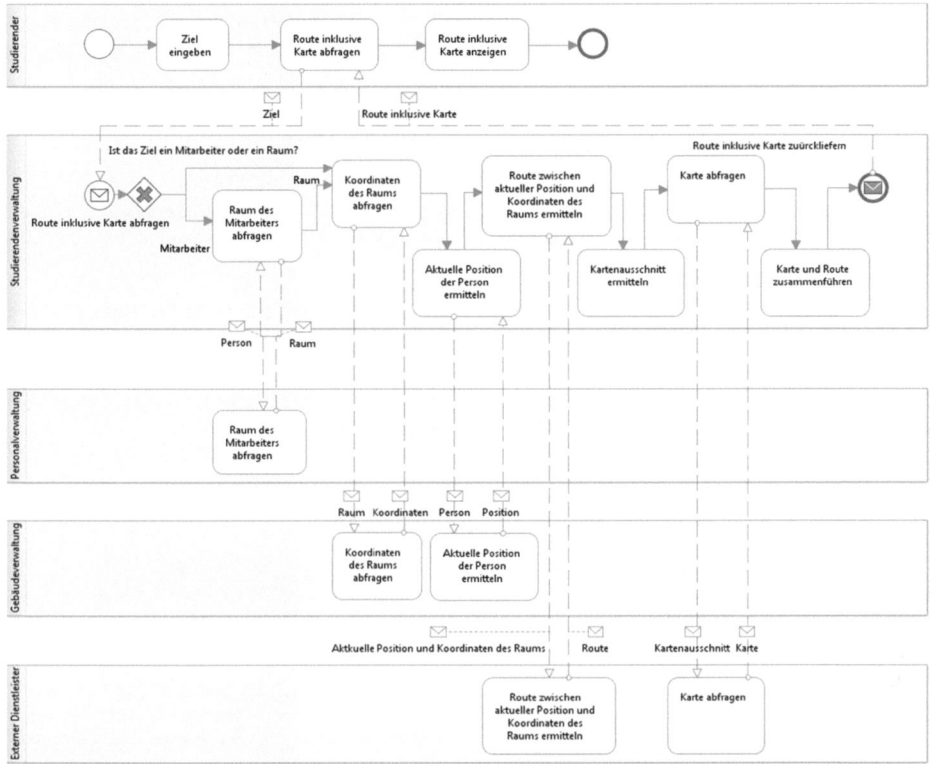

Abbildung 88: Geschäftsprozess zur Abfrage einer Route inklusive der dazugehörigen Karte im RSA

Identifikation

Im Rahmen der Identifikation der Dienste wurden Artefakte innerhalb des RSA erstellt, die im Folgenden vorgestellt werden. Zunächst erfolgte die systematische Ableitung der Dienstkandidaten aus den Artefakten der Geschäftsanalyse. Die abgeleiteten Dienstkandidaten sind in der folgenden Abbildung dargestellt.

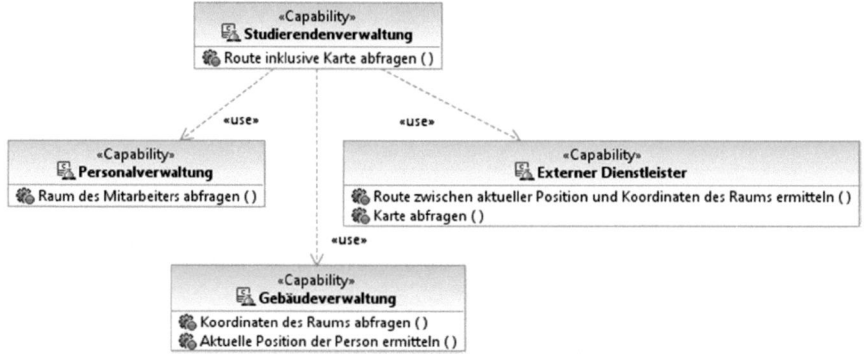

Abbildung 89: Abgeleitete Dienstkandidaten im Kontext der personenzentrierten Umwelt-beobachtung im RSA

Im Anschluss wurden die abgeleiteten Dienstkandidaten analysiert und überarbeitet. Die folgende Abbildung zeigt die basierend auf den Qualitätsindikatoren überarbeiteten Dienstkandidaten.

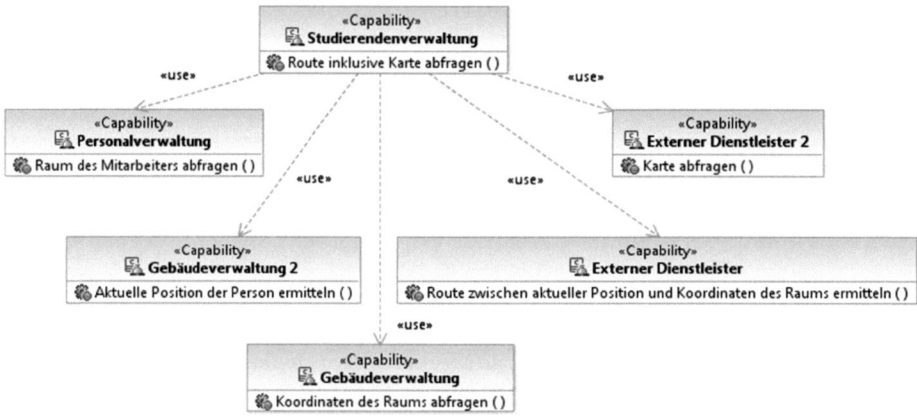

Abbildung 90: Überarbeitete Dienstkandidaten im Kontext der personenzentrierten Umweltbeobachtung im RSA

Spezifikation

Aufbauend auf den Dienstkandidaten konnten Dienstentwürfe abgeleitet und in einem weiteren Schritt analysiert und überarbeitet werden. Im Folgenden werden ausschließlich die bereits überarbeiteten Dienstentwürfe vorgestellt, wobei primär die Dienstschnittstelle und die genutzten Datentypen dargestellt sind. Jeder der erstellten Dienstentwürfe befindet sich dabei in einem eigenen Paket, wodurch die Komplexität gemeinsam genutzter Datentypen minimiert wird.

Die Dienstschnittstelle "CampusGuide" repräsentiert den Dienstkandidaten der Studierendenverwaltung. Im Folgenden sind die Dienstschnittstelle und die genutzten Nachrichten- und Datentypen dargestellt.

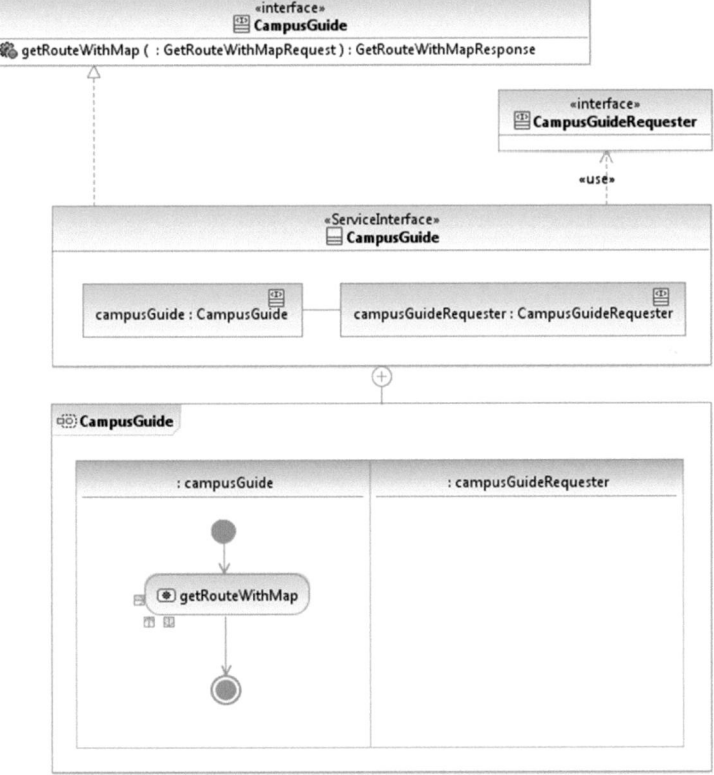

Abbildung 91: Dienstschnittstelle "CampusGuide" im RSA

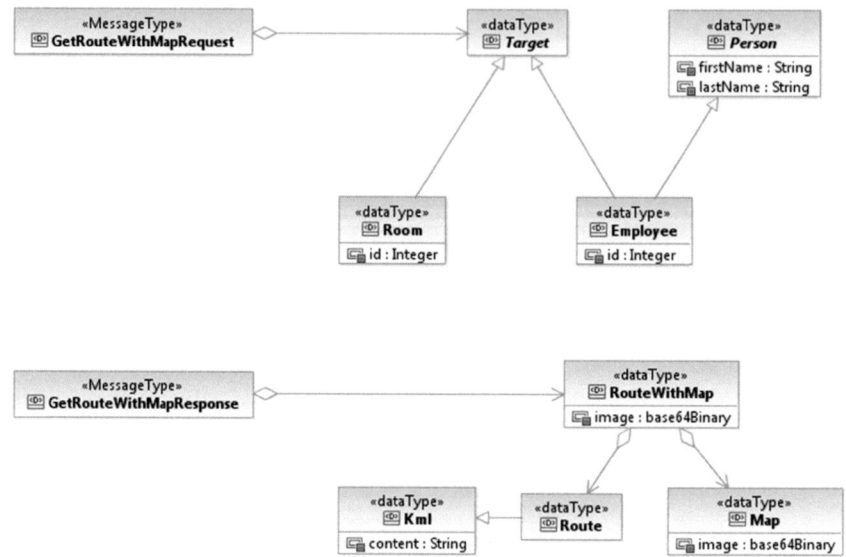

Abbildung 92: Datentypen der Dienstschnittstelle "CampusGuide" im RSA

Im Zuge der rekursiven Fortsetzung des Entwurfsprozesses konnten weitere Dienstentwürfe erstellt werden. Die hierbei entstandenen Dienstschnittstellen und genutzten Datentypen sind im Folgenden dargestellt. Dabei handelt es sich zum einen um den Dienst zur Bestimmung eines Kartenausschnittes und zum anderen um den Dienst für das Zusammenführen einer Karte und einer Route.

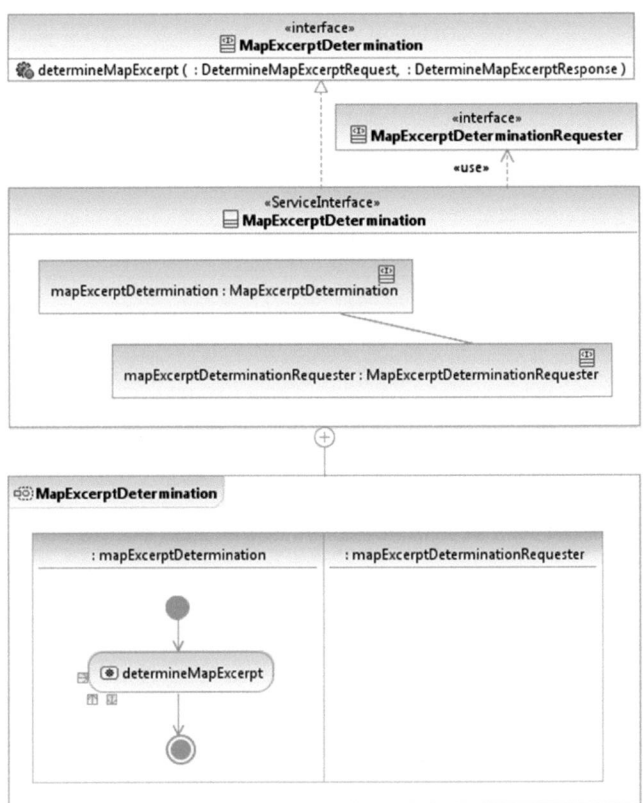

Abbildung 93: Dienstschnittstelle "MapExcerptDetermination" im RSA

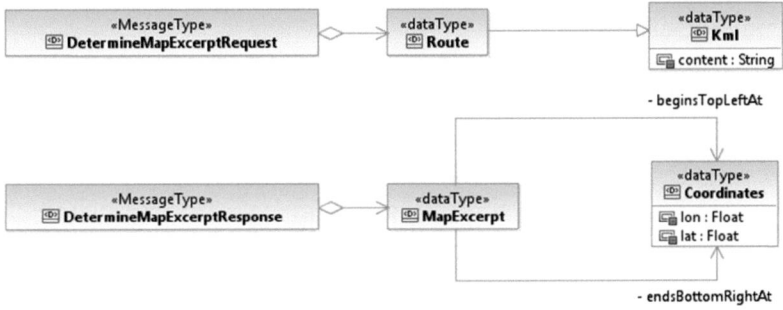

Abbildung 94: Datentypen der Dienstschnittstelle "MapExcerptDetermination" im RSA

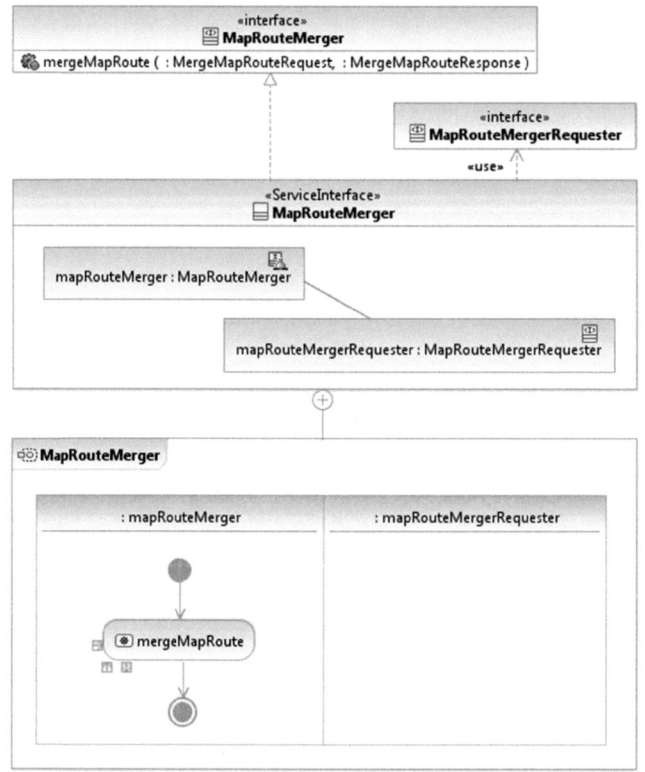

Abbildung 95: Dienstschnittstelle "MapRouteMerger" im RSA

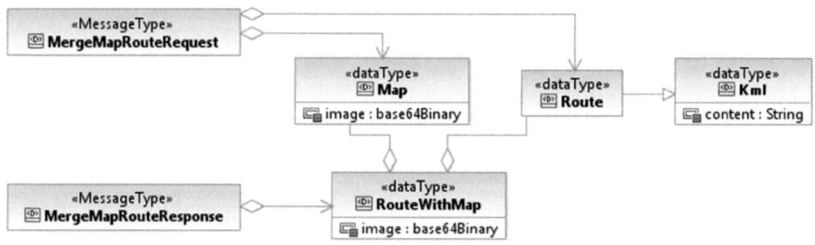

Abbildung 96: Datentypen der Dienstschnittstelle "MapRouteMerger" im RSA

Ausgehend von der rekursiven Fortsetzung des Entwurfsprozesses und den dabei erstellten Dienstentwürfen wurde die verfeinerte Dienstkomponente des CampusGuide erstellt. Die folgende Abbildung zeigt die Dienstkomponente inklusive der internen Dienstkomponenten.

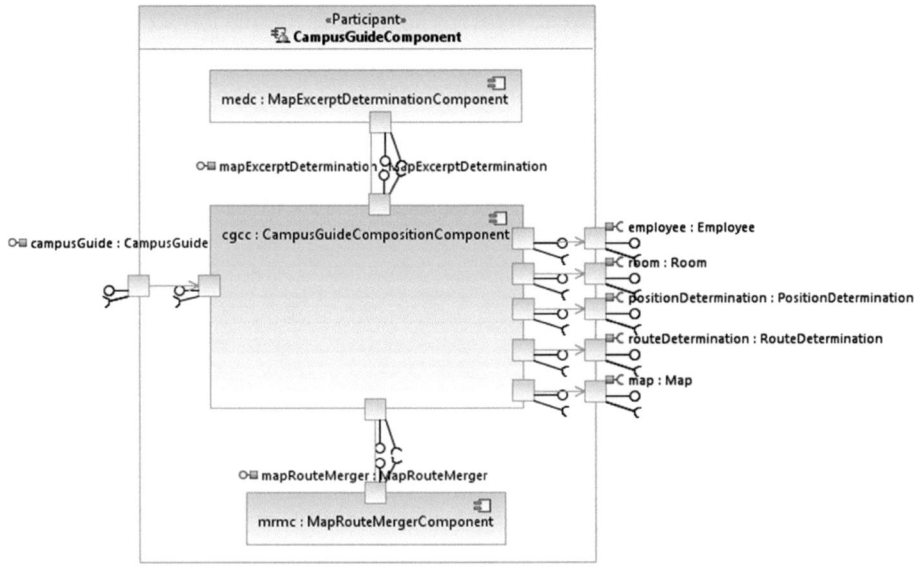

Abbildung 97: Dienstkomponente "CampusGuideComponent" im RSA

Die zunächst abgeleitete interne Logik der "CampusGuideComponent" aus Kapitel 7.1.2 lässt sich dabei für die Kompositionskomponente weiter verfeinern. Die interne Logik ist in der folgenden Abbildung dargestellt.

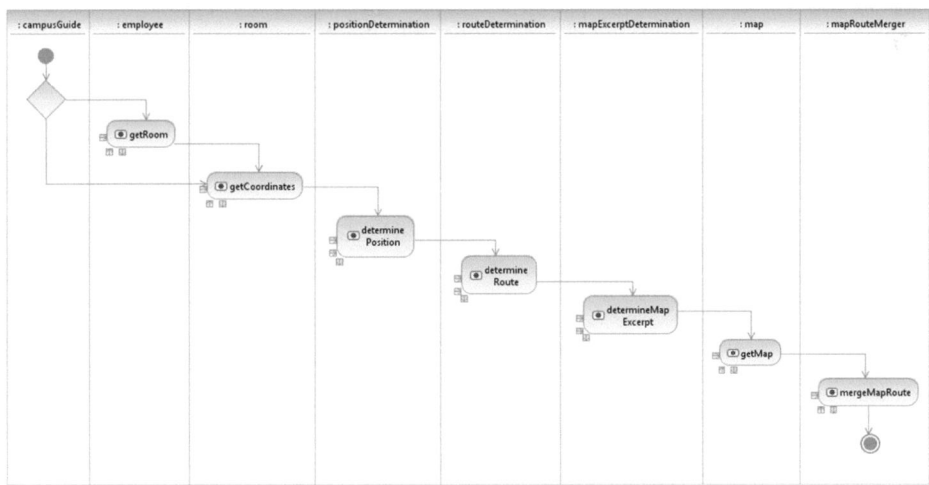

**Abbildung 98: Interne Logik der Dienstkomponente
"CampusGuideCompositionComponent" im RSA**

Die Dienstschnittstelle "Employee" repräsentiert den Dienstkandidaten der Personalverwaltung, während die im Folgenden dargestellte Dienstschnittstelle
"PositionDetermination" dem Dienstkandidaten der "Gebäudeverwaltung 2" entspricht.

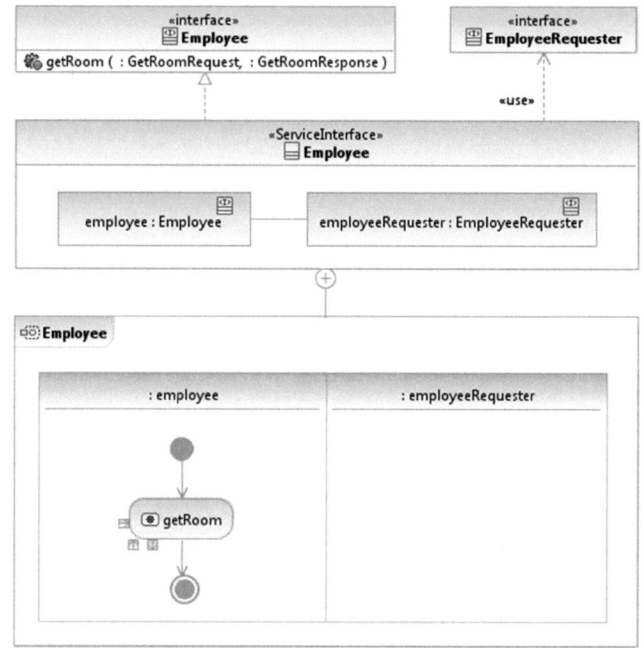

Abbildung 99: Dienstschnittstelle "Employee" im RSA

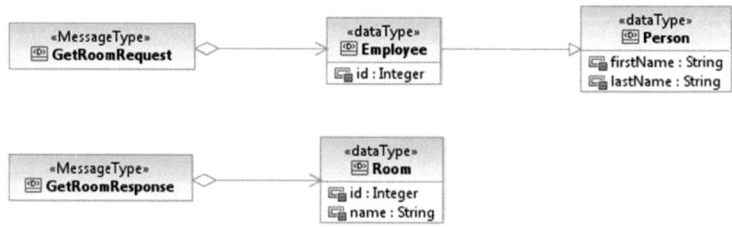

Abbildung 100: Datentypen der Dienstschnittstelle "Employee" im RSA

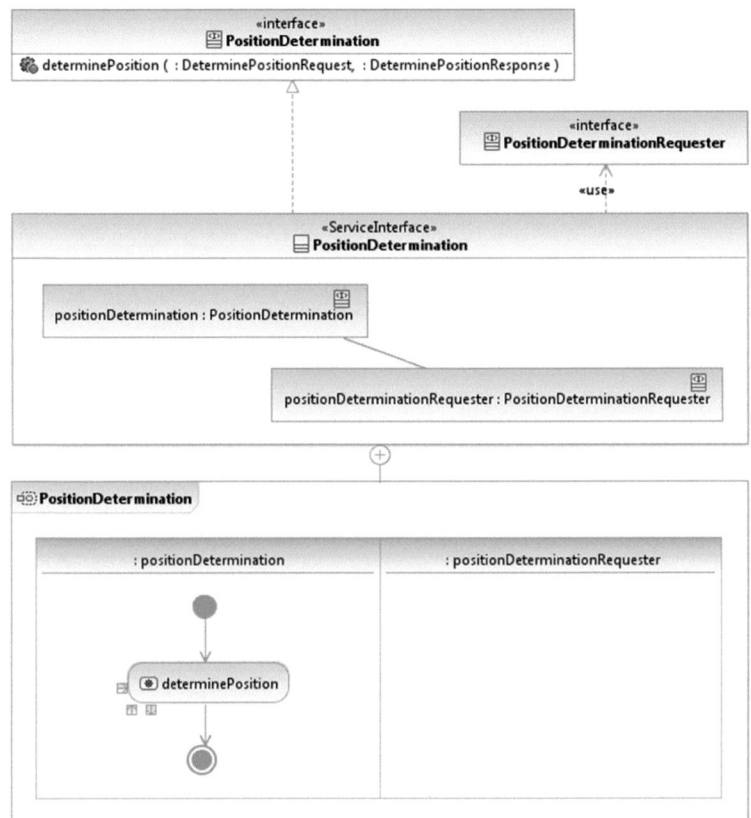

Abbildung 101: Dienstschnittstelle "PositionDetermination" im RSA

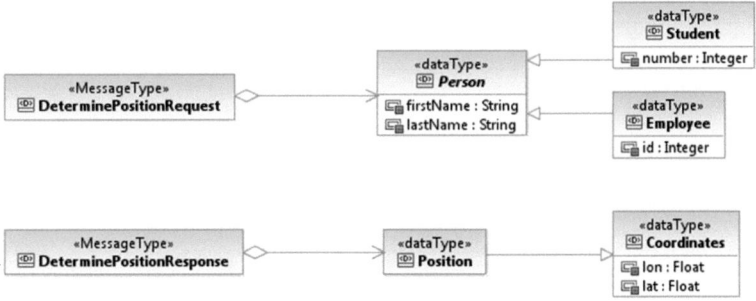

Abbildung 102: Datentypen der Dienstschnittstelle "PositionDetermination" im RSA

Die Dienstschnittstelle "Room" ist aus dem Dienstkandidaten "Gebäudeverwaltung" hervorgegangen.

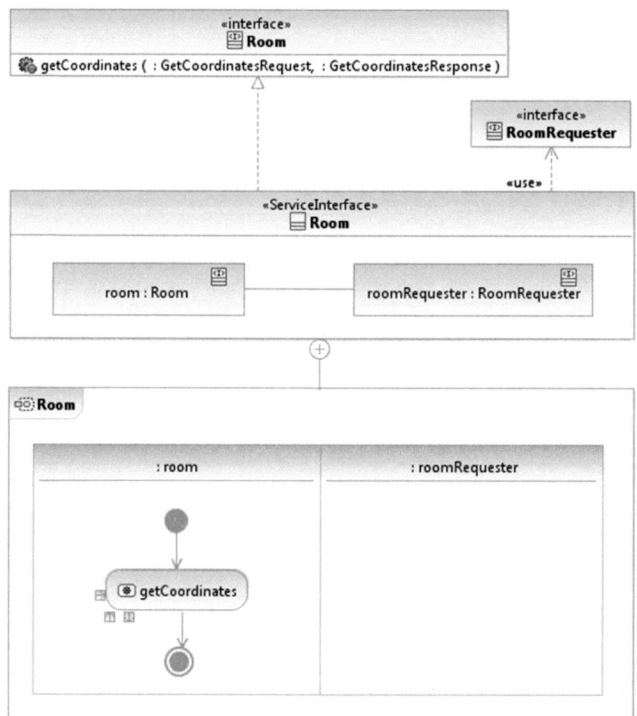

Abbildung 103: Dienstschnittstelle "Room" im RSA

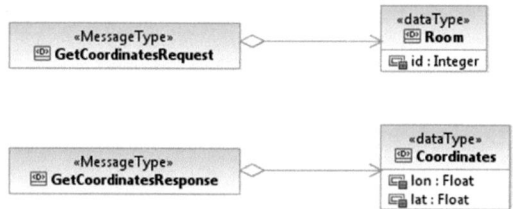

Abbildung 104: Datentypen der Dienstschnittstelle "Room" im RSA

Die Dienstschnittstelle "RouteDetermination" repräsentiert den Dienstkandidaten des externen Dienstleisters.

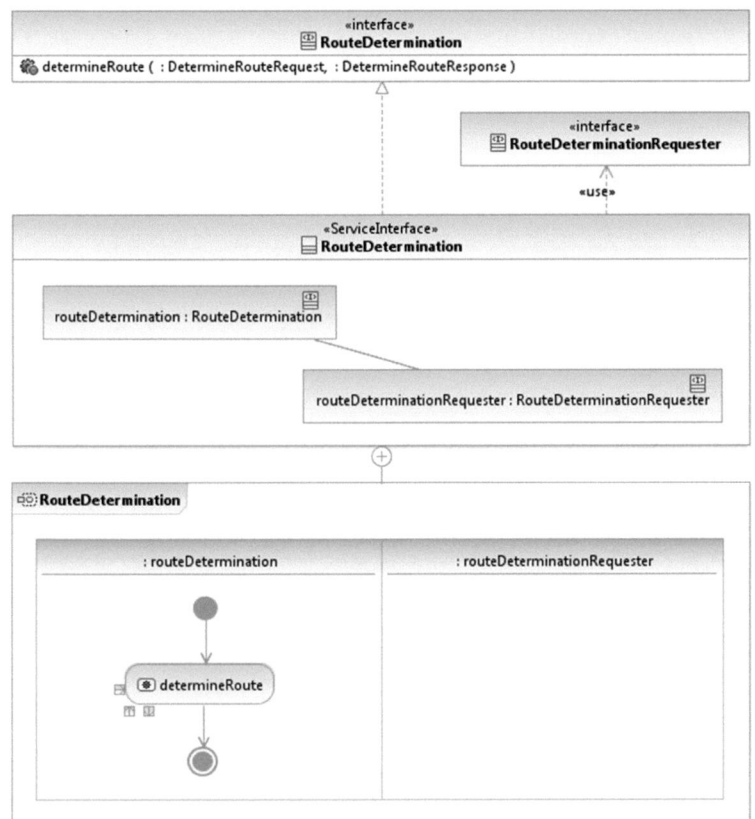

Abbildung 105: Dienstschnittstelle "RouteDetermination" im RSA

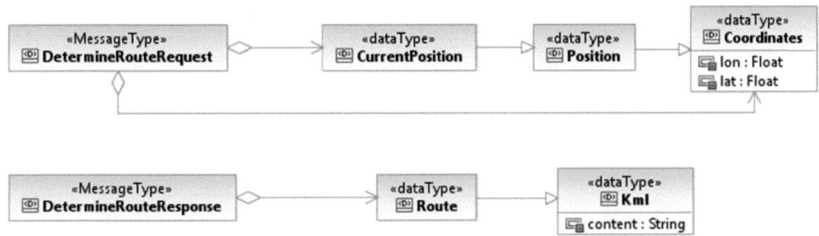

Abbildung 106: Datentypen der Dienstschnittstelle "RouteDetermination" im RSA

Die Dienstschnittstelle "Map" entspricht dem Dienstkandidaten "Externer Dienstleister
2". Sie stellt die letzte im Rahmen des Entwurfsprozesses entstandene Dienstschnittstelle dar.

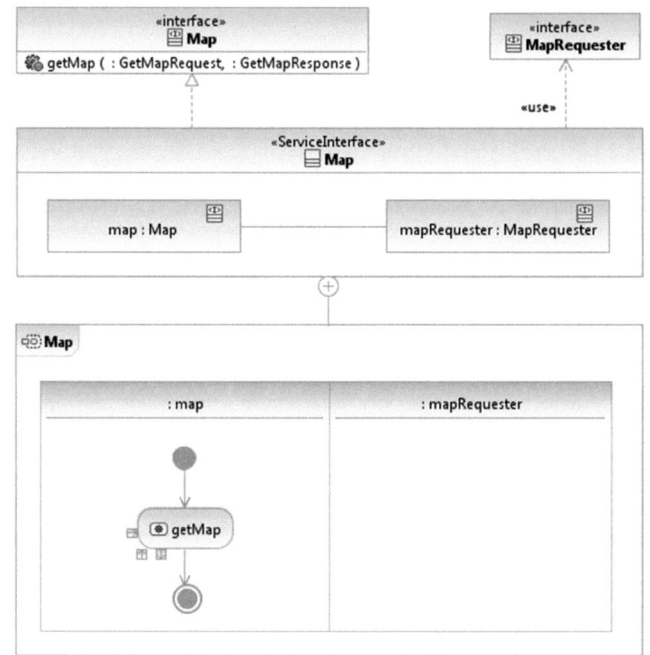

Abbildung 107: Dienstschnittstelle "Map" im RSA

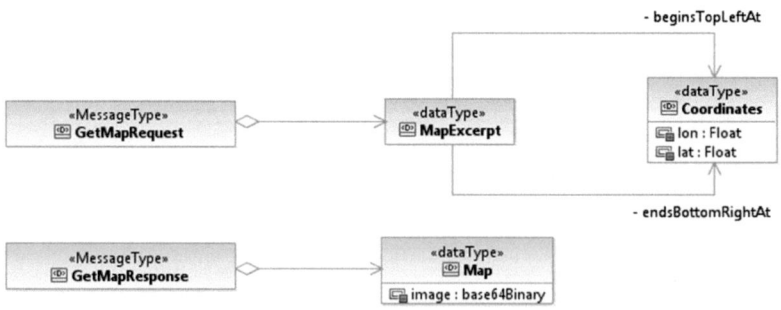

Abbildung 108: Datentypen der Dienstschnittstelle "Map" im RSA

Implementierung

Ausgehend von den Dienstentwürfen konnten die SCA-Composites, WSDL-Schnittstellenbeschreibungen und ggf. BPEL-Prozesse generiert werden. Die folgende
Abbildung zeigt daher das SCA-Composite für die CampusGuideComponent im RSA.

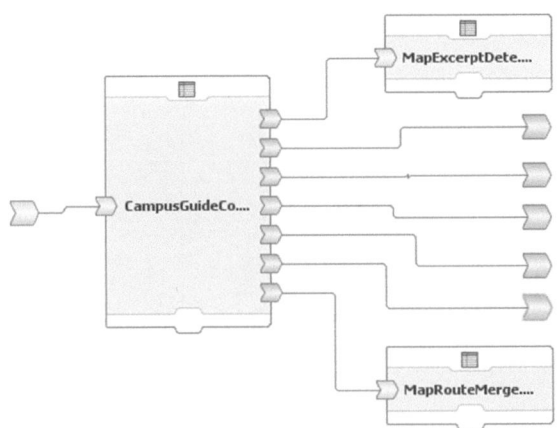

Abbildung 109: SCA-Composite "CampusGuideComponent" im RSA

Die Darstellung eines SCA-Composite im RSA unterscheidet sich von der, wie sie im Standard selbst beschrieben ist. Für Eclipse, welches die Basis des RSA darstellt, existieren als Open Source die SCA Tools des Projektes "SOA Tools Platform" (STP) der Eclipse Foundation. Dieses Plug-in ermöglicht ebenfalls die Erstellung von SCA-Artefakten und unterstützt die Darstellung des Standards. Um die Unterschiede zu verdeutlichen, zeigt die folgende Abbildung das Composite der CampusGuideComponent in Eclipse unter Nutzung der SCA Tools.

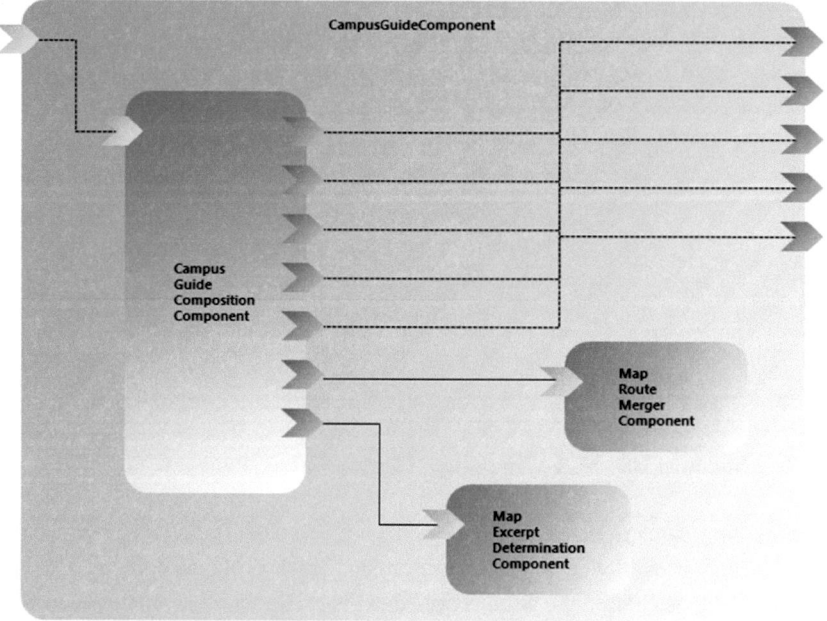

Abbildung 110: SCA-Composite "CampusGuideComponent" in Eclipse

Der folgende Quelltext beschreibt die seitens der Dienstschnittstelle bereitgestellten Operationen, d.h. die realisierte Schnittstelle "CampusGuide", inklusive semantischer Annotationen auf Basis von WSDL und SAWSDL.

```xml
<?xml version="1.0" encoding="UTF-8"?>
<wsdl:definitions name="CampusGuide"
 targetNamespace="http://cm.tm.kit.edu/HERO/CampusGuide/"
 xmlns:soap="http://schemas.xmlsoap.org/wsdl/soap/"
 xmlns:tns="http://cm.tm.kit.edu/HERO/CampusGuide/"
 xmlns:wsdl="http://schemas.xmlsoap.org/wsdl/"
 xmlns:xsd="http://www.w3.org/2001/XMLSchema"
 xmlns:sawsdl="http://www.w3.org/ns/sawsdl">

  <wsdl:types>

    <xsd:schema
     targetNamespace="http://cm.tm.kit.edu/HERO/CampusGuide/">

      <xsd:complexType name="Target" abstract="true"
       sawsdl:modelReference="http://cm.tm.kit.edu/ontologies/
       hero.owl#Ziel">
       <xsd:sequence></xsd:sequence>
      </xsd:complexType>
```

```
<xsd:complexType name="Room"
 sawsdl:modelReference="http://cm.tm.kit.edu/ontologies/
 hero.owl#Raum">
  <xsd:sequence>
    <xsd:element name="id" type="xsd:integer"></xsd:element>
  </xsd:sequence>
</xsd:complexType>

<xsd:complexType name="Employee"
 sawsdl:modelReference="http://cm.tm.kit.edu/ontologies/
 hero.owl#Mitarbeiter">
  <xsd:complexContent>
    <xsd:extension base="tns:Person">
      <xsd:sequence>
        <xsd:element name="id" type="xsd:integer">
        </xsd:element>
      </xsd:sequence>
    </xsd:extension>
  </xsd:complexContent>
</xsd:complexType>

<xsd:complexType name="Person"
 sawsdl:modelReference="http://cm.tm.kit.edu/ontologies/
 hero.owl#Person">
  <xsd:sequence>
    <xsd:element name="firstName"
     type="xsd:string"></xsd:element>
    <xsd:element name="lastName"
     type="xsd:string"></xsd:element>
  </xsd:sequence>
</xsd:complexType>

<xsd:complexType name="RouteWithMap"
 sawsdl:modelReference="http://cm.tm.kit.edu/ontologies/
 hero.owl#RouteInklusiveKarte">
  <xsd:sequence>
    <xsd:element name="image" type="xsd:base64Binary">
    </xsd:element>
    <xsd:element name="map" type="tns:Map"></xsd:element>
    <xsd:element name="route" type="tns:Route"></xsd:element>
  </xsd:sequence>
</xsd:complexType>

<xsd:complexType name="Map"
 sawsdl:modelReference="http://cm.tm.kit.edu/ontologies/
 hero.owl#Karte">
  <xsd:sequence>
    <xsd:element name="image" type="xsd:base64Binary">
    </xsd:element>
```

```
          </xsd:sequence>
        </xsd:complexType>

        <xsd:complexType name="Route"
         sawsdl:modelReference="http://cm.tm.kit.edu/ontologies/
         hero.owl#Route">
          <xsd:complexContent>
            <xsd:extension base="tns:Kml">
              <xsd:sequence>
              </xsd:sequence>
            </xsd:extension>
          </xsd:complexContent>
        </xsd:complexType>

        <xsd:complexType name="Kml">
          <xsd:sequence>
            <xsd:element name="content" type="xsd:string"></xsd:element>
          </xsd:sequence>
        </xsd:complexType>

        <xsd:element name="getRouteWithMapRequest">
          <xsd:complexType>
            <xsd:sequence>
              <xsd:element name="target"
               type="tns:Target"></xsd:element>
            </xsd:sequence>
          </xsd:complexType>
        </xsd:element>

        <xsd:element name="getRouteWithMapResponse">
          <xsd:complexType>
            <xsd:sequence>
              <xsd:element name="routeWithMap" type="tns:RouteWithMap">
              </xsd:element>
            </xsd:sequence>
          </xsd:complexType>
        </xsd:element>
      </xsd:schema>

  </wsdl:types>

  <wsdl:message name="getRouteWithMapRequest">
    <wsdl:part element="tns:getRouteWithMapRequest"
     name="parameters" />
  </wsdl:message>
  <wsdl:message name="getRouteWithMapResponse">
    <wsdl:part element="tns:getRouteWithMapResponse"
     name="parameters" />
  </wsdl:message>
```

```
  <wsdl:portType name="CampusGuide">
    <wsdl:operation name="getRouteWithMap">
      <wsdl:input message="tns:getRouteWithMapRequest" name="" />
      <wsdl:output message="tns:getRouteWithMapResponse" />
    </wsdl:operation>
  </wsdl:portType>

  <wsdl:binding name="CampusGuideSOAP" type="tns:CampusGuide">
    <soap:binding style="document" transport=
     "http://schemas.xmlsoap.org/soap/http"/>
    <wsdl:operation name="getRouteWithMap">
      <soap:operation soapAction=
       "http://cm.tm.kit.edu/HERO/CampusGuide/getRouteWithMap"/>
        <wsdl:input name="">
          <soap:body use="literal"/>
        </wsdl:input>
        <wsdl:output>
          <soap:body use="literal"/>
        </wsdl:output>
    </wsdl:operation>
  </wsdl:binding>

  <wsdl:service name="CampusGuide">
    <wsdl:port binding="tns:CampusGuideSOAP" name="CampusGuideSOAP">
      <soap:address location="http://cm.tm.kit.edu/HERO/CampusGuide"/>
    </wsdl:port>
  </wsdl:service>

</wsdl:definitions>
```

Quelltext 35: WSDL-Schnittstellenbeschreibung der Dienstschnittstelle "CampusGuide"

Im Folgenden ist die Implementierung der internen Dienstkomponente "CampusGuideCompositionComponent" mittels BPEL dargestellt.

```
<bpel:process name="CampusGuide"
 targetNamespace="http://cm.tm.kit.edu/CampusGuide"
 suppressJoinFailure="yes"
 xmlns:tns="cm.tm.kit.edu/CampusGuide"
 xmlns:bpel="http://docs.oasis-open.org/wsbpel/2.0/process/executable"
 xmlns:ns1="cm.tm.kit.edu/CampusGuide"
 xmlns:ns="http://cm.tm.kit.edu/Employee/"
 xmlns:ns2="http://cm.tm.kit.edu/CampusGuideArtifacts"
 xmlns:ns0="http://cm.tm.kit.edu/Room/"
 xmlns:ns3="http://cm.tm.kit.edu/PositionDetermination/"
 xmlns:ns4="http://cm.tm.kit.edu/RouteDetermination/"
```

```
xmlns:ns5="http://cm.tm.kit.edu/MapExcerptDetermination/"
xmlns:ns6="http://cm.tm.kit.edu/Map/"
xmlns:ns7="http://cm.tm.kit.edu/MapRouteMerger/">

 <bpel:import namespace="http://cm.tm.kit.edu/RouteDetermination/"
  location="RouteDetermination.wsdl"
  importType="http://schemas.xmlsoap.org/wsdl/"></bpel:import>

 <bpel:import namespace="http://cm.tm.kit.edu/MapRouteMerger/"
  location="MapRouteMerger.wsdl"
  importType="http://schemas.xmlsoap.org/wsdl/"></bpel:import>

 <bpel:import namespace="http://cm.tm.kit.edu/Map/"
  location="Map.wsdl"
  importType="http://schemas.xmlsoap.org/wsdl/"></bpel:import>

 <bpel:import
  namespace="http://cm.tm.kit.edu/MapExcerptDetermination/"
  location="MapExcerptDetermination.wsdl"
  importType="http://schemas.xmlsoap.org/wsdl/"></bpel:import>

 <bpel:import namespace="http://cm.tm.kit.edu/PositionDetermination/"
  location="PositionDetermination.wsdl"
  importType="http://schemas.xmlsoap.org/wsdl/"></bpel:import>

 <bpel:import namespace="http://cm.tm.kit.edu/CampusGuide"
  location="CampusGuide.wsdl"
  importType="http://schemas.xmlsoap.org/wsdl/"></bpel:import>

 <bpel:import namespace="http://cm.tm.kit.edu/Room/"
  location="Room.wsdl"
  importType="http://schemas.xmlsoap.org/wsdl/"></bpel:import>

 <bpel:import namespace="http://cm.tm.kit.edu/CampusGuideArtifacts"
  location="CampusGuideArtifacts.wsdl"
  importType="http://schemas.xmlsoap.org/wsdl/"></bpel:import>


 <bpel:import namespace="http://cm.tm.kit.edu/Employee/"
  location="Employee.wsdl"
  importType="http://schemas.xmlsoap.org/wsdl/"></bpel:import>

 <bpel:partnerLinks>
   <bpel:partnerLink name="campusGuide"
    partnerLinkType="ns2:CampusGuide" myRole="campusGuide">
   </bpel:partnerLink>

   <bpel:partnerLink name="room" partnerLinkType="ns2:Room"
    partnerRole="room"></bpel:partnerLink>
```

```
<bpel:partnerLink name="employee" partnerLinkType="ns2:Employee"
 partnerRole="employee"></bpel:partnerLink>

<bpel:partnerLink name="positionDetermination"
 partnerLinkType="ns2:PositionDetermination"
 partnerRole="positionDetermination"></bpel:partnerLink>

<bpel:partnerLink name="mapExcerptDetermination"
 partnerLinkType="ns2:MapExcerptDetermination"
 partnerRole="mapExcerptDetermination"></bpel:partnerLink>

<bpel:partnerLink name="map" partnerLinkType="ns2:Map"
 partnerRole="map"></bpel:partnerLink>

<bpel:partnerLink name="mapRouteMerger"
 partnerLinkType="ns2:MapRouteMerger"
 partnerRole="mapRouteMerger"></bpel:partnerLink>

<bpel:partnerLink name="routeDetermination"
 partnerLinkType="ns2:RouteDetermination"
 partnerRole="routeDetermination"></bpel:partnerLink>
</bpel:partnerLinks>

<bpel:sequence name="main">
  <bpel:receive name="getRouteWithMap" partnerLink="campusGuide"
   portType="tns:getRouteWithMap" operation="getRouteWithMap"
   createInstance="yes" />

  <bpel:if name="If Target is Employee">
    <bpel:invoke name="getRoom" partnerLink="employee"
     operation="getRoom" portType="ns:Employee"></bpel:invoke>
  </bpel:if>

  <bpel:invoke name="getCoordinates" partnerLink="room"
   operation="getCoordinates"></bpel:invoke>

  <bpel:invoke name="determinePosition"
   partnerLink="positionDetermination"
   operation="determinePosition"></bpel:invoke>

  <bpel:invoke name="determineRoute"
   partnerLink="routeDetermination"
   operation="determineRoute"></bpel:invoke>

  <bpel:invoke name="determineMapExcerpt"
   partnerLink="mapExcerptDetermination"
   operation="determineMapExcerpt"></bpel:invoke>
```

```
      <bpel:invoke name="getMap" partnerLink="map"
       operation="getMap"></bpel:invoke>

      <bpel:invoke name="mergeMapRoute" partnerLink="mapRouteMerger"
       operation="mergeMapRoute"></bpel:invoke>

      <bpel:reply name="reply" partnerLink="campusGuide"
       portType="tns:getRouteWithMap" operation="getRouteWithMap" />

   </bpel:sequence>

</bpel:process>
```

Quelltext 36: Implementierung der "CampusGuideCompositionComponent" mittels BPEL

II. Campus-Management

Im Rahmen des zweiten Tragfähigkeitsnachweises wurde die Domäne Campus-Management und hierbei die Beantragung eines Diploma Supplement betrachtet.

Geschäftsanalyse

Zur Beschreibung des betrachteten Geschäfts wurden ein Domänenmodell, ein Geschäftsanwendungsfallmodell und ein Geschäftsprozessmodell erstellt. Wie im vorherigen Tragfähigkeitsnachweis erfolgte die Erstellung des Domänenmodells in Protégé als Ontologie mittels OWL. Das XML-Dokument ist im Folgenden dargestellt.

```xml
<?xml version="1.0"?>
<!DOCTYPE Ontology [
  <!ENTITY xsd "http://www.w3.org/2001/XMLSchema#" >
  <!ENTITY xml "http://www.w3.org/XML/1998/namespace" >
  <!ENTITY rdfs "http://www.w3.org/2000/01/rdf-schema#" >
  <!ENTITY rdf "http://www.w3.org/1999/02/22-rdf-syntax-ns#" >
]>

<Ontology xmlns="http://www.w3.org/2002/07/owl#"
 xml:base="http://cm.tm.kit.edu/ontologies/cm.owl"
 xmlns:rdfs="http://www.w3.org/2000/01/rdf-schema#"
 xmlns:xsd="http://www.w3.org/2001/XMLSchema#"
 xmlns:rdf="http://www.w3.org/1999/02/22-rdf-syntax-ns#"
 xmlns:xml="http://www.w3.org/XML/1998/namespace"
 ontologyIRI="http://cm.tm.kit.edu/ontologies/cm.owl">

  <Prefix name="rdf" IRI="http://www.w3.org/1999/02/22-rdf-syntax-
ns#"/>
  <Prefix name="rdfs" IRI="http://www.w3.org/2000/01/rdf-schema#"/>
  <Prefix name="xsd" IRI="http://www.w3.org/2001/XMLSchema#"/>
  <Prefix name="owl" IRI="http://www.w3.org/2002/07/owl#"/>

  <Declaration>
    <Class IRI="#Diploma_Supplement"/>
  </Declaration>

  <Declaration>
    <Class IRI="#Matrikelnummer"/>
  </Declaration>

  <Declaration>
    <Class IRI="#Name"/>
  </Declaration>
```

```
<Declaration>
  <Class IRI="#Nummer"/>
</Declaration>

<Declaration>
  <Class IRI="#Prüfprotokoll"/>
</Declaration>

<Declaration>
  <Class IRI="#Prüfungsordnung"/>
</Declaration>

<Declaration>
  <Class IRI="#Studienabschrift"/>
</Declaration>

<Declaration>
  <Class IRI="#Studiengang"/>
</Declaration>

<Declaration>
  <Class IRI="#Studierender"/>
</Declaration>

<Declaration>
  <ObjectProperty IRI="#besteht_aus"/>
</Declaration>

<Declaration>
  <ObjectProperty IRI="#hat"/>
</Declaration>

<Declaration>
  <ObjectProperty IRI="#studiert"/>
</Declaration>

<Declaration>
  <ObjectProperty IRI="#verifiziert"/>
</Declaration>

<Declaration>
  <ObjectProperty IRI="#wird_reguliert_durch"/>
</Declaration>

<SubClassOf>
  <Class IRI="#Diploma_Supplement"/>
  <ObjectIntersectionOf>
    <ObjectExactCardinality cardinality="1">
      <ObjectProperty IRI="#besteht_aus"/>
```

```
          <Class IRI="#Prüfungsordnung"/>
        </ObjectExactCardinality>
        <ObjectExactCardinality cardinality="1">
          <ObjectProperty IRI="#besteht_aus"/>
          <Class IRI="#Studienabschrift"/>
        </ObjectExactCardinality>
        <ObjectExactCardinality cardinality="1">
          <ObjectProperty IRI="#besteht_aus"/>
          <Class IRI="#Studiengang"/>
        </ObjectExactCardinality>
        <ObjectExactCardinality cardinality="1">
          <ObjectProperty IRI="#besteht_aus"/>
          <Class IRI="#Studierender"/>
        </ObjectExactCardinality>
      </ObjectIntersectionOf>
  </SubClassOf>

  <SubClassOf>
    <Class IRI="#Matrikelnummer"/>
    <Class abbreviatedIRI="owl:Thing"/>
  </SubClassOf>

  <SubClassOf>
    <Class IRI="#Nummer"/>
    <Class abbreviatedIRI="owl:Thing"/>
  </SubClassOf>

  <SubClassOf>
    <Class IRI="#Prüfprotokoll"/>
    <ObjectExactCardinality cardinality="1">
      <ObjectProperty IRI="#verifiziert"/>
      <Class IRI="#Diploma_Supplement"/>
    </ObjectExactCardinality>
  </SubClassOf>

  <SubClassOf>
    <Class IRI="#Prüfungsordnung"/>
    <ObjectExactCardinality cardinality="1">
      <ObjectProperty IRI="#hat"/>
      <Class IRI="#Nummer"/>
    </ObjectExactCardinality>
  </SubClassOf>

  <SubClassOf>
    <Class IRI="#Studienabschrift"/>
    <Class abbreviatedIRI="owl:Thing"/>
  </SubClassOf>
```

```
<SubClassOf>
  <Class IRI="#Studiengang"/>
  <Class abbreviatedIRI="owl:Thing"/>
</SubClassOf>

<SubClassOf>
  <Class IRI="#Studiengang"/>
  <ObjectIntersectionOf>
    <ObjectSomeValuesFrom>
      <ObjectProperty IRI="#wird_reguliert_durch"/>
      <Class IRI="#Prüfungsordnung"/>
    </ObjectSomeValuesFrom>
    <ObjectExactCardinality cardinality="1">
      <ObjectProperty IRI="#hat"/>
      <Class IRI="#Name"/>
    </ObjectExactCardinality>
  </ObjectIntersectionOf>
</SubClassOf>

<SubClassOf>
  <Class IRI="#Studierender"/>
  <Class abbreviatedIRI="owl:Thing"/>
</SubClassOf>

<SubClassOf>
  <Class IRI="#Studierender"/>
  <ObjectIntersectionOf>
    <ObjectExactCardinality cardinality="1">
      <ObjectProperty IRI="#hat"/>
      <Class IRI="#Matrikelnummer"/>
    </ObjectExactCardinality>
    <ObjectExactCardinality cardinality="1">
      <ObjectProperty IRI="#hat"/>
      <Class IRI="#Studienabschrift"/>
    </ObjectExactCardinality>
    <ObjectExactCardinality cardinality="1">
      <ObjectProperty IRI="#studiert"/>
      <Class IRI="#Studiengang"/>
    </ObjectExactCardinality>
  </ObjectIntersectionOf>
</SubClassOf>

<SubObjectPropertyOf>
  <ObjectProperty IRI="#besteht_aus"/>
  <ObjectProperty abbreviatedIRI="owl:topObjectProperty"/>
</SubObjectPropertyOf>
```

```
<AnnotationAssertion>
  <AnnotationProperty abbreviatedIRI="rdfs:label"/>
  <IRI>#Diploma_Supplement</IRI>
  <Literal xml:lang="en"
   datatypeIRI="&rdf;PlainLiteral">Diploma Supplement
  </Literal>
</AnnotationAssertion>

<AnnotationAssertion>
  <AnnotationProperty abbreviatedIRI="rdfs:label"/>
  <IRI>#Matrikelnummer</IRI>
  <Literal xml:lang="en"
   datatypeIRI="&rdf;PlainLiteral">Student Number</Literal>
</AnnotationAssertion>

<AnnotationAssertion>
  <AnnotationProperty abbreviatedIRI="rdfs:label"/>
  <IRI>#Name</IRI>
  <Literal xml:lang="en"
   datatypeIRI="&rdf;PlainLiteral">Name</Literal>
</AnnotationAssertion>

<AnnotationAssertion>
  <AnnotationProperty abbreviatedIRI="rdfs:label"/>
  <IRI>#Nummer</IRI>
  <Literal xml:lang="en"
   datatypeIRI="&rdf;PlainLiteral">Number</Literal>
</AnnotationAssertion>

<AnnotationAssertion>
  <AnnotationProperty abbreviatedIRI="rdfs:label"/>
  <IRI>#Prüfprotokoll</IRI>
  <Literal xml:lang="en"
   datatypeIRI="&rdf;PlainLiteral">Test Protocol</Literal>
</AnnotationAssertion>

<AnnotationAssertion>
  <AnnotationProperty abbreviatedIRI="rdfs:label"/>
  <IRI>#Prüfungsordnung</IRI>
  <Literal xml:lang="en"
   datatypeIRI="&rdf;PlainLiteral">Examination Regulations
  </Literal>
</AnnotationAssertion>

<AnnotationAssertion>
  <AnnotationProperty abbreviatedIRI="rdfs:label"/>
  <IRI>#Studienabschrift</IRI>
```

```
      <Literal xml:lang="en"
      datatypeIRI="&rdf;PlainLiteral">Transcript of Records
      </Literal>
  </AnnotationAssertion>


  <AnnotationAssertion>
    <AnnotationProperty abbreviatedIRI="rdfs:label"/>
    <IRI>#Studiengang</IRI>
    <Literal xml:lang="en"
      datatypeIRI="&rdf;PlainLiteral">Degree Program</Literal>
  </AnnotationAssertion>


  <AnnotationAssertion>
    <AnnotationProperty abbreviatedIRI="rdfs:label"/>

    <IRI>#Studierender</IRI>
    <Literal xml:lang="en"
      datatypeIRI="&rdf;PlainLiteral">Student</Literal>
  </AnnotationAssertion>



  <AnnotationAssertion>
    <AnnotationProperty abbreviatedIRI="rdfs:comment"/>
    <IRI>#besteht_aus</IRI>
    <Literal xml:lang="en"
      datatypeIRI="&rdf;PlainLiteral">consists of</Literal>
  </AnnotationAssertion>


  <AnnotationAssertion>
    <AnnotationProperty abbreviatedIRI="rdfs:comment"/>
    <IRI>#hat</IRI>
    <Literal xml:lang="en"
      datatypeIRI="&rdf;PlainLiteral">has</Literal>
  </AnnotationAssertion>


  <AnnotationAssertion>
    <AnnotationProperty abbreviatedIRI="rdfs:comment"/>
    <IRI>#studiert</IRI>
    <Literal xml:lang="en"
      datatypeIRI="&rdf;PlainLiteral">studies</Literal>
  </AnnotationAssertion>


  <AnnotationAssertion>
    <AnnotationProperty abbreviatedIRI="rdfs:comment"/>
    <IRI>#verifiziert</IRI>
    <Literal xml:lang="en"
      datatypeIRI="&rdf;PlainLiteral">verifies</Literal>
  </AnnotationAssertion>
```

```
<AnnotationAssertion>
  <AnnotationProperty abbreviatedIRI="rdfs:comment"/>
  <IRI>#wird_reguliert_durch</IRI>
  <Literal xml:lang="en"
   datatypeIRI="&rdf;PlainLiteral">is regulated by</Literal>
</AnnotationAssertion>

</Ontology>
```

Quelltext 37: Domänenmodell zur Beantragung eines Diploma Supplement in OWL

Die folgende Abbildung zeigt den betrachteten Geschäftsanwendungsfall zur Beantragung eines Diploma Supplement innerhalb des RSA.

Abbildung 111: Betrachteter Geschäftsanwendungsfall im Kontext von Campus-Management im RSA

Der diesen Geschäftsanwendungsfall realisierende Geschäftsprozess wurde mit BPMN innerhalb des RSA modelliert und orientiert sich dabei an bestehenden Vorgaben, die den Aufbau eines Diploma Supplement betreffen.

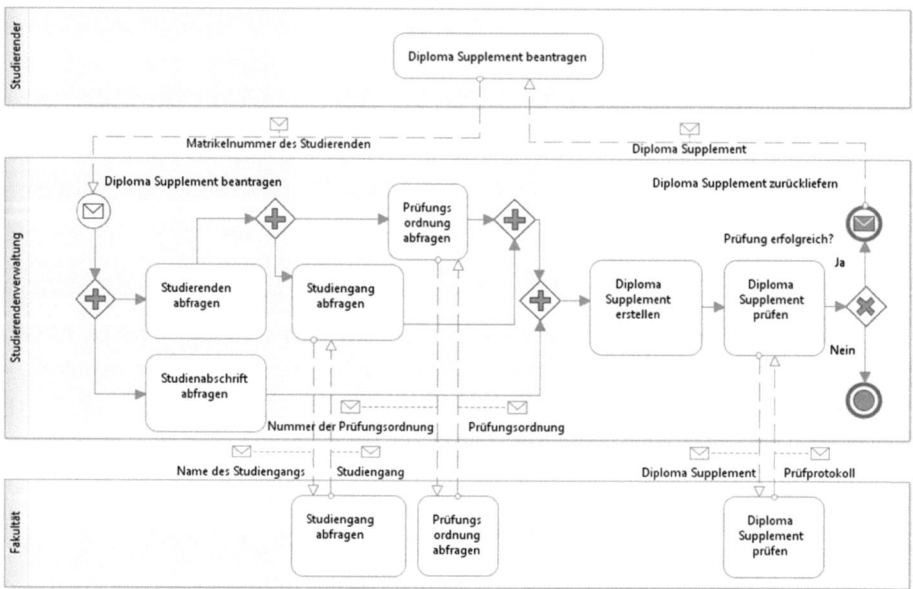

Abbildung 112: Geschäftsprozess zur Beantragung eines Diploma Supplement im RSA

Identifikation

Die im Zuge der Identifikation abgeleiteten Dienstkandidaten und ihre Abhängigkeiten sind im Folgenden dargestellt.

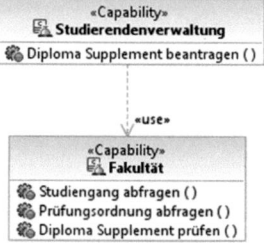

Abbildung 113: Abgeleitete Dienstkandidaten im Kontext von Campus-Management im RSA

Im Anschluss an die systematische Ableitung der Dienstkandidaten erfolgte ihre Überarbeitung im Hinblick auf Qualitätseigenschaften. Die folgende Abbildung zeigt die hieraus resultierenden Dienstkandidaten.

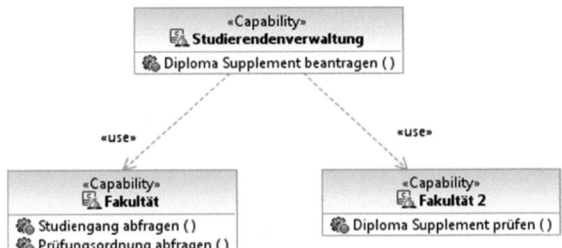

Abbildung 114: Überarbeitete Dienstkandidaten im Kontext von Campus-Management im RSA

Spezifikation

Im Anschluss an die Identifikation von Dienstkandidaten konnten die Dienstentwürfe ebenfalls zunächst systematisch abgeleitet und anschließend überarbeitet werden. Im Folgenden werden die Dienstschnittstellen und die Datentypen der überarbeiteten Dienstentwürfe dargestellt. Im Falle des die Beantragung eines Diploma Supplement ausführenden Dienstes wird zusätzlich die Dienstkomponente inklusive der internen Dienstkomponenten gezeigt. Ähnlich zum vorherigen Tragfähigkeitsnachweis befindet sich auch hier jeder Dienstentwurf in einem eigenen Paket, wodurch die Komplexität gemeinsam genutzter Datentypen minimiert wird.

Die Dienstschnittstelle "StudentAdministration" repräsentiert den Dienstkandidaten der Studierendenverwaltung, und stellt die Beantragung eines Diploma Supplement bereit. In den folgenden zwei Abbildungen sind die Dienstschnittstelle und die genutzten Nachrichten- und Datentypen dargestellt.

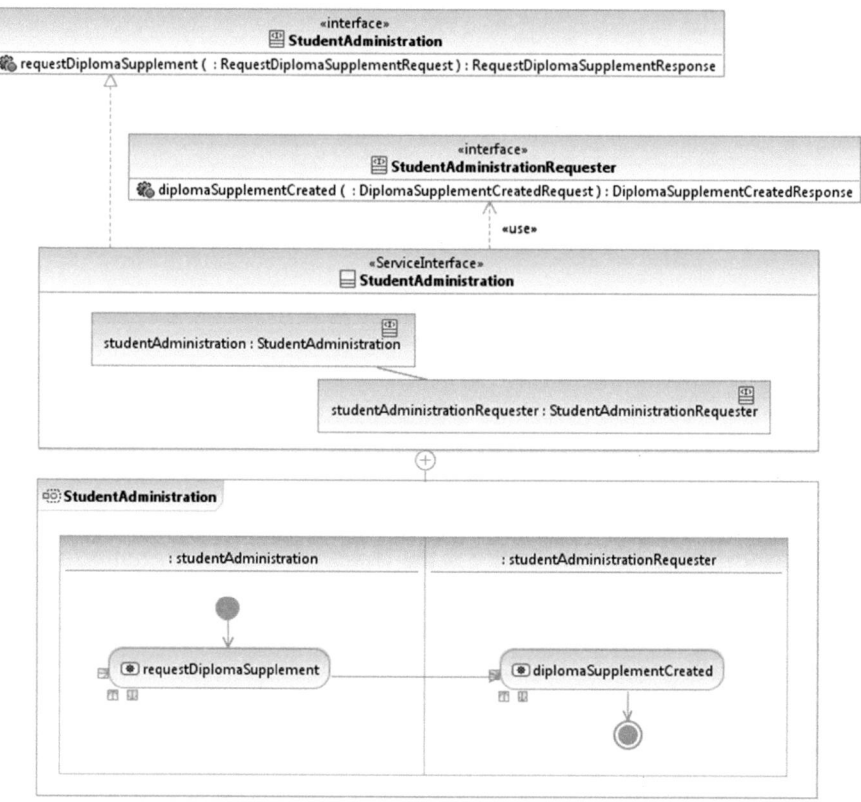

Abbildung 115: Dienstschnittstelle "StudentAdministration" im RSA

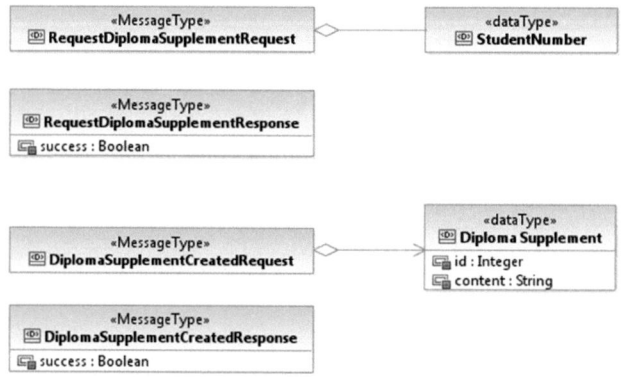

Abbildung 116: Datentypen der Dienstschnittstelle "StudentAdministration" im RSA

Im Rahmen der rekursiven Fortsetzung des Entwurfsprozesses konnten weitere Dienstentwürfe erstellt werden. Dabei fokussiert ein Dienst die Verwaltung eines Studierenden und ein anderer Dienst die Verwaltung eines Diploma Supplements.

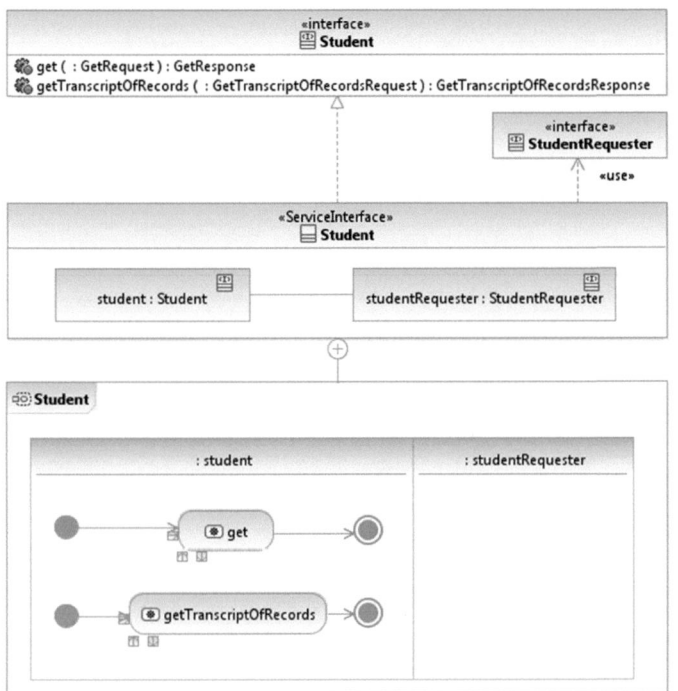

Abbildung 117: Dienstschnittstelle "Student" im RSA

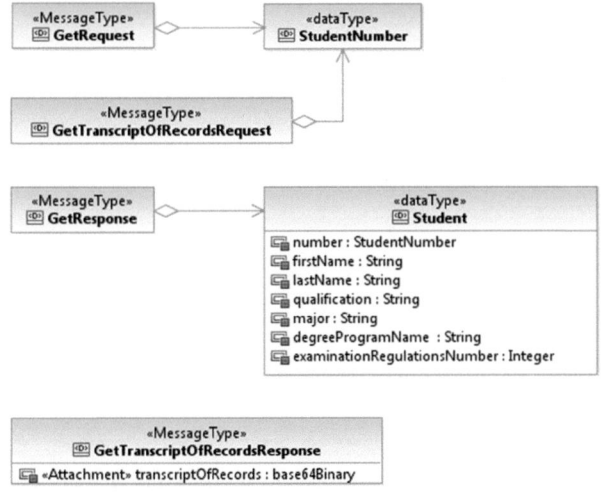

Abbildung 118: Datentypen der Dienstschnittstelle "Student" im RSA

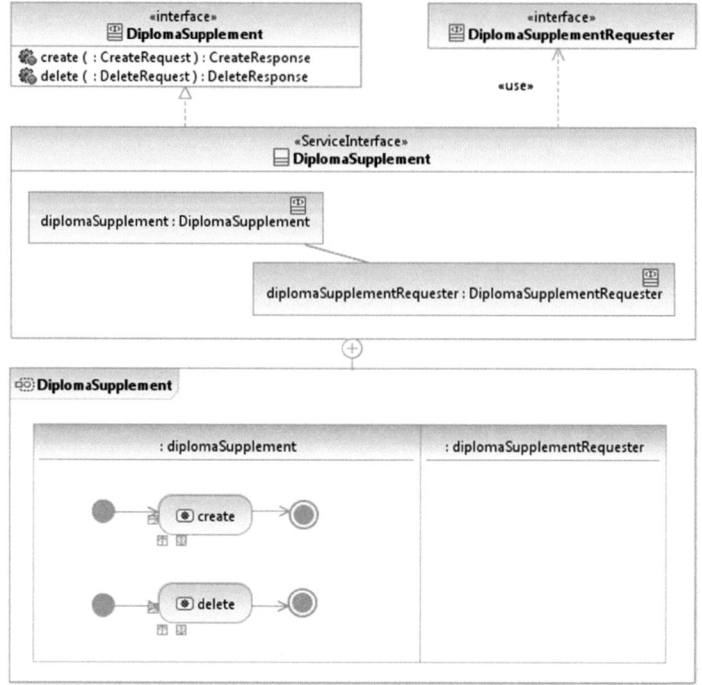

Abbildung 119: Dienstschnittstelle "DiplomaSupplement" im RSA

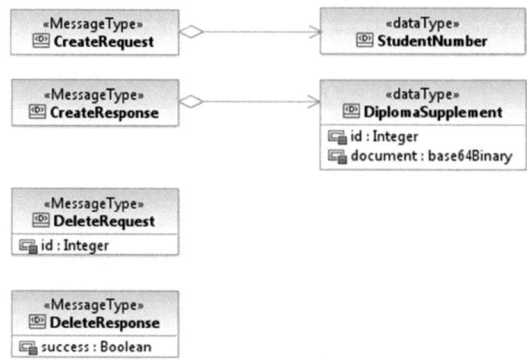

Abbildung 120: Datentypen der Dienstschnittstelle "DiplomaSupplement" im RSA

Die im Zuge der rekursiven Fortsetzung des Entwurfsprozesses erstellten Dienstentwürfe bilden die Grundlage für die verfeinerte Dienstkomponente der Studierendenverwaltung, die im Folgenden dargestellt ist.

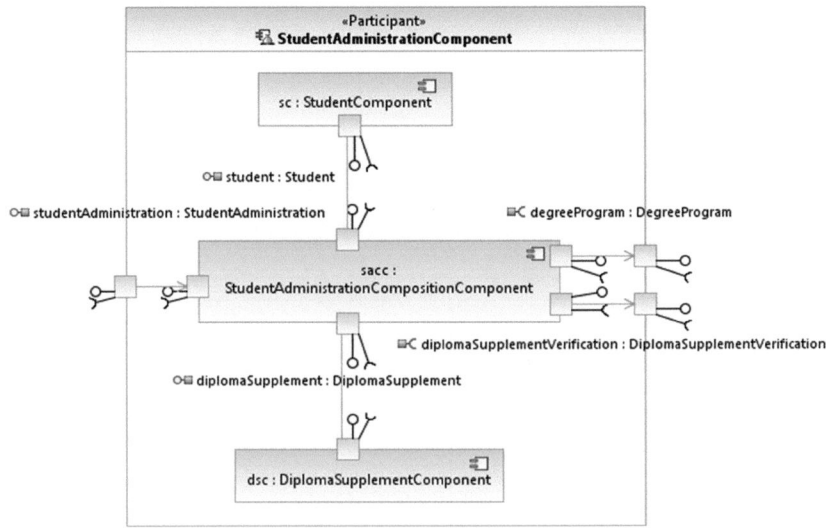

Abbildung 121: Dienstkomponente "StudentAdministrationComponent" im RSA

Die interne Logik der StudentAdministrationCompositionComponent kann in Form einer Activity, die der Dienstkomponente als OwnedBehavior zugeordnet ist, beschrieben werden.

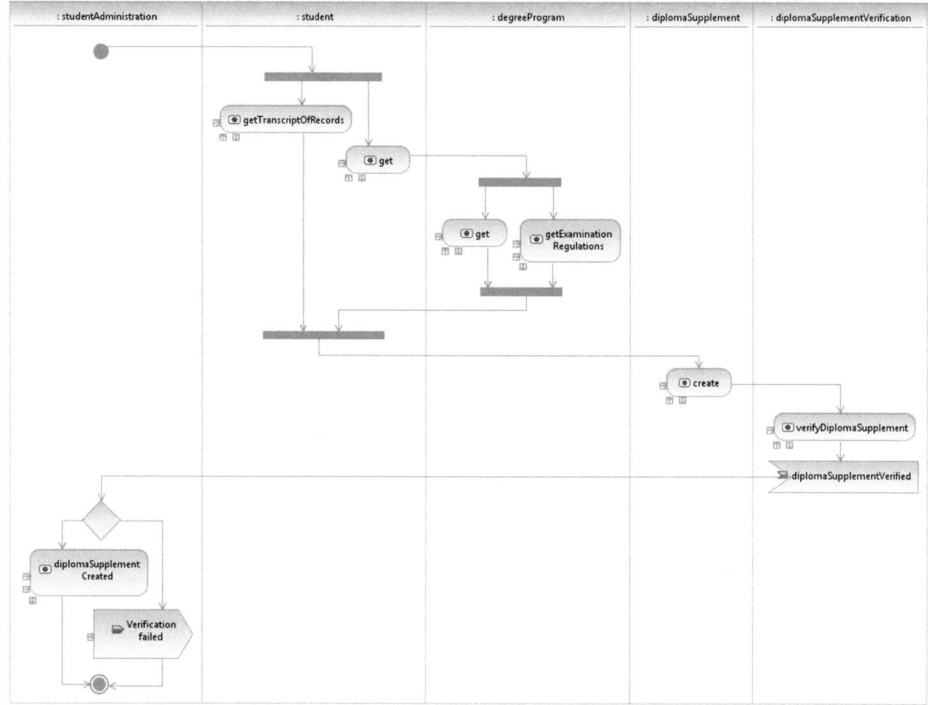

Abbildung 122: Interne Logik der Dienstkomponente
"StudentAdministrationCompositionComponent" im RSA

Die Dienstschnittstelle "DegreeProgram" repräsentiert einen Studiengang und dabei den
Dienstkandidaten "Fakultät". Die Dienstschnittstelle "DiplomaSupplementVerification"
hingegen dient der Prüfung eines Diploma Supplement und entspricht somit dem
Dienstkandidaten "Fakultät 2".

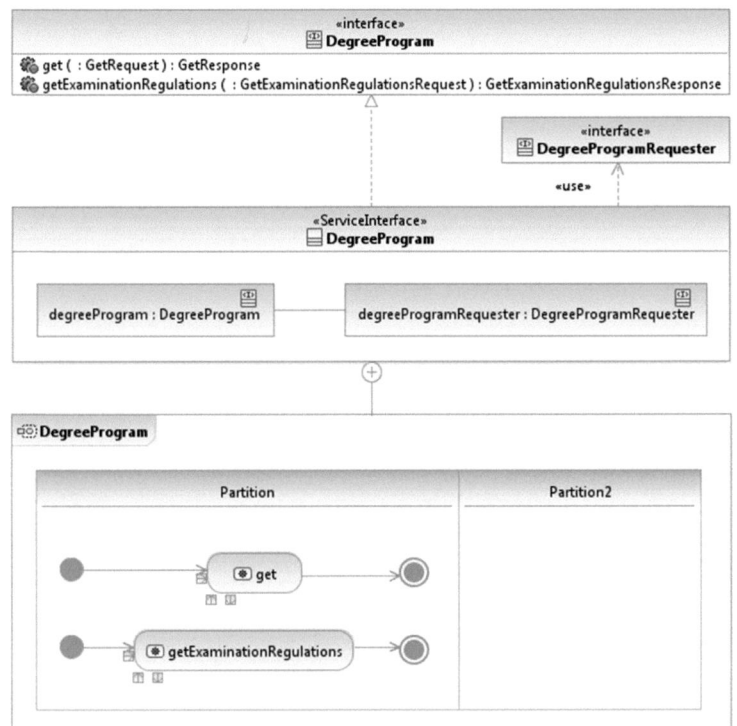

Abbildung 123: Dienstschnittstelle "DegreeProgram" im RSA

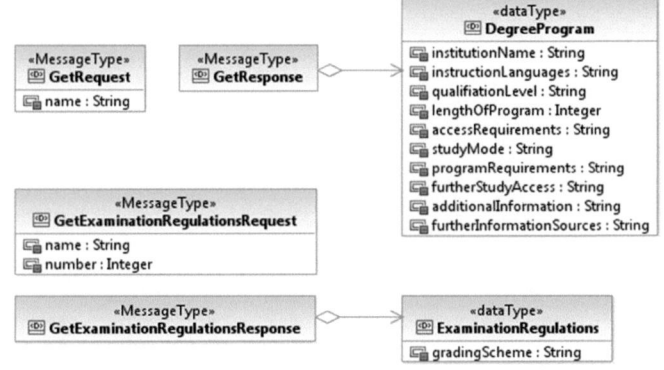

Abbildung 124: Datentypen der Dienstschnittstelle "DegreeProgram" im RSA

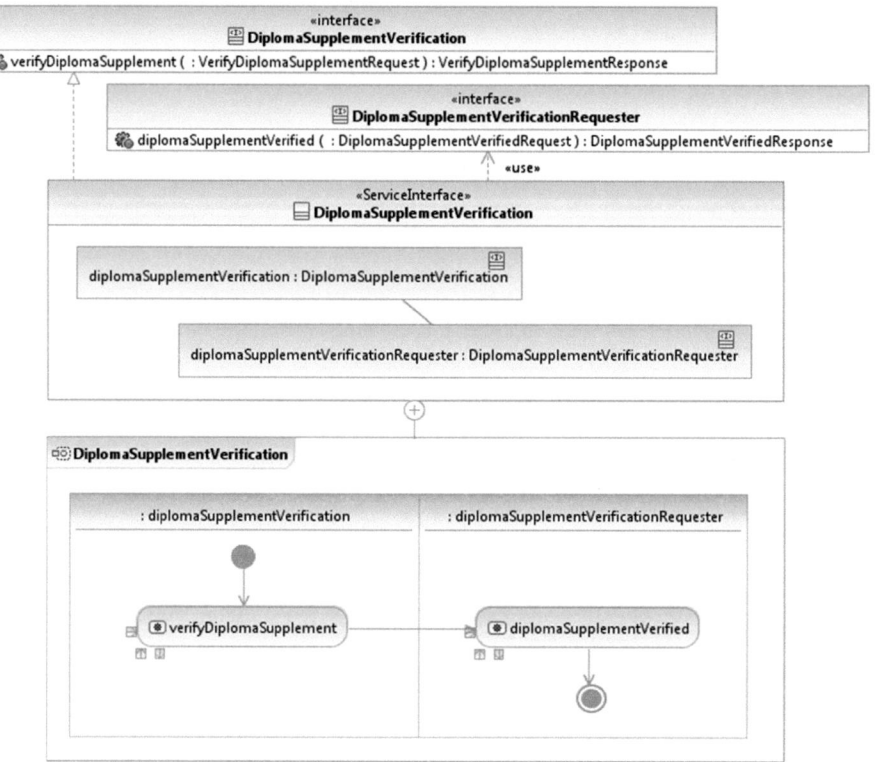

Abbildung 125: Dienstschnittstelle "DiplomaSupplementVerification" im RSA

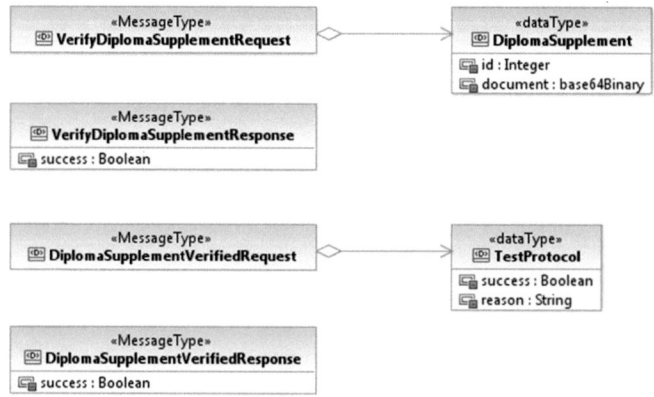

Abbildung 126: Datentypen der Dienstschnittstelle "DiplomaSupplementVerification" im RSA

Implementierung

Im Anschluss an die Erstellung der Dienstentwürfe kann eine Implementierung der Dienste erfolgen. Hierbei werden die Dienstentwürfe zunächst in Artefakte der Implementierungsphase in Form von SCA-Composites, WSDL-Schnittstellenbeschreibungen und ggf. BPEL-Prozessen überführt. Im Folgenden ist beispielhaft das SCA-Composite der "StudentAdministrationComponent" innerhalb des RSA dargestellt.

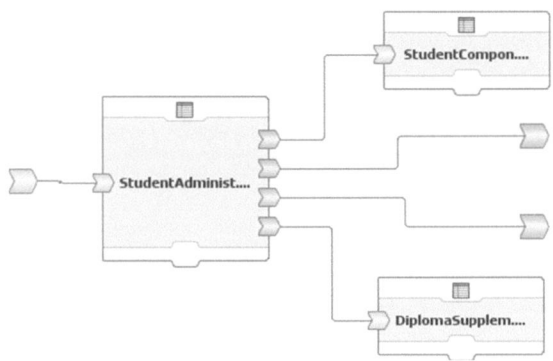

Abbildung 127: SCA-Composite "StudentAdministrationComponent" im RSA

Da sich die Darstellung eines SCA-Composite innerhalb des RSA von der im Standard beschriebenen unterscheidet, zeigt die folgende Abbildung das SCA-Composite innerhalb von Eclipse unter Nutzung der SCA Tools.

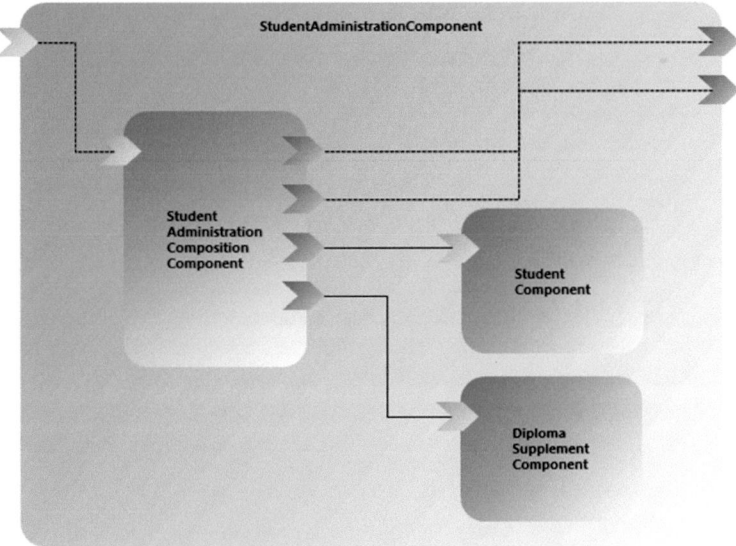

Abbildung 128: SCA-Composite "StudentAdministrationComponent" in Eclipse

Im Folgenden ist der Quelltext der WSDL-Schnittstellenbeschreibung der Dienst-
schnittstelle "StudentAdministration" dargestellt, welche die bereitgestellten
Operationen definiert. Dabei wurde die WSDL-Schnittstellenbeschreibung mittels
SAWSDSL um entsprechende semantische Annotationen erweitert, um den Bezug zum
Domänenmodell herzustellen.

```xml
<?xml version="1.0" encoding="UTF-8"?>
<wsdl:definitions name="StudentAdministration"
 targetNamespace="http://cm.tm.kit.edu/CM/StudentAdministration"
 xmlns:soap="http://schemas.xmlsoap.org/wsdl/soap/"
 xmlns:tns="http://cm.tm.kit.edu/CM/StudentAdministration"
 xmlns:wsdl="http://schemas.xmlsoap.org/wsdl/"
 xmlns:xsd="http://www.w3.org/2001/XMLSchema"
 xmlns:sawsdl="http://www.w3.org/ns/sawsdl">

  <wsdl:types>

    <xsd:schema
      targetNamespace="http://cm.tm.kit.edu/CM/StudentAdministration">

      <xsd:element name="requestDiplomaSupplementRequest">
        <xsd:complexType>
          <xsd:sequence>
            <xsd:element name="studentNumber"
              type="tns:StudentNumber"/>
          </xsd:sequence>
        </xsd:complexType>
      </xsd:element>

      <xsd:element name="requestDiplomaSupplementResponse">
        <xsd:complexType>
          <xsd:sequence>
            <xsd:element name="diplomaSupplement"
              type="tns:DiplomaSupplement"/>
          </xsd:sequence>
        </xsd:complexType>
      </xsd:element>

      <xsd:complexType name="DiplomaSupplement"
       sawsdl:modelReference="http://cm.tm.kit.edu/ontologies/
       cm.owl#Diploma_Supplement">
        <xsd:sequence>
          <xsd:element name="id" type="xsd:int"></xsd:element>
          <xsd:element name="document"
            type="xsd:base64Binary"></xsd:element>
        </xsd:sequence>
      </xsd:complexType>
```

```
   <xsd:simpleType name="StudentNumber"
    sawsdl:modelReference="http://cm.tm.kit.edu/ontologies/
    cm.owl#Matrikelnummer"></xsd:simpleType>

  </xsd:schema>

</wsdl:types>

<wsdl:message name="requestDiplomaSupplementRequest">
  <wsdl:part element="tns:requestDiplomaSupplementRequest"
   name="parameters"/>
</wsdl:message>

<wsdl:message name="requestDiplomaSupplementResponse">
  <wsdl:part element="tns:requestDiplomaSupplementResponse"
   name="parameters"/>
</wsdl:message>

<wsdl:portType name="StudentAdministration">
  <wsdl:operation name="requestDiplomaSupplement">
    <wsdl:input message="tns:requestDiplomaSupplementRequest"/>
    <wsdl:output message="tns:requestDiplomaSupplementResponse"/>
  </wsdl:operation>
</wsdl:portType>

<wsdl:binding name="StudentAdministrationSOAP"
 type="tns:StudentAdministration">
  <soap:binding style="document"
   transport="http://schemas.xmlsoap.org/soap/http"/>

  <wsdl:operation name="requestDiplomaSupplement">
    <soap:operation
     soapAction="http://cm.tm.kit.edu/CM/StudentAdministration/
     NewOperation"/>
    <wsdl:input>
      <soap:body use="literal"/>
    </wsdl:input>

    <wsdl:output>
      <soap:body use="literal"/>
    </wsdl:output>
  </wsdl:operation>

</wsdl:binding>

<wsdl:service name="StudentAdministration">
  <wsdl:port binding="tns:StudentAdministrationSOAP"
   name="StudentAdministrationSOAP">
```

```
    <soap:address
      location="http://cm.tm.kit.edu/CM/StudentAdministration"/>
   </wsdl:port>
  </wsdl:service>

</wsdl:definitions>
```

Quelltext 38: WSDL-Schnittstellenbeschreibung der Dienstschnittstelle "StudentAdministration"

Da im Falle der StudentAdministration auch seitens des Dienstnehmers eine Operation bereitzustellen ist, um einen *Callback* zu empfangen, resultiert die Überführung der Dienstschnittstelle in entweder einer WSDL-Schnittstellenbeschreibung mit zwei PortTypes oder zwei getrennten WSDL-Schnittstellenbeschreibungen. Die Überführung dieser Schnittstelle erfolgt hierbei äquivalent.

Die Implementierung der StudentAdministrationCompositionComponent mittels BPEL ist im Folgenden dargestellt.

```
<bpel:process name="StudentAdministration"
 targetNamespace="http://cm.tm.kit.edu/StudentAdministration"
 suppressJoinFailure="yes"
 xmlns:tns="http://cm.tm.kit.edu/StudentAdministration"
 xmlns:bpel="http://docs.oasis-open.org/wsbpel/2.0/process/executable"
 xmlns:ns="http://cm.tm.kit.edu/Student/"
 xmlns:ns0="http://cm.tm.kit.edu/DegreeProgram/"
 xmlns:ns1="http://cm.tm.kit.edu/DiplomaSupplement/"
 xmlns:ns2="http://cm.tm.kit.edu/DiplomaSupplementVerification/">

  <bpel:import namespace="http://cm.tm.kit.edu/Student/"
    location="Student.wsdl"
    importType="http://schemas.xmlsoap.org/wsdl/"></bpel:import>

  <bpel:import
    namespace="http://cm.tm.kit.edu/DiplomaSupplementVerification/"
    location="DiplomaSupplementVerification.wsdl"
    importType="http://schemas.xmlsoap.org/wsdl/"></bpel:import>

  <bpel:import namespace="http://cm.tm.kit.edu/DiplomaSupplement/"
    location="DiplomaSupplement.wsdl"
    importType="http://schemas.xmlsoap.org/wsdl/"></bpel:import>

  <bpel:import namespace="http://cm.tm.kit.edu/DegreeProgram/"
    location="file:/C:/Users/gebhart/Workspaces/Workspace-Helios/CM-
    BPEL/bpelContent/DegreeProgram.wsdl"
    importType="http://schemas.xmlsoap.org/wsdl/"></bpel:import>
```

```
<bpel:import location="StudentAdministrationArtifacts.wsdl"
 namespace="http://cm.tm.kit.edu/StudentAdministration"
 importType="http://schemas.xmlsoap.org/wsdl/" />

<bpel:partnerLinks>

  <bpel:partnerLink name="studentAdministration"
   partnerLinkType="tns:StudentAdministration"
   myRole="StudentAdministration"
   partnerRole="StudentAdministrationRequester" />



  <bpel:partnerLink name="degreeProgram"
   partnerLinkType="tns:DegreeProgram"
   partnerRole="degreeProgram"></bpel:partnerLink>

  <bpel:partnerLink name="diplomaSupplement"
   partnerLinkType="tns:DiplomaSupplement"
   partnerRole="diplomaSupplement"></bpel:partnerLink>

  <bpel:partnerLink name="diplomaSupplementVerification"
   partnerLinkType="tns:DiplomaSupplementVerification"
   partnerRole="diplomaSupplementVerification"></bpel:partnerLink>

  <bpel:partnerLink name="student" partnerLinkType="tns:Student"
   partnerRole="student"></bpel:partnerLink>

</bpel:partnerLinks>

<bpel:sequence name="main">

  <bpel:receive name="requestDiplomaSupplement"
   partnerLink="studentAdministration"
   portType="tns:StudentAdministration"
   operation="requestDiplomaSupplement" createInstance="yes"/>

  <bpel:flow name="Flow">
    <bpel:invoke name="getTranscriptOfRecords" partnerLink="student"
     operation="getTranscriptOfRecords"></bpel:invoke>

    <bpel:sequence name="Sequence">

      <bpel:invoke name="get" partnerLink="student" operation="get"
       portType="ns:Student"></bpel:invoke>

      <bpel:flow name="Flow1">
```

```
        <bpel:invoke name="get"
         partnerLink="degreeProgram"
         operation="get"></bpel:invoke>

        <bpel:invoke name="getExaminationRegulations"
         partnerLink="degreeProgram"
         operation="getExaminationRegulations"
         portType="ns0:DegreeProgram"></bpel:invoke>
      </bpel:flow>

    </bpel:sequence>

  </bpel:flow>

  <bpel:invoke name="create" partnerLink="diplomaSupplement"
   operation="create"></bpel:invoke>

  <bpel:invoke name="verifyDiplomaSupplement"
   partnerLink="diplomaSupplementVerification"
   operation="verifyDiplomaSupplement"></bpel:invoke>

  <bpel:receive name="diplomaSupplementVerified"
   partnerLink="studentAdministration"
   operation="diplomaSupplementVerified"
   portType="tns:StudentAdministration"></bpel:receive>

  <bpel:if name="Verification Succesful">
    <bpel:invoke name="diplomaSupplementCreated"
     partnerLink="studentAdministration"
     portType="tns:StudentAdministrationCallback"
     operation="diplomaSupplementCreated"/>

    <bpel:else>
      <bpel:throw name="Verification failed"></bpel:throw>
    </bpel:else>
  </bpel:if>

  </bpel:sequence>

</bpel:process>
```

Quelltext 39: Implementierung der "StudentAdministrationCompositionComponent" mittels BPEL

B. Abkürzungsverzeichnis

2PC   *Two Phase Commit*

BMBF   Bundesministerium für Bildung und Forschung

BPEL   Business Process Execution Language

BPMN   Business Process Model and Notation

C&M   Cooperation & Management

CEPES   Centre Européen Pour l'Enseignement Supérieur (European Centre
                for Higher Education)

CM   Campus-Management

CRUD   *Create, Read, Update, Delete*

DIN   Deutsches Institut für Normung

EC   European Commission

ECTS   European Credit Transfer System

FCM   *Factor, Criteria, Metric*

HERO   Human-centered EnviRomental Observation

HRG   Hochschulrahmengesetz

HRK   Hochschulrektorenkonferenz

IOSB   Fraunhofer-Institut für Optronik, Systemtechnik und Bildauswertung

ISO   International Organization for Standardization

KIM	Karlsruher Integriertes InformationsManagement
KIT	Karlsruher Institut für Technologie
KMK	Kultusministerkonferenz
KML	Keyhole Markup Language
LAN	*Local Area Network*
MDA	Model Driven Architecture
NEST	Network Enabled Surveillance and Tracking
OASIS	Organization for the Advancement of Structured Information Standards
ODM	Ontology Definition Metamodel
OGC	Open Geospatial Consortium
OMG	Object Management Group
OSI	*Open Systems Interconnection*
OSOA	Open Service Oriented Architecture Collaboration
OWL	Web Ontology Language
QoS	*Quality of Service*
RFP	*Request for Proposal*
RPC	*Remote Procedure Call*
RSA	Rational Software Architect
RUP	Rational Unified Process

RUP/SOMA	Rational Unified Process for Service-Oriented Modeling and Architecture
SAWSDL	Semantic Annotations for WSDL and XML Schema
SCA	Service Component Architecture
SIDC	*Service Interface Data Cohesion*
SISSy	Structural Investigation of Software Systems
SLA	Dienstgütevereinbarung (engl. *Service Level Agreement*)
SOA	Dienstorientierte Architektur (engl. *Service-Oriented Architecture*)
SOAF	Service Oriented Architecture Framework
SoaML	Service oriented architecture Modeling Language
SOMA	Service-Oriented Modeling and Architecture
STP	SOA Tools Platform
UNESCO	United Nations Educational, Scientific and Cultural Organization
UPMS	UML Profile and Metamodel for Services
URL	*Uniform Resource Locator*
W3C	World Wide Web Consortium
WLAN	*Wireless LAN*
WMS	Web Map Service
WSDL	Web Services Description Language
XML	Extensible Markup Language
XSD	XML Schema Definition

C. Abbildungsverzeichnis

Abbildung 1: Betrachtetes Szenario...5
Abbildung 2: Aufbau der Arbeit 12
Abbildung 3: Dienste in dienstorientierten Architekturen 18
Abbildung 4: Modellierung abstrakter Fähigkeiten in SoaML 23
Abbildung 5: Modellierung einer Dienstschnittstelle in SoaML 25
Abbildung 6: Modellierung von dokumentenzentrierten Nachrichten in SoaML 26
Abbildung 7: Modellierung einer Dienstkomponente in SoaML...............................27
Abbildung 8: Interner Aufbau einer Dienstkomponente in SoaML...........................28
Abbildung 9: Aufbau von Qualitätsmodellen 39
Abbildung 10: Dienstorientierter Entwurf gemäß Erl..50
Abbildung 11: Modellierung von Geschäftsdiensten in Quasar Enterprise...............55
Abbildung 12: Ableitung von Dienstkandidaten aus Geschäftsprozessen in RUP/SOMA 59
Abbildung 13: Entwicklungsprozess für Dienste..64
Abbildung 14: Entwurfsprozess...66
Abbildung 15: Modellierung einer Domäne 69
Abbildung 16: Modellierung von Geschäftsdiensten...72
Abbildung 17: Modellierung von Geschäftsprozessen 74
Abbildung 18: Modellierung von Dienstkandidaten..77
Abbildung 19: Ableitung von Dienstkandidaten...78
Abbildung 20: Ableitung von Operationskandidaten...78
Abbildung 21: Ableitung von Dienstkandidaten aus Schnittstellenbeschreibungen auf Basis
    von WSDL 81
Abbildung 22: Ableitung einer Dienstschnittstelle 85
Abbildung 23: Ableitung des Interaktionsprotokolls einer Dienstschnittstelle..........86
Abbildung 24: Ableitung von Nachrichten- und Datentypen 87
Abbildung 25: Ableitung der Spezifikationen einer Dienstkomponente 88
Abbildung 26: Ableitung der internen Logik einer Dienstkomponente.....................89
Abbildung 27: Ableitung von intern genutzten Dienstkandidaten.............................94
Abbildung 28: Einbindung interner Dienstkomponenten 95
Abbildung 29: Überführung von Dienstkomponenten nach SCA...............................96
Abbildung 30: Überführung von Dienstentwürfen in WSDL-Schnittstellenbeschreibungen 98
Abbildung 31: Überführung der internen Logik von Kompositionskomponenten nach BPEL.100
Abbildung 32: Bestimmung von Qualitätseigenschaften im Entwurfsprozess 103
Abbildung 33: Trennung von geschäftsbezogener und technischer Funktionalität in SoaML ..107
Abbildung 34: Trennung von agnostischer und nicht-agnostischer Funktionalität in SoaML ..109
Abbildung 35: Alternative Gruppierung von agnostischer und nicht-agnostischer
    Funktionalität in SoaML..111
Abbildung 36: Datenhoheit in SoaML...112
Abbildung 37: Nutzung gemeinsamer Geschäftsentitäten auf Basis von Dienstkandidaten in
    SoaML..114

Abbildung 38: Nutzung gemeinsamer Geschäftsentitäten auf Basis von Dienstentwürfen in
SoaML 115

Abbildung 39: Fachliche Benennung in SoaML 118

Abbildung 40: Einhaltung von Namenskonventionen in SoaML 121

Abbildung 41: Asynchronität in SoaML 126

Abbildung 42: Komplexität gemeinsamer Datentypen in SoaML 128

Abbildung 43: Alternative Komplexität gemeinsamer Datentypen in SoaML 130

Abbildung 44: Abstraktion in SoaML 131

Abbildung 45: Kompensation in SoaML 133

Abbildung 46: Abhängigkeiten in SoaML 136

Abbildung 47: Überlappung der Funktionalität aus Basis von Dienstkandidaten in SoaML.... 138

Abbildung 48: Überarbeitung von Dienstkandidaten und Dienstentwürfen im
Entwurfsprozess 151

Abbildung 49: Kritische Stelle innerhalb eines Dienstentwurfs in SoaML 152

Abbildung 50: Verknüpfung von Qualitätsindikatoren mit kritischen Stellen 153

Abbildung 51: Entscheidungsbaum für die Verschiebung eines Operationskandidaten 168

Abbildung 52: Entscheidungsbaum für die Verschiebung einer Operation 169

Abbildung 53: Entscheidungsbaum für die Änderung des Kommunikationsmodus einer
Operation 171

Abbildung 54: Verknüpfung von Entwurfsentscheidungen mit Qualitätsindikatoren 172

Abbildung 55: Veranschaulichung des KITCampusGuide 181

Abbildung 56: Domänenmodell der personenzentrierten Umweltbeobachtung mit Fokus auf
den KITCampusGuide 182

Abbildung 57: Betrachteter Geschäftsanwendungsfall im Kontext der personenzentrierten
Umweltbeobachtung 183

Abbildung 58: Geschäftsprozess zur Abfrage einer Route inklusive der dazugehörigen Karte 183

Abbildung 59: Abgeleitete Dienstkandidaten im Kontext der personenzentrierten
Umweltbeobachtung 185

Abbildung 60: Kritische Stelle des Dienstkandidaten der Gebäudeverwaltung 187

Abbildung 61: Entscheidungsbaum zur Verschiebung des Operationskandidaten "Aktuelle
Position der Person ermitteln" 187

Abbildung 62: Überarbeitete Dienstkandidaten im Kontext der personenzentrierten
Umweltbeobachtung 190

Abbildung 63: Abgeleitete Dienstschnittstelle für die Studierendenverwaltung im Kontext
der personenzentrierten Umweltbeobachtung 191

Abbildung 64: Abgeleitete Datentypen zur Abfrage einer Route inklusive Karte 192

Abbildung 65: Abgeleitete Dienstkomponente für die Studierendenverwaltung im Kontext
der personenzentrierten Umweltbeobachtung 192

Abbildung 66: Überarbeitete Dienstschnittstelle für die Studierendenverwaltung im Kontext
der personenzentrierten Umweltbeobachtung 195

Abbildung 67: Überarbeitete Datentypen zur Abfrage einer Route inklusive Karte 196

Abbildung 68: Überarbeitete Dienstkomponente für die Studierendenverwaltung im Kontext
der personenzentrierten Umweltbeobachtung 197

Abbildung 69: Interne Logik der CampusGuideComponent 198

Abbildung 70: Intern genutzte Dienstkandidaten im Kontext der personenzentrierten
Umweltbeobachtung 199
Abbildung 71: Verfeinerte Dienstkomponente der Studierendenverwaltung im Kontext der
personenzentrierten Umweltbeobachtung 199
Abbildung 72: SCA-Composite "CampusGuideComponent" 200
Abbildung 73: Domänenmodell der Domäne Campus-Management mit Fokus auf das
Diploma Supplement...208
Abbildung 74: Betrachteter Geschäftsanwendungsfall im Kontext von Campus-Management 209
Abbildung 75: Geschäftsprozess zur Beantragung eines Diploma Supplement 211
Abbildung 76: Überarbeitete Dienstkandidaten im Kontext von Campus-Management...........212
Abbildung 77: Abgeleitete Dienstschnittstelle für die Studierendenverwaltung im Kontext
von Campus-Management 213
Abbildung 78: Abgeleitete Datentypen zur Beantragung eines Diploma Supplement 214
Abbildung 79: Abgeleitete Dienstkomponente für die Studierendenverwaltung im Kontext
von Campus-Management 214
Abbildung 80: Überarbeitete Dienstschnittstelle für die Studierendenverwaltung im Kontext
von Campus-Management 217
Abbildung 81: Überarbeitete Datentypen zur Beantragung eines Diploma Supplement...........218
Abbildung 82: Überarbeitete Dienstkomponente für die Studierendenverwaltung im Kontext
des von Campus-Management 218
Abbildung 83: Intern genutzte Dienstkandidaten im Kontext von Campus-Management 219
Abbildung 84: Intern genutzte Dienstkandidaten im Kontext von Campus-Management 220
Abbildung 85: Interne Logik der StudentAdministrationCompositionComponent 221
Abbildung 86: SCA-Composite "StudentAdministrationComponent".....................................222
Abbildung 87: Betrachteter Geschäftsanwendungsfall im Kontext der personenzentrierten
Umweltbeobachtung im RSA 248
Abbildung 88: Geschäftsprozess zur Abfrage einer Route inklusive der dazugehörigen Karte
im RSA..249
Abbildung 89: Abgeleitete Dienstkandidaten im Kontext der personenzentrierten
Umweltbeobachtung im RSA 250
Abbildung 90: Überarbeitete Dienstkandidaten im Kontext der personenzentrierten
Umweltbeobachtung im RSA 250
Abbildung 91: Dienstschnittstelle "CampusGuide" im RSA 251
Abbildung 92: Datentypen der Dienstschnittstelle "CampusGuide" im RSA...........................252
Abbildung 93: Dienstschnittstelle "MapExcerptDetermination" im RSA 253
Abbildung 94: Datentypen der Dienstschnittstelle "MapExcerptDetermination" im RSA........253
Abbildung 95: Dienstschnittstelle "MapRouteMerger" im RSA 254
Abbildung 96: Datentypen der Dienstschnittstelle "MapRouteMerger" im RSA.....................254
Abbildung 97: Dienstkomponente "CampusGuideComponent" im RSA..................................255
Abbildung 98: Interne Logik der Dienstkomponente
"CampusGuideCompositionComponent" im RSA 255
Abbildung 99: Dienstschnittstelle "Employee" im RSA..256
Abbildung 100: Datentypen der Dienstschnittstelle "Employee" im RSA 256
Abbildung 101: Dienstschnittstelle "PositionDetermination" im RSA.....................................257
Abbildung 102: Datentypen der Dienstschnittstelle "PositionDetermination" im RSA 257

Abbildung 103: Dienstschnittstelle "Room" im RSA 258

Abbildung 104: Datentypen der Dienstschnittstelle "Room" im RSA 258

Abbildung 105: Dienstschnittstelle "RouteDetermination" im RSA 259

Abbildung 106: Datentypen der Dienstschnittstelle "RouteDetermination" im RSA 259

Abbildung 107: Dienstschnittstelle "Map" im RSA 260

Abbildung 108: Datentypen der Dienstschnittstelle "Map" im RSA 260

Abbildung 109: SCA-Composite "CampusGuideComponent" im RSA 261

Abbildung 110: SCA-Composite "CampusGuideComponent" in Eclipse 262

Abbildung 111: Betrachteter Geschäftsanwendungsfall im Kontext von Campus-
Management im RSA 275

Abbildung 112: Geschäftsprozess zur Beantragung eines Diploma Supplement im RSA 276

Abbildung 113: Abgeleitete Dienstkandidaten im Kontext von Campus-Management im
RSA 276

Abbildung 114: Überarbeitete Dienstkandidaten im Kontext von Campus-Management im
RSA 277

Abbildung 115: Dienstschnittstelle "StudentAdministration" im RSA 278

Abbildung 116: Datentypen der Dienstschnittstelle "StudentAdministration" im RSA 278

Abbildung 117: Dienstschnittstelle "Student" im RSA 279

Abbildung 118: Datentypen der Dienstschnittstelle "Student" im RSA 279

Abbildung 119: Dienstschnittstelle "DiplomaSupplement" im RSA 280

Abbildung 120: Datentypen der Dienstschnittstelle "DiplomaSupplement" im RSA 280

Abbildung 121: Dienstkomponente "StudentAdministrationComponent" im RSA 281

Abbildung 122: Interne Logik der Dienstkomponente
"StudentAdministrationCompositionComponent" im RSA 282

Abbildung 123: Dienstschnittstelle "DegreeProgram" im RSA 283

Abbildung 124: Datentypen der Dienstschnittstelle "DegreeProgram" im RSA 283

Abbildung 125: Dienstschnittstelle "DiplomaSupplementVerification" im RSA 284

Abbildung 126: Datentypen der Dienstschnittstelle "DiplomaSupplementVerification" im
RSA 284

Abbildung 127: SCA-Composite "StudentAdministrationComponent" im RSA 285

Abbildung 128: SCA-Composite "StudentAdministrationComponent" in Eclipse 285

D. Tabellenverzeichnis

Tabelle 1: Modellierung abstrakter Fähigkeiten in SoaML 23

Tabelle 2: Modellierung von Dienstschnittstellen in SoaML 24

Tabelle 3: Modellierung von Dienstkomponenten in SoaML...28

Tabelle 4: Zusammenfassung der Skalenniveaus...41

Tabelle 5: Anforderungskatalog..45

Tabelle 6: Ergebnis der Bewertung bestehender Arbeiten...61

Tabelle 7: Modellierung von Dienstkandidaten in SoaML...76

Tabelle 8: Ableitung von Dienstkandidaten aus geschäftlichen Anforderungen 79

Tabelle 9: Ableitung von Dienstkandidaten aus Schnittstellenbeschreibungen auf Basis von
    WSDL...80

Tabelle 10: Ableitung von Dienstschnittstellen aus Dienstkandidaten und
    Geschäftsprozessen 83

Tabelle 11: Ableitung von Dienstkomponenten aus Dienstkandidaten und
    Geschäftsprozessen 87

Tabelle 12: Ableitung von Spezifikationen aus Schnittstellenbeschreibungen auf Basis von
    WSDL...90

Tabelle 13: Erläuterung der in DBTF eingesetzten Variablen und Funktionen......................107

Tabelle 14: Interpretation der Werte von DBTF...108

Tabelle 15: Erläuterung der in DBTF eingesetzten Variablen und Funktionen......................110

Tabelle 16: Interpretation der Werte von DANF 110

Tabelle 17: Erläuterung der in DS eingesetzten Variablen und Funktionen...........................113

Tabelle 18: Interpretation der Werte von DS...113

Tabelle 19: Erläuterung der in CBEU eingesetzten Variablen und Funktionen 116

Tabelle 20: Interpretation der Werte von CBEU 117

Tabelle 21: Erläuterung der in FNSI, FNR, FNO, FNP und FNDT eingesetzten Variablen
    und Funktionen 120

Tabelle 22: Interpretation der Werte von FNSI, FNR, FNO, FNP, FNDT 120

Tabelle 23: Erläuterung der in NCCSI, NCCR, NCCO, NCCP und NCCDT eingesetzten
    Variablen und Funktionen..123

Tabelle 24: Interpretation der Werte von NCCSI, NCCR, NCCO, NCCP, NCCDT 123

Tabelle 25: Erläuterung der in IC eingesetzten Variablen und Funktionen............................124

Tabelle 26: Interpretation der Werte von IC 125

Tabelle 27: Erläuterung der in ASYNC eingesetzten Variablen und Funktionen 127

Tabelle 28: Interpretation der Werte von ASYNC...127

Tabelle 29: Erläuterung der in CDTC eingesetzten Variablen und Funktionen 129

Tabelle 30: Interpretation der Werte von CDTC 129

Tabelle 31: Erläuterung der in AO und AP eingesetzten Variablen und Funktionen 132

Tabelle 32: Interpretation der Werte von AO und AP 132

Tabelle 33: Erläuterung der in CF eingesetzten Variablen und Funktionen 134

Tabelle 34: Interpretation der Werte von CF 135

Tabelle 35: Erläuterung der in SD eingesetzten Variablen und Funktionen...........................137

Tabelle 36: Interpretation der Werte von SD 137

Tabelle 37: Erläuterung der in FO eingesetzten Variablen und Funktionen 139

Tabelle 38: Interpretation der Werte von FO 140

Tabelle 39: Funktionen zur Bestimmung kritischer Stellen bei nicht erfüllter Datenhoheit 156

Tabelle 40: Funktionen zur Bestimmung kritischer Stellen bei nicht erfüllter fachlicher
Benennung... 158

Tabelle 41: Funktionen zur Bestimmung kritischer Stellen bei nicht erfüllter Asynchronität.. 160

Tabelle 42: Funktionen zur Bestimmung kritischer Stellen bei vorhandenen Abhängigkeiten 162

Tabelle 43: Von Entwurfsentscheidungen beeinflusste Modellelemente................................ 172

Tabelle 44: Verknüpfung von Entwurfsentscheidungen mit Qualitätsindikatoren 173

Tabelle 45: Zusammenhang zwischen Entwurfsentscheidungen und Qualitätseigenschaften.. 175

Tabelle 46: Qualitätsindikatoren der abgeleiteten Dienstkandidaten im Kontext der
personenzentrierten Umweltbeobachtung 185

Tabelle 47: Qualitätsindikatoren der Dienstkandidaten im Kontext der personenzentrierten
Umweltbeobachtung pro Handlungsalternative 188

Tabelle 48: Qualitätsindikatoren der überarbeiteten Dienstkandidaten im Kontext der
personenzentrierten Umweltbeobachtung 190

Tabelle 49: Qualitätsindikatoren der abgeleiteten Dienstentwürfe im Kontext der
personenzentrierten Umweltbeobachtung 193

Tabelle 50: Zuordnung von Bestandteilen eines Diploma Supplement zu Geschäftsentitäten. 209

Tabelle 51: Qualitätsindikatoren der abgeleiteten Dienstentwürfe im Kontext von Campus-
Management.. 214

E. Quelltextverzeichnis

Quelltext 1: Domänenmodell in OWL 71

Quelltext 2: Abfrage der semantischen Hintergrundinformationen 142

Quelltext 3: Abfrage der Operationskandidaten...143

Quelltext 4: Filterung der Operationskandidaten oder Operationen mit geschäftsbezogener
Funktionalität 143

Quelltext 5: Abfrage der Dienstschnittstelle 144

Quelltext 6: Abfrage der realisierten Schnittstelle 144

Quelltext 7: Abfrage der Operationen 144

Quelltext 8: Bestimmung der Trennung von geschäftsbezogener und technischer
Funktionalität auf Basis von Dienstkandidaten...144

Quelltext 9: Bestimmung der Trennung von geschäftsbezogener und technischer
Funktionalität auf Basis von Dienstentwürfen 144

Quelltext 10: Filterung der Operationskandidaten oder Operationen mit agnostischer
Funktionalität 145

Quelltext 11: Bestimmung der Trennung von agnostischer und nicht-agnostischer
Funktionalität auf Basis von Dienstkandidaten...145

Quelltext 12: Bestimmung der Trennung von agnostischer und nicht-agnostischer
Funktionalität auf Basis von Dienstentwürfen 146

Quelltext 13: Abfrage der von einem Operationskandidaten oder einer Operation
verwalteten Geschäftsentitäten 146

Quelltext 14: Abfrage aller Dienstkandidaten..147

Quelltext 15: Abfrage aller Dienste 147

Quelltext 16: Bestimmung der Datenhoheit auf Basis von Dienstkandidaten 147

Quelltext 17: Bestimmung der Datenhoheit auf Basis von Dienstentwürfen 148

Quelltext 18: Abfrage der Operationskandidaten mit technischer Funktionalität......................163

Quelltext 19: Abfrage der Operationskandidaten mit geschäftsbezogener Funktionalität.........164

Quelltext 20: Abfrage der Operationen mit technischer Funktionalität 164

Quelltext 21: Abfrage der Operationen mit geschäftsbezogener Funktionalität........................164

Quelltext 22: Abfrage der Operationskandidaten mit nicht-agnostischer Funktionalität...........164

Quelltext 23: Abfrage der Operationskandidaten mit agnostischer Funktionalität....................165

Quelltext 24: Abfrage der Operationen mit nicht-agnostischer Funktionalität.........................165

Quelltext 25: Abfrage der Operationen mit agnostischer Funktionalität 165

Quelltext 26: Abfrage von bestimmte Geschäftsentitäten verwaltenden
Operationskandidaten...165

Quelltext 27: Abfrage von bestimmte Geschäftsentitäten verwaltenden Operationen 166

Quelltext 28: Abfrage von bestimmte Geschäftsentitäten verwaltenden
Operationskandidaten anderer Dienstkandidaten..166

Quelltext 29: Abfrage von bestimmte Geschäftsentitäten verwaltenden Operationen anderer
Dienste 166

Quelltext 30: Auszug aus der WSDL-Schnittstellenbeschreibung der Schnittstelle
"CampusGuide".. 202
Quelltext 31: Auszug aus der Implementierung der "CampusGuideCompositionComponent"
mittels BPEL 203
Quelltext 32: Auszug aus der WSDL-Schnittstellenbeschreibung der Schnittstelle
"StudentAdministration" 223
Quelltext 33: Auszug aus der Implementierung der
"StudentAdministrationCompositionComponent" mittels BPEL 225
Quelltext 34: Domänenmodell des KITCampusGuide in OWL 248
Quelltext 35: WSDL-Schnittstellenbeschreibung der Dienstschnittstelle "CampusGuide"...... 265
Quelltext 36: Implementierung der "CampusGuideCompositionComponent" mittels BPEL... 268
Quelltext 37: Domänenmodell zur Beantragung eines Diploma Supplement in OWL............. 275
Quelltext 38: WSDL-Schnittstellenbeschreibung der Dienstschnittstelle
"StudentAdministration" 288
Quelltext 39: Implementierung der "StudentAdministrationCompositionComponent" mittels
BPEL 290

F. Literaturverzeichnis

[AA06]   Ali Arsanjani, Abdul Allam: Service-Oriented Modeling and
            Architecture for Realization of an SOA, 2006.

[AB+08]   Florian Allerding, Jan Buck, Patrick Freudenstein, Bogdan Klosek,
            Thorsten Höllrigl, Wilfried Juling, Björn Keuter, Stefan Link,
            Frederic Majer, Axel Maurer, Martin Nussbaumer, Daniel Ried,
            Frank Schell: Integriertes Service-Portal zur Studienassistenz, 2008.

[Ar04]   Ali Arsanjani: Service-oriented modeling and architecture, IBM
            developerWorks, 2004.

            URL: http://www.ibm.com/developerworks/library/ws-soa-design1/

[Al06]   Paul Allen: Service Orientation – Winning Strategies and Best
            Practices, Cambridge University Press, 2006. ISBN 978-0-
            521843362.

[AL+03]   Sebastian Abeck, Peter C. Lockemann, Jochen Schiller, Jochen
            Seitz: Verteilte Informationssysteme – Integration von
            Datenübertragungstechnik und Datenbanktechnik, Dpunkt Verlag,
            2003.

[Am10]   Jim Amsen: Modeling with SoaML, the Service-Oriented
            Architecture Modeling Language – Part 1- Service Identification,
            IBM developerWorks 2010.

[AS+03]   João Paulo Almeida, Marten van Sinderen, Luís Ferreira Pires, Dick
            Quartel: A Systematic Approach to Platform-Independent Design
            Based on the Service Concept, Seventh IEEE International
            Enterprise Distributed Object Computing Conference (EDOC),
            2003.

[Ba08]   Helmut   Balzert: Lehrbuch   der   Softwaretechnik:
            Softwaremanagement, Spektrum Akademischer Verlag, 2008. ISBN
            978-3827411617.

[BB03]   Aline Lúcia Baroni, Fernando Brito e Abreu: A Formal Library for
            Aiding Metrics Extraction, International Workshop on Object-
            Oriented Re-Engineering at ECOOP, 2003.

[BB+96]   Victor R. Basili, Lionel C. Briand, Walcelio L. Melo: A validation
             of object-oriented design metrics as quality indicators, IEEE
             Transactions on Software Engineering, Vol. 22, No. 10, 1996.

[BB+02]   Aline Lúcia Baroni, Sofia Braz, Fernando Brito e Abreu: Using
             OCL to Formalize Object-Oriented Design Metrics Definitions,
             Proceedings of Quantitative Approaches in Object-Oriented
             Software Engineering (QAOOSE), 2002.

[BD10]   Bernd Bruegge, Allen H. Dutoit: Object-Oriented Software
             Engineering Using UML, Patterns and Java, Pearson Education,
             2010. ISBN 978-0-13-815221-5.

[BD+99]   Lionel C. Briand, John W. Daly, Jürgen K. Wüst: A Unified
             Framework for Coupling Measurement in Object-Oriented Systems,
             IEEE Transactions on Software Engineering, Vol. 25, No. 1, S. 91-
             121, 1999.

[BE+08]   Alexander Bauer, Susanne Eckel, Thomas Emter, Astrid
             Laubenheimer, Eduardo Monari, Jürgen Moßgraber, Frank Reinert:
             N.E.S.T. – Network Enabled Surveillance and Tracking, 2008.

[BG+08]   Irene Buchmann, Ulfert Gartz: Ein Governance-Modell für SOA, In:
             Wolfgang Beinhauer, Michael Herr, Achim Schmidt (Hrsg.): SOA
             für agile Unternehmen – Serviceorientierte Architekturen verstehen,
             einführen und nutzen, Symposion Publishing, 2008. ISBN 978-
             3939707141.

[BH+04]   Jean Bézivin, Slimane Hammoudi, Denivaldo Lopes, Frédéric
             Jouault: Applying MDA Approach for Web Service Platform, 8th
             IEEE International Enterprise Distributed Object Computing
             Conference (EDOC), 2004.

[BH+97]   James Kenneth Blundell, Mary Lou Hines, Jerrold Stach: The
             measurement of software design quality, Annals of Software
             Engineering 4, 235-255, 1997.

[Bi08]   Todd Biske: SOA Governance, Packt Publishing, 2008. ISBN 978-
             1847195869.

[Bl91]   Uyless Black: OSI – A Model for Computer Communications
             Standards, Prentice Hall, 1991. ISBN 978-0136371335.

[BM+96]   Lionel Briand, Sandro Morasca, Victor R. Basili: Property-Based
                Software Engineering Measurement, IEEE Transactions on Software
                Engineering, Vol. 22, 1996.

[BMBF-   Bundesministerium für Bildung und Forschung (BMBF): Der
BOLOGNA]   Bologna-Prozess.
                URL: http://www.bmbf.de/de/3336.php

[BMBF-HRG]   Bundesministerium für Bildung und Forschung (BMBF):
                Hochschulrahmengesetz (HRG), in der Fassung der
                Bekanntmachung vom 19. Januar 1999.

[Bo78]   Barry Boehm: Characteristics of Software Quality, Elsevier Science
                Ltd, 1978. ISBN 978-0444851055.

[BR04]   Marcel Bennicke, Heinrich Rust: Messen im Software-Engineering
                und metrikbasierte Qualitätsanalyse, Report Virtuelles Software
                Engineering Kompetenzzentrum (ViSEK) 024/D, 2004.

[CH+07]   Si Won Choi, Jin Sun Her, Soo Dong Kim: Modeling QoS
                Attributes and Metrics for Evaluating Services in SOA Considering
                Consumers' Perspective as the First Class Requirement, Asia-Pacific
                Services Computing, 2007.

[CK08]   Si Won Choi, Soo Dong Kim: A Quality Model for Evaluating
                Reusability of Services in SOA, 10th IEEE Conference on E-
                Commerce Technology and the Fifth IEEE Conference on
                Enterprise Computing, 2008.

[Co07]   Shy Cohen: Ontology and Taxonomy of Services in a Service-
                Oriented Architecture, Microsoft Architect Journal, 2007.

[CP99]   Stephen Cranefield, Martin Purvis: UML as an Ontology Modelling
                Language, Proceedings of the IJCAI-99 Workshop on Intelligent
                Information Integration, 1999.

[DJ+05]   Wolfgang Dostal, Mario Jeckle, Ingo Melzer, Barbara Zengler:
                Service-orientierte Architekturen mit Web Services – Konzepte –
                Standards – Praxis, Spektrum Akademischer Verlag, 2005.

[EA+06]   Abdelkarim Erradi, Sriram Anand, Naveen Kulkarni: SOAF – An
                Architectural Framework for Service Definition and Realization,
                2006.

[EC-Diploma-   European Commission (EC): Diploma Supplement, 1999.
Supplement]

[EC-ECTS-   European Commission (EC): ECTS Users' Guide, Office for
Users-Guide]   Official Publications of the European Communities, 2009. ISBN
                   978-92-79-09728-7.

[EH+08]   Gregor Engels, Andreas Hess, Bernhard Humm, Oliver Juwig, Marc
                   Lohmann, Jan-Peter Richter, Markus Voß, Johannes Willkomm:
                   Quasar Enterprise – Anwendungslandschaften serviceorientiert
                   gestalten, Dpunkt Verlag, 2008. ISBN 978-3-89864-506-5.

[EM+01]   Khaled El Emam, Walcelio Melo, Javam C. Machado: The
                   prediction of faulty classes using object-oriented design metrics, The
                   Journal of Systems and Software, Vol. 56, 2001.

[Er06]   Thomas Erl: Service-Oriented Architecture – Concepts, Technology,
                   and Design, Prentice Hall, 2006. ISBN 0-13-185858-0.

[Er08]   Thomas Erl: SOA – Principles of Service Design, Prentice Hall,
                   2008. ISBN 978-0-13-234482-1.

[Er09]   Thomas Erl: SOA Design Patterns, Prentice Hall, 2009. ISBN 978-
                   0-13-613516-6.

[Er09b]   Thomas Erl: Web Service Contract Design and Versioning for SOA,
                   Prentice Hall, 2009. ISBN 978-0-13-613517-3.

[Fa08]   Nafise Fareghzadeh: Service Identification Approach to SOA
                   Development, Proceedings of World Academy of Science,
                   Engineering and Technology (WASET), Vol. 35, 2008.

[FN00]   Norman Fenton, Martin Neil: Software Metrics: Roadmap, 2000.

[FP97]   Norman Fenton, Shari Lawrence Pfleeger: Software metrics: a
                   rigorous and practical approach, 1997. ISBN 0-534-95425-1.

[GA09]   Michael Gebhart, Sebastian Abeck: Rule-Based Service Modeling,
                   The Fourth International Conference on Software Engineering
                   Advances (ICSEA), 2009.

[GB+10]   Michael Gebhart, Marc Baumgartner, Stephan Oehlert, Martin
               Blersch, Sebastian Abeck: Evaluation of Service Designs Based on
               SoaML, The Fifth International Conference on Software
               Engineering Advances (ICSEA), 2010.

[GB+10a]   Michael Gebhart, Marc Baumgartner, Sebastian Abeck: Supporting
               Service Design Decisions, The Fifth International Conference on
               Software Engineering Advances (ICSEA), 2010.

[GH+09]   Michael Gebhart, Philip Hoyer, Stefan Link, Axel Maurer, Wilfried
               Juling: Verwaltung von Modulhandbüchern an Hochschulen, 3.
               Workshop Pervasive University (PerU) im Rahmen der 39.
               Jahrestagung der Gesellschaft für Informatik e.V., 2009.

[GM+10]   Michael Gebhart, Jürgen Moßgraber, Thomas Usländer, Sebastian
               Abeck: SoaML-basierter   Entwurf   eines   dienstorientierten
               Überwachungssystems, Jahrestagung der Gesellschaft für Informatik
               (GI), 2010.

[Go08]   Dmitry Gorelik: Transformation to SOA – Part 3 – UML to SOA,
               IBM developerWorks, 2008.

               URL: http://www.ibm.com/developerworks/rational/library/08/
               0115_gorelik/

[GP+06]   Volker Gruhn, Daniel Pieper, Carsten Röttgers: MDA – Effektives
               Softwareengineering mit UML2 und Eclipse, Springer-Verlag, 2006.
               ISBN 978-3540287445.

[Gr93]   Thomas R. Gruber: A Translation Approach to Portable Ontology
               Specifications, Knowledge Acquisition, 1993.

[GS+04]   Roy Grønmo, David Skogan, Ida Solheim, Jon Oldevik: Model-
               driven Web Services Development, Proceedings of the 2004 IEEE
               International Conference on e-Technology, e-Commerce and e-
               Service (EEE), 2004.

[HC+08]   Mamoun Hirzalla, Jane Cleland-Huang, Ali Arsanjani: A Metrics
               Suite for Evaluating Flexibility and Complexity in Service Oriented
               Architectures, 6th International Conference on Service-Oriented
               Computing (ICSOC), 2008.

[He07]   Roger   Heutschi: Serviceorientierte   Architektur   –
                Architekturprinzipien und Umsetzung in die Praxis, Springer-
                Verlag, 2007. ISBN 978-3-540-72358-5.

[HG+09]   Philip Hoyer, Michael Gebhart, Ingo Pansa, Stefan Link, Aleksander
                Dikanski,   Sebastian   Abeck: A   Model-Driven   Development
                Approach for Service-Oriented Integration Scenarios, The First
                International   Conferences   on   Advanced   Service   Computing
                (SERVICE COMPUTATION), 2009.

[HG+10]   Philip Hoyer, Michael Gebhart, Ingo Pansa, Aleksander Dikanski,
                Sebastian Abeck: Service-Oriented Integration Using a Model-
                Driven Approach, International Journal On Advances in Software,
                Vol. 3, 2010.

[HH+06]   Andreas   Hess,   Bernhard   Humm,   Markus   Voß: Regeln   für
                serviceorientierte   Architekturen   hoher   Qualität,   Informatik-
                Spektrum Vol. 29, Springer-Verlag, 2006.

[HH+07]   Andreas Hess, Bernhard Humm, Markus Voss, Gregor Engels:
                Structuring Software Cities – A Multidimensional Approach,
                Proceedings of the 11th IEEE International EDOC Enterprise
                Computing Conference (EDOC), IEEE Press, 2007. ISBN 0-7695-
                2891-0.

[HJ06]   Bernhard Humm, Oliver Juwig: Eine Normalform für Services, In:
                Bettina Biel, Matthias Book, Vorker Gruhn (Hrsg.): Software
                Engineering 2006. GI Edition Lecture Notes in Informatics (LNI) P-
                79, S. 99-110. Gesellschaft für Informatik, 2006.

[HL+09]   Philip Hoyer, Stefan Link, Michael Gebhart, Ingo Pansa, Sebastian
                Abeck: Study Progress Visualized in a Web Portal, 15th Open
                European Summer School (EUNICE), Poster Session, 2009.

[Ho09]   Matthew Horridge: A Practical Guide To Building OWL Ontologies
                Using Protégé 4 and CO-ODE Tools, Version 1.2, 2009.

[HRK-Bologna-   Hochschulrektorenkonferenz (HRK): Glossary on the Bologna
Glossary]   Process – English – German – Russian, Beiträge zur
                Hochschulpolitik, 2006. ISBN 3-938738-17-0.

[HRK-Diploma-   Hochschulrektorenkonferenz   (HRK):   Diploma-Supplement   –
Supplement]   Funktion – Inhalte – Umsetzung, Beiträge zur Hochschulpolitik,
                    HRK Service-Stelle Bologna, 2005. ISBN 3-938738-04-9.

[HRK-   Hochschulrektorenkonferenz (HRK): Empfehlung zur Sicherung der
Qualitätssicherun   Qualität   von   Studium   und   Lehre   in   Bachelor-   und
g]   Masterstudiengängen, Entschließung des 204. Plenums der HRK
                    vom14.06.2005.

[IEEE-1061-   IEEE Computer Society: IEEE Standard for a Software Quality
1992]   Metrics Methodology, Standard 1061, 1992.

[IBM-BEA-   IBM, BEA Systems: BPELJ – BPEL for Java technology, IBM
BPELJ04]   developerWorks, 2004.

                    URL: http://www.ibm.com/developerworks/library/specification/ws-
                    bpelj/

[IBM-RSA7.5]   IBM: Rational Software Architect, Version 7.5.

                    URL: http://www-01.ibm.com/support/docview.wss?rs=3540&uid=
                    swg24019922

[IBM-RUP-   IBM: Building SOA Solutions Using the Rational SDP, IBM
SOMA07]   Redbooks, 2007. ISBN 978-0738486215.

[IBM-SOMA04]   IBM Business Consulting Services: IBM Service-Oriented Modeling
                    and Architecture, 2004.

[IBM-UML-   IBM: Interpretation   of   UML   elements   by   UML-to-WSDL
WSDL10]   transformations, Einführung in den Rational Software Architect,
                    2010.

                    URL: http://publib.boulder.ibm.com/infocenter/rsahelp/v7r0m0/
                    index.jsp?topic=/com.ibm.xtools.transform.uml2.wsdl.doc/topics/
                    cwsdltransf.html

[JB05]   Anton Jansen, Jan Bosch: Software Architecture as a Set of
                    Architectural Design Decisions, Proceedings of the 5th Working
                    IEEE/IFIP Conference on Software Architecture (WICSA05), 2005.

[Jo04]   Simon Johnston: Rational UML Profile for Business Modeling, IBM
                    Rational Software, 2004.

[Jo05]   Simon Johnston: UML 2.0 Profile for Software Services, IBM
                    developerWorks, 2005.

                    URL: http://www.ibm.com/developerworks/rational/library/05/
                    419_soa/

[Jo08]   Nicolai Josuttis: SOA in der Praxis – System-Design für verteilte
                    Geschäftsprozesse, Dpunkt Verlag, 2006.

[KB+05]   Dirk Krafzig, Karl Banke, Dirk Slama: Enterprise SOA – Service-
                    Oriented Architecture Best Practices, The Coad Series, Pearson
                    Education, 2005.

[KK07]   Per Kroll, Philippe Kruchten: The Rational Unified Process Made
                    Easy – A Practitioner's Guide to the RUP, Addison-Wesley, 2007.
                    ISBN 0-321-16609-4.

[KMK-Leistungs   Kultusministerkonferenz   (KMK):   Rahmenvorgaben   für   die
punktsysteme]   Einführung von Leistungspunktsystemen und die Modularisierung
                    von Studiengängen, Beschluss der Kultusministerkonferenz vom
                    15.09.2000 i. d. F. vom 22.10.2004.

[KMK-Struktur   Kultusministerkonferenz   (KMK):   Ländergemeinsame
vorgaben]   Strukturvorgaben für die Akkreditierung von Bachelor- und
                    Masterstudiengängen, Beschluss der Kultusministerkonferenz vom
                    10.10.2003 i.d.F. vom 04.02.2010.

[Li07]   Daniel Liebhart: SOA goes real – Service-orientierte Architekturen
                    erfolgreich planen und einführen, Hanser Fachbuchverlag, 2007.
                    ISBN 978-3446410886.

[Ma01]   Radu Marinescu: Detecting Design Flaws via Metrics in Object-
                    Oriented Systems, Proceedings of the 39th International Conference
                    and Exhibition on Technology of Object-Oriented Languages and
                    Systems (TOOLS), 2001.

[Ma04]   Radu Marinescu: Detection Strategies – Metrics-Based Rules for
                    Detecting Design Flaws, Proceedings of the 20th IEEE International
                    Conference on Software Maintenance (ICSM), 2004.

[Ma05]   Radu Marinescu: Measurement and Quality in Object-Oriented
                    Design, Proceedings of the 21st IEEE International Conference on
                    Software Maintenance (ICSM), 2005.

[MN+09]   Berthold Maier, Hajo Normann, Bernd Trops, Clemens Utschig-
                 Utschig, Torsten Winterberg: Lose Kopplung – Warum das
                 Loslassen verbindet, in: Sebastian Meyen (Hrsg.): SOA-Spezial,
                 Vol. 1, Software & Support Verlag, 2009.

[MN+09a]   Berthold Maier, Hajo Normann, Bernd Trops, Clemens Utschig-
                 Utschig, Torsten Winterberg: Die SOA-Service-Kategorienmatrix,
                 in: Sebastian Meyen (Hrsg.): SOA-Spezial, Vol. 1, Software &
                 Support Verlag, 2009.

[MN+09b]   Berthold Maier, Hajo Normann, Bernd Trops, Clemens Utschig-
                 Utschig, Torsten Winterberg: Was macht einen guten Public Service
                 aus?, in: Sebastian Meyen (Hrsg.): SOA-Spezial, Vol. 1, Software &
                 Support Verlag, 2009.

[MP06]   Jacqueline A. McQuillan, James F. Power: Towards the re-usability
                 of software metric definitions at the meta level, PhD Workshop of
                 the 20th European Conference on Object-Oriented Programming,
                 2006.

[MR+77]   Jim McCall, Paul Richards, Gene Walters: Factors in Software
                 Quality, Vol. 1, 1977.

[MR+10]   Jürgen Moßgraber, Frank Reinert, Hauke Vagts: An Architecture for
                 a Task-Oriented Surveillance System, 2010.

[OASIS-   Organization for the Advancement of Structured Information
UDDI3.0.2]   Standards (OASIS): Universal Description, Discovery and
                 Integration (UDDI), Version 3.0.2, 10. Oktober 2004.

                 URL: http://uddi.org/pubs/uddi-v3.0.2-20041019.pdf

[OASIS-   Organization for the Advancement of Structured Information
WSBPEL2.0]   Standards (OASIS): Web Services Business Process Execution
                 Language Version (WSBPEL), Version 2.0, 11. April 2007.

                 URL: http://docs.oasis-open.org/wsbpel/2.0/OS/wsbpel-v2.0-OS.pdf

[OGC-KML2.2]   Object Geospatical Consortium (OGC): Keyhole Markup Language
                 (KML), Version 2.2, 2008.

                 URL: http://www.opengeospatial.org/standards/kml/

[OMG-MDA1.0.1]   Object Management Group (OMG): Model Driven Architecture (MDA) Guide, Version 1.0.1, 12. Juni 2003.

                      URL: http://www.omg.org/cgi-bin/doc?omg/03-06-01

[OMG-OCL2.0]   Object Management Group (OMG): Object Constraint Language (OCL) 2.0, Mai 2006.

                      URL: http://www.omg.org/spec/OCL/2.0/

[OMG-ODM1.0]   Object Management Group (OMG): Ontology Definition Metamodel (ODM). Version 1.0, Mai 2009.

                      URL: http://www.omg.org/spec/ODM/1.0/

[OMG-SoaML1.0]   Object Management Group (OMG): Service oriented architecture Modeling Language (SoaML) Beta1, Specification for the UML Profile and Metamodel for Services (UPMS), April 2009.

                      URL: http://www.omg.org/spec/SoaML/1.0/Beta1/

[OMG-UPMS]   Object Management Group (OMG): UML Profile and Metamodel for Services (UPMS), Request for Proposal, September 2006.

                      URL: http://www.omg.org/cgi-bin/doc?soa/2006-9-9

[OSM-WMS]   OpenStreetMap: OpenstreetMap.de WMS-Server

                      URL: http://wms.openstreetmap.de/

[OSM-YN]   OpenStreetMap: OpenStreetMap Routing Service

                      URL: http://www.yournavigation.org/

[OSOA-SCA1.0]   Open Service Oriented Architecture (OSOA): Service Component Architecture (SCA), SCA Assembly Model Specification, Version 1.0, 2009.

                      URL: http://www.osoa.org/download/attachments/35/ SCA_AssemblyModel_V100.pdf?version=1

[Pa72]   David Lorge Parnas: On the Criteria To Be Used in Decomposing Systems into Modules, Communications of the ACM, Vol. 15, Number 12, 1972.

[Pa03]   Mike P. Papazoglou: Service-Oriented Computing – Concepts, Characteristics and Directions, Fourth International Conference on Web Information Systems Engineering (WISE), 2003.

[Pa08]   Murali Pattathe: Transformation to SOA – Part 4 – How Web
                  service processes transform from UML to BPEL in IBM Rational
                  Software Architect, IBM developerWorks 2008.

                  URL: http://www.ibm.com/developerworks/rational/library/08/
                  0318_pattathe/index.html

[PES-   The PESCaDO Consortium: Service-Based Infrastructure for User-
ENVIROINF10]   Oriented Environmental Information Delivery, 2010.

[PM06]   Roland Petrasch, Oliver Meimberg: Model-Driven Architecture –
                  Eine praxisorientierte Einführung in die MDA, Dpunkt Verlag,
                  2006. ISBN 978-3898643436.

[PP04]   Gustav Pomberger, Wolfgang Pree: Software Engineering –
                  Architektur-Design   und   Prozessorientierung,   Hanser
                  Fachbuchverlag, 2004. ISBN 978-3446224292.

[PR+05]   Mikhail Perepletchikov, Caspar Ryan, Keith Frampton: Comparing
                  the Impact of Service-Oriented and Object-Oriented Paradigms on
                  the Structural Properties of Software, in: On the Move to
                  Meaningful Internet Systems 2005, OTM Workshops, Springer-
                  Verlag, 2005.

[PR+07]   Mikhail Perepletchikov, Caspar Ryan, Keith Frampton: Cohesion
                  Metrics for Predicting Maintainability of Service-Oriented Software,
                  Seventh International Conference on Quality Software (QSIC),
                  2007.

[PR+07a]   Mikhail Perepletchikov, Caspar Ryan, Keith Frampton, Heinz
                  Schmidt: A Formal Model of Service-Oriented Design Structure,
                  Australian Software Engineering Conference (ASWEC), 2007.

[PR+07b]   Mikhail Perepletchikov, Caspar Ryan, Keith Frampton, Zahir Tari:
                  Coupling Metrics for Predicting Maintainability in Service-Oriented
                  Designs, Australian Software Engineering Conference (ASWEC),
                  2007.

[PR+08]   Mikhail Perepletchikov, Caspar Ryan, Keith Frampton, Heinz
                  Schmidt: Formalising Service-Oriented Design, Journal of Software,
                  Vol. 3, No. 2, 2008.

[RH06]   Ralf Reussner, Wilhelm Hasselbring: Handbuch der Software-Architektur, Dpunkt Verlag, 2006. ISBN 3-89864-372-7.

[Ri05]   Jan-Peter Richter: Wann liefert eine Serviceorientierte Architektur echten Nutzen, Proceedings Software Engineering 2005, Fachtagung des GI-Fachbereichs Softwaretechnik, 8.-11.3.2005 in Essen, S. 231-242, 2005.

[RR+06]   Adel Torkaman Rahmani, Vahid Rafe, Saeed Sedighian, Amin Abbaspour: An MDA-Based Modeling and Design of Service Oriented Architecture, Lecture Notes in Computer Science, Vol. 3993/2006, S. 578-585, 2006.

[SD+04]   Zoran Stojanovic, Ajantha Dahanayake, Henk Sol: Modeling and Design of Service-Oriented Architecture, Systems, Man and Cybernetics, 2004.

[SV+07]   Thomas Stahl, Markus Völter: Modellgetriebene Softwareentwicklung – Techniken, Engineering, Management, Dpunkt Verlag 2007. ISBN 978-3898644488.

[TG+09]   Nils Tegtmeier, Bernhard Gehra, Heinz Möllenkamp, Christoph Künne: Serviceorientierte IT-Architekturen – Kritische Bestandsaufnahme und Herausforderungen für das Controlling, ZfCM – Controlling & Management, Sonderheft 3, 2009.

[TK03]   Ladan Tahvildari, Kostas Kontogiannis: A Metric-Based Approach to Enhance Design Quality Through Meta-Pattern Transformations, Proceedings of the Seventh European Conference On Software Maintenance And Reengineering (CSMR), 2003.

[TK04]   Ladan Tahvildari, Kostas Kontogiannis: Improving design quality using meta-pattern transformations – a metric-based approach, Journal of Software Maintenance and Evolution – Research and Practice, Vol. 16, 2004.

[TT07]   Adrian Trifu, Mircea Trifu: SISSy – Catalog of Detected Problem Patterns, SISSy Documentation, Forschungszentrum Informatik (FZI), Mai 2007.
             URL: http://sissy.fzi.de/SISSy/CMS/Documentation/
             SISSy_ProblemPatterns.pdf

[VA+05]   Oliver Vogel, Ingo Arnold, Arif Chughtai, Edmund Ihler, Uwe
              Mehlig, Thomas Neumann, Markus Völter, Uwe Zdun: Software-
              Architektur – Grundlagen – Konzepte – Praxis, Spektrum
              Akademischer Verlag, 2005.

[Vi05]   Steve Vinoski: Old Measures for New Services, IEEE Internet
              Computing, S. 72-74, 2005.

[Vl00]   Hans van Vliet: Software Engineering – Principles and Practice,
              John Wiley & Sons, 2000. ISBN 978-0471975083.

[W3C-OWL-   World Wide Web Consortium (W3C): Web Ontology Language
REC]   (OWL), W3C Recommendation, Februar 2004.

              URL: http://www.w3.org/TR/2004/REC-owl-features-20040210/

[W3C-   World Wide Web Consortium (W3C): Semantic Annotations for
SAWSDL-REC]   WSDL and XML Schema (SAWSDL), W3C Recommendation,
              August 2007.

              URL: http://www.w3.org/TR/2007/REC-sawsdl-20070828/

[W3C-WSDL1.1] World Wide Web Consortium (W3C): Web Services Description
              Language (WSDL), Version 1.1, März 2001.

[YC79]   Yourdon Press, Larry L. Constantine: Structured Design –
              Fundamentals of a Discipline of Computer Program and Systems
              Design, 1979. ISBN 978-0138544713.

[Zi80]   Hubert Zimmermann: OSI Reference Model – The ISO Model of
              Architecture for Open Systems Interconnection, IEEE Transactions
              on Communications, Vol. COM-28, No. 4, April 1980.

Die angegebenen URLs wurden am 01. August 2011 auf Gültigkeit geprüft.

G. Index

A

Abhängigkeit 136
Absolutskala **41**
Abstraktion 131
Agnostische Funktionalität 109
Anwendungsdienst 1
Architektur **16**
Asynchronität 125
Auffindbarkeit 8, **33**, 117, 157
Aufgabendienst **32**, 49
Ausführungsplattform 10
Autonomie 8, **34**, 135, 161

B

Begriffsbildung 71
Benennung 118
Bologna-Prozess 105
BPEL .... *Siehe* Business Process Execution
Language
BPEL-Prozess 91
BPMN .... *Siehe* Business Process Model and
Notation
Business Process Execution Language 19, 90, 99,
202, 224
Business Process Model and Notation 74

C

C&M .... *Siehe* Cooperation & Management
Campus-Management 206
CAS Campus 9
Cooperation & Management 9, 180

D

Datenhoheit 111
Datentyp 128
Demonstration der Tragfähigkeit 9, 179
Dienst **15**
Dienstentwurf 4, **18**, 23, 64, 184, 211
Dienstgeber 15
Dienstgütevereinbarung 10
Dienstinventar 3
Dienstkanal 28
Dienstkandidat 4, 66, 75
Dienstkomponente 19, **21**, 26
Dienstleistung **15**
Dienstnehmer 15
Dienstnormalisierung 138
Dienstorientierten Architektur **16**
Dienstschnittstelle 20, 23
Diploma Supplement 10, 206
Domäne 68
Domänenmodell 3, **68**, 86, 182, 208

E

Eindeutige Kategorisierung 8, **31**, 105, 153
Entitätsdienst **32**, 49
Entscheidungsfindung 7
Entwicklungswerkzeug 7
Entwurfsentscheidung 166, 175
Entwurfsprinzip 51
Entwurfsprozess **63**

F

Fähigkeit 22, 76
Flexibilität 81
Formalisierung 8
Fraunhofer-Institut für Optronik, Systemtechnik
und Bildauswertung 9, 180
Funktionale Korrektheit 11
Funktionale Vollständigkeit 11
Funktionsumfang 138

G

Geschäftsakteur 3, 72
Geschäftsanalyse 3, 64, 181, 206
Geschäftsanwendungsfall 3, 60, **72**, 182, 209
Geschäftsbezogene Funktionalität 106
Geschäftsdienst 1, 3, 54
Geschäftsdienstaktion 54
Geschäftsentität 71, 114
Geschäftsmodell 1
Geschäftsprozess 1, 3, 54, **73**, 184, 211

H

Handlungsalternative 11, 166, 171
HERO .... *Siehe* Human-centered EnviRonmental
Observation
Human-centered EnviRonmental Observation 9,
180

I

Identifikation 64, 65, 184, 212
Implementierung 95, 200, 222
Implementierungsphase 65
Informationsumfang 124
Infrastrukturdienst **32**, 49
Interaktionsprotokoll 21, 85
Interne Dienstkomponente 92
Internes Verhalten 21
IOSB ...... *Siehe* Fraunhofer-Institut für Optronik,
Systemtechnik und Bildauswertung

K

Karlsruher Institut für Technologie 9, 180

Karlsruher Integriertes
    InformationsManagement.......................206
Karlsruher IntegriertesInformations
    Management 9
KIM ... *Siehe* Karlsruher IntegriertesInformations
    Management
KIT ...... *Siehe* Karlsruher Institut für Technologie
KITCampusGuide 9, 181
Klasse 68
Kollaborationsdiagramm...............................74
Kompensation 133
Komposition 117
Kompositionskomponente 94
Kritische Stelle....................................6, 8, 152
    Abhängigkeiten 161
    Abstraktion 160
    Asynchronität 159
    Datenhoheit 156, 165
    Einhaltung von Namenskonventionen 159
    Fachliche Benennung...............................157
    Informationsumfang.................................159
    Kompensation...161
    Komplexität gemeinsamer Datentypen....160
    Nutzung gemeinsamer Geschäftsentitäten
       157
    Trennung von agnostischer und nicht-
        agnostischer Funktionalität.........155, 164
    Trennung von geschäftsbezogener und
        technischer Funktionalität 154, 163
    Überlappung der Funktionalität 162

L

Logische Komponente....................................17
Lose Kopplung 8, **33**, 125, 159

M

Mehrsprachigkeit 69
Metrik...39, 105
Modul..105
Modulhandbuchverwaltung.........................105

N

Nachricht..25
Nachrichtentyp 86
Nachvollziehbarkeit................................43, 232
Namenskonvention......................................121
NEST ... *Siehe* Network Enabled Surveillance and
    Tracking
Network Enabled Surveillance and Tracking....9,
    180
Nicht-agnostische Funktionalität 109

O

Object Constraint Language..........................141
Object Constraint Language (OCL) 8
Object Management Group 8
Objekteigenschaft 68
OCL ....*Siehe* Object Constraint Language

ODM ...... *Siehe* Ontology Definition Metamodel
OMG .... *Siehe* Object Management Group
OntoGraf... 68
Ontologie 68
Ontology Definition Metamodel..................... 68
Operation... 20
Operationskandidat.. 66
Organisationsgrenze....................................... 11
OWL .... *Siehe* Web Ontology Language

P

Physische Komponente 17
Plattformunabhängigkeit...................... 44, 234
Praktische Anwendbarkeit..................... 44, 233
Problemstellung... 5
Protégé 68

Q

Qualitätseigenschaft............. 5, 30, 44, 104, 233
    Auffindbarkeit .... *Siehe* Auffindbarkeit
    Autonomie..........................*Siehe* Autonomie
    Eindeutige Kategorisierung ..*Siehe* Eindeutige
        Kategorisierung
    Lose Kopplung .... *Siehe* Lose Kopplung
Qualitätsindikator................................... 38, 104
    Abhängigkeiten 136
    Abstraktion.. 130
    Asynchronität.. 125
    Datenhoheit 111, 146
    Einhaltung von Namenskonventionen 121
    Fachliche Benennung 118
    Informationsumfang................................. 124
    Kompensation 133
    Komplexität gemeinsamer Datentypen ... 128
    Nutzung gemeinsamer Geschäftsentitäten
        114
    Trennung von agnostischer und nicht-
        agnostischer Funktionalität 109, 145
    Trennung von geschäftsbezogener und
        technischer Funktionalität 106, 143
    Überlappung der Funktionalität............... 138
Qualitätsmerkmal.. 38
Qualitätsteilmerkmal...................................... 38
Quasar Enterprise... 54

R

Rational Unified Process................................ 59
Rational Unified Process for Service-Oriented
    Modeling and Architecture 19, 59
Remote Procedure Call 25, 52
Rolle.. 20
RPC.......................*Siehe* Remote Procedure Call
RUP ....*Siehe* Rational Unified Process
RUP/SOMA ... *Siehe* Rational Unified Process for
    Service-Oriented Modeling and Architecture

S

SAWSDL.. *Siehe* Semantic Annotations for WSDL and XML Schema

SCA .... *Siehe* Service Component Architecture

Schicht.. 16

Semantic Annotations for WSDL and XML Schema 68, 98, 201

Semantische Hintergrundinformation 141

Service... *Siehe* Dienst

Service Component Architecture.... 95, 200, 222

Service Level Agreement .... *Siehe* Dienstgütevereinbarung

Service oriented architecture and Modeling Language 21

Service Oriented Architecture Framework 45

Service oriented architecture Modeling Language 7, 52

Service-Oriented Architecture .... *Siehe* Dienstorientierte Architektur

Service-Oriented Modeling and Architecture . 59

Skalenniveau 40

SLA .... *Siehe* Dienstgütevereinbarung

SOA .... *Siehe* Dienstorientierte Architektur

SOAF .... *Siehe* Service Oriented Architecture Framework

SOA-Governance... 65

SoaML .... *Siehe* Service oriented architecture Modeling Language

SOMA ...... *Siehe* Service-Oriented Modeling and Architecture

Spezifikation 64, 65, 82, 191, 212

Stereotyp.. 53

Szenario 3

T

Technische Funktionalität 106

Teilnehmer 22

Transaktionskontext.................................... 133

U

Überlappung... 138

UDDI *Siehe* Universal Description, Discovery and Integration

UML-Profil 60, 68

Universal Description, Discovery and Integration 65

V

Verteilung... 65

Vorgehen.. 7

W

Web Ontology Language 68

Web Services Description Language ..19, 80, 89, 97, 201, 222

WSDL *Siehe* Web Services Description Language